安徽师范大学中国诗学研究中心资助项目

安徽诗人研究文存

黄山书社

张籍研究文存

丛书主编　刘运好

本书主编　徐礼节

图书在版编目（CIP）数据

安徽诗人研究文存．张籍研究文存 / 刘运好丛书主编；徐礼节本书主编．—合肥：黄山书社，2024.4

ISBN 978-7-5737-0902-8

Ⅰ．①安…　Ⅱ．①刘…　②徐…　Ⅲ．①张籍（768—约 830）—诗歌研究　Ⅳ．①I207.22

中国国家版本馆 CIP 数据核字（2023）第 192067 号

安徽诗人研究文存·张籍研究文存

ANHUI SHIREN YANJIU WENCUN ZHANG JI YANJIU WENCUN

丛书主编　刘运好

本书主编　徐礼节

出 品 人　葛永波
策　　划　胡传志　汤吟菲
责任编辑　江　汇
装帧设计　观止堂_未　氓
责任印制　李　磊
出版发行　黄山书社
地　　址　安徽省合肥市蜀山区翡翠路 1118 号出版传媒广场 7 层　邮编：230071
印　　刷　安徽新华印刷股份有限公司
版　　次　2024 年 4 月第 1 版
印　　次　2024 年 4 月第 1 次印刷
开　　本　700 mm × 1000 mm　1/16
字　　数　300 千字
印　　张　23.75
书　　号　ISBN 978-7-5737-0902-8
定　　价　96.00 元

服务热线　0551-63533706

销售热线　0551-63533761

官方直营书店（https://hsss.tmall.com）

目　录

总 序

一

安徽地处江淮腹地，江淮文化是安徽历史文化的灵魂。穿越历史的隧道，我们可以发现安徽的历史文化何其辉煌！这里有著名的繁昌人字洞，通过已经发掘的石器，确认了200万年至250万年前早期的人类遗存，将人类在亚洲出现的历史至少提前了30万年，推翻了20世纪初古生物学家马修《气候和演化》所鼓噪的中亚高原是人类摇篮的结论；也有著名的蒙城尉迟寺遗址，是国内目前保存完整、规模弘大、以大汶口文化晚期为主的原始社会聚落，从发掘的实物看，当时养殖、制陶、酿酒等技术都相当发达，这证明安徽农耕文明至迟在公元前5000年左右就已经高度成熟，这在农耕文明史上意义何其重大！当人类蹒跚地走进“轴心时代”，安徽又诞生了老子、庄子，与齐鲁的孔子及西方的苏格拉底、柏拉图，古天竺的释迦牟尼，共同创造了人类文明的高光时刻。

江淮文化在空间分布上主要集中于皖北与皖南。皖北文化以春秋战国的道家为核心。以老庄为代表的皖北道家文化圈与以孔孟为代表的齐鲁儒家文化圈，遥相呼应，双峰并峙，成为耸立于世界文化之林的独特文化景观。儒道思想互补、圆融，不仅有效地化解了人与自然、人与秩序的存在悖论，而且科学地构筑了主体存在与群体聚合、生命自由与社会秩序的互相联结的辩证理论体系。儒道既深刻影响了中华民族的文化心理、自然观念、伦理秩序、政治结构的和谐共生的关系，也对整个人类处理人和自然之间、不同国家之间、强权种族之间，如何和谐相处、规避丛林法则、构建人类命运共同体，贡献了独特的理论架构。

皖南文化以宋代以后的“徽学”为核心，形成了以朱熹为翘楚的新安理学和以戴震为领袖的徽州朴学。朱子不仅将“涵养”“致知”“力行”作为行为准则，凸显修身养性的重要意义，而且以“正心”“诚意”作为修身、齐家、治国、平天下的必要条件，推崇“一心兴邦”的黜私为公的家国情怀。实际上，张载提出的“为天地立心，为生民立命，为往圣继绝学，为万世开太平”，是整个新安理学最为激荡人心的至理名言，也成为中国知识分子历史担当的宏伟理想。在理学笼罩朝野、难与争锋之时，“朴学”也悄然兴起，至清代而蔚为大观。理学谈义理，朴学重考据。从宋代的程大昌到明清之际的黄生、姚际恒，再到乾隆时期的江永、汪绂，徽州朴学成就斐然，戴震则集其大成。朴学从考据学立场出发，重新阐释了儒家“理”“天道”“性”“才”“道”“诚”“权”等一系列哲学范畴，弥合了“灭人欲，存天理”的人为对立，建构了一个情理和谐的宇宙境界和人生境界。无论从学术文化还是从人生境界上说，理学与朴学都构成互补而非对立的关系。皖北的道家和皖南的徽学是支撑“皖学”的两大核心。

二

江淮是吴楚和中原的联结点。兼有中原的理性和吴楚的浪漫，是江淮文化的基本品格。因此不唯学术理性造就了“皖学”的辉煌，浪漫情调也催生了江淮文学的繁荣。只是因为“天下文章莫大乎桐城”——“桐城派”响亮的名头，既给江淮文学戴上令人景仰的桂冠，极大地提升了江淮文学的地位，也部分转移了人们对江淮文学全面审视的视线。以安徽为核心的江淮文学岂是一个桐城派所能代表的！

遥远的历史且不说吧。在汉代，汉代淮南王刘安组织文人撰写《淮南子》，融贯诸子，漫然包容，汪洋博洽，绚丽多彩；梁孝王刘武修建梁园（菟园），孕育了枚乘、邹阳、庄忌和司马相如等一流的汉代辞赋家。如果说辞赋由梁园而鼎盛，尔后辐射京师，造就一代之文学——汉赋，大约也不算言过其实。至魏晋时期，最为辉煌的建安文学也是扎根于江淮沃野的。“三曹”是那个时代文学的标志。鲁迅在《魏晋风度及文章与药及酒之关系》一文中推崇曹操文章清峻、通脱，是“改造文章的祖师”；说曹丕的时代是一个“文学自觉”的时代，因为他以“气”为主，所以华丽、壮大；也称赞曹植“文章做得好”。建安文学不仅是“汉魏风骨”的代表，也是中国文学史发展的转关。此后的正始文学，“嵇志清峻，阮旨遥深”（《文心雕龙·明诗》）。我们常识性的误解是，正始文学以竹林七贤为代表。其实，“阮旨遥深”是曹植后期文学的直接延伸，“嵇志清峻”才是正始文学的独特风格。这一风格恰恰形成于围绕在嵇康周围的嵇喜、刘伶、郭遐叔、郭遐周及以《思旧赋》垂名的向秀等人组成的文学群体。皖籍作家是构成这一文学群体的核心。

唐宋以降，虽然没有出现李白、杜甫那样的双子星座，苏轼、辛弃疾那样的巅峰对决，但是不仅李白、辛弃疾流寓江淮，创作大量诗词，构成安徽诗路的绚丽彩虹，而且也出现了后世诗名不彰、当时声誉极隆的“五言长城”刘长卿，元白新乐府运动的积极倡导者、参与者李绅、张籍，及晚唐“诗旨未能忘救物”（杜荀鹤《自叙》）的现实主义诗人杜荀鹤。宋代则有其诗被陆游称之与欧阳修文、蔡襄书“三者鼎立，各自名家”（《梅圣俞别集》序）的梅尧臣，“文章如大海之起涛澜，泰山之腾云气，倏散倏聚，倏明倏暗”（《张于湖先生集》序）的张孝祥，以及因编撰《江西宗派图》而在文学批评史上声名鹊起的吕本中等。如果以籍贯论，宋代还出现了一位与李清照齐名的歙州词人朱淑真，其《断肠集》至今读之也令人肠断。元、明两代皖籍诗人创作呈现下降趋势，至清代而复振。除了享誉中外的桐城派，其中元代方回虽以《瀛奎律髓》闻名于世，然其诗也“格力苍坚，在江湖诸集之上”（《四库全书简明目录》卷十七），成就显然超越了宋末江湖诗派。明末清初被称为“江左三大家”之一的龚鼎孳、王夫之推崇曰“诗体整健”的钱澄之，以及清代被誉为“南施北宋”的施闰章等，都是有口皆碑的名家。有清一代无论是学术还是文学，几乎集中于江南地区，成为“徽学”的重要研究对象之一。这种现象至现代而大放异彩，仅就新文化运动的旗手陈独秀、学术成就卓著而以《尝试集》开拓新诗天地的胡适而言，就足以振聋发聩了。

面对如此辉煌的安徽文化，如何从学术原典及其学术研究的视角，进一步加以发掘、研究，就非常必要了。《安徽诗人研究文存》也由此而产生。

三

为了落实中共中央办公厅、国务院办公厅《关于实施中华优秀传统文化传承发展工程的意见》以及《安徽新时代古籍工作实施意见》，深入发掘安徽文化底蕴，深化安徽诗人研究，强化安徽文化的认同感与归属感，安徽师范大学中国诗学研究中心由胡传志教授策划，刘运好教授任总主编，约请全国知名专家、学者，组织编写了《安徽诗人研究文存》。

《安徽诗人研究文存》以皖籍诗人研究为收录对象，共收录关于曹操、曹植、嵇康、刘长卿、张籍、梅尧臣、吕本中、张孝祥、方回、钱澄之、胡适等十余人的研究论文。论文收录范围，始于1921年，迄于2021年，以中国学者研究论文为主体，也酌情收录中国学者发表于海外期刊、海外学者发表于中国期刊的论文。所选学术论文必须以问题为核心，“研究综论”“会议纪要”“文坛掌故”之类，一律不予收录；重要学术著作中具有学术论文性质的相关章节也酌情收录。收录文章必须兼顾思想性与学术性两个方面：第一，有明显意识形态问题，或背离社会主义核心价值观的论文、专著章节，一律不予收录；有特定时代标记，但并无政治倾向问题的论文、专著章节，可酌情收录。第二，收录的论文、专著章节注重以下三点：（1）创新性。所选文章必须具有学术创新的特点，观点新、材料新、视角新，或三者皆备，或必具其一。（2）示范性。所选文章必须具有学术示范意义，蕴涵丰富的学术信息以及新的学术生长点。（3）时段性。所选文章在充分注重创新性、示范性的前提下，必须从学术史的角度，兼顾论文发表时段。对于不同诗人的不同研究现状，由分册主编斟酌处理，保留编选者的学术个性。

每一诗人的研究文存独立成册，有前言、正文、主要论文（论著）索引三个部分。（1）前言，由分册主编撰写，虽各有特点，却也斟酌以下三点：其一，从文学史视角，对所研究的诗人作简要评价；其二，从学术史视角，对历代研究成果略加评说；其三，从前瞻性视角，对所研究诗人提出若干有学术意义的理论话题。（2）正文，即所选论文、专著章节。体例上遵循以下四点：其一，论文尊重原著，原则上不作修改、删节；论著节选必须是构成独立论文的形式。对于原文表达的语病、引文谬误、错别字等则径改。其二，论文标题一仍原著，论著节选若原文没有标题，可由分册主编增设标题；为了保持全书格式相对统一，所选论文一律不设“内容提要”“关键词”，只录全文。其三，论文注释，早期论文保留原来注释形式，但相对统一，若引古籍须标明作者、著作名称及卷数、篇名，如“《淮南子》卷一《原道训》”；若引期刊须标明期刊名、出版日期或期别，如“《燕京学报》第19期”，一律采用脚注形式。新时期以后论文，无论发表于任何期刊，注释一律采用《文学遗产》论文规范格式。其四，注明文章来源，期刊注明刊名，著作节录注明节录之章节（名称）、出版社及出版年。（3）主要论文（论著）索引，突出“主要”，不必求全。此外，为了协调丛书各分册规模，便于读者阅读，所选篇幅控制在30万字左右。

相对于辉煌的安徽文化及其深厚的学术研究而言，《安徽诗人研究文存》仅仅是尝鼎一脔。这是一个需要不断努力、不断深化的理论命题。

刘运好

2023年5月

前　言

◎徐礼节

张籍是中唐著名诗人，也是安徽的历史名人，在文学史上有着重要的地位和影响，尤其是其乐府诗，与王建齐名，后世并称“张王乐府”。

一

张籍（766—830），字文昌，籍贯苏州，生于和州乌江县（治今马鞍山市和县乌江镇）。生平事迹比较简单，贫困多病但生活安定，官职不高但仕途平坦。入仕前的经历主要是求学和漫游。18岁北上河北“鹊山漳水”一带，与王建同窗长达十载；学成后赴京求荐应举，“失意未还家，马蹄尽四方”（王建《送张籍归江东》）；贞元十二年（796）秋回归和州（治今马鞍山市和县），不久孟郊及第东归相访；十三年冬，经孟郊介绍，北游汴州识韩愈；十四年秋，韩愈知汴州乡试，张籍获“首荐”；十五年春，进士及第。元和元年（806）调补太常寺太祝，此后一直任朝官，很少离开京城长安。元和十一年（816）转国子监助教，后历广文博士、秘书郎、国子博士、水部员外郎、主客郎中，大和四年（830）终国子司业，世称“张水部”“张司业”。

张籍的人生经历对其诗歌创作产生重要影响主要表现在两个方面。一是十年求学藩镇割据之地河北，后又漫游岭南、蓟北、吴越等广大地区，开阔了创作视野，使他切身感受到下层百姓的疾苦、军阀割据的黑暗以及战争造成的灾难，并广泛领略各地的民俗风情，这直接决定他用诗歌特别是乐府诗去反映广大民众的生活、情感、愿望以及风土人情，从而奠定他在文学史上的显著地位。二是结交王建、于鹄、孟郊、韩愈、白居易、元稹、贾岛、姚合等当时诗坛巨擘，频繁的诗艺交流与切磋不仅影响其独特诗风的形成，而且促进其诗歌广泛传播、提高知名度，从而影响到晚唐诗歌尤其是五律的创作走向。

同唐代多数诗人一样，张籍思想杂有释、道成分，但始终以儒家为主，如他在《与韩愈书》中就要求韩愈“兴存圣人之道，使时之人、后之人知其去绝异学”，“使圣人之道复见于唐”。其诗学思想也具有鲜明的儒学特征，突出的表现是倡导“大雅”“正声”。如其《废瑟词》：“千年曲谱不分明，乐府无人传正声。……几时天下复古乐，此瑟重奏《云门》曲。”在他看来，乐府“正声”是《云门》之类的先秦古乐。王建《送张籍归江东》：“君诗发大雅，正气回我肠。”白居易《读张籍古乐府》：“为诗意如何，六义互铺陈。风雅比兴外，未尝著空文。”可见张籍所崇尚的是“大雅”“六义”“风雅比兴”，也就是儒家奉为经典的《诗经》。当然，张籍并非倡导机械复古，而是强调寓“变”于“复”，即继承《诗经》的现实主义传统以反映现实、干预现实，充分发挥诗歌的“讽谕”“美刺”功能。诚如白居易《读张籍古乐府》所言：“读君《学仙》诗，可讽放佚君。读君《董公诗》，可诲贪暴臣。读君《商女》诗，可感悍妇仁。读君《勤齐》诗，可劝薄夫敦。上可裨教化，舒之济万民。下可理情性，卷之善一身。”“变”也包括艺术创新，张籍《送辛少府任乐安》即称扬辛少府：“才多不肯浪容身，老大诗章转更新。”其创作实践是最好的注脚，如宋梅尧臣《依韵和永叔澄心堂纸答刘原甫》评张籍诗：“张籍卢仝斗新怪，最称东野为奇瑰。”[①]清沈德潜《重订唐诗别裁集序》亦云：“张、王乐府，委折深婉，曲道人情，李青莲后之变体也。”[②]

这种寓“变”于“复”的诗学思想，决定张籍以复兴乐府“正声”为己任而大量创作乐府诗，而且乐府诗既呈现“古质”的艺术风貌，又具有鲜明的时代特征，从而与李、杜、元白等唐代其他名家乐府具有“文人诗”的特点明显不同，同时也影响其近体诗尤其是五律，在继承中求新变，形成浅近、平淡而新奇的审美特征。

二

张籍的诗歌创作，众体兼善，包括古体、近体，乃至联句、一字至七字诗等，其中成就最高、影响最大的是乐府诗和五律。

张籍乐府多数创作于入仕之前，元和中期已经著名，白居易元和九年（814）冬所作《读张籍古乐府》即云：“尤工乐府诗，举代少其伦。”唐赵璘《因话录·商部下》（卷三）：“元和以来……张司业籍善歌行，李贺能为新乐府，当时言歌篇者，宗此二人。”[③]五代张洎《张司业集序》：“元和中，公及元丞相、白乐天、孟东野歌调（徐按：一作词），天下宗匠，谓之‘元和体’。”[④]所谓“歌行”“歌调”均指乐府诗。张籍乐府的艺术特征和成就，主要表现为呈现《诗经·国风》、汉乐府民歌“古质”的“风歌”特征。对此，很多古人已经指出，如：

① 朱东润《梅尧臣集编年校注》卷二五，上海古籍出版社 1980 年版，第 800 页。
② （清）沈德潜《唐诗别裁集》，上海古籍出版社 1979 年版，第 3 页。
③ （唐）李肇、赵璘《唐国史补 因话录》，上海古籍出版社 1979 年版，第 82 页。
④ （唐）张籍《唐张司业诗集》，明正德十年（1515）刘成德刻本。

(宋)曾季狸:“唐人乐府,惟张籍、王建古质。”“唐人诗有古乐府气象者,惟此二人(徐按:另指孟郊)。”①

(元)陈绎曾:“张籍祖《国风》,宗汉乐府,思难辞易。”②

(明)高棅:“大历以还,古声愈下,独张籍、王建二家体制相似,稍复古意。或旧曲新声,或新题古义,词旨通畅,悲欢穷泰,慨然有古歌谣之遗风……亦唐世流风之变而得其正也欤?”③

(清)王夫之:“文昌乐府亦托胎歌谣。”④

(清)管世铭:“乐府……张文昌、王仲初创为新制,文今意古,言浅讽深,颇合《三百篇》兴、观、群、怨之旨。……至张、王尚有古音,元白始全今调。”⑤

(清)张实居:“(乐府)至唐人多与诗无别。惟张籍、王建犹能近古,而气象虽别,亦可宗也。”⑥

具体地说,张籍乐府具有平民性、讽谕性、风教性和民歌性。所谓平民性,指主要反映下层百姓的社会生活、内心世界和风土人情。张籍乐府绝大多数以平民为描写对象,如征夫、役夫、农夫、樵夫、渔夫、商贾、游子、思妇、牧童等,且所写多是习见的事件、情感和愿望,如戍边、耕种、采莲、商旅、采

① (宋)曾季狸《艇斋诗话》,《历代诗话续编》,中华书局 1983 年版,第 295 页、324 页。

② (明)胡震亨《唐音癸签·评汇三》卷七引,上海古籍出版社 1981 年版,第 66 页。

③ (明)高棅《唐诗品汇·七言古诗叙目》,上海古籍出版社 1982 年版,第 269 页。

④ (清)王夫之《唐诗评选》卷一评张籍《泗水行》,文化艺术出版社 1997 年版,第 32 页。

⑤ (清)管世铭《读雪山房唐诗序例·七古凡例》,《清诗话续编》,上海古籍出版社 1983 年版,第 1549 页。

⑥ (清)王士禛等《师友诗传录》,《清诗话》,上海古籍出版社 1978 年版,第 132 页。

樵、牧牛、缝衣等日常事务，乡情、友情、亲情、爱情、惜花、宫怨、旅愁等内心情思，除国难、收失地、祈福祉、盼团圆、望甘霖等美好愿望，丧葬、祭神、社日、早市、乌啼兆赦、鼍鸣预雨等民俗风情，等等；即使是抨击时弊，也往往借助于描写平民日常生活，如《牧童词》；甚至还有纯粹描绘乡村、城市风光的，如《泗水行》《成都曲》等。

讽谕性，即发扬《诗经》以来尤其是汉乐府“感于哀乐，缘事而发”的现实主义传统，广泛而深刻地揭示社会弊端，以规谏统治者改善政治。张籍所处时代，尤其是贞元时期，各种社会矛盾激化，异族入侵，藩镇叛乱，佛道昌炽，统治者腐朽，贪官污吏巧取豪夺，繁重的兵役、劳役、课税压迫，封建婚姻制度、宫廷制度对妇女的摧残等，给广大百姓带来深重灾难，这些张籍乐府都有深刻而生动的反映，如《征妇怨》《野老歌》《促促词》《猛虎行》《求仙行》等都是代表作。这也是张籍乐府主要成就之所在。

风教性，即扬善抑恶，充分发挥诗歌的教化作用。张籍乐府在揭露社会问题、抨击腐败现象的同时，还注重弘扬社会正气，褒扬符合儒家伦理纲常、利于封建统治的善行义举，以“美教化，厚人伦”。如《董公诗》歌颂董晋不顾个人安危而单车入汴平定叛乱的勇义行为，《征西将》歌颂将士杀敌报国、收复失地的牺牲精神，《节妇吟》歌颂妇女的贞洁品行，《江陵孝女》歌颂孝女的孝行孝道，等等，都是这类作品。明刘成德《唐司业张籍诗集序》即云：“其乐府诗，景真情真，有风人之意。”①

民歌性，即继承并弘扬古乐府民歌的艺术表现技法和语言风格，且合乐可歌。在艺术表现方面，张籍常以主人公第一人称或第三人称（李、杜等则常以诗人自我身份和口吻）来叙

① （唐）张籍《唐张司业诗集》，明正德十年（1515）刘成德刻本。

事抒情，且多运用典型化、寓主观于客观、比兴、寓言、卒章显志等手法。元范梈《木天禁语》："乐府篇法，张籍为第一，王建近体次之……张、王最古。"[①]所谓"古"，即谓与古乐府民歌相似。在语言方面，张籍乐府也是如此，如喜用"三三""三五""三七"言句式和通俗浅近的口语、俚语、俗语以及叠音词等，故明李东阳《麓堂诗话》云："唐诗，张文昌善用俚语。"[②]清毛先舒《诗辩坻》亦云："张、王乐府，最为俚近。"[③]张籍乐府还多合乐可歌，其自谓"名因天下闻，传者入歌声"（《祭退之》）、"谁能听我《辛苦行》，为向君前歌一声"（《羁旅行》），白居易、姚合分别称赞"愿播内乐府，时得闻至尊"（《读张籍古乐府》）、"麟台添集卷，乐府换歌词"（《赠张籍太祝》）等，皆可证明。

张籍乐府的艺术特征和成就，还表现在新"变"上，如大量创作新题乐府、采用唐时流行的律体、注重构思新奇、向平民内心世界和风土人情开拓等。

正因寓"变"于"复"，形成独特风格，张籍乐府赢得后世的高度评价，如宋周紫芝《竹坡诗话》竟认为"唐人作乐府者甚多，当以张文昌为第一"[④]，清潘德舆《养一斋诗话》也认为"文昌乐府，古质深挚，其才下于李、杜一等，此外更无人到"[⑤]。

张籍五律属于王、孟"清空闲远"一格，基本上"步趋大历"[⑥]，主要表现为：题材内敛，多写自我日常生活，"景不越于目前，情不逾于人我，无复高足阔步、包括宇宙、综揽人物之

---

① （元）范梈《木天禁语》，《历代诗话》，中华书局 1981 年版，第 746 页。

② （明）李东阳《麓堂诗话》，《历代诗话续编》，中华书局 1983 年版，第 1375 页。

③ （清）毛先舒《诗辩坻》卷三，《清诗话续编》，上海古籍出版社 1983 年版，第 46 页。

④ （宋）周紫芝《竹坡诗话》，《历代诗话》，中华书局 1981 年版，第 354 页。

⑤ （清）潘德舆《养一斋诗话》卷四，《清诗话续编》，上海古籍出版社 1983 年版，第 2057 页。

⑥ （清）乔亿《剑溪说诗》卷下，《清诗话续编》，上海古籍出版社 1983 年版，第 1093 页。

意”[①]；内容感伤，多弥漫着离别、失意、孤独、闲寂、贫病的愁绪；意境凄黯，多写“秋”“晚”，喜用云、雨、烟、雾、霜等意象以及“暗”“阴”“黑”等形容词；诗风平淡，寓深厚意蕴于平浅的语言中，诚所谓“平澹可爱”[②]、“以浅淡而妙”[③]。不过，其成就主要体现在对“大历”的发展与突破上，即五代张洎《项斯诗集序》所概括的“工于匠物，字清意远”[④]，具体地说，就是立足于描绘身边所见事物，追求构思新颖奇特、意境清新优美、语言浅易平实，以抒写自我日常生活中的幽微情思，看似浅淡，实则意味无穷。其突出特点，即明杨慎所批评的：“颈联，极其用工。又忌用事，谓之‘点鬼簿’，惟搜眼前景而深刻思之。”[⑤]或许是这种“惟搜眼前景而深刻思之”的创作方式与审美要求，适合中晚唐诗人尤其是“穷士诗人”的创作需要，张籍五律在中晚唐诗坛影响深远，不仅直接沾溉朱庆馀等一批追随者，且影响姚合、贾岛及其诗派的诗人，诚如谢无量所云：“（张籍）晚乃传律格诗，及门者甚众，晚唐诸家多效其体。……盖律体由大历以来，至于张、姚，而全开晚唐之风格矣。”[⑥]可以说，张籍是晚唐诗风尤其是“晚唐体”的重要开启者。

三

关于张籍及其诗歌的研究，可上溯到其友人如王建、韩

① （清）贺裳《载酒园诗话又编》“刘长卿”条，《清诗话续编》，上海古籍出版社 1983 年版，第 331 页。

② （宋）刘攽《中山诗话》，《历代诗话》，中华书局 1981 年版，第 288 页。

③ （清）贺裳《载酒园诗话又编》“张籍王建”条，《清诗话续编》，上海古籍出版社 1983 年版，第 357 页。

④ 《全唐文》附《唐文拾遗》卷四七，中华书局 1983 年版，第 10906 页。

⑤ （明）杨慎《升庵诗话》卷一一“晚唐两诗派”条，《历代诗话续编》，中华书局 1983 年版，第 851 页。

⑥ 谢无量《中国大文学史》卷七，中州古籍出版社 1992 年版，第 35 页。

愈、白居易等与他的交往诗，然而因相关文史资料的缺乏以及研究条件的限制，民国之前，张籍研究主要集中于诗文整理、生平事迹梳理、里贯考辨、诗歌艺术特征和成就以及渊源流变的探讨等，总体上说不够全面系统，也不够深入。其中诗文整理研究成果最为突出，今所知抄刻本就有近20种；其他研究成果主要是史乘的传记，有关诗文、诗选、诗话、笔记中的评论评点，以及张籍诗集的序跋等，基本上是述而不论。值得注意的是，古人留下不少学术话题。如关于张籍里贯，有《旧唐书·韩愈传》“东郡”、《新唐书·张籍传》等“和州乌江”、宋汤中《张司业集》跋等“吴郡”三说，孰是孰非？再如关于张籍诗的通俗性，尤其是写“心中事”，用俚语、俗语等，宋周紫芝《竹坡诗话》、明李东阳《麓堂诗话》等持肯定态度，而宋张戒《岁寒堂诗话》、明陆时雍《诗镜总论》等则给予贬抑，到底该怎样看待？再如关于张籍乐府，唐李肇《唐国史补》等誉之“元和体”，宋严羽《沧浪诗话》等称之“张籍王建体”；其近体，五代张洎《张司业集序》等认为是唐诗发展之“一变”，宋刘克庄《韩隐君诗序》等谓之“晚唐体”，这反映出张籍诗歌有着怎样的艺术成就与社会影响？又如元方回、明杨慎、清李怀民皆分晚唐诗为张籍、贾岛两派，为何如此划分？这些问题都是值得后人深入讨论的。

民国以后至1979年改革开放，张籍研究多数是围绕文学史或教材的编写开展的，总体上说仍然不够系统、深入。值得注意的是，这时期诞生了几部具有重要学术价值和意义的著作，如陈延杰《张籍诗注》（1938年版），堪称当代张籍诗文笺注的发轫之作；中华书局上海编辑所的《张籍诗集》（1959年版），则开启当代张籍文献整理研究的先河；卞孝萱《张籍简谱》（1959年）、罗联添（台湾）《张籍年谱》（1962年版）以及余嘉锡《四库提要辨证》（卷二〇）中关于张籍生平事迹的考证，皆以详实的文史资料和严谨周密的考证，奠定当代张籍生平研究的基石——改革开放以后的相关研究基本是在这些成果基础上的进一步开拓和发明。还需要指出的是，陈延杰《张籍诗注·序》云："籍诗直而不野，婉而多讽，盖介乎二者（徐按：指韩孟、元白）之间，殆如史所称以交游而及于诗如此欤？"[①]这种对张籍诗风及其与韩孟、元白两派关系的认识，无疑具有启发意义。徐澄宇《张王乐府·导言》（1957年版）运用马克思主义的现实主义创作论和文学批评阶级论，对张籍乐府的成就及其创作的时代因素、主体因素进行较为深入的分析，今天看来仍不乏灼见。

20世纪80年代以后，张籍研究受到学界高度重视，呈现全方位深入推进、成果层出不穷的局面，特别是以下几方面，成果最为突出。

诗文整理研究。这是最基础的研究，成果主要有三方面。一是辑佚。陈尚君《全唐诗续拾》（卷二五）从宋潘自牧编《记纂渊海》中辑得《咏陀罗山》1首（徐按：重出金元好问《遗山先生文集》卷一〇，当为张籍作），王其祎、周晓薇从新出土的唐代碑志拓片中发现《唐阳城县主李应玄墓志铭》1篇，都是弥补现存张籍诗文集缺失的重要收获。二是重出诗甄别。现存各版本张籍诗作，皆有不少重出其他唐人甚至宋、明人诗集。佟培基先生最早开展《全唐诗》重出诗研究并取得突破性成果，其《全唐诗重出误收考》（1996年版）对《全唐诗》所收张籍诗的重出问题进行全面梳理和考辨，多数结论是可信的；其后徐礼节等再深入推进，使得现存版本中张籍重出诗的归属问题多数有了定论（见《张籍集系年校注》，2011年版）。三是诗集版本研究与诗文校勘、注释、系年等整理研究。焦体检的相关论文以及李建昆（台湾）《张籍诗集校注》、徐礼节和余恕诚《张籍集系年校注》

① 陈延杰《张籍诗注》，商务印书馆1938年版，第1页。

等，是这方面的代表性成果，其中《张籍集系年校注》填补了张籍作品系年的空白。

生平事迹研究。文学研究必须“知人论世”，然而因资料匮乏，张籍生平事迹很多是未知的，尤其是入仕之前的经历，几乎是空白，而且不少已知的也难以确考而模糊不清。为寻求突破，研究者广泛搜集相关材料（如地方志、新出土文献等）并充分借鉴相关研究成果，运用系统分析、文史互证等方法进行深入考证，取得大量成果，如潘竟翰《张籍系年考证》、张国光《唐乐府诗人张籍生平考证》、郭文镐《张籍生平二三事考辨》、吴汝煜《中唐诗人琐考》等都是力作。首先，关于张籍后期历官、出使、诗歌创作以及与韩愈、白居易等名家交游等的考证，多数有了比较充分的证据，基本可以定论。其次，不少有争议的问题也逐渐明朗，有的已形成初步共识。如关于张籍里贯，向有三说，经过讨论，学界基本取得一致意见，即张籍籍贯吴郡（苏州），生于和州乌江，少年时代曾居苏州，故亦认苏州为故乡。再如关于张籍生年，有“代宗初年（约765）”“大历元年（766）”“768（大历三年）”“大历五年（770）”“大历七年（772）”“大历初”等多说，经过讨论，学界基本认同“大历元年”说。又如张籍求学“鹊山漳水”的地域、南游岭南与吴越以及患眼疾的时间等，都是如此。再次，填补大量空白。如《唐阳城县主李应玄墓志铭》的发现，弥补了张籍与翼王（顺宗第二十一子李绰）府长史丘运交游材料的缺失，且破解张籍《哭丘长史》二首之“丘长史”所指之谜（此前学界或以为指丘儒）。再如《明一统志·安庆府·名宦》所载“张籍（舒州从事，有文名，麴令为祠堂记）”[①]的发现，也为填补张籍入仕前幕

① （明）李贤等《明一统志》卷一四，文渊阁《四库全书》第472册，台北商务印书馆1983年版，第336页。

府经历空白提供了可参的材料和线索。

诗歌创作研究。关于乐府诗的创作，学界探讨的重点是张籍乐府与元白新乐府之间的关系，主要有三种观点。一是张王乐府是元白新乐府的先导，张王影响了元白，如谢思炜《从张王乐府诗体看元白的“新乐府”概念》等。二是张王古乐府影响并开启元白新乐府，而元白新乐府反过来又影响张王新乐府的创作，如张煜《张王乐府与元白新乐府创作关系再考察》等。三是张王与元白新乐府创作各自独立，彼此之间并无太多联系，如徐礼节、余恕诚《张王与元白新乐府创作关系考论》等。此外，学界还就张籍乐府的创作时间、创作方式等进行探讨，比较一致的意见是张籍乐府大多数创作于入仕之前，即求学与漫游时期，且有相当数量的作品是与王建的唱和之作，包括同题与异题唱和、古题与新题唱和。

关于张籍乐府的艺术特征与成就，学界基本继承古人所谓“古质”“有古歌谣之遗风”“文今意古，言浅讽深”等认识，并进行系统深入的分析和论证。值得注意的是，研究者更注重张籍乐府广泛而深刻地反映中唐社会现实的现实主义精神以及向百姓内心世界、风俗人情开拓等诗学贡献，如刘航《对风俗内涵的着意开掘——中唐乐府的新思路》等；更注重分析张王乐府与元白乐府、张籍乐府与王建乐府的异同以揭示其个性特征，如周明《“道得人心中事”的艺术——张籍、王建乐府比较》等；同时注意结合分析“张籍王建体”“同变时流”等美誉的内涵、意义以探讨张籍乐府的艺术成就与诗史地位，如于展东《“张籍王建体”研究》（博士学位论文）等。

关于张籍乐府的艺术渊源与影响因素，研究者在充分肯定他继承《诗经》、汉乐府以来尤其是杜甫“即事名篇，无复依傍”的现实主义传统的同时，还将他置于中唐时期复杂的政治背景和社会思潮中进行考察，力求揭示其更深层次的社会原因。如孟二冬《论张籍的归属及相关问题》指出，张籍乐府与“自杜甫、元结以来，以乐府诗的形式反映社会现实，在中唐时期已经形成较为普遍的风气”[①]有很大关系，而许总《论张王乐府与唐中期诗学思潮转向》则认为，张王乐府是唐代中期诗学思潮由理想转向写实的影响必然。

关于张籍近体诗的艺术特征与成就，研究成果相对薄弱，主要是硕士和博士学位论文，且基本上未超出前人既有的认识。值得肯定的有两方面。一是重视借鉴古人的研究成果。如宗瑞冰《评点视野下的张籍五律诗歌艺术——以李怀民评点为例》，通过系统梳理清李怀民对张籍五律的评点评论，来分析探讨张籍五律的艺术特征与成就。二是注意开拓研究视野。如于展东《从张籍王建赠酬送答七律创作看中唐七律的通俗化倾向》，将张籍七律置于中唐七律发展史上进行考察，更能揭示其通俗化的艺术特征及其形成原因。

关于张籍诗歌的总体风格及其影响因素，研究者同样注重诗风相近诗人的比较分析以及社会背景分析。如张震英《论姚贾与张王》，借助比较分析姚贾与张王诗风的异同，以揭示彼此的艺术特征与相互间的影响关系；徐礼节《中唐的民族关系与“张王”诗歌》，将张王诗歌置于中唐民族关系的背景下，揭示民族关系对其创作的深刻影响；宗瑞冰《张籍诗歌的“江南文学”特征》，着眼张籍成长于江南，探讨江南文化赋予其诗歌的地域文化特征；等等，都是有意义的探索。

代表作品研究。注重以艺术鉴赏为核心、以促进古典诗歌普及教育为目标的作品分析与研究，是改革开放以后张籍研究的可喜现象。就笔者所见，公开发表专文进行讨论的作品就有《节妇吟》《秋思》《野老歌》《夜到渔家》《酬朱庆馀》《祭退

① 孟二冬《孟二冬文存》，高等教育出版社 2007 年版，第 328 页。

之》《牧童词》《赠海东僧》《征妇怨》《凉州词三首》等十余首，其中关于《节妇吟》的讨论最为热烈，讨论焦点是其本事与艺术魅力。需要指出的是，王孝华《张籍〈赠海东僧〉考释——渤海史料钩沉之一》，不仅对该诗的艺术性进行分析，还立足于文史考证，揭示其史学价值与文化意义。

诗歌接受研究。20世纪末，学界开始关注张籍的诗歌接受史研究，王锡九《“张王乐府”与宋诗》是较早的代表性成果，该文从诗学批评、创作影响等角度，初步阐述了张王乐府在宋代的接受情况。随后不断有研究者分别就张籍近体诗对中晚唐诗坛（“晚唐体”）尤其是贾岛、姚合、司空图等的影响，张籍乐府诗对宋代张耒、清代梁佩兰等的影响，明代唐诗选本对张籍经典作品的遴选，以及元方回、明杨慎、清李怀民等诗论家对张籍的诗学阐释等，进行系统梳理和深入研讨，取得一批较为扎实的成果。

总之，现当代张籍研究所取得的成果是比较丰硕的。不过也应该看到，无论是成果的质量还是数量，相对于张籍的诗史地位来说还是不相称的，相较于唐代其他名家的研究而言也显得明显不足，这固然有相关资料缺乏的因素，但主要原因还是学术资源投入有限。其实，张籍研究无论是领域的拓展、视角的转换、方法的创新，还是新材料的发现（如出土墓志）等，都尚有可以突破的空间。譬如张籍乐府诗，其复杂的存在属性，要求研究者必须突破单纯的诗学而结合音乐学、民俗学、经学、文化学、社会学等进行综合阐释，才能还原其本真，揭示其蕴藏的文化内涵、人文精神与诗学意义，而这方面目前做得远远不够。再如接受史研究，张籍作为经典作家，其所以为历代接受的独特魅力何在？各代对张籍的诗学阐释有何不同？何以不同？张籍对于历代诗人的创作到底产生了怎样的影响？为何产生这样的影响？张籍的接受史反映着怎样的诗学规律？张籍的当代价值是什么？如何实现张籍的当代价值？这些问题都有待研究者去探索。

四

本书作为《安徽诗人研究文存》之一种，遵循丛刊选文的总体原则和要求，即所选文章为现当代在境内公开发表或出版的张籍研究重要成果（含节选），并充分体现学术的创新性、示范性和时段性。就张籍研究的选文而言，尚有几点需要说明。

首先，张籍是中唐著名诗人，涉及张籍的唐诗研究论文无疑数量巨大，本书仅选录张籍研究的专题论文或以张籍为主要研究对象的重要论文，其他一概忽略。

其次，为比较全面地展示张籍研究的重要突破和成就，在保证基本学术质量的前提下，尽可能地扩大在观点、材料、视角、方法等方面有新突破的选文以及研究者、研究领域的覆盖面，严格控制同一研究者的选文数量以及在观点、材料等方面具有一定相似性论文的重复选录。

再次，因受总体字数的限制，不少篇幅较长的高质量研究成果未能入选，如张国光《唐乐府诗人张籍生平考证》、孟二冬《论张籍的归属及相关问题》以及部分硕士、博士学位论文等。

此外，为体现“学术史”的脉络，选文先分研究领域，再按发表或出版时间先后的顺序排列。

由于视野和能力有限，本书一定存在挂一漏万等不足，甚至有不妥之处，敬请学界同仁以及读者批评指正！

2022年8月22日

《张籍诗注》序

◎陈延杰

史称张籍以诗名，当代公卿裴度、令狐楚，才名如白居易、元稹，皆与之游，而韩愈尤重之。推此意，籍亦一笃实君子，盖狷者流也。吾尝以为元和、长庆间，诗有二派：其一生涩奥衍，若韩愈、孟郊、卢仝、李贺、贾岛其著也；其一平易清远，若元稹、白居易、刘禹锡是。籍诗直而不野，婉而多讽，盖介乎二者之间，殆如史所称以交游而及于诗如此欤？籍能为乐府词，惆怅切情，有风人之旨，盖近乎韩、孟者。其五言律，雅健清远，善状物态，李怀民《主客图》所推为“清真雅正主”者，良不虚也。至于七言律以及五绝，又皆有和平之音，此并近乎元白者。若夫七言绝句，则词旨铿锵，音调凄楚，又近乎刘宾客者也。嗟夫！籍家无钱财，诚不以畜妻子忧饥寒乱心，乃能为二派之诗，一吐其胸中之奇，其亦大可悲矣！吾观昌黎《代籍与李浙东书》，谓其善为古诗，使人凭几而听之，未必不如听吹竹弹丝敲金击石也。其志可悯，故其遇止穷于水部，此又东坡所谓诗人例作水曹郎也。然则籍废于俗辈，而独以诗名，其天将穷饿其身，思愁其心肠，而使自鸣其不平者欤？水部诗自宋以来无注者，余颇惜之。余穷卧溪山，亦以身废，既为郊、岛诗作注，又感水部之寒饿，复注其诗，令后之学者，得以知其志焉。江宁陈延杰。

（原载《张籍诗注》，商务印书馆1938年版）

《张王乐府》导言

◎徐澄宇

张籍、王建是中唐著名的诗人，尤其是著名的“乐府”诗人，这不是偶然的。在唐朝三百年的诗人中，有很多以“乐府”诗擅场，而张王独以“乐府”名；有很多以“五言”（指五言古诗和律诗）擅场，而王（维）、孟（浩然）、韦（应物）、柳（宗元）独以“五言”名；有很多以“七言绝句”擅场，而王（昌龄）、李（白）独以“七绝”名；有很多以“五言绝句”擅场，而王（维）、裴（迪）独以“五绝”名；有很多以“七言歌行”擅场，而王（维）、李（颀）、高（适）、岑（参）、李（白）、杜（甫）的“七言歌行”最为有名；有很多以“七言律诗”擅场，而王维、李颀和杜甫的“七言律诗”为唐代第一。这其中虽有很多人是“掩有众长”（如王维、杜甫、李白，李七律、杜七绝稍逊），但是各人的独到之境足以与另一人齐名，必有一定的原因。现在我们根据这个原则来谈谈张王乐府。

一、天宝以来的社会情况

研究一个作家的作品，首先必须了解他所处的时代背景和历史的发展情况。

张王所处的时代背景，要溯源于天宝以来的社会情况。张王乐府很广阔而且深刻地反映了当时的现实，也要溯源于天宝以来的社会情况。

唐玄宗统治的四十几年中，前二十几年是开元盛世，是继承着唐太宗贞观以来社会上升的情况的，政治比较休明，经济最为富庶，人民生活安定。所以杜甫在他的《忆昔》一诗里追忆开元盛世说：

> 忆昔开元全盛日，小邑犹藏万家室。稻米流脂粟米白，公私仓廪俱丰实。九州道路无豺虎，远行不劳吉日出。齐纨鲁缟车班班，男耕女桑不相失。宫中圣人奏《云门》，天下朋友皆胶漆。百余年间未灾变，叔孙礼乐萧何律。……

这首诗，一句一句把太平盛世的景象从各方面刻画出来了，然而就在这样一个社会富庶的情况之下，孕育了统治阶级高度的腐化享乐；腐化生活无底的浪费，造成了统治阶级贪污无能，因而加强了对人民的剥削，加深了封建统治阶级与广大人民之间尖锐的矛盾。又由于腐化无能的无耻权贵妄想以“边功”来缓和阶级矛盾而引起种族矛盾，由于阶级矛盾和种族矛盾的错综，酿成“安史之乱”，弄得兵灾遍地、农村破产。所以从唐玄宗统治时代的后半期——天宝以后，尤其是天宝十四载（755）“安史之乱”起，种族矛盾、阶级斗争一齐爆发。从“安史之乱”起一直到唐帝国的崩溃，封建统治内部长期分化——地方割据的军阀（藩镇）和中央政权（朝廷）长期对抗；安史之乱虽平，而回纥、吐蕃等外族不断侵袭，尤其是吐蕃先后入寇，并且侵占唐朝京畿西北重要地带，陇西河湟长期陷于异族，形成种族之间不可调和的矛盾。

在经济方面，首先统治阶级对人民加强剥削，横征暴敛，弄得民不聊生。从宇文融到杨慎矜，继之以王𫓹、杨国忠等一系列的赃官对人民施行高度的聚敛敲剥，中唐以后刘晏、杨炎等

“整理税收”，“两税”“间架”“除陌钱”等敲剥方法“精益求精”；加之以藩镇割据，兵费支出浩大，河北、山东乃至河南等处赋税不入中央，河陇沦陷之后，土地出产全部为外族所有，于是中央一部分地方所有的财政担负就全都压在江淮一带的人民头上。

因此，人民的痛苦是建筑在“阶级矛盾”“种族斗争”“军阀混战”“农村破产”“社会混乱”种种交互综错的“危崖”之上的。而这个“危崖”也就是诗人张籍、王建乐府诗歌的现实基础。当然，这个现实基础是中晚唐诗人所共有的，而在现实主义与新乐府运动的中坚人物方面，是更显得集中而突出的。

二、杜甫以来的现实主义与新乐府运动

基于这样的时代背景和社会情况，很自然的，我们热爱人民、热爱祖国的诗人就他们生活的实践体验所得而发挥讥刺褒贬的现实主义的传统精神就得到了伟大的成就，其中最突出的，就是我国中古以来最伟大的诗人杜甫。

当然，杜甫的伟大成就，其基础是错综而复杂的，他批判地吸收了《诗经》、《楚辞》、汉魏乐府以来的诗歌传统的优点以成就他创作的格律，而思想方面又基于儒家人道主义的精神，通过“美刺比兴”的方法，达到批判现实的战斗任务。在思想性与艺术性的综合上，他开始在解放体的“新乐府”运动中得到伟大的成就。

在这一运动的号召之下，出身较晚于杜甫的青年诗人元结的《舂陵行》和《系乐府》（一种新题乐府）就成为这一运动的继承者。《系乐府》中的《贫妇词》《去乡悲》《农臣怨》《下客谣》都是在替人民说话。

还有顾况的《游子吟》和《弃妇词》（李白集中亦有此

诗，元人萧士赟谓此实顾况之作，后人添增数句，窜入李白集中），戴叔伦的《去妇怨》《女耕田行》《边城曲》《屯田词》，戎昱的《苦哉行》和《苦辛行》，都是通过一定的形象反映事物本质，批判了不合理的社会现象。

再其次张籍、王建才专门以这一体的“乐府”诗闻名于当时而形成了杜甫以来现实主义与新乐府运动中的“重要人物”。李绅、白居易、元稹则是这一运动系统的完成者，当然各人尤其是白居易都有他新发展的伟大的一面。再其后到了皮日休和聂夷中就应该是这个系统的尾声了。

在这一个运动的系统中，这些人物的作品有一些共同的特点。就内容说，他们的作品都是反映现实，为人民说话，反压迫，反战争；就形式论，他们的作品大多是即事名篇，自创新题。而张籍、王建在这些共同特点中又自有他们突出的风格，有异于其他诸人而值得提出研究的。这是我这本《张王乐府》之所以编注的目的。

三、生活在人民队伍中的张王生平及其师友渊源

张籍、王建的生平不像他们的前辈大诗人李白、杜甫那样煊赫有名，尤其没有像比他们稍后的元稹、白居易那样的高官显位，这在文字的宣传和作品的社会地位方面，无论主观还是客观的条件上都是“仰愧前贤”“俯逊来裔”的，然而他们的伟大不在于当世的宣传和地位。

在当时皇朝的时序上，他们都是所谓“元和诗人”。他们两人同年生（张籍赠王建诗有“年状皆齐初有髭”句），而王建的仕进较早于张籍。张籍《赠王司马》诗：“白笏朱衫年少时，久登班列会朝仪。”足以说明他自己登第在王建之后。

张籍，字文昌，苏州吴人。（张籍《寄苏州白二十二使

君》："登第早年同座主，题诗今日是州民。"是其自白为苏州人，或作和州人者误也。）唐德宗贞元十五年（799）进士，做太常寺太祝的官（在皇帝宗庙里助祭祝福的官），随后又做到秘书郎（管图书），老师韩愈荐他做国子博士（或曰助教），后来做到水部（属工部，掌沟洫漕运等事的部门）员外郎（秘书顾问参事之类）、主客郎中（招待宾客事项）等职，所以又称他为张水部，都是闲曹卑官。最后又做到国子司业，因此又称张司业。博士、助教、司业都是国子监的小官。他在元白诸人之外，别树一帜而得名最久。早年以乐府诗与王建齐名，交情也很深，晚年又传格律诗，在近体方面讲究格律工秀，及门弟子很多。但是他最大的成就不在晚年的格律诗而在他早年的乐府。白居易的诗说："张君何为者？业文三十春。尤工乐府诗，举代少其伦。"可说是推尊备至。又说他乐府诗的内容是："为诗意如何，六义互铺陈。风雅比兴外，未尝著空文。"这说明张籍的诗是在发扬《诗经》以来现实主义的传统精神，也可以证明他对白居易起过影响作用。他同韩愈的关系在师友之间，韩愈极推重他。他性情刚直孤傲，看见韩愈喜欢赌博、喜欢搞许多驳杂不纯之说，喜欢同人家以议论争胜，喜欢排斥佛老而不能著书，都认为不好而加以责备，韩愈也不以为怪。他的后辈姚合读了他的乐府诗，作诗称颂他说："绝妙江南曲，凄凉怨女诗。古风无手敌，新语是人知。"可知他的乐府在当时已有定评了。仅从张籍的诗集里找出的他的师友关系，除上述诸人外，还有孟郊、于鹄、贾岛、令狐楚、李馀、施肩吾、裴度、元稹诸人，后辈或及门如姚合、朱庆馀、项斯等也都是显名当世的诗人。但以乐府诗而论，他同这些人是少有渊源的。

王建，字仲初，颍川（河南许昌）人。中进士后，据《全唐诗》小传说他初为渭南尉，历秘书丞（帮办秘书）、侍御史（御史府中小官，有管文书的，有管纠查的），太和（文宗年号）中出为陕州（河南省灵宝、阌乡、卢氏三县地）司马（州里的小带兵官或理财务，实际无兵可带，也谈不上理财）。他自己诗集里则有《初到昭应呈同僚》《昭应官舍》和《县丞厅即事》（昭应今临潼县）等篇，大概在渭南作尉，在昭应作丞，都是位卑禄薄的小官。后来又从军塞上，《古从军》一首可能是他生活实践的写照。最后他退职归居咸阳原上，有《原上新居》十二首，那就等于一个普通人民了。

关于王建的生年，近人如闻一多的《唐诗大系》"王建"条下注明生卒是"七六八—八三〇？"（张籍同），"七六八"即代宗大历三年，而《全唐诗》小传说他是"大历十年进士"，清人徐松《登科记考》："大历十年进士二十七人，有崔恒、崔穜、卢士阅及东都丁泽、王建等人。"（辛文房《唐才子传》等书大略相同）王建为丁泽榜第二人。据此则生于三年之说自不可据，他举进士后初次即在昭应、渭南等县作官，《初到昭应呈同僚》云："白发初为吏，有惭年少郎。""初"是说明第一次，第一次作官已经是白发，则必在四十以上。这些都说明生于大历三年之不可据。他的诗友除了与他齐名的张籍，还有贾岛、韩愈、刘禹锡、孟郊、白居易、李益、杨巨源等人。虽然他在当时还认识许多达官贵人如李吉甫、裴度、令狐楚、武元衡、张弘靖、杜元颖、郑权等人，还有魏州李相公、田将军、郭将军等一般人，但是这些人对于他的文学和出处都没有什么关系。

他们两人都很穷，尤其是王建，其职位只是衙署里的一名小吏。这使得他几乎生活在人民中间而没有阶级的距离。他的一首《自伤》，简直是他的自传，我们引在这里，作为他生活的速写：

衰门海内几多人？满眼公卿总不亲。四授官资元七品，再经婚娶尚单身。图书亦为频移尽，兄弟还因数散贫。独自在家长似客，黄昏哭向野田春。

这应当是他晚年卜居咸阳原上的作品。他的家世出身，既不是高门大姓的山东旧望，也不是“近代簪缨”的新兴贵介。他的七品卑职，仅能糊口，晚年无妻无子，孑然单身。虽然他曾经“仕一官”，结交“豪贵”，实际上他是出身于“衰门”（寒族）的一个穷苦人民。因之，他比张籍更进一步地能为人民讲话，而讲得也更深入、更形象化，他的作品接触实际生活也就更亲切。

四、李杜元白以外的“乐府正宗”

张王乐府虽然同属杜甫以来的现实主义与新乐府运动的系统，而与这系统中其他诗人的作风究竟有所不同，而自成其为李、杜、元白以外的“乐府正宗”。我们来进一步研究他们成为“乐府正宗”的缘故。

首先，李白渊源于鲍照、谢朓而变化于王维、李颀，以歌行为乐府，时参以《楚辞》的旧调，而自成其为李白的乐府。杜甫渊源《风》《雅》，熔铸百家，不拘守旧题，“率皆即事名篇，无复依傍”（元稹《乐府古题序》），自铸伟词，别开生面，以自成其为杜甫的乐府。虽然一则是略守陈规，一则是解放新裁；一则是飘逸豪放，一则是慷慨激越，但就其艺术性而论都是“变风”“变雅”式的“乐府别派”。而杜甫的空前绝后又不在于乐府一体。

元稹、白居易和李绅以杜甫为先导大师而有意地展开现实主义的新乐府运动，有计划、有组织地展开现实主义的新乐府宣传。因之，他们的作品的确是含有高度的人民性和现实性，完成了批判现实的战斗任务；而在艺术性方面不能有高度的、适当的配合，还是令人感到遗憾的。虽然元白乐府有许多新方向、新面貌，足以承继杜甫的传统而加以发展，然而正因为如此，也就恰恰成其为“乐府别派”（白居易的伟大也不在于乐府）。

元结和杜甫比较接近，顾况、戴叔伦、戎昱三人力量较弱，皮日休和聂夷中是直接继承白居易、李绅的，当然也不应该和张王相提并论。

此外，自中唐以来纯讲艺术、不重思想性的唯美派乐府诗人如李贺（有《李凭箜篌引》《雁门太守行》《走马引》《将进酒》《江南弄》等数十首）、卢仝（有《楼上女儿曲》《有所思》《秋梦行》）、温庭筠（有《鸡鸣埭曲》《织锦词》等五十余首）等人也都是卓然名家，但既从艳体入手，就更自成其为“别派”，而失了乐府本色了。

虽然，小说故事有张籍曾取杜甫诗一卷，烧成灰，调到蜜里吞入肚里去，说“令吾肝肠，从此改易”的记载（唐冯贽《云仙杂记》，四部丛刊本），以证明他诗学杜甫，但张王乐府仍是和杜甫有相当的距离的。宋许顗《彦周诗话》说：“张籍、王建乐府宫词皆杰出，所不能追逐李杜者，气不胜耳。”这里所说的“气”即上面所说的“飘逸豪放”和“慷慨激越”的“气”，然而这正是张王之所以异于李杜者。因为张王是炼气于骨而不需要什么豪放或激切的。

张戒《岁寒堂诗话》说：“张司业诗与元白一律，专以道得人心中事为工。”一点也不错，“道得人心中事”即他们能够以人民的心事为心事而说出人民所要说的话，对迫害人民的不合理的制度进行尖锐的斗争，这足以说明张王与元白之所以同，亦即与杜甫以来现实主义之所以同。接着他又说：“但白才多而意切，张思深而语精，元体轻而词躁尔。籍律诗虽有味而少文，远不逮李义山、刘梦得、杜牧之，然籍之乐府，诸人未必能也。”这足以说明张王与元白以及当时诸人之所以异，而又意味着张王乐府之所以为“正宗”。

清人刘熙载《艺概》说：“白香山乐府与张文昌、王仲初同为自出新意，其不同者在此平旷而彼峭窄耳。”以“峭窄”二字评张王乐府，虽不甚恰当，然“峭窄”正是汉魏以来乐府正宗的手法，特“峭窄”二字不足以尽之耳。

了解张王乐府为唐三百年“乐府正宗”，是就它的艺术性而论，就它艺术的本来面目而论，而不是说“正宗”高于“别派”（变体）。虽然张王两人同为“乐府正宗”，而两人的艺术性在某些方面还是并不一致的，却又不可不知。

“精深”“峭窄”只能说明汉魏以来乐府正宗的一两面，而重要的还是在表现强烈的倾向性。张王，尤其是王建在这方面已经达到了高峰。他最能以生动的笔触，寥寥数语，把现实对象的气质和形象深刻而鲜明地描画出来，像《望夫石》一首末后两句：

山头日日风和雨，行人归来石应语。

仅仅十四个字，把一个妇人望夫的铁石般坚强的意志和无比的热爱，集中地突出，手法何等简劲而有力！还有，像《渡辽水》的末两句：

身在应无回渡日，驻马相看辽水傍。

都是在寥寥数语中完成它的艺术任务。

虽然在艺术方面是“正宗”的，但体裁还是解放的，题目还是新创的。有时虽用旧题但内容还是另外一回事，这正足以说明张王虽然同在杜甫以来的系统中而又自有其不同之点。

总结来说，张王乐府之所以成其为“正宗”而不同于变调的别派者，就是由于它：

（一）体制峭峻、含意精深，而不是粗浅泛滥，尤其不肯浪费笔墨（唯美派有意雕琢词句，而含意往往是粗浅泛滥）。

（二）心情沉重而语气含蓄，意在言外而不是一览无余，也不是豪放纵横（杜甫和元白虽然沉着痛快，而失之于一览无余。李白又失之于豪放纵横）。

（三）善用民歌和口语，而组织得精雅妥帖，表现了高度的现实主义手法，而态度尤为客观。

当然，我们不需要提倡什么“正宗”，而只是说明张王乐府突出于唐代的原因而已。然而，同时也就应该了解张王乐府更多地保存和发展了汉魏乐府的优良传统，是值得我们古典文学研究者正面注视的。

五、张王乐府的主要精神和艺术成就

张王的创作方向当然也是同杜甫、白居易一样，是非常明确的。本来汉魏乐府基本上是继承“六义”，尤其是在“比兴”方面，通过“美刺讽谕”的方式以达到批判现实的目的；通过现实主义的手法以刻画劳动人民的形象和申诉被压迫者的痛苦。这种主要的精神由杜甫发挥了巨大的作用，成就了杰出的创作；而张王在这一个特点上，尤其善于运用更峭炼、更含蓄而又更大众化的笔触，得到了杜甫、白居易以外的成就。

张王在发展现实主义和新乐府的运动上，不像元白那样有计划、有组织地鼓舞宣传。同时他们两人都是寒族卑官小职，尤其王建实际上几乎完全是一个普通人民，即使宣传他们的诗歌，其条件比起元白来也还是“望尘莫及”的。他们既不是有意于宣传而又置身于人民的立场，所以他们的诗歌几乎是人民自己的呼声，人民自己的控诉，和杜甫尤其是元白多半还是站在统治阶级的立场同情人民、来替人民说话是有相当的距离的。

由于以上这种种关系，他们综合于思想性、斗争性和艺术性的创作中的主要精神可作重点说明：

（一）反对穷兵黩武的侵略战争，热爱祖国，巩固和平。诗人在高度的爱国主义正义感之中是坚决反对穷兵黩武的侵略战争的。像张籍的《征妇怨》《别离曲》《筑城词》《永嘉行》《陇头行》《塞下曲》《董逃行》《将军行》，王建的《古从军》《凉州行》《辽东行》《渡辽水》《送衣曲》等篇都属于这一类。《征妇怨》诅咒无情的战争，把大量的人民送到边疆上作残酷的牺牲。从一个寡妇的口中说出“夫死战场子在腹，妾身虽存如昼烛”的话，从无语的凄凉中反映无比的怨恨，从无比的怨恨中控诉好战分子无比的罪恶。《别离曲》和王建《古从军》《辽东行》，都属于这一类，而《渡辽水》一篇尤其沉痛，主题尤其明确。

诗人虽然反对穷兵黩武的侵略战争，但对于巩固和平、热爱祖国的反侵略的正义战又是竭力支持的。张籍的《永嘉行》：“妇人出门随乱兵，夫死眼前不敢哭。九州诸侯自顾土，无人领兵来护主。”该诗就强烈地指斥那些军阀武人只顾拼命于内部斗争而不肯对外加强联合战线。《陇头行》斥责军政当局不能收复失地、保护祖国的神圣疆土，《凉州词》的“白草黄榆六十秋”“无人解道取凉州”，更是“垂涕泣而道之”。王建《凉州行》更详细地说明了中唐以来河湟沦陷以后的一切情形。这些都是最成功的作品。

（二）反对统治阶级对人民的剥削与迫害。张籍在《野老歌》里说：“苗疏税多不得食，输入官仓化为土。”穷苦人民终年劳动得来的农产品自己不能充饥，被迫送到官家仓库里去化为尘土，这是多么不合理的残酷的剥削与迫害。再下面他说：“西江贾客珠百斛，船中养犬长食肉。”这真是斩钉截铁、充满了愤怒的控诉书，然而用词非常含蓄，言在此而意在彼，这就是人民性与艺术性高度的综合。《促促词》用另外一种手法说明劳动者被剥削的痛苦，诗人大声疾呼道：“念君一身空努力。”

王建的《簇蚕辞》《当窗织》《田家行》《海人谣》等篇却在诅咒黑暗统治对人民不合理的剥削。“已闻乡里催织作，去与谁人身上着？”（《簇蚕辞》）“当窗却羡青楼倡，十指不动衣盈箱。”（《当窗织》）“不望入口复上身，且免向城卖黄犊。”（《田家行》）“恶波横天山塞路，未央宫中常满库。”（《海人谣》）这些诗都是用一两句话深刻地刻画出了受害者的痛苦心情，巧妙地揭发了统治阶级的罪恶。这些包含了横征暴敛、贪污掠夺等种种的剥削行为，用很经济的词调已经足够完成暴露现实的任务。他们是从不像元白那样铺张而近于浪费笔墨的。这正是汉魏乐府的优良传统。

（三）攻击统治阶级的荒淫无耻。张诗如《求仙行》说：“汉皇欲作飞仙子，年年采药东海里。蓬莱无路海无边，方士舟中相枕死。”诗暴露了统治阶级愚蠢而腐化的一面。《吴宫怨》揭发了统治阶级的荒淫。王诗《白纻歌》和《铜雀台》都现实地写出了被封建王朝玩弄和压迫的女性的可怜相。“回昼为宵亦不寐，年年奉君君莫弃。”《白纻歌》在这样诉哀的笔调中烘托出了荒淫无耻的压迫者的丑恶面貌，而寄予这些可怜妇女以无限的同情。然而诗人的语意是含蓄不尽而蕴藉有余的。

（四）讽刺特权阶级的骄横强暴。特权阶级在中国历史上是一种畸形而不合理的现象，尤其在封建帝王政权之下的所谓贵族豪门以及统治阶级的亲信爪牙真是无恶不作。诗人洋溢着“悲天悯人”的人民感情，对这些特权阶级者都予以尖锐的攻击和讽刺。张诗如《猛虎行》就以猛虎来比喻那些恶少的黑暗势力，《少年行》反映了禁卫军的威风，而它的横暴行为也就不言而喻了。《牧童词》用幽默的口吻表现权贵的凶虐。而王建的《羽林行》就露骨地指出：“长安恶少出名字，楼下劫商楼上醉。”“百回杀人身合死，赦书尚有收城功。”统治阶级的爪牙凶恶到了这样的程度，当时长安——中央政府所在地的政治情况就可想而知。这样一个残害人民的魔鬼，依然无法无天，不仅逍遥法外，而且“出来依旧属羽林，立在殿前射飞禽”。这直接就是攻击当时最高统治者豢养爪牙、迫害人民，对这种不合理的现象进行尖锐的讽刺。这首《羽林行》生动地雕塑那恶少的性格给读者以鲜明的形象，千载之下还使人为之切齿痛恨，这种写实手法是值得后人学习的。

（五）控诉统治阶级奴役人民。奴役人民，剥削人民劳动力，把人民当作能说话的牛马是统治阶级的巨大罪恶。王建着眼到这一点，在一首《水夫谣》里画出一群水上牵船的苦力劳动者所受的非人的待遇。你看：“辛苦日多乐日少，水宿沙行如海鸟。”“半夜缘堤雪和雨，受他（指官家）驱遣还复去（来又去）。”“夜寒衣湿披短蓑，臆穿足裂忍痛何！”这全是诗人伟大的同情心和正义感所发出的控诉。用沉痛的心情，以朴素的白描描绘出了被奴役者的牛马生活，他在控诉奴隶制度的复活。王建注意到了社会上诸多角落的黑暗情况和不合理的事实，正由于他和人民生活在一起，他比置身统治阶级对人民表同情的作家如元白诸人在认识上要深刻广泛得多。这一点，即使与他同调的张籍也还是不如他。

（六）反映不合理的婚姻制度和被压迫的妇女问题。这是黑暗社会的又一角落，王建注意到了黑暗统治下的婚姻和妇女问题。他在《促刺词》里反映一个虽然“结婚”而不等于“出嫁”的畸形婚姻，表现一个穷苦妇人在阶级社会里被压迫而形成的一种异感和不寻常的愤怨与苦恼，而予以无限的同情。你看：“头白犹着父母衣”“在家（母家）谁唤为新妇？”这是什么心情？“我身不及逐鸡飞”，这是一种什么样的痛苦？“出门若有归死处，猛虎当衢向前去。”这是一种什么样的愤恨和绝望？《去妇》一篇反映一个劳动妇女因工作迟缓影响缴税，而被夫家弃去，这是一种什么样的黑暗社会？

（七）表现战祸之中农村破产后民不聊生的社会问题。张籍在《秋夜长》里写出城市化为荒村的过程中一种凄凉可悲的秋夜景象，发出了诗人无可名言的感慨，感叹民不聊生。《废宅行》说明关中一带经过回纥和吐蕃三番五次的蹂躏之后都市和农村一齐遭到破坏的荒凉情形，透露了诗人民族意识和人民感情所交织的辛酸感。王建的《空城雀》明白地指出："空城无人种禾黍。"正是战争之后人民逃亡死绝的情形。《行见月》写一个长期旅行人的痛苦，写出这些受苦难的人在"民不聊生"的情况下"蹭蹬失路"的悲哀。他说："百年欢乐能几何？在家见少行见多。不缘衣食相驱遣，此身谁愿长奔波？"这些诗都是非常深刻，能引起人们无限的同感。

（八）歌颂人民坚强的意志和劳动的活力。除了批判现实、反对统治阶级压迫劳苦人民，诗人还能同情劳动生活，歌颂劳动人民的和平生活及其坚强不屈的劳动意志。张诗如《采莲曲》写劳动妇女的水上生活，《寒塘曲》写一个打鱼的少年活泼的动态，《江村行》写一般的农作和蚕桑活动，《樵客吟》写农人在山上采樵的情况，都形象地表现了客观的形态，显得劳动生活生动而富有活力，真是绘色绘声，形容尽致，使读者如闻其声，如见其人。王诗如《田家留客》纯用白描法画出一幅"田家乐"的图画。《赛神曲》写农村祭神报赛的情况，不是深入农村不能写得那样生动。《精卫词》又写出劳动人民坚强不屈的劳动意志，发挥了我们祖先传统的人民道德，尤其是难能可贵的。

说到艺术的成就，张王乐府是多样化的。它用巧妙的"文心"指出人民的灾难是由于统治阶级的剥削和压榨或是逞欲生事而造出来的，像张籍的《筑城词》《羁旅行》《各东西》，王建的《老妇叹镜》《短歌行》《失钗怨》，都是以极精炼的笔触鲜明地画出了实际生活的形象，同时它又在这些笔触上批判了统治阶级的罪恶，同情了广大人民的苦难。

张王乐府尤其是王建最善于运用人民口语，张诗如《牧童词》“牛牛食草莫相触，官家截尔头上角”。这不仅把口语用得恰到好处，而且运用典故不现痕迹，好像没有用典故一样。此外如《各东西》《采莲曲》《促促词》等篇差不多通首都是口语化。王建的全诗口语化比张籍来得更多，也用得更好，在他的乐府诗中差不多十之八九是人民口语。如“蕃人旧日不耕犁，相学如今种禾黍”（《凉州行》）、“岂不见他邻舍娘，嫁来长在舅姑傍”（《促刺词》）、“旧墓人家归葬多，堆着黄金无买处”（《北邙行》）、“宁为草木乡中生，有身不向辽东行”（《辽东行》）、“人家少能留我屋，客有新浆马有粟”“不嫌田家破门户，蚕房新泥无风土”“双冢直西有县路，我教丁男送君去”（《田家留客》）、“万里虽然音影在，两心终是死生同”（《别鹤曲》）、“人初生，日初出。上山迟，下山疾。百年三万六千朝，夜里分将强半日”（《短歌行》）、“庭树乌，尔何不向别处栖”（《乌夜啼》）、“水寒手涩丝脆断，续来续去心肠烂”（《当窗织》），等等，都是最好的例子。这种活生生的口语比“老妪都解”的白居易式的浅俗文字还要通俗，因为张王尤其王建是生活在劳动人民中间，接触现实的人民口语而自然流露出的。也正因为如此，才称张王乐府为继承汉魏的乐府正宗。

还有一种特殊风格是张王尤其王建所独有而又最丰富的，那就是以一两句极简单的结语，完成极尖锐的讽刺和批判，那种高度的现实主义手法远在元白之上。有的不用明说，或言在此而意在彼，让读者去想一想；等读者想到之后，比他直接说明的还要深刻生动得多。如张籍《征妇怨》《野老歌》《筑城词》《牧童词》《陇头行》《废宅行》等篇的末二句，王建《北邙行》的“朝朝车马送葬回，还起大宅与高台”，《簇蚕辞》的“已闻乡里催织作，去与谁人身上着”，以及《渡辽水》《当窗织》

《水夫谣》《去妇》《羽林行》《送衣曲》《织锦曲》等篇的结语，都是“意在言外”的好例子，而王建尤其“入木三分”。

虽然这些主要精神不是张王所独有，但在艺术的成就上看，张王乐府是在元白之外而有其卓越的成就的。至于以为元白诗歌能够影响到后来的戏曲，或由于一种偶像观念而不加分析地崇拜，那是一种庸俗的文学史观，现在姑不具论。

六、本书编纂和注释的体例

张籍王建也有许多“古风”“近体”，但他们的成就只在乐府诗。本书只是采取两人的乐府，其他的“古风”“近体”一概不录，所以叫作《张王乐府》。“乐府”两字最初见于司马迁的《史记》，《史记·乐书》：“高祖崩，令沛得以四时歌舞宗庙。孝惠、孝文、孝景无所增更，于乐府习常肄旧而已。”原来“乐府”是管理乐歌的官署之名，而管理乐歌的官署在西周时代就有具体的记载，《周礼》说：“乐师掌国学之政，以教国子小舞。”又说：“瞽蒙（按即乐师，古代乐师都是瞎子）……掌《九德》、六诗（按即风、雅、颂、赋、比、兴）之歌。”可知周代已有“采诗之官”，而其官署自然也就是“乐府”。可能“乐府”这官署之名就出于周代，不过记载始见于《史记》而已。

汉朝“乐府”衙门的长官叫作“乐府令”，《汉书·礼乐志》：“孝惠二年使乐府令夏侯宽备其箫管。”又有叫作“都尉”的，《礼乐志》又说：“至武帝定郊祀之礼……乃立乐府，采诗夜诵（按谓夜静诵之），有赵、代、秦、楚之讴，以李延年为协律都尉。”

“乐府”本来是官署的名称，后人索性把“乐府”所采的诗名曰乐府。大概本来叫作乐府诗，后来省去诗字，所以萧统《文选》中已名为乐府。从机关名称转变为诗体名称，本来不正确，不过相延已久，姑且从之。乐府诗本是采集风谣配乐而成的，东汉以后的文人纷纷摹仿，或把“风谣”拿来加工，或有不协音律的，还有“借题发挥”和“新题乐府”之类。宋人郭茂倩编纂《乐府诗集》在郊庙歌和燕射歌两种“庙堂之乐”以外，根据旧说把汉魏以来的乐府诗分为鼓吹曲、横吹曲、相和歌、清商曲、舞曲歌、琴曲歌、杂曲歌、近代曲、杂歌谣、新乐府等十大类。这十大类中近代曲为隋唐人作品，新乐府则专收唐人新制。张王乐府除少数用乐府古题以外，大部分都用近代曲尤其是“即事名篇”的新乐府。因为这一体最适宜于现实主义的灵活运用，最适宜于新兴体制的发展而绝少有局限性。唐人大部都是如此，又不仅张王二人而已。

本书取张王两人乐府诗，存十分之九。编次大体依《全唐诗》原编次第。旧时编书分类法，多半把乐府诗从各体中分开，然而也有混乱的地方。《全唐诗》的张王二集，都是把乐府诗另分一卷，但不甚精密，如张诗《出塞》原编散入五言律诗中，《凉州词》散入七言绝句中；王诗《古从军》《泛水曲》《思远人》都散入五言古诗中，《宫中三台词》《江南三台词》散入六言绝句中，《霓裳词》散入七言绝句中。本书都根据《乐府诗集》等书一一厘正。

张王两人诗集，版本也有许多种。最早的有宋蜀本《张文昌文集》四卷，又明崇祯刊本、续《古逸丛书》本；又《张司业乐府》一卷，《唐百名家集》本、《唐人五十家小集》本；又《张司业诗集》八卷，《四部丛刊》影明正德本，又万历本、康熙席氏本。王建诗有《王建诗》八卷，《唐人六集》本；《王司马集》八卷，汲古阁本、清胡氏谷园校本；《王建诗集》十卷，席氏本，又《唐百名家集》本；《唐王建诗集》九卷，日本恩田仲任校，文化八年版。虽然刻本甚多，但从未闻有注本，所以本书“注释”还是无所依据的草创，又以配合

“题解”（凡诗意浅显明白者略去题解），有些“注释”是与前人注书的方法不大相同的。

注释，除解释名词外还要依据原文就事论事。全书校刊，附注释内。张王乐府多用口语，口语本不须解释，但要注明它的意指所在。张王乐府有全用“比兴”的，张诗如《古钗叹》《节妇吟》，王诗如《射虎词》之类，若不明白它的意指所在，那更是“不知所云”。一般名词的解释，多半前详后略，以免辞费。相同的名词各处用法有不同的，如“上客”一词，张籍在《宴客词》中作贵宾解，作上等客人解，在《贾客乐》中则是资本雄厚的客商；又如“天丝”一词，王建的《春词》和《七夕曲》里两处意思也不同。还有同一“陇头”，有的指陇头山，有的泛指山头，皆宜随地分别。所以凡注古典文学，要注意篇中本身的说明，这种方法叫作“名从主人”。

本书限于编注时日，详略之间，或有不能尽如人意处，但见仁见智，各个不同，海内专家，幸予鉴察。

徐澄宇

一九五六年九月十五日

（原载《张王乐府》，古典文学出版社1957年版）

《张籍集系年校注》前言

◎徐礼节　余恕诚

中唐尤其是贞元、元和时期，是唐诗与中国古代诗歌发展史上的一个重要阶段。在这个阶段，诗歌创作突破了自《诗经》《楚辞》以来的传统的审美规范，呈现出求新求变、多彩纷呈的繁荣局面，从而直接影响了其后自晚唐五代至宋诗的走向。张籍就是这个阶段的一位重要诗人。

一

张籍，字文昌，行第十八，籍贯苏州，约于唐代宗大历元年（766）生于苏州或和州乌江县（治今安徽和县乌江镇），十岁前后居乌江，少年时代在苏州一带度过，一生经历了求学、漫游和为官三个主要阶段。

德宗建中四年（783），张籍十八岁，北上河北求学，与同龄的王建相互“追随”于“鹊山漳水”一带长达十载。其间约于贞元二年（786），二人同游洛阳，客寓至少半载。此十年是张籍也是王建人生中最为重要的时期之一。一方面，二人寄居道观、僧舍、“门馆”，转益多师，“孜孜日求益，犹恐业未博”（王建《励学》），为后来的诗歌创作与入仕打下了坚实的基础。另一方面，当时国家内忧外患频仍（吐蕃侵占陇西，频繁寇扰关陇；山东军阀割据，内战连绵不息），给广大人民和社会造成了深重的灾难，而河北又是藩镇割据之地，遭安史兵燹后的洛阳也不再有盛世陪都的繁华，这些使年轻的诗人切身地感受到战争的罪恶、军阀割据的黑暗与人民的痛苦，激发起安邦定国、兴利除弊的理想和抱负。因此，二人十年间创作了大量的积极干预现实的乐府诗，从而奠定了其在文学史上的显著地位。同时，频繁的诗艺交流与切磋，形成了共同的审美志趣，对二人的诗风也产生了深远的影响。这十年的求学生活，张、王后来皆有诗追忆，如张籍云：“年状皆齐初有髭，鹊山漳水每追随。使君座下朝听《易》，处士庭中夜会诗。新作句成相借问，闲求义尽共寻思。”（《逢王建有赠》）“十年为道侣，几处共柴扉。”（《登城寄王建》）王建云：“昔岁同讲道，青襟在师傍。出处两相因，如彼衣与裳。”（《送张籍归江东》）

贞元八年（792）秋，张籍学成，前往长安求荐应举，未果。“失意未还家，马蹄尽四方”（王建《送张籍归江东》），次年春诗人离开长安，踏上漫游的征程。先南游鄂、湘、赣、岭南，再北游蓟北；十二年（796）返苏州，随即又南游湖州、杭州、剡溪，最后经宣州归和州。这四年中，诗人“弊裘羸马”（《行路难》），“四支不”“宁”（《南归》），南北奔走，主要目的是拜谒地方政要以求举荐，这从其诗句“岂知东与西，憔悴竟无成”（《南归》）、“薄游空感惠，失计自怜贫”（《舟行寄李湖州》）可以见出。同唐代多数诗人一样，张籍并未取得预期的成效，但艰苦的漫游，开阔了其视野，丰富了其创作素材。这时期诗人大量创作羁旅行役诗和描写风土人情的乐府诗，即直接缘于旅中的所见所闻所感；张籍诗风新奇，与其漫游四方的新奇体验也不无关系。

贞元十三年（797）十月，张籍北游至汴州，偶逢韩愈，受到韩愈激赏并被“馆置城西”以习古文。这是诗人人生的重要转折点。十四年秋，韩愈知汴州试，籍得“首荐”，次年春进士及第，六年后得官入仕。要特别指出的是，张籍一生交游甚广，其中韩愈对其人生与创作的影响至为重要，不仅科举及第与后来的仕途晋升多得力于韩愈的相助，其蜚声诗坛也与韩愈的称扬有关。张籍在《祭退之》中即云：“北游偶逢公，盛语相称明。名因天下闻，传者入歌声。”诗人独特的诗风是在结识韩愈后才逐渐成熟的，多少也有韩愈影响的因素；至于“古文”，更是直接师从韩愈。

元和元年(806)，张籍“依选”调补太常寺太祝(正九品上)；“十年不改旧官衔”(白居易《重到城七绝句·张十八》)，至元和十一年(816)春才迁国子助教(从六品上)，后历广文博士(正六品上)、秘书郎(从六品上)。十五年(820)冬，韩愈荐为国子监博士(正五品上)，始登朝班。再转水部员外郎(从六品上)、主客郎中(从五品上)，约于大和四年(830)春终于国子司业(从四品下)。虽然张籍所任多是品位较低且清闲的职位，但相对于唐代大多数诗人来说，其仕途还算是比较平坦的，不仅不曾遭贬，甚至不曾外任地方官。总的说来，其后期的生活比较闲静，这直接影响着其后期的诗歌创作：多写自己贫病清静的生活及这种生活的感受，缺乏入仕前诗歌开阔的胸襟和深广的社会内容；以近体为主，较少入仕前的古体尤其是乐府歌行；更讲求精思苦炼和新奇平淡。

二

唐朝思想解放，儒、佛、道相容并存，诗人很少有单独受到或儒或道或佛一家影响的，张籍没有例外。但同多数诗人一样，其主导思想始终是儒家。

张籍入仕前，儒家修身、用世的思想非常显著。其《祭退之》云：“籍在江湖间，独以道自将。”所谓“道”，指的就是儒家之道。贞元十二年他在《赠孟郊》中赞扬孟郊：“君生衰俗间，立身如《礼经》。”居汴期间所作《董公诗》歌颂董晋：“单车入危城，慈惠安群凶。”“不自以为资，奉上但颙颙。”“所忧在万人，人实我宁空。”“轻刑宽其政，薄赋弛租庸。”所立足的都是儒家的立身与用世准则。这种思想在其给韩愈的两封书信中表现得尤为鲜明。针对“浮屠之法”“黄老之术”昌炽，“世俗陵靡”“圣人之道废弛”的现实，他强烈要求韩愈效法孟子、扬雄，“为一书以兴存圣人之道，使时之人、后之人”“去绝异学”；认为韩愈“尚驳杂无实之说”，“为博塞之戏与人竞财”，“累于令德”，君子不为，劝其绝弃二者，“弘广以接天下之士”。张籍早期潜心苦读，四方求荐，积极入仕，也充分表明积极用世是其思想的主导。入仕后，随着年龄、阅历的增加，张籍的用世思想有所消退，但儒学仍是立身之本。元稹《授张籍秘书郎制》：“以尔籍雅尚古文，不从流俗，切磨讽兴，有助政经。而又居贫晏然，廉退不竞。俾任石渠之职，思闻木铎之音。”韩愈《举荐张籍状》：“学有师法，文多古风，沉默静退，介然自守，声华行实，光映儒林。”白居易《张籍可水部员外郎制》：“文教兴则儒行显，王泽流则歌诗作。若上以张教流泽为意，则服儒业诗者宜稍进之。顷籍自校秘文而训国胄，今又核名揣称，以水曹郎处焉。”这些诗句都从服儒的角度给予张籍的人品、学业以充分的肯定和褒扬。

张籍也受到佛、道思想的影响，诗中常常写到修道和参禅。写入仕前的生活如《忆故州》：“累石为山伴野夫，自收灵药读仙书。”《寄菖蒲》：“君能来作栖霞侣，与君同入丹玄乡。”写入仕后的生活如《春日李舍人宅见两省诸公唱和因书情即事》：“官闲人事少，年长道情多。”《寒食夜寄姚侍御》：“作酒和山药，教儿写道书。”《题晖师影堂》：“日早欲参禅，竟无相识缘。”但佛、道的影响始终是有限的。譬如张籍就不信鬼神之说，其《闲居》云：“唯教推甲子，不信守庚申。”“守庚申”指的是道教所谓的每逢庚申日须通宵静坐以防尸鬼竞乱。他对道家“长生”之法也表示怀疑，《不食仙姑山房》云：“丹砂如可学，便欲住幽林。”在张籍看来，“丹砂”是否可学，难以肯定。又如《书怀》：“自小习成疏懒性，人间事事总无功。别从仙客求方法，时到僧家问苦空。”可见诗人是因“事事”“无功”才“求”道“问”佛的；又因对道、佛没有深入研究，才不免请教“仙客”“僧家”。张籍早期还借助乐府诗对道家的“求仙”行为进行深刻揭露和批判，典型的如《学仙》；甚至主张“去绝”佛、道二教，这在上韩愈的两封书信中表现得最为鲜明。可以说，张籍之于释、道，主要是借以调节心性，平抑烦恼，其立身处世之本始终是强调“有为”的儒家。

与其主导思想一致，张籍的诗学思想也具有鲜明的儒学特征。其核心是主张复“古”，提倡“大雅”“正声”，也就是强调学习先秦诗歌（乐歌），发扬“风雅”传统。其《废瑟词》：“千年曲谱不分明，乐府无人传正声。……几时天下复古乐，此瑟重奏《云门》曲。”明确提出要恢复先秦《云门》一类的“乐府”“正声”。这里说的是音乐，实则与诗歌相通。王建《送张籍归江东》：“君诗发大雅，正气回我肠。”白居易《读张籍古乐府》：“为诗意如何，六义互铺陈。风雅比兴外，未尝著空文。”这些诗句都指出张籍崇尚“大雅”“六义”。这种诗学观是与陈子昂、李白、沈千运、元结等所论一脉相承的。当然，受时代思潮的影响，张籍也主张创“新”。他在《与韩愈书》中就反对“守章句之学，因循于时”；其《送辛少府任乐安》云“才多不肯浪容身，老大诗章转更新”，对辛少府诗艺上的不断创“新”，给予高度赞扬。要之，张籍是主张寓“变”于“复”，在“复”中求“变”。其创作大量的反映现实、讽刺时弊的“新题”乐府，诗风呈现“平淡”“新奇”的特征，都是这种诗学思想在创作中的具体体现。

也由于儒家思想的主导作用，张籍为人端正持重，介然自守，前引元白的两篇制文与韩愈的荐举状对此都有明确的评定。两《唐书》、《唐才子传》所谓张籍“性诡激”“性狷直”，未免有不实之嫌。这种品格也是张籍诗风平淡、后期能长期居京为官而不曾卷入政治风波的主要因素之一。

三

张籍以乐府诗著称，后世将其与王建并称为“张王”。其乐府当大多创作于入仕之前，主要有以下几方面的特征和成就。

（一）发扬《诗经》、汉乐府“感于哀乐，缘事而发”的现实主义传统，广泛而深刻地揭示社会弊端和民生疾苦，具有强烈的讽谕性。中唐时期吐蕃入侵、藩镇叛乱、佛道昌炽、土地兼并、统治者腐朽糜烂、世风浇薄，以及种种封建剥削、压迫等社会问题及其给广大百姓造成的灾难和痛苦，张籍乐府有全面、深刻而生动的反映。如《陇头行》《西州》《筑城词》《野老歌》《猛虎行》《学仙》《离妇》等都是这方面的名篇。

（二）美教化，厚人伦，移风俗，具有鲜明的风教性。如《董公诗》颂扬董晋临危受命，治乱有方；《将军行》赞美将军的报国精神与驱敌战功；《江陵孝女》歌颂孝女的孝行孝道：都非常典型。上述两方面，白居易《读张籍古乐府》曾给予高度评价：“读君《学仙》诗，可讽放佚君。读君《董公诗》，可诲贪暴臣。读君《商女》诗，可感悍妇仁。读君《勤齐》诗，可劝薄夫敦。上可裨教化，舒之济万民。下可理情性，卷之善一身。”

（三）广泛反映百姓的现实生活尤其是风土人情。如《少年行》写少年英雄杀敌报国，《乌啼引》写囚吏之妻盼夫遇赦，《各东西》写朋友离别，《白纻歌》写少妇为夫裁制春衣，《采莲曲》写少女采莲，《江南曲》写江南水乡风土，等等，都是广大平民生活与情感、愿望的生动写照。明胡震亨云“张文昌只得就世俗俚浅事做题目”（《唐音癸签》卷九），宋张戒云“专以道得人心中事为工”（《岁寒堂诗话》卷上），指出的就是这方面的特征。

（四）学习古乐府民歌，多采用民歌的语言和表现手法，具有“古质”的特征。这是“张王”乐府区别于唐代多数文人乐府的主要所在。宋曾季狸即云：“唐人乐府，惟张籍、王建古质。”（《艇斋诗话》）明高棅亦云：“大历以还，古声愈下，独张籍、王建二家体制相似，稍复古意。或旧曲新声，或新题古义，词旨通畅，悲欢穷泰，慨然有古歌谣之遗风。”（《唐诗品汇·七言古诗叙目》）正因为这些特征和成就，张籍乐府受到时人和后世的很高评价。如白居易云：“尤工乐府诗，举代少其伦。”（《读张籍古乐府》）元辛文房云：“（籍）于乐府古风，与王司马自成机轴，绝世独立。”（《唐才子传·张籍》）清李调元云：“王建、张籍乐府……与汉、魏乐府并传。”（《雨村诗话》卷下）宋周紫芝甚至认为“唐人作乐府者甚多，当以张文昌为第一”（《竹坡诗话》）。

张籍诗歌创作众体兼善，律诗成就也很高，尤其是五律。南唐张洎曾云：“（籍）长于今体律诗，贞元已前，作者间出，大抵互相祖尚，拘于常态，迨公一变，而章句之妙，冠于流品矣。”（《张司业诗集序》）清管世铭认为元和七律，柳宗元与刘禹锡为“二豪”，“其次则张水部，风流蕴藉，不失雅音”（《读雪山房唐诗序例·七律凡例》）。明唐汝询评其五律：“籍诗意远，语若天成。就一体论，元和间堪执牛耳。”（明周珽辑《删补唐诗选脉笺释会通评林·五言律诗》卷三四引）清潘德舆同样认为：“文昌……五律清妙处不亚王、孟。”（《养一斋诗话》卷三）张籍律诗在题材和气格上的主要特征是收敛，这与“大历”是一脉相承的。清贺裳即云：“盛唐人无不高凝整浑，随州短律，始收敛气力，归于自然，首尾一气，宛若面语。其后遂流为张籍一派，益事流走，景不越于目前，情不逾于人我，无复高足阔步、包括宇宙、综揽人物之意。”（《载酒园诗话又编》“刘长卿”条）清乔亿亦云：“陈、杜、沈、宋、二张（燕公、曲江）、王、孟、高、岑、李、杜及刘、韦、钱、郎诸家五律，虽气有厚薄，骨有重轻，并入高品，后来惟张文昌稍步趋大历。”（《剑溪说诗》卷下）张籍律诗的艺术特征主要表现为“字清”“意远”“平淡”。如南唐张洎云：“张水部为律格诗，尤工于匠物，字清意远，不涉旧体，天下莫能窥其奥。”（《项斯诗集序》）清贺裳云：“司业律诗以浅淡而妙。”（《载酒园诗话又编》“张籍王建”条）当然，因为体制不同，张籍的五、七律也有差异，诚如宋刘攽所言：“张籍……五言律诗亦平澹可爱，至七言诗则质多文少。”（《中山诗话》）张籍五律对中晚唐诗歌的影响是深远的，对此，南唐张洎早已论及：“张水部为律格诗……唯朱庆馀一人亲授其旨。沿流而下，则有任蕃、陈标、章孝标、倪胜、司空图等，咸及门焉。”（《项斯诗集序》）后来元人方回、明人杨慎、清人李怀民皆认为晚唐诗分两派，一派张籍，一派贾岛。明许学夷也说：“张王五言清新峭拔……另为一种，五代诸公多出此矣。”（《诗源辩体》卷二七）

张籍的绝句同样优秀，清田雯评其七绝就指出：“标致悠闲，宛转流畅，如天衣无缝，针镂莫寻。”（《古欢堂杂著》卷二“论七言绝句”条）

张籍的诗风可以概括为“平淡新奇”。对此，古人多有评述，如：

> 张籍学古淡，轩鹤避鸡群。（唐韩愈《醉赠张秘书》）
>
> 古风无手敌，新语是人知。（唐姚合《赠张籍太祝》）

张籍卢仝斗新怪，最称东野为奇瑰。（宋梅尧臣《依韵和永叔澄心堂纸答刘原甫》）

看似寻常最奇崛，成如容易却艰辛。（宋王安石《题张司业诗》）

司业之诗新而奇。（明刘成德《唐司业张籍诗集序》）

晚唐张为《诗人主客图》将张籍列为“清奇雅正主”李益之入室，也是基于这种诗风的考虑。可见，张籍与当时的韩、白两派的诗风是有所不同的，简单地将其划归韩派或白派都是不太恰当的。

张籍还擅长古文，韩愈曾称“其文与（李）翱相上下”（《与冯宿论文书》），惜作品佚失殆尽，今唯存上韩愈二书，无从知其全貌。

四

张籍卒时作品尚未结集，无可《哭张籍司业》：“乐章谁与集，垄树即堪攀。”五代时文集已行世，因战乱散佚。南唐张洎《张司业诗集序》即云：“自皇朝多故，荐经离乱，公之遗集，十不存一。”今知最早的张籍集为张洎所编，其《序》云：“予自丙午岁（946）迨至乙丑岁（965），相次缉缀，仅得四百余篇，藏诸箧笥。余则更俟博访，以广其遗阙云耳。”洎所编有两本。晁公武《郡斋读书志》（卷一七）：“《张籍诗集》五卷。……张洎为之编次。”陈振孙《直斋书录解题》（卷一九）：“《木铎集》十二卷。张洎所编。钱公辅名《木铎集》。”知一为“五卷”本，一为“十二卷”本。何以有两本，余嘉锡先生云：“是洎原欲陆续搜访以求完善，故其所编，遂有数本，其作五卷或三卷者，初编之本也，盖即乾德乙丑以前所缀辑；其作十二卷者，续编之本也，所谓博访以广遗阙者，后为钱公辅所得，名之为《木铎集》，以别于他本，非张洎所自名也。”（《四库提要辨证》卷二〇）或是。关于钱公辅更名《木铎集》之“十二卷”本，南宋魏峻刻《张司业诗集》附拾遗诗跋载：“‘木铎’者，司业诗之别名也。前国子监书库官张元龙震发得于故家，张氏问其由来，则皇祐三年（1051）舍人毗陵钱公辅通守越郡时，得于太守杨君，云张洎家本也。视他本最完。”《宋史·艺文志》（卷二〇八）所载“《张籍集》十二卷”当即《木铎集》。

除张洎所编二本外，宋代尚有“七卷本”“汤氏元丰本”“历阳本”“盱江本”“平江八卷本”“蜀刻本”“书棚三卷本”。

“七卷本”，为北宋馆阁所藏本，《崇文总目》（卷一二）、《新唐书·艺文志》（卷六〇）、《通志·艺文略》（卷七〇）均载，今失传。余嘉锡《四库提要辨证》（卷二〇）：“此不知何人所编，疑在张洎之前。”明高儒《百川书志》（卷一四）：“《张司业集》七卷。……今并一册，卷数仍旧。”未知是否此“七卷本”。

“平江八卷本”，南宋末番阳汤中（季庸）校定，魏峻（叔高）刻于平江（苏州）。汤中《序》：“张司业诗集，世所传者，历阳、盱江二本尔，编次不伦，字亦多误。余家藏元丰八年（1085）写本，以乐府首卷，绝句系后，既有条理，其间古诗亦多二本十数首。……今合三本校定为八卷，共四百二十六首。”魏峻附拾遗诗跋:“右五诗见《木铎集》。‘木铎’者，司业诗之别名也。……视他本最完，大略与今所刻司谏汤公家藏本相出入，而此五诗则今刻本无之。今刻本第六卷《赠项斯》，七言，则《木铎集》阙焉，因互见云。”《直斋书录解题》（卷一九）：“《张司业集》八卷，附录一卷。汤中季庸以诸本校定，且考订其为吴郡人。魏峻叔高刻之平江，续又得《木铎集》，凡他本所无者，皆附其末。”知此本以“元丰八年”写本为底本，兼以“历阳”“盱江”二本校定，后又与《木铎集》对勘，补诗五首，是一个比较完备的本子。“元丰八年写本”“历阳本”“盱江本”，今皆不传。

“蜀刻本”，不知何人所刻，残存前四卷，今藏国家图书馆。中华书局上海编辑所1959年版《张籍诗集·出版说明》：“宋蜀刻本唐人诗集中的《张文昌文集》，名为文集，所收均系诗篇，共三百十七首，分为四卷。此本编刊时间，晚于张洎，但并不出于张本的系统。以现存的刻本论，则为最早的本子。”又，《直斋书录解题》（卷一九）：“川本作五卷。”所谓“川本”或即此蜀刻本。民国十一年上海涵芬楼主人张元济先生所印“续古逸丛书”四卷本《张文昌文集》即据此残本影印。

“书棚三卷本”，南宋临安府棚北大街陈氏书籍铺刊刻。《直斋书录解题》（卷一九）所录“《张籍集》三卷”或即此本。今台北“中央图书馆”藏有一本，王民信主编的《中国历代诗文别集联合书目》第四辑：“《张司业诗集》三卷。宋临安陈氏书籍铺刊本（‘中图’存二卷，缺卷上）。”国家图书馆藏清顺治十八年陆贻典影宋抄本《张司业诗集》三卷，前两卷所据即此本（卷下配明刻“唐百家诗”本）。陆氏在中卷后附记：“宋刻张司业集有二，一本八卷，一本上中下三卷，而要以八卷为胜。‘百家唐诗’中所刻一卷，仅三卷中之下卷耳，其为可笑如此。予既别抄北宋本，复借遵王南宋本补此二卷。闻此外尚有《木铎集》，惜无从一见之也。”陆氏本前有张洎序，知此“三卷本”出自“张洎本”。

明、清两代，张籍诗集刻、抄本较多，要者有“刘成德本”、“嘉万本”、“合刻本”、“陆抄本”（见上）、“席氏本”、“全唐诗本”等。

明正德十年（1515）刘成德刻本《唐张司业诗集》（不分卷）。刘序云："张司业，按唐史云，有集七卷，不传。余登进士，同年沁水常伦明卿授以录本，盖以乃翁侍御所藏者。惜不见其全集，所幸有古体七首、今体三百四首。后余于载籍中，又得乐府、五七言古诗三十首，今体五十二首，而次编之，共得三百九十三首。"知此本为刘氏在常伦家藏本基础上补辑增佚，重新编次而成。据刘序后有张洎序可知，常伦家藏本属于"张洎本"系统。

明嘉靖、万历间刻八卷本《唐张司业诗集》。前有刘成德序，次张洎序，跋云："张司业诗集，世所传者，有历阳、盱江二本，咸编次不全；番阳汤侍讲司谏中，乃以家藏元丰八年写本，刻而传之，其间篇什，颇多于二本。辛酉岁，余移告家居，因合三本校之，得其乐府、古风、近体诗，共七十九首，录于毗陵蒋氏刊本后，错字亦稍为正，惜未能尽去也。……今增定之，则沧海之珠庶几无遗，延津之剑得以复合，非敢附于四公之后也。"知此本以毗陵蒋氏刊本（刘成德本之翻刻本）为底本，校以历阳、盱江、平江三本，补诗七十九首。这是一个比较好的本子，"四部丛刊本"即据此影印。

明合刻本《张司业集》八卷，即"四库全书本"。《四库全书总目提要》："此本为明万历中和州张尚儒与张孝祥《于湖集》合刻者，尚儒称购得河中刘侍御本，又参以朱兰嵎太史金陵刊本，得诗四百四十九首，并录《与韩昌黎书》二首，订为八卷，则已非张洎、汤中之旧。然其数不甚相远，似乎无所散佚也。"知此本出自刘成德、朱之藩二本，并有增补。

清康熙席氏琴川书屋刻"唐诗百名家全集本"《张司业诗集》八卷。此本系翻刻宋"平江本"，余嘉锡先生云："明刊各本多所窜乱，惟康熙间席启寓刻《百名家集》本，独能不失宋刻之旧耳。"（《四库提要辨证》卷二〇）

《全唐诗》本张籍诗集五卷，是在明胡震亨《唐音统签》和清季振宜《全唐诗》稿本二书所收张籍诗集的基础上增订而成，是今天通行的本子之一，也是收诗比较全的本子之一。

今人在张籍诗集辑校注释等方面做了大量工作，主要著作有陈尚君《全唐诗补编》、陈延杰《张籍诗注》、中华书局上海编辑所《张籍诗集》、陈贻焮主编《增订注释全唐诗》、徐澄宇《张王乐府》、李树政《张籍王建诗选》、李冬生《张籍集注》、李建昆《张籍诗集校注》等。

本次重新整理张籍作品，充分吸纳或参酌了上述前贤的研究成果，书中并未一一说明。

由于水平的限制，书中一定存在疏漏和错误之处，敬请读者批评指正。

（原载《张籍集系年校注》，中华书局2011年版）

张籍诗重出甄辨

◎佟培基

张籍是中唐时期新乐府运动的主将，在贞元、元和年间已名震诗坛。白居易说他："尤工乐府诗，举代少其伦。"[①]姚合推崇他："古风无手敌。"[②]王建称赞他："君诗发大雅，正气回我肠。"[③]可见他的诗在当时已广为传颂。但是，经过唐末战乱，作品已散佚不少，南唐时翰林学士张洎整理收集他的诗歌，为之作序说："自唐末多故，荐经离乱，公之遗集，十不存一。予自丙午岁（946）迨至乙丑岁（965），相次缉缀，仅得四百余篇，藏诸箧笥。余则更俟博访，以广其遗阙云耳。"[④]以后，经过历代流传，其集卷次不一，至清康熙《全唐诗》编其集为五卷，共449首，佚句一则，今发现其中有24首诗与唐代20余家重出互见，有些篇章重出至三人。中华书局1959年据明嘉靖、万历间刊刻之八卷本《唐张司业诗集》为底本，旁参四库本、唐诗百名家本、《全唐诗》、《尊前集》等，校勘增补排印，成为目前较为完备的印本，但对其中重出之诗亦未作甄辨。今以《全唐诗》中张籍集的重出情况，参考历代流传刊刻，对其重出诗略作甄辨。

---

① 《白香山诗集》卷一《读张籍古乐府》。

② 《姚少监诗集》卷四《赠张籍太祝》。

③ 《王建诗集》卷一《送张籍归江东》。

④ 《全唐文》卷八七二《张司业诗集序》。

乐府诗《楚妃怨》：“梧桐叶下黄金井……”[①]与女郎姚月华重出，题同[②]，双失注。宋《乐府诗集》卷二九《相和歌辞》、《万首唐人绝句》七言卷二三、明高棅《唐诗品汇》卷五一皆作张籍诗，江标影宋睦亲坊本《张司业乐府集》、明刊《唐张司业诗集》收入，《全唐诗》的两个底本《唐音统签》卷三三七《丁签》七五张籍集、季振宜《全唐诗稿本》亦同，《统签》卷九二一《宫闺》姚月华下不收，依宋、明诸集当视为张籍作。姚月华之诗在五代韦縠《才调集》中仅载《古怨》二首，《万首绝句》《统签》及季振宜稿本中也皆收二首，《全唐诗》增至六首，除《楚妃怨》与张籍重出外，《有期不至》诗又见白居易集，题作《期不至》[③]，显非姚氏诗，故《全唐诗》所增补之姚氏诗亦待甄辨。

五律《送闽僧》[④]又见吕温集，题作《送僧归漳州》[⑤]，双失注。清初季振宜辑全唐诗稿时，吕温诗用明刊《吕衡州诗集》作底本，并据宋椠校勘，集中无此首，江标影宋十行十八字本《吕衡州诗集》中亦无，胡震亨《唐音统签》卷三九一《丁签》八八吕温集收入，于题下注云：“见州志。”乃采自漳州志者，扬州诗局《全唐诗》刻入吕温集卷末，显为补入。按此诗载《文苑英华》卷二二二释门类，作张籍，前接吕温《送文畅上人东游》诗，地志失检而讹为吕作。

五律《寄灵一上人初归云门寺》[⑥]重出至三家，在刘长卿集中题作《寄灵一上人初还云门》，下注：“一作皇甫曾诗。”[⑦]

① 《全唐诗》卷三八二，中华书局 1960 年版，第十二册，第 4290 页。
② 《全唐诗》卷八〇〇，中华书局 1960 年版，第二十三册，第 9004 页。
③ 四部丛刊《白氏长庆集》卷一八。
④ 《全唐诗》卷三八四，中华书局 1960 年版，第十二册，第 4312 页。
⑤ 《全唐诗》卷三七一，中华书局 1960 年版，第十一册，第 4176 页。
⑥ 《全唐诗》卷三八四，中华书局 1960 年版，第十二册，第 4321 页。
⑦ 《全唐诗》卷一四八，中华书局 1960 年版，第五册，第 1515 页。

在皇甫曾集中题作《寄净虚上人初至云门》，下注："一作刘长卿诗。"[①]检世业堂刊皇甫氏家集本之《皇甫御史诗集》中，诗题之"净虚"作"静虚"。而张南史集中亦载，题为《寄静虚上人云门》，无注[②]。按灵一、静虚活动时间较早，张籍无由与之交往。独孤及为灵一所撰塔铭中云："公讳灵一，俗姓吴，广陵人也。……初舍于会稽南山之南悬溜寺焉，与禅宗之达者释隐空、虔印、静虚，相与讨十二部经第一义谛之旨。"又云："宝应元年冬十月十六日，终于杭州龙兴寺，春秋三十有六。"[③]宝应元年为公元762年，灵一卒，据潘竟翰著《张籍系年考证》一文[④]，张籍约生于大历七年，即公元772年，而静虚与灵一同时人，故此重出诗绝非张籍所能作。刘长卿、皇甫曾、张南史三人都与灵一同时，且有交往，四部备要本《刘随州集》卷三载此首，但集中尚另有《寄灵一上人初还》诗，又与皇甫冉、郎士元二家重出。明铜活字本《皇甫曾集》卷上亦载此诗，作净虚，疑为"静虚"之误。独孤及撰塔铭中尝言："公智刃先觉，法施无方，每禅诵之隙，辄赋诗歌事，思入无间，兴含飞动。……由是与天台道士潘清……南阳张继、安定皇甫冉、范阳张南史、清河房从心相与为尘外之友，讲德味道，朗咏终日。"[⑤]则张南史与灵一为方外之交，相游亦甚密，亦当识静虚，因疑此重出诗为张南史赠静虚所作，《文苑英华》卷二一九释门类作张南史，可资参考。

五律《送李评事游越》[⑥]重至二家，在刘长卿集中题作《送人游越》，下注："一作郎士元诗。"[⑦]在郎士元集中题作《送李遂

① 《全唐诗》卷二一〇，中华书局 1960 年版，第六册，第 2183 页。
② 《全唐诗》卷二九六，中华书局 1960 年版，第九册，第 3358 页。
③ 四部丛刊《毘陵集》卷九《唐故扬州庆云寺律师一公塔铭》。
④ 潘竟翰《张籍系年考证》，《安徽师范大学学报》1981 年第 2 期。
⑤ 四部丛刊《毘陵集》卷九《唐故扬州庆云寺律师一公塔铭》。
⑥ 《全唐诗》卷三八四，中华书局 1960 年版，第十二册，第 4315 页。
⑦ 《全唐诗》卷一四八，中华书局 1960 年版，第五册，第 1516 页。

之越》[①]，无注。此诗在三家本集中皆载[②]，诗题中之李评事未详何人，而李遂唐有二人，一为新平郡王李遂，见《新唐书》卷七〇下《宗室世系表》，一为代宗第十二子蜀王李溯，本名遂，建中二年改名，见《旧唐书》卷一一六《肃宗代宗诸子》，皆为皇室中人，从此重出诗看，似非此二人。《文苑英华》卷二七二送行类作郎士元，而同书卷二七七作张籍，并在第三句"露沾湖草晚"下注云："集作湿。"可见乃据本集校勘，那么此诗在宋代已不可确指，诗之本事及作者尚待考定。

五律《奉和陕州十四翁中丞寄雷州二十二翁司户之作》[③]又见卢纶集，题中二十二作二十[④]，重出，双失注。按卢纶在大历年间曾受到宰相王缙的礼遇，擢为校书郎。《旧唐书·卢简辞传》载："会缙得罪，坐累。久之，调陕府户曹、河南密县令。"陕府即陕州大都督府，户曹为州府官员，《旧唐书·职官志三》云：大都督府置"功仓户兵法士六曹参军事……正七品下"。卢纶曾任陕府户曹参军，任职期间，曾有《送陕府王司法》诗，曰："东门雪覆尘，出送陕城人。粉郭朝喧市，朱桥夜掩津。上寮应重学，小吏已甘贫。谢朓曾为掾，希君一比邻。"乃送陕府同僚司法参军者，此重出诗亦当为其酬陕府官员所作。张籍一生无出任陕州之仕历，诗非其作。宋人《文苑英华》卷二四三酬和类载作卢纶，明江左兰嵎朱之蕃校刊之《唐卢户部诗集》亦载，而明刊张集不收，中华书局校勘之《张籍诗集》据《全唐诗》补入，当依《英华》作卢纶诗。

---

① 《全唐诗》卷二四八，中华书局1960年版，第八册，第2790页。

② 四部丛刊影明本《唐张司业诗集》卷二、四部丛刊《刘随州集》卷三，明铜活字本《郎士元集》卷下。

③ 《全唐诗》卷三八四，中华书局1960年版，第十二册，第4325页。

④ 《全唐诗》卷二七七，中华书局1960年版，第九册，第3142页。

五律《水》[1]与马戴重出，题作《远水》[2]，双失注。明刊马戴《会昌进士诗集》收入，席启寓《唐诗百名家全集》本《会昌进士诗集》同，中华书局校勘之《张籍诗集》卷八亦载，但题下旧注云："见《木铎集》。"即南唐张洎所编定本，成书时间甚早，当属可信。按诗中尾联曰："汀洲杳难测，万古覆苍烟。"乃用《楚辞·九歌·湘夫人》中"搴汀洲兮杜若，将以遗兮远者"句意，以寄怀于远水。张籍集中尚有《舟行寄李湖州》诗，尾联云："赖诵汀洲句，时时慰远人。"也是用《九歌》句意，那么重出诗似属张籍，流传外误疑起自《文苑英华》，卷一六三地部水诗作马戴，当依《木铎集》。

五律《岳州晚景》[3]又见张均卷中，题作《岳阳晚景》，题下注云："一作父说诗。"[4]但《全唐诗》张说集中无载，季振宜《全唐诗稿本》作张说诗而不作张均。四部丛刊景明本张籍集卷八载此诗，小字注云："此诗旧选皆云张正言作。"张正言乃盛唐诗人张谓，那么此诗在流传中已重至四家。今检唐诗诸选中，较早作张均的是计有功《唐诗纪事》，明人《唐诗品汇》《盛唐诗纪》《唐音统签·丙签》同，闻一多《唐诗大系》选张说七首，不载，而选张均仅一首，即此诗，可见近人亦认为是张均作。但是，此诗载在张说本集中的时间也较早，四部丛刊印明嘉靖丁酉（1537）椒郡伍氏龙池草堂二十五卷本《张说之文集》收在卷八，《嘉业堂丛书》中刻仁和朱氏刊明绵纸钞本《张说之集》卷八同，明铜活字本《张说之集》刊入卷五。1934年，傅增湘得到影宋刻蜀本三十卷之《张说之集》，前二十五卷与椒郡伍氏、仁和朱氏本目次相同，那么此诗在宋蜀刻中已载作张说，清

① 《全唐诗》卷三八四，中华书局1960年版，第十二册，第4326页。
② 《全唐诗》卷五五五，中华书局1960年版，第十七册，第6431页。
③ 《全唐诗》卷三八四，中华书局1960年版，第十二册，第4326页。
④ 《全唐诗》卷九〇，中华书局1960年版，第三册，985页。

初季振宜辑唐诗时，将此诗从张均下删去，而入张说集中，所据可能就是宋蜀刻本。开元年间，张说曾左转岳州刺史，携子张均赴任，集中多有岳州诗作。可是，此诗载在张籍集中的时间则更早，四部丛刊景明本《唐张司业诗集》收入，在卷八列第二首，于第三首诗下注云："已上三首见《木铎集》。"那么南唐时已认为是张籍所作，但于题下注云："此诗旧选皆云张正言作。"《全唐诗》张谓集不收此诗。《唐诗纪事》言：张谓登天宝二年进士，曾奉使长沙。《全唐文》卷三七五有其《长沙土风碑铭》，云："巨唐八叶，元圣六载，正言待罪湘东。郡临江湖，大抵卑湿修短。"同时，他还写有《同王徵君湘中有怀》诗，云："八月洞庭秋，潇湘水北流。……"而此首重出诗尾联云："长沙卑湿地，九月未成衣。"与其在长沙所作诗文语气极相似，故《岳州晚景》诗也有可能是张谓所作。从以上情况看，流传中颇为舛错复杂，今尚难断言。

与王建重出诗有四首，五律《寒食后》下注"一作王建诗"①，而在王建集中题作《寒食》，亦注②。七律《寒食看花》③在王建集中题作《寒食日看花》④，双失注。这两首寒食诗，明刊张籍集中不载，胡震亨《唐音统签》亦不入张集，季振宜辑唐诗稿本时，墨笔分别补入张集卷二、卷四后，扬州诗局《全唐诗》据之，而中华书局校勘之《张籍诗集》又据《全唐诗》补入。按宋人蒲积中编《古今岁时杂咏》卷一二作王建，南宋书棚本《王建诗集》卷五、卷八亦载，《唐音统签》卷三四七《丁签》七六王建集同，据此当为王建作。七绝《寒食忆归》⑤亦与王建重

① 《全唐诗》卷三八四，中华书局 1960 年版，第十二册，第 4326 页。
② 《全唐诗》卷二九九，中华书局 1960 年版，第九册，第 3397 页。
③ 《全唐诗》卷三八五，中华书局 1960 年版，第十二册，第 4345 页。
④ 《全唐诗》卷三〇〇，中华书局 1960 年版，第九册，第 3415 页。
⑤ 《全唐诗》卷三八六，中华书局 1960 年版，第十二册，第 4362 页。

出[①]，《古今岁时杂咏》及洪迈《万首绝句》皆作王诗，张籍本集亦不载，也为季振宜补入者。此三首诗在《古今岁时杂咏》中紧接张籍《寒食日内宴二首》之后，季氏失检一并补入张集中，以致舛误。明都穆《南濠诗话》曾评《寒食看花》诗，云："此（王）建之自况。"可见诗评亦不作张籍。

七律《赠项斯》一首，下注："一作王建诗，题云赠贾岛。"[②]在王建集中题作《寄贾岛》，亦注[③]。此诗明刊张集无载，《文苑英华》卷二五四寄赠类载王建诗十五首，此列第十四，于第一首注云："以下十五篇并见集本。"可见采自王建本集，而宋人所见本甚早，当为可信。诗前四句云："尽日吟诗坐忍饥，万人中觅似君稀。僮眠冷榻朝犹卧，驴放秋田夜不归。"从诗句看多与贾岛行事合，也非赠项斯者。

五律《寒食书事二首》[④]又见姚合集，题作《寒食二首》，下注："一作张籍诗。"[⑤]而《古今岁时杂咏》又作王建，重出于三家。但《全唐诗》及书棚本王建集无，明刊张籍集亦不收，汲古阁刊《姚少监诗集》收入卷六闲适时序类。按第一首诗中有"江深青草岸，花满白云城"，则当作于江城；第二首诗中有"伎乐州人戏，使君心寂寥"，则必为州刺史者。《唐诗纪事》卷四九言，姚合曾出任荆、杭二州刺史，那么此诗当为其任荆州刺史时所写。张籍一生多任京官，未有出刺一州之仕历，非其所作明矣。

七律《赠王侍御》[⑥]又见韦应物集，题同，双失注[⑦]。明刊张集卷四载，而四部丛刊影明本《韦江州集》寄赠类亦收，题皆

① 《全唐诗》卷三〇一，中华书局 1960 年版，第九册，第 3432 页。

② 《全唐诗》卷三八五，中华书局 1960 年版，第十二册，第 4346 页。

③ 《全唐诗》卷三〇〇，中华书局 1960 年版，第九册，第 3417 页。

④ 《全唐诗》卷三八四，中华书局 1960 年版，第十二册，第 4327 页。

⑤ 《全唐诗》卷四九八，中华书局 1960 年版，第十五册，第 5666 页。

⑥ 《全唐诗》卷三八五，中华书局 1960 年版，第十二册，第 4344 页。

⑦ 《全唐诗》卷一八七，中华书局 1960 年版，第六册，第 1904 页。

同。按诗题中之王侍御为王建，建任太府寺丞、秘书丞、侍御史改官陕州司马。张籍有《酬秘书王丞见寄》《逢王建有赠》《赠别王侍御赴任陕州司马》等诗，且多称颂王建之诗，如："今体诗中偏出格。""新作句成相借问，闲求义尽共寻思。""更和诗篇名最出，时倾杯酒户常齐。"而此重出诗中也有："心同野鹤与尘远，诗似冰壶见底清。"当为其赠王建者。韦应物活动年代早于王建，约在贞元七、八年（791、792）卒①，而王建活动在元和、长庆间，任侍御史是晚年事，故诗不当为韦应物作。

七律《苏州江岸留别乐天》②与白居易诗重出，题作《武丘寺路宴留别诸妓》③。此诗张籍本集不载，《白氏长庆集》收卷二四中，中华书局之《张籍诗集》据《全唐诗》补入。按《文苑英华》卷二八八留别类载作张籍，后接白居易《郢州别王七使君》诗，按《英华》编例，应从此首起署白居易名。《文苑英华辨证》曰："张籍《苏州江岸留别乐天》诗……此诗张集不载，见乐天集，题作《武丘寺路宴留别诸妓》，但薄寒作駊騀。《广韵》云：'駊騀者大马也。'汝坟作女坟，乃虎丘寺真娘墓也。以此辨之。《文苑》误矣。"此误不始自《文苑英华》，五代韦縠《才调集》卷三即误作张籍。从诗句内容看，有"银泥裙""鹦鹉语""渐消醉色朱颜浅，欲语离情翠黛低"等，皆写别妓之情，亦非酬送诗友之语，当依彭叔夏作白居易《武丘寺路宴留别诸妓》诗。

七绝《题故僧影堂》④与许浑诗重出，题作《僧院影堂》⑤，双失注。明刊张集卷八载。宋洪迈《万首唐人绝句》七

① 参见傅璇琮《唐代诗人丛考·韦应物系年考证》。
② 《全唐诗》卷三八五，中华书局1960年版，第十二册，第4345页。
③ 《全唐诗》卷四四七，中华书局1960年版，第十三册，第5034页。
④ 《全唐诗》卷三八六，中华书局1960年版，第十二册，第4361页。
⑤ 《全唐诗》卷五三八，中华书局1960年版，第十六册，第6142页。

言卷六九作许浑诗，清初季振宜辑唐诗用明刻三卷本之《许浑集》，并据宋刻校，于卷后剪《万首唐人绝句》补入。许浑集编帙相当混乱，杂入他人之作不少，此诗疑非许作。

七绝《蛮州》[①]与杜牧诗重出，题作《蛮中醉》[②]，诗云："瘴水蛮中入洞流，人家多住竹棚头。一山海上无城郭，唯见松牌记象州。"松牌即水松牌，唐人多用之书写。《云仙杂记》曾云："李白游慈恩寺，寺僧用水松牌刷以吴胶粉，捧乞新诗。"晋嵇含撰《南方草木状》云："水松叶如桧而细长，出南海，土产众香。"水松牌在岭南是常用之物。象州属唐代岭南道桂管经略使管辖，汉称郁林郡，在今广西柳州市南。据杜牧《自撰墓志铭》可知杜牧一生仕历游踪未至广西。张籍及第前曾漫游浙赣，渡岭南下，有《岭外逢故人》诗："过岭万余里，旅游经此稀。……海上见花发，瘴中唯鸟飞。炎州望乡伴，自识北人衣。"又有《蛮中》诗："铜柱南边毒草春，行人几日到金麟。玉镮穿耳谁家女，自抱琵琶迎海神。"他在岭南漫游期间也曾结识一些朋友，其《送南客》诗云："夜市连铜柱，巢居属象州。来时旧相识，谁向日南游。"那么此重出诗也是张籍至象州时所写。杜牧《樊川别集》收载此诗，但后人对别集中之作多有怀疑，如明代徐㶿《红雨楼题跋》曾云别集一卷，姚宽《西溪丛话》以为许浑之诗。许曾至郁林，杜未有西粤之役，而别集有"松牌出象州"之句，姚语或有据耶?

五言排律十二句之试帖诗《夏日可畏》[③]与丘为诗重出，题作《省试夏日可畏》[④]，这是进士贡举时试题。徐松《登科记考》卷一四载，张籍贞元十五年及第，试题为《行不由径诗》，与此

① 《全唐诗》卷三八六，中华书局 1960 年版，第十二册，第 4350 页。
② 《全唐诗》卷五二五，中华书局 1960 年版，第十六册，第 6014 页。
③ 《全唐诗》卷三八四，中华书局 1960 年版，第十二册，第 4329 页。
④ 《全唐诗》卷一二九，中华书局 1960 年版，第四册，第 1319 页。

不合。《文苑英华》卷一八一载作张籍，但下注云：“类诗作丘为。”类诗指顾陶之《唐诗类选》，成书于宣宗大中年间，当依之作丘为诗。

另一首省试诗《罔象得玄珠》[①]，下注：“类诗作黎逢。”黎逢大历十二年状元，依《唐诗类选》亦当为黎逢诗，非张籍作。但《全唐诗》卷二八八黎逢下不载，而收省试《夏首犹清和》诗，又与张聿重出。张聿建中进士，《文苑英华》卷一二八载《夏首犹清和》，署作张律，注云：“类诗作黎逢。”并据之校勘，那么在《唐诗类选》中黎逢就有两首省试诗：《罔象得玄珠》和《夏首犹清和》，其中应有一误，尚待考辨。

七律《送友人卢处士游吴越》[②]与温庭筠诗重出，双失注[③]。《才调集》卷三、《英华》卷二七七皆作张籍。前四句云：“羡君东去见残梅，惟有王孙独未回。吴苑夕阳明古堞，越宫春草上高台。”张籍祖籍吴郡，吴地有其旧宅，其《送陆畅》诗有：“共踏长安街里尘，吴州独作未归身。昔年旧宅今谁住？君过西塘与问人。”此重出诗也有客游在外未能东归吴郡之叹，故非温庭筠所作。

五律《送友生游峡中》[④]又见李白集，题同[⑤]。明刊张籍集原无，《唐音统签》卷三四〇《丁签》十五张集收入，《全唐诗》据之，中华书局《张籍诗集》卷二又据《全唐诗》补入，真赝尚难征信。《英华》卷二六九送行类作李白，但下注：“集无。”可知宋人所见太白集中亦无此诗，清王琦注太白集时附入卷三〇拾遗中，并注重见张籍，但诗之风格不类太白，严羽《沧浪诗

① 《全唐诗》卷三八四，中华书局1960年版，第十二册，第4329页。
② 《全唐诗》卷三八五，中华书局1960年版，第十二册，第4345页。
③ 《全唐诗》卷五八二，中华书局1960年版，第十七册，第6748页。
④ 《全唐诗》卷三八四，中华书局1960年版，第十二册，第4326页。
⑤ 《全唐诗》卷一八五，中华书局1960年版，第六册，第1890页。

话·考证》认为此诗为后人假名李白之作。

《凉州词三首》之三："凤林关里水东流。"[①]《唐诗别裁》卷二〇又作张仲素诗，郭茂倩《乐府诗集》、洪迈《万首唐人绝句》、高棅《唐诗品汇》、胡震亨《唐音统签·丁签》卷七五皆作张籍诗，《唐诗别裁》误。

七律《寄苏州白二十二使君》[②]，在《唐音统签·丁签》卷七五中收作张籍，下注："一作杨巨源诗。"《全唐诗》杨巨源卷中不收。诗题中之白二十二使君为白居易，曾于敬宗宝历年间（825—826）任苏州刺史，诗中颔联云："登第早年同座主，题诗今日是州人。"座主指知贡举者，《唐摭言》载，贡举之士称有司为座主。据徐松《登科记考》言，张籍贞元十五年进士，白居易贞元十六年进士，此二年知京举同为中书舍人高郢，而杨巨源贞元五年进士，知贡举为礼部侍郎刘太真。张籍祖居吴郡，即苏州，《唐才子传》谓杨巨源蒲中人，与诗中是州人句意亦抵牾，那么诗非杨巨源作，《英华》卷二五九即作张籍诗。

中华书局校刊之《张籍诗集》卷四据四库全书本又补入《留别微之》一首，又见白居易集，尾联云："少室云边伊水畔，比君较老合先归。"应为白居易语，张籍未有归老少室之举。而白居易晚年居香山时，常来往于少室间，且多有诗作，故不当补入张籍集中。

七言《无题》："桃溪柳陌好经过。"[③]又见刘禹锡集，题作《踏歌词四首》之二[④]，明钞本《刘宾客文集》卷二六收入，郭茂倩《乐府诗集》载卷八二近代曲辞中，这是刘禹锡一组歌辞中之一首，非张籍诗。中华书局校刊之《张籍诗集》中，尚有《台

① 《全唐诗》卷三八六，中华书局 1960 年版，第十二册，第 4357 页。
② 《全唐诗》卷三八五，中华书局 1960 年版，第十二册，第 4341 页。
③ 《全唐诗》卷三八六，中华书局 1960 年版，第十二册，第 4361 页。
④ 《全唐诗》卷三六五，中华书局 1960 年版，第十一册，第 4111 页。

城》《春词》《浪淘沙词》《伤愚溪二首》《听旧宫人穆氏唱歌》《杨柳枝词二首》《宿都庭有怀》《堤上行二首》《竹枝词五首》等，皆见刘禹锡集中，较早的《尊前集》和《乐府诗集》也多作刘诗，亦属误入张籍者。

《全唐诗外编》上册补张籍诗七首，其中与他人重出者四首。

七绝《遇李山人》《遇王山人》二首，据《永乐大典》卷三〇〇四补，又见施肩吾集，题同[①]，从诗句看皆赠隐居山林者，大有出世之风。《唐摭言》载："施肩吾，元和十年及第，以洪州之西山，乃十二真君羽化之地，灵迹具存，慕其真风，高蹈于此。尝赋《闲居遣兴》诗一百韵，大行于世。"张籍有《送施肩吾东归》诗："知君本是烟霞客，被荐因来城阙间。世业偏临七里濑，仙游多在四明山。……"这两首遇山人之诗，亦当为施肩吾隐居洪州西山仙游时所作，不似张籍语。

五律《边上送故人》据《永乐大典》卷三〇〇五补，又见王建集，题作《塞上逢故人》。按《唐才子传》载，王建"大和中出为陕州司马，从军塞上，弓剑不离身"。张籍一生没有从军边塞之壮举，故诗当为王建作。南宋书棚本《王建诗集》卷五载，方回《瀛奎律髓》收入边塞类，作王建。

五律《兴善寺贝多树》据《永乐大典》卷一四五三六补，又见张乔集，明刊《张乔诗集》卷一尚有《题兴善寺僧道深院》诗，此首载其本集卷三，当为同时之作，《英华》卷三二六作张乔，当依之。

一九八六年十二月三十日

（原载《河南大学学报》1987年第5期）

① 《全唐诗》卷四九四，中华书局1960年版，第十五册，第5604页、5609页。

明高启集误收唐张籍《虎丘寺》诗

◎徐礼节

明高启集如清金檀辑注《高青丘集》卷一八[①]、《四部丛刊》本《高太史大全集》卷一八、《文渊阁四库全书》本（下简称“四库”本）《大全集》卷一八、李圣华选注《高启诗选》[②]等，皆收《虎丘》诗：“望月登楼海气昏，剑池无底镇云根。老僧只恐山移去，日落先教锁寺门。”此诗重出“四库”本唐张籍《张司业集》卷七，作《虎丘寺》，文字稍异：“望月登楼海气昏，剑池无底浸云根。老僧只怕山移去，日暮先教锁寺门。”中华书局上海编辑所1959年版《张籍诗集》卷六（第84页）据此补录。童养年《全唐诗续补遗》卷五[③]据“康熙顾湄《虎丘志》三《寺宇》”所载亦辑为张籍诗。然其不见于宋刊、明刊张籍集。

此诗最早散见于王随《虎丘山寺记》：“上有剑池……其深则莫可测矣，古诗云‘剑池无底浸云根’……粉垣回缭，外莫睹其崇峦，松门郁深中迴，藏于嘉致。故前贤诗云：‘老僧只怕山移去，日暮先教锁寺门。’”[④]王随，北宋人，仁宗朝官至宰相，宝元二年（1039）正月卒，《宋史》卷三一一有其传。其《虎丘山寺记》，宋范成大《吴郡志》卷三二征引，宋末郑虎臣

① 高启著，金檀注辑注《高青丘集》卷一八，上海古籍出版社1985年版，第775页。

② 高启著，李圣华选注《高启诗选》，中华书局2005年版，第231页。

③ 陈尚君《全唐诗补编》，中华书局1992年版，第393页。

④ 《吴都文粹》，文渊阁《四库全书》第1358册，上海古籍出版社1987年版，第792页。

录入《吴都文粹》卷八。可见，此诗北宋已存，断非明人高启之作。又，元末高德基《平江记事》："虎丘初名海涌，吴王阖闾葬其下。……故张籍有诗云：'老僧只怕山移去，日暮先教锁寺门。'"[①]明王鏊《姑苏志》卷八："虎丘山，在府城西北七里。……张籍：'望月登楼海气昏，剑池无底浸云根。老僧只恐山移去，日暮先教锁寺门。'"[②]明俞弁《逸老堂诗话》："《容斋三笔》载：'吴门僧惟茂住天台山，有诗云："四面峰峦翠入云，一溪流水漱山根。老僧只恐山移去，日落先教锁寺门。"'唐张籍《题虎邱》诗云：'望月登楼海气昏，剑池无底锁云根。老僧只恐山移去，日暮先教锁寺门。'惟茂蹈袭张诗二句，容斋亦受其欺而记之耳。"[③]知此诗为唐人张籍逸作。"四库"本《张司业集》所载，或为明万历中和州张尚儒合刻《两张先生集》(《张文昌集》《于湖集》，前者即"四库"本《张司业集》，馆臣编入时更名)时辑得。

《四库全书·〈大全集〉提要》云，高启所著"凡九百余首"，"其侄立于永乐元年锓板行之，至景泰初徐庸掇拾遗佚，合为一编，题曰《大全集》"[④]。此诗误入高启集，或由"徐庸掇拾遗佚"所致，而所以误辑，当与高启为虎丘寺写有不少诗作有关。

(原载《江海学刊》2011年第2期)

① 文渊阁《四库全书》第590册，第460页。

② 王鏊《(正德)姑苏志》卷八，《北京图书馆古籍珍本丛刊》第26册，书目文献出版社，第161—164页。

③ 丁福保《历代诗话续编》，中华书局1983年版，第1305页。

④ 文渊阁《四库全书》第1230册，第1页。

应予关注的中晚唐文学研究新史料

——新见张籍撰《唐阳城县主李应玄墓志铭》

◎王其祎　周晓薇

曾见先皇殿上臣，丹砂久服不成真。常骑马在嘶空枥，自作书留别故人。诗句遍传天下口，朝衣偏送地中身。最悲昨日同游处，看却春风树树新。（张籍《哭丘长史》）

唐代历史文化的辉煌与厚重，最能在古长安这片沃土上随处得到见证，尤其伴着新时代建设快速的步伐而屡屡可见地下文物日新月异地出土，更不断令世人频开眼界且多励激情，亦不断为学术的跟进与深入新添素材，更广拓视野。迈入二十一世纪以来，在西安地区新出土的唐代石刻文献中，有一类史料犹如一片璀璨星空而为学界密切关注，这就是新出唐代墓志铭文献中颇见重要的中晚唐文学史料。诸如2007年韦应物及其家族墓志铭的披露与研究被盛誉为“百年来唐代石刻文献最重要的发现之一”，续而为笔者所得见知的复有张籍撰文的《唐阳城县主李应玄墓志铭》（不载于《张司业集》）、李商隐撰文并书丹的《王翊元暨妻李灵素墓志铭》（不载于《李义山集》）[①]、权德舆撰文的《韦渠牟墓志铭》（载在《权载之集》）等先后重见天光，再

① 志文见钟明善《李商隐〈王翊元夫妇墓志铭〉》，《第八届中国书法史论国际研讨会论文集》，文物出版社 2011 年版，第 292—299 页。

加上比韦应物及其家族墓志铭早几年在长安出土的柳宗元撰文的《独孤申叔墓志铭》（见载于《柳宗元集》卷一一）[①]，乃至更横向联系到近年在洛阳地区出土的柳宗元撰文的《薛巽妻崔蹈规墓志铭》（见载于《柳宗元集》卷一三）、韩愈撰文的《窦牟墓志铭》（载《昌黎先生集》卷三三）、元稹撰文的《韦佩母段氏墓志铭》（载《元氏长庆集》卷五八）[②]、王建撰文的《李仲昌墓志铭》[③]、卢载自撰墓志铭[④]，以及诗人裴夷直夫妇墓志铭[⑤]，等等。其无疑对中晚唐文学史，特别是古文运动与新乐府诗运动及其创作的综合研究有着不容小觑的学术价值和意义。缘此，本文谨先据所得拓本而就张籍撰写的《唐阳城县主李应玄墓志铭》给予个案披露并略事研讨，复乞大方有以示教。

一

笔者所得张籍撰文的《唐阳城县主李应玄墓志铭》拓本来源于同仁王庆卫氏所购藏，云为近年出土于西安市南郊长安区高阳原，即今长安区郭杜镇一带，而志石现存不详，亦未知有志盖否。该墓志刊葬于唐大和二年（828）五月十六日，拓本高53.5厘米、宽54.5厘米，志文22行，满行22字，楷书，张籍撰文，丘玄楚书丹，李叔寂刻字。志文如下：

① 王其祎、周晓薇《擢擢其英　熠熠其光——西安碑林新入藏柳宗元撰〈独孤申叔墓志〉笺证》，《书法丛刊》2007 年第 5 期，第 76—83 页。

② 见程章灿《从〈有唐威武段夫人墓志铭〉看元稹为人》，《中国典籍文化》1995 年第 3 期，第 69—72 页。

③ 《全唐文补遗·千唐志斋新藏专辑》，三秦出版社 2006 年版，第 315 页。

④ 《全唐文补遗·千唐志斋新藏专辑》，第 376 页。

⑤ 《全唐文补遗·千唐志斋新藏专辑》，第 397 页、412 页。参看胡可先《新出〈裴夷直墓志〉考论》，《中国典籍与文化论丛》第 11 辑，凤凰出版社 2008 年版，第 107 页。

唐故阳城县主墓志

朝散大夫守国子司业上柱国张籍撰

玄宗妃武氏生寿王瑁，王第二十二女官字曰应玄，母妃韦氏，贞元二年五月十二日封阳城县主。是日出降河南丘运，时年十有三，有子九人。大和元年，年五十七，六月十日薨于光德里宅。皇帝悲悼，废视朝一日。二年五月十六日，祔葬于高阳原长史之茔。将葬，其子玄楚等以主状来请，曰主严婉闲慧，勤俭自居，事舅姑，约家抚族，一由士法。不好声乐炫饰，凡车服制度率减，异于其伦。宫庭莫不闻，每时节对见，上以属尊德美，恩礼逾等。丘氏之孤稚皆收给，无宦者乃奏其子所赐官而授之。好读道家经书，颇修其斋戒，味蔬药事，清静为常。长史官登翼王府，夙通玄学，不希集于世，与主德叶，邦里所高。先七年而终，子玄咸、玄颖早逝，玄素尚宋王女华亭县主，为司农寺主簿。玄楚左武卫仓曹参军，季札汴州开封县尉。素甚有吏干，楚、札皆学文史，长女嫁虢州阌乡县令杨崟，次嫁河中府户曹参军李鄑，次嫁校书郎谢逢。杨、李早丧，一犹未适人。籍与长史旧，又楚见请，乃为志。其铭曰：

天星耀耀于中宫，柔朗之德无与双，克归贤氏懿以融，将登仙云年遽终，永祔荒原松柏封。

嗣子玄楚书

陇西李叔寂刻字

案启功先生尝著文《碑帖中的古代文学资料》，总结利用和研究新出土的文学家的文学作品大约有四项作用：“1.作品的校勘；2.集外作品的补编；3.作家、作品的史实考证；4.创作技巧的研究。”[①]张籍是彼时步韩愈后尘最为紧密的诗人和古文家，惜其文章为诗名所掩，且不幸传于今天的文章只留下《与韩愈书》和《重与韩退之书》这两篇写给韩愈的书信体散文[②]，因此《唐阳城县主李应玄墓志铭》的发现，无疑可成为《张司业集》的集外作品补编，同时也能够使我们看到他的碑铭体散文的真面目，且对他诗歌以外的文学成就和语言风格以及当时的学派与学源关系的史实考证等，亦可以有新的认识和评判。

二

墓志文中所涉及的史事人物，包括志主凡记名姓者有十六人，兹略事考说：

寿王瑁，即李瑁，玄宗第十八子，宫中常呼十八郎，初名

① 启功著《启功丛稿》，中华书局 1981 年版，第 102 页。

② 载《张司业集》卷八，影印《四库全书》，上海古籍出版社 1987 年版，第 1078 册，第 59—61 页。《四库全书总目》卷一五〇集部三《张司业集八卷》提要：“其文惟《文苑英华》载与韩愈二书，余不概见。”中华书局 1965 年版，第 1290 页。又，《新唐书》卷五七《艺文志一》著录张籍《论语注辨》二卷，朱熹《昌黎先生集考异》卷八《中散大夫少府监胡良公墓神道碑》小注云：“蜀本注：牛僧孺撰《墓志》，陈鸿撰《谥》，张籍撰《行状》。”今皆不存。而韩愈《张中丞传后叙》转述云：“张籍曰：有于嵩者，少依于巡；及巡起事，嵩常在围中。籍大历中于和州乌江县见嵩，嵩时年六十余矣。以巡初尝得临涣县尉，好学，无所不读。籍时尚小，粗问巡、远事，不能细也。云：巡长七尺余，须髯若神。尝见嵩读《汉书》，谓嵩曰：‘何为久读此？’嵩曰：‘未熟也。’巡曰：‘吾于书读不过三遍，终身不忘也。’因诵嵩所读书，尽卷不错一字。嵩惊，以为巡偶熟此卷，因乱抽他帙以试，无不尽然。嵩又取架上诸书，试以问巡，巡应口诵无疑。嵩从巡久，亦不见巡常读书也。为文章，操纸笔立书，未尝起草。初守睢阳时，士卒仅万人，城中居人户亦且数万，巡因一见问姓名，其后无不识者。巡怒，须髯辄张。及城陷，贼缚巡等数十人坐，且将戮，巡起旋，其众见巡起，或起或泣。巡曰：‘汝勿怖。死，命也。’众泣不能仰视。巡就戮时，颜色不乱，阳阳如平常。远，宽厚长者，貌如其心，与巡同年生，月日后于巡，呼巡为兄，死时年四十九。嵩，贞元初死于亳、宋间。或传嵩有田在亳、宋间，武人夺而有之，嵩将诣州讼理，为所杀。嵩无子。”笔者以为亦可视为张籍文字片段。见阎琦校注《韩昌黎文集注释》卷二，三秦出版社 2004 年版，第 120—121 页。

清，母武惠妃，开元十三年（725）封寿王，二十三年改名瑁，大历十年（775）薨，赠太傅。有传见《旧唐书》卷一〇七《玄宗诸子传》、《新唐书》卷八二《十一宗诸子传》。旧传云寿王母武氏"频产夏悼王、怀哀王、上仙公主，皆端丽，襁褓不育"，故寿王出生后由让帝妃元氏收养十余年始封王入宫。而墓志云阳城县主为寿王第二十二女，传又载其子五人，则寿王生育子女颇夥，唯不详出韦氏者有几。

墓志云寿王娶妻韦氏，可与正史互证。《新唐书》卷七六《后妃上·杨贵妃》云："玄宗贵妃杨氏，隋梁郡通守汪四世孙。徙籍蒲州，遂为永乐人。幼孤，养叔父家。始为寿王妃。开元二十四年，武惠妃薨，后廷无当帝意者。或言妃姿质天挺，宜充掖廷，遂召内禁中，异之，即为自出妃意者，丐籍女官，号'太真'，更为寿王聘韦诏训女，而太真得幸。"[①]是知韦氏乃韦诏训女，而韦诏训其人尚乏史料可征。

阳城县主李应玄，不载于史。以墓志所述年岁推之，生于大历九年（774），贞元二年（786）13岁时受封并出降，卒于大和元年（827），享龄57岁。而寿王之女不载于史者，据石刻文献还可得知一位，不妨链接于此而予以观照。1958年年初于西安城南长安县庞留村出土唐乾元元年（758）二月十八日《大唐寿王故第六女赠清源县主墓志铭》[②]，墓志题署"朝散大夫守著作郎秦立信撰，寿王书"，志文略云："寿王第六女者，光天文武大圣孝感皇帝之侄也……丁酉岁建亥月十日薨于益昌郡行顿……寻有宠命，褒赠贵号……即以建卯月十八日悬窆于咸宁洪原乡少陵

---

① 《新唐书》卷七六《后妃上·杨贵妃》，中华书局 1975 年版，第 3493 页。

② 《隋唐五代墓志汇编·陕西卷》，天津古籍出版社 1991 年版，第 1 册，第 147 页。书中著录葬时误为"至德二年四月十八日"。最先披露则见于《文物参考资料》1958 年第 10 期第 40—43 页之《西安南郊庞留村的唐墓》一文，且文中对县主卒葬年月的推定是正确的。

原，礼也。”[①]案此寿王第六女亦不载于史，而其名字、享龄及母氏为谁，志文皆未提及，又不言婚嫁，则显然未及出降而亡，故其卒时年当少小[②]。在此主要想关联说明的是，阳城县主是祔夫而葬，葬地为“高阳原”，而清源县主葬地为“咸宁洪源乡少陵原”，显然相距甚远。“高阳原”在潏水正流西畔的今韦曲以西郭杜镇一带，唐时属长安县，而“少陵原”则在潏水正流东畔的今韦曲以东庞留村一带，唐时属咸宁县。以葬于庞留村附近者有玄宗妃武氏、玄宗第二十二女咸宜公主（武惠妃生）等推之，寿王亦韦氏所出，则夭折的寿王第六女正宜祔其祖母而葬。

李应玄夫为翼王府长史丘运，正史无名。借此墓志为我们留证了一位“夙通玄学”的张籍故交。本文起首录有张籍七言一律

① “光天文武大圣孝感皇帝”即至德三载正月戊寅（五日）为肃宗所册尊号，同年二月丁未（五日）改元乾元。“丁酉岁”即至德二载，卒月“建亥月”用太阴历即阴历为十月，则葬月“建卯月”即至德三载二月，又葬日为十八日，则是至德改元乾元后第十三天，故以葬时作乾元元年二月十八日为妥。“益昌郡”，《新唐书》卷四十《地理志四》山南西道云：“利州益昌郡，下都督府。本义城郡，天宝元年更名。”即今四川广元。“行顿”一词不多见，有类于行幸所到之行在、行所之谓。顿者，停留、止息、驻扎。故每以军行所止曰军行顿止。其词源或可推之《后汉书》卷七一《皇甫嵩传》：“嵩温恤士卒，甚得众情，每军行顿止，须营幔修立，然后就舍帐。”嗣后《梁书》卷九《曹景宗传》云：“（高祖）复帅众前驱至南州，领马步军取建康，道次江宁，东昏将李居士以重兵屯新亭，是日选精骑一千至江宁行顿，景宗始至，安营未立；且师行日久，器甲穿弊，居士望而轻之，因鼓噪前薄景宗。”此盖较早出现径用“行顿”一词者。

② 案：阳城县主出生第二年寿王即薨，而据两《唐书》本传知寿王封建之事晚于诸王，若以寿王母武惠妃开元元年始见幸，而寿王又在由让帝妃元氏收养十余年后的开元十三年始封王入宫推之，开元十三年寿王封爵时不过10岁左右，则其大历十年薨时享龄亦不过60岁耳。又除韦氏外，史不言寿王妃更有何人，故设以韦氏开元二十四年为寿王妃时不超过15岁（寿王当20岁出头）推之，大历九年生阳城县主时为53岁，那么再设以至德二载（757）清源县主薨时“年当少小”而上推五年，则韦氏以约天宝十一年（752）31岁而生寿王第六女，应该是完全有可能的。诚然事实是阳城县主已是寿王第二十二女，则寿王子女之多，显然不可能尽出韦氏而必有其他妃子所生者。这里需要留意的是，韦氏50岁后尚在生育，虽非绝不可能，而难免让人揣疑。

《哭丘长史》[1]，而吴汝煜、胡可先《全唐诗人名考》谓“丘长史疑为丘儒”[2]，今以志文“长史官登翼王府，夙通玄学，不希集于世，与主德叶，邦里所高。先七年而终”及“籍与长史旧”诸要素推勘，其《哭丘长史》一诗更可能是写给丘运的[3]。而“诗句遍传天下口”一语，又道出了此丘长史与张籍乃是诗文旧交。郡望为河南之丘氏，远祖系后魏献帝时宗族十姓之一的临淮王丘敦氏，孝文改为丘氏[4]。为两《唐书》所载者，高祖、太宗朝有河南洛阳谭国公丘和及其子师利、行本、行恭、孝恭、行整、行淹、孝忠[5]，则天朝有丘行恭子酷吏丘神绩，睿宗朝有河南陆浑丘悦（说），此阳城县主夫婿丘运亦河南籍，检《元和姓纂》卷五

① 李建昆《张籍诗集校注》卷五《七言律诗》，台北华泰文化事业公司2001年版，第247页。

② 《全唐诗人名考》卷上，江苏教育出版社1990年版，第373页。

③ 张籍复有一首《哭丘长史》七言绝句：“丘公已殁故人稀，欲过街西更访谁？每到子城东路上，忆君相逐入朝时。”《全唐诗人名考》卷上又云“丘长史疑为丘儒”（第375页），可知并无力据。笔者以为，吴、胡所考，盖以贾岛有《寄丘儒》五古一首、皇甫湜有《送丘儒序》一文而悬测之。既然“籍与长史旧”，丘运又任翼王府长史而非州郡长史，自然可能“相逐入朝”，且丘运更贵为县主之夫，也自然可能宅居长安城朱雀街西之光德里。又贾岛《寄丘儒》诗有“长安秋风高，子在东甸县”，似与“先皇殿上臣”“相逐入朝时”不合。若笔者考证不误，以墓志云长史“先七年而终”推之，适可界定张籍七律《哭丘长史》的写作时间应在县主大和元年（827）去世的前七年，亦即元和十五年（820），而七绝《哭丘长史》的写作时间则应稍晚于元和十五年。再则《册府元龟》卷五九二“掌礼部·奏议”有“开成二年（837）二月太常博士丘濡奏祠祭圭玉请依礼文”云云（“濡”“儒”形近，当即一人），而张籍早于大和四年去世矣。更为重要的是，唯有丘运方能符合“长史”的身份。

④ 丘敦即《魏书》卷三〇有传的丘堆，代人，世祖即位，进爵临淮公。《魏书》卷一一三《官氏志》云：献帝以“次弟为丘敦氏，后改为丘氏”。七族之兴，自此始也。又与帝室为十姓，百世不通婚。中华书局1974年版，第3006页。

⑤ 丘和有传载《旧唐书》卷五九、《新唐书》卷九〇，云为洛阳人，仕周入隋，唐高祖初封谭国公。父寿，魏镇东将军。《元和姓纂》卷五“丘氏”又记：“后魏献帝七分国人，以弟豆真折为丘敦氏，封临淮王，孝文改为丘氏。折生堆，堆生跋，跋生鳞，鳞曾孙大干；生寿，野王公；生和，唐左武卫大将军、谭国公。”中华书局1994年版，第708页。姚薇元《北朝胡姓考》内篇第一《宗室十姓》“丘氏”，又据《庾子山集》卷一一《周广化公丘乃敦崇传》考证：“《崇传》既称丘氏为魏室十姓之一，是丘乃敦即丘敦可知。如《庾集》‘乃’非衍文，则此氏原当作丘乃敦矣。”中华书局2007年版，第22页。

“丘氏”，知丘运即丘遇运，为安南公丘孝忠之重孙。以墓志云丘运“先七年而终”推之，其卒年应是长庆四年（821）。翼王即李绰，顺宗第二十一子，贞元二十一年封。《旧唐书》卷一五〇《德宗顺宗诸子传》云“咸通二年（861）薨”。《新唐书》卷八二《十一宗诸子传》云“王五十八年，咸通三年薨”。《姓纂》记“遇运，尚衣奉御、史卫中郎，生元楚、元颖”[①]。此元楚、元颖与志文之玄楚、玄颖正合。而《唐会要》卷七六《贡举中》有贞元十年贤良方正能直言极谏制科及第之丘颖[②]，权德舆还写了《送邱颖应制举序》一文[③]，韩愈《祭董相公文》也记有“维贞元十五年岁次己卯二月乙亥朔某日……观察支使监察御史里行丘颖、观察推官守秘书省校书郎韩愈等，谨以少牢之奠，敬祭于故尚书右仆射平章事陇西公之灵”[④]，又《旧唐书》卷一三《德宗纪下》还记有贞元十五年二月因汴州军乱而被杀的宣武判官丘颖[⑤]，此四丘颖应为同一人。结合这篇张籍撰写于大和二年的墓志文所记“玄颖早逝”，复以时代推之，则与前举史传记载之丘颖相距约50年，大和元年时县主李应玄享年57岁，不当其子已去世50年矣。故岑仲勉在《姓纂》四校记中也谨慎地认为“不详即此元颖否”，而如今则应能断定玄颖与丘颖非同一人。不过据墓志又可补知丘运尚有玄咸、玄素、玄札三子。

丘运子“玄素尚宋王女华亭县主”，此宋王即李结，本名滋，顺宗第九子。始封云安郡王，贞元二十一年（805）进封。长

① 《元和姓纂(附四校记)》卷五丘氏，第711页。据此知丘运高祖丘忠孝、曾祖丘承嗣、祖丘文堂、父丘隍，又有弟丘遹运，任检校太子宾客。

② 《唐会要》卷七六《贡举中》，上海古籍出版社1991年版，第1645页。

③ 《权载之文集》卷三九，《四部丛刊初编》集部，第674册，上海商务印书馆1929年重印本。《送邱颖应制举序》又云“前年举秀才上第”，即贞元九年，则邱（丘）颖与柳宗元、刘禹锡为同年进士。

④ 《韩昌黎文集注释》卷九集外文，第499—500页。以韩愈为校书郎，丘颖为监察御史里行，则丘颖在年资上当不比韩愈低。

⑤ 《旧唐书》卷一三《德宗纪下》，中华书局1975年版，第389页。

庆二年（822）薨。有传见《旧唐书》卷一五〇《德宗顺宗诸子传》、《新唐书》卷八二《十一宗诸子传》。“华亭县主”，史籍不载，赖此志可知。又知丘运、丘玄素父子两代皆尚县主，当与皇室素有旧谊，致“夙通玄学”的丘运得以官登从四品上的翼王府长史，而“甚有吏干”的丘玄素更得以在大和二年三十余岁即官从七品上的司农寺主簿。时“皆学文史”的玄素弟玄楚任正八品下的左武卫仓曹参军，季弟玄札亦任从九品上的开封县尉。

据墓志又知丘运有三位女婿。二婿李鄑、三婿谢逢，均不载于正史。大婿杨崄，《旧唐书》卷七一下《宰相世系表一》下杨氏观王房有隋观德王杨士雄七代孙崄，未详与此大和年以前任虢州阌乡县令之杨崄是否同一人。

县主所居之“光德里”，亦附说于此。“光德里”位于长安城外郭城朱雀门街西第三街，即皇城西之第一街街西从北第六坊，东、南、西、北所临依次为通义坊、延康坊、西市、延寿坊。其里坊位置十分重要，京兆府廨即在此坊，又有鄱阳公主邑司、胜光寺、慈悲寺和刘仁轨、裴垍、裴稹、崔邠、刘崇望、孔纬等显宦住宅[①]。今可据补阳城县主宅于此坊。

三

张籍（约767—830），中唐诗人之中坚。字文昌，排行十八，祖籍吴郡（今苏州），出身贫微，赋性狷直，交友至诚，朝野名士皆与之游，最为韩愈贤而重之。博学多能，独深于诗，兼之众体，尤擅乐府，与王建同为中唐新乐府运动主帅，世称二人“张王”。历任太常寺太祝、国子博士、水部员外郎、主

① 《唐两京城坊考》卷四，中华书局 1985 年版，第 107 页。李健超《增订唐两京城坊考（修订版）》又于此坊补有郑谷、张茂枢、樊方、长孙仁、刘伏宝、萧寡尤、罗炅、李国珍、裴稹、赵群等人宅第。三秦出版社 2006 年版，第 205—207 页。

客郎中，仕终国子司业，世有张太祝、张水部、张司业之称。其诗对晚唐诗派影响颇大，以至当世即有李肇《唐国史补》卷下“元和已后……歌行则学流荡于张籍”[①]，赵璘《因话录》卷三《商部下》“张司业籍善歌行，李贺能为新乐府，当时言歌篇者，宗此二人”[②]，及南唐张洎《张司业诗集序》有“公为古风最善……元和中，公及元丞相、白乐天、孟东野歌词，天下宗匠，谓之元和体。……而章句之妙，冠于流品矣”[③]等夸誉。现存诗四百七十三首，文两篇，今又可补其散体文墓志铭一篇。

张籍在《旧唐书》卷一六〇有传，而在《新唐书》卷一七六则附属韩愈传中，可见张籍与韩愈之学源师承关系的密切。张籍与韩愈结识于德宗贞元十三年，后依韩愈学文，成为韩门弟子之一，韩愈尤重之荐之[④]。不仅于此，张籍的岳父胡珦也是韩愈的门人。胡珦的神道碑文即出自韩愈之手，《昌黎先生集》卷三〇《唐故中散大夫少府监胡良公墓神道碑》中还提及“婿广文博士吴郡张籍”，又称“女嫁名人”者，即是指胡珦女婿张籍。张籍还尝为其岳父撰写了《行状》，惜今已不存[⑤]。再统计韩愈写

① 李肇、赵璘《唐国史补　因话录》卷下，上海古籍出版社1979年版，第57页。

② 李肇、赵璘《唐国史补　因话录》卷下，第82页。

③ （明）钱谷《吴都文粹续集》卷五五，影印《四库全书》，第1386册，上海古籍出版社1987年版，第638页。

④ 《旧唐书》卷一六〇《韩愈传》云：“少时与洛阳人孟郊、东郡人张籍友善。二人名位未振，愈不避寒暑，称荐于公卿间，而籍终成科第，荣于禄仕。后虽通贯，每退公之隙，则相与谈宴，论文赋诗，如平昔焉。”中华书局1975年版，第4203页。韩愈《送孟东野序》云：“从吾游者，李翱、张籍其尤也。”韩愈《与冯宿论文书》云：“有张籍者，年长于翱，而亦学于仆，其文与翱相上下，一二年业之，庶几乎至也；然闵其弃俗尚，而从于寂寞之道，以之争名于时也。”元代辛文房《唐才子传》卷五《张籍传》云：“初至长安，谒韩愈，一会如平生欢。才名相许，论心结契。愈力荐为国子博士。”见傅璇琮《唐才子传校笺》，第2册，中华书局1989年版，第561—562页。

⑤ 朱熹《昌黎先生集考异》卷八《中散大夫少府监胡良公墓神道碑》小注云：“蜀本注：牛僧孺撰《墓志》，陈鸿撰《谥》，张籍撰《行状》。”影印山西祁县图书馆藏宋刻本，上海古籍出版社1985年版，第297页。

给张籍的诗竟有十七首之多，张籍亦与韩愈多所酬唱而将近十首。张籍尝在古体长诗《祭退之》中写道："籍在江湖间，独以道自将。学诗为众体，久乃溢笈囊。……观我性朴直，乃言及平生。由兹类朋党，骨肉无以当。……到今三十年，曾不少异更。公文为时师，我亦有微声。而后之学者，或号为韩张。"[①]应最能道明韩、张二人的交情与文谊的深笃，以及他们在当世文坛特别是古文运动中的地位和作用。又，张籍还尝为韩愈子韩昶传授诗歌。韩昶《自为墓志铭》云："昌黎韩昶，字有之，传在国史，生徐之符离，小名曰符。幼而就学，性寡言笑，不为儿戏，不能暗记书，至年长不能通诵得三五百字，为同学所笑。至六七岁，未解把笔书字。即是性好文字，出言成文，不同他人所为。张籍奇之，为授诗，时年十余岁，日通一卷，籍大奇之，试授诸童，皆不及之。能以所闻，曲问其义，籍往往不能答。受诗未通两三卷，便自为诗。及年十一二，樊宗师大奇之。宗师文学为人之师，文体与常人不同，昶读慕之。一旦为文，宗师大奇。其文中字或出于经史之外，樊读不能通。"[②]亦可见知韩、张交谊非同一般。

"文学附于儒学，作者的思想感情才有正统的来源，是非喜怒才合乎封建社会的道德标准。"[③]作为韩愈"古文运动"大旗下的主将，张籍所倡行的"变盛唐、求创新"的文体改革主张与实践，恰好印证于他仅存的两篇文章中，在《与韩愈书》中他呼吁："愿执事绝博塞之好，弃无实之谈，弘广以接天下之士，嗣孟轲、扬雄之作，辨杨、墨、老、释之说，使圣人之道复

① 见李建昆《张籍诗集校注》卷八《拾遗》，第488页。

② 《唐代墓志汇编》大中102号，上海古籍出版社1992年版，第2329页，录自周绍良藏拓片。

③ 卞孝萱《漫谈中唐诗坛》，《白云论坛》第4卷上辑，北京图书馆出版社2007年版，第81页。

见于唐，岂不尚哉！”[①]在《重与韩退之书》中他又强调：“君子发言举足，不远于理。未尝闻以驳杂无实之说为戏也。执事每见其说，亦拊几呼笑，是挠气害性不得其正矣。苟止之不得，曷所不至焉。或以为中不失正，将以苟悦于众，是戏人也，是玩人也，非示人以义之道也。”[②]可见以扶立孔孟之道为雅正之学，是当世君子之责任，抵老释而尊儒教，倡经世致用之文，弃驳杂无实之说，正能见出古文运动所倡行的“文以载道”、不著空文的“道”之所在[③]。当然在诗歌上，张籍同样极力追求“以文为诗”、“铺陈终始”、坦易通俗、叙事凝练的文字表现风格，诚所谓“无深苦之迹”而“有温夷之气”[④]。

以此衡量张籍撰写的这篇阳城县主墓志文，不仅文意扬厉着“约家抚族，一由士法。不好声乐炫饰，凡车服制度率减，异于其伦。宫庭莫不闻，每时节对见，上以属尊德美，恩礼逾等。丘氏之孤稚皆收给，无宦者乃奏其子所赐官而授之。好读道家经书，颇修其斋戒，味蔬药事，清静为常”之类“教子义、勉夫忠”[⑤]的正统风教，且文体更趋近于“文必两汉”的散体文，而摆脱了魏晋已降的四六骈体，平实凝练，简古易读，为时为事，不空不浮，正所谓“学有师法，文多古风”[⑥]。以之与韩愈的数十篇章法无一雷同的碑志铭文相比较，竟何其相似乃尔。即便是铭文，也一反传统地写成五句七言的古乐府歌行体，用韵通押，十分大胆而新奇，俨然是对当时普遍的四言对句、双句一韵的基本

① 《张司业集》卷八，第59页。
② 《张司业集》卷八，第60页。
③ 元稹《授张籍秘书郎制》云：“籍雅尚古文，不从流俗，切磨讽兴，有助政经。”《元稹集》外集卷四补遗四，中华书局1982年版，第661页。
④ 明代钟惺、谭元春《唐诗归》之钟惺评语，见陈伯海主编《唐诗汇评·张籍》，浙江教育出版社1995年版，第1893页。
⑤ 张籍古风《董公诗》：“其父教子义，其妻勉夫忠。”见李建昆《张籍诗集校注》卷八《拾遗》，第459页。
⑥ 《韩昌黎文集注释》卷八《举荐张籍状》，第421页。

法式的革命，从而践行着古文运动在章句文法上所倡导的经世致用的旨趣，同时也符合他创作乐府诗好用七言歌行体以及重字学、用古韵的基本风格[①]。联想韩愈《病中赠张十八》："文章自娱戏，金石日击撞。龙文百斛鼎，笔力可独扛。"[②]白居易《读张籍古乐府》："为诗意如何，六义互铺陈。风雅比兴外，未尝著空文。……上可裨教化，舒之济万民。下可理情性，卷之善一身。"[③]姚合《赠张籍太祝》："古风无手敌，新语是人知。"[④]以及王安石《题张司业诗》："看似寻常最奇崛，成如容易却艰辛。"[⑤]此类评誉，皆可谓公允而合宜。

四

归纳本文，主要强调几点：

其一，新得诗人张籍的这篇碑志铭散文体，乃其集外作品，可资补编；又且是为史传所不载的一位县主而撰写，则其史学与文学价值并高，应能引起学界关注。

其二，据墓志文所记县主夫君丘运一门史实人物，适可裨补《元和姓纂》丘氏世系之所阙并释证岑仲勉四校记对"元颖"与"丘颖"之所疑，且更知丘运第三子"玄素尚宋王女华亭县主"一事亦为史所不载。

其三，依墓志所记，考得张籍与丘运当是诗文旧交，从而进一步证得张籍的两首《哭丘长史》诗，所哭乃是丘运，而非《全唐诗人名考》所说的"丘儒"；并缘此而再进一步界定这两首诗

① 韩愈《题张十八所居》"端来问奇字，为我讲声形"一语可证。见钱仲联《韩昌黎诗系年集释》卷九，上海古籍出版社 1994 年版，第 986 页。

② 钱仲联《韩昌黎诗系年集释》卷一，第 63 页。

③ 朱金城《白居易集笺校》，上海古籍出版社 1988 年版，第 5 页。

④ 《文苑英华》卷二六〇，中华书局 1966 年版，第 1303 页。

⑤ 《全宋诗》卷五六八，北京大学出版社 1992 年版，第 6713 页。

的基本写作年代。

其四，解析这篇墓志的文体文风和字句韵律等创作技巧，可以印证张籍与韩愈的学源师承之脉络关系，并透见其碑志散体文的排斥骈体和善用古韵古风的一贯文法不仅与韩愈同类作品的格调如出一辙，更见其在中唐古文运动与新乐府运动中高擎“文章合为时而著，歌诗合为事而作”之大旗所肩负的骨干作用。

其五，目前此类关涉中晚唐文学家与文学史的新出石刻文献资料已经颇见丰富，以之综合起来作比类研究，应能对当时文学与思想和社会与文化的发展脉动乃至潮流趋向获得更加深广细微的认知。

（原载《唐研究》第十七卷，北京大学出版社2011年版）

《张籍诗集》七卷本揭秘

◎焦体检

张籍（约770—约830），字文昌，吴郡（今江苏苏州）人，后移家和州乌江（今安徽和县）。登唐德宗贞元十五年（799）进士第，居丧不仕，宪宗元和元年（806）补太常寺太祝，十一年转国子助教，十五年迁秘书郎，穆宗长庆二年（822）迁水部员外郎，文宗大和二年（828）官至国子司业，世称“张水部”或“张司业”。张籍“长于乐府”[①]，白居易称其“尤工乐府诗，举代少其伦”[②]，可谓推崇备至。其诗文的结集及宋以后刊刻流传的情形，万曼先生的《唐集叙录》曾首次予以梳理，可谓筚路蓝缕，功莫大焉。而关涉七卷本《张籍诗集》的本来面目，当代唐诗学界至今未有人详细论及。

宋仁宗景祐年间成书的《崇文总目》卷六一及稍后的《新唐书·艺文志四》皆著录“《张籍诗集》七卷”，未署编者。元辛文房《唐才子传》云：“有集七卷，传于世。”[③]明高儒《百川书志》卷一四亦著录：“《张司业集》七卷。国子司业苏州张籍文昌著，今并一册，卷数仍旧，乐府三百九十有奇。”[④]清初著名

---

① 《新唐书》卷一七六《韩愈传》附《张籍传》，《二十四史》标点本，中华书局1975年版，第5267页。

② 白居易《读张籍古乐府》，《白氏长庆集》卷一，中国台湾艺文印书馆1981年版，第8页。

③ 傅璇琮主编《唐才子传校笺》卷五，中华书局2000年版，第二册，第571页。

④ 《明代书目题跋丛刊》，书目文献出版社1994年版，下册，第1313页。

藏书家钱曾《也是园藏书目》著录："《张籍诗集》七卷。"钱曾之后，此本无传。余嘉锡先生在《四库提要辨证》中云，《唐才子传》"盖姑承《唐志》之旧，未必其本元时尚在也"[①]。余氏怀疑七卷本《张籍诗集》元时即已失传，显然是不切实际的。万曼先生认为"北宋馆阁所藏张集为七卷本，不过这个七卷本，也许是由于藏在中秘，不大为当时所提及。而普通传抄的却是三卷本和五卷本"[②]。言外之意，七卷本《张籍诗集》，似乎世所罕传。笔者曾赴国家图书馆、上海图书馆、南京图书馆、北京大学图书馆等查阅资料，且翻检了《中国古籍善本书目》、《北京图书馆古籍善本书目》、《台湾各图书馆现存丛书子目索引》、《中国丛书综录》及《补正》、《中国善本书提要》及《补编》等藏书目，发现现今存世的张籍诗集多为三卷本和八卷本，七卷本已经亡佚。那么，七卷本张籍集的面目真的不得而知了吗?

七卷本今虽无传，我们不得一睹其面貌，然南宋人汤中曾经编辑过八卷本《张司业诗集》，前有其《序》，云：

> 张司业诗集，世所传者，历阳、盱江二本尔，编次不伦，字亦多误。余家藏元丰八年写本，以乐府首卷，绝句系后，既有条理，其间古诗亦多二本十数首。如《学仙》《董公》二诗，乃乐天所称，谓可"上风人主，下诲藩臣"者，二本阙焉，此独有之。但写时亦欠校勘，不无错字。今合三本校定为八卷，共四百二十六首。复录退之、乐天、梦得酬赠诸篇附卷后，差完善可观已。

① 余嘉锡《四库提要辨证》卷二〇，中华书局1980年版，第1276页。

② 万曼《唐集叙录》，中华书局1980年版，第219页。

汤中，字季庸，号息庵，番阳（今江西鄱阳县）人，宋理宗宝庆二年（1226）进士，淳祐三年（1243）以太学正召试馆职，除正字，进校书郎，转右正言，官至工部侍郎。由于他任过正字、校书郎等职，故有机会经眼大量图书典籍。历阳，即历阳郡，宋时属淮南西路和州，乃张籍之故乡所在地。盱江，即盱江郡，属江南西路建昌军，“盱水西北至南昌入湖汉”[①]，盱江之名肇于此。与盱江郡比邻之建阳，亦是宋代刻书业发达之地。“历阳、盱江二本”，当为宋时张籍的乡人及盱江郡搜集整理的两个本子。从汤中自《序》，我们可得如下信息：1.其所编八卷本《张司业诗集》，乃是合其家藏元丰八年（1085）写本、历阳本、盱江本三本校定而成；2.历阳、盱江二本“编次不伦，字亦多误”；3.元丰八年写本乃分体本，编次以“乐府首卷，绝句系后”，“既有条理，其间古诗亦多二本十数首”，且包括见赏于白居易的《学仙》《董公诗》二诗；4.元丰八年写本“亦欠校勘，不无错字”。由此可以推断，虽然校勘欠精，相对于更为草率的历阳、盱江二本，汤氏对元丰八年写本还是予以充分肯定的。历阳、盱江二本虽为当时存世本，流通范围却极为有限。除汤中一人偶然提及外，晁公武《郡斋读书志》、陈振孙《直斋书录解题》等宋代公私书目皆未著录。故此可以推断，汤中“合三本校定”之八卷本，断不会以历阳、盱江二本为其编排之范本，而元丰八年写本，则极有可能成为其重新编辑张集之底本。

汤中虽未明言元丰八年写本分为几卷，但汤《序》又云：

> 前辈推重司业之诗如此，近时罕有传诵者。故为之搜访整比，以俟好风雅者刻焉。

① 《汉书》卷二八上《地理志·豫章郡》，《二十四史》标点本，中华书局1962年版，第1593页。

据此可知，汤中此次整比完成后，并未上版刊行。及至宋理宗淳祐丙午（1246）年间，此稿本为魏峻刻于平江（今江苏苏州）。上版后，魏氏又与《木铎集》对勘，增诗五首：《三原李氏园宴集》《山中酬人》《岳州晚景》《水》《和李仆射西园》。魏峻把它们附于八卷之末，题曰《张司业诗集拾遗》，且《跋》云："右五首见《木铎集》。《木铎》者，司业诗之别名也。……视他本最完，大略与今所刻司谏汤公家藏本相出入，而此五首则今刻本无之，今刻本第六卷《赠项斯》七言则《木铎集》阙焉，因互见云。魏峻并识。"并录张洎之《张司业集序》于卷首。这就是宋刻"平江本"，陈振孙《直斋书录解题》书之甚明[①]。平江本今亦无传，然现北京国家图书馆藏有一明影宋抄平江本，书号为八四〇四。故今凭借此影宋抄本，仍可间接窥见汤中稿本的编次原貌。今检此影抄本，前七卷编次为：卷一、卷二乐府诗，卷三古风，卷四、卷五为五言律诗，卷六为七言律诗，卷七绝句，恰为"乐府首卷，绝句系后"；卷八收录张籍与白居易、韩愈、刘禹锡等联句诗六首。八卷共收诗四百二十六首，这与汤氏《序》中言其所编稿本合若符契；而影宋抄本之前七卷，既为"乐府首卷，绝句系后"，那么汤中稿本的编次体例应是为此，这与汤《序》中所言元丰八年写本编次体例也相一致。另据杨军先生记载，前七卷"在书口都标出卷次；而第八卷却不标卷次"[②]。至此，我们可以推断，元丰八年写本必为汤中稿本前七卷的底本无疑。既然元丰八年写本"乐府首卷，绝句系后"的编次，不多不少，恰为七卷，这与《崇文总目》和《新

① 陈振孙《直斋书录解题》卷一九云："《张司业集》八卷、《附录》一卷。汤中季庸以诸本校定，且考订其为吴郡人。魏峻叔高刻之平江，续又得《木铎集》，凡他本所无者，皆附其末。"上海古籍出版社 1987 年版，第 565 页。

② 杨军《唐人别集提要》，《铁道师院学报》1998 年第 6 期。

唐书·艺文志四》所著录的《张籍诗集》七卷本，卷数恰恰相合。由此可见，《崇文总目》与《新唐书·艺文志四》著录的七卷本《张籍诗集》，实为元丰八年写本之底本。且其七卷之具体编次应为：卷一、卷二乐府诗，卷三古风，卷四、卷五五言律诗，卷六七言律诗，卷七绝句。

魏峻尝用汤中稿本与《木铎集》比勘，二者收诗相别六首①；而汤中稿本较南宋陈宅书籍铺刻《张司业诗集》三卷本多收诗三十一首，且编次迥异②。大概这个七卷本为北宋初时馆臣所编，因为“对隋唐五代别集来说，宋元时期是一个存亡接续的关键时期。历经唐末五代的战乱，别集大量亡佚”③。张籍诗到五代时期已是“十不存一”④。张洎所编《木铎集》一直于民间辗转而未付刊刻，五卷本张集亦直到南宋初才在眉山得以上版。《新唐书·艺文志》只著录“《张籍诗集》七卷”。所以宋初官府并未见到张洎辑本，而是重新进行搜集整比，编成《张籍诗集》七卷，这是继五代人张洎之后，对张籍诗文重新进行的一次整理结集，时间自在《崇文总目》成书以前。迨汤中八卷本编成，魏峻刊刻于平江后，由于收诗篇什较多，编次更为合理，且文字也经校勘，吸收了《木铎集》的精华，因此逐渐取代了七卷本的地位。宋代以后，七卷本就仅有著录而鲜见传刻之本了，清中叶后遂至失传。然而，七卷本即摇身一变，隐形于八卷本中，以更加完美的面目出现，为后世宝爱，纷纷翻刻传写。至此，七卷本的神秘面纱始被揭开。

（原载《图书馆杂志》2007年第4期）

① 见上录魏峻《跋》语。

② 汤中稿本收诗426首；而书棚本仅收395首，且无《董公诗》《学仙》二诗，分为五言今体、七言今体、乐府诗三卷。

③ 陶敏、李一飞《隋唐五代文学史料学》，中华书局2001年版，第27页。

④ 见张洎《张司业集序》，席启寓琴川书屋刻本，今藏国家图书馆。

《四库提要辨证》卷二〇《集部一·别集类三·张司业集八卷》

◎余嘉锡

唐张籍撰。**籍字文昌，和州人，贞元十五年进士，官至国子司业，事迹附载《唐书·韩愈传》中**。

嘉锡案：张籍，两唐书均附见《韩愈传》，旧书不言其里贯，新书谓为和州乌江人，《唐诗纪事》（卷三四）、《郡斋读书志》（卷一七）、《唐才子传》（卷五）诸书皆从之。惟《书录解题》卷一九《张司业集》条下云："汤中季庸考订其为吴郡人。"（详见后）既有此一说，则无论其是否，皆所当辨，《提要》竟置之不言，盖惮于考索耳。今案席启寓刻本《张司业集》，张洎序后有跋一篇，不署姓名，盖即汤中所作，其略曰："按唐史所载，司业为和州乌江人，而王荆公诗乃云，'苏州司业诗名老'，二说异同。然考之《昌黎集·张中丞传后叙》云：'元和二年，愈与吴郡张籍同阅家中旧书。'则信其为吴人矣。但《与孟东野书》又有'张籍在和州居丧，家甚贫'之语，当是司业生于吴而尝居于和，故唐史误以为和人也。司业诗中《寄苏州白使君》云：'登第早年同座主，题诗今日是州民。'（'题诗'，本集卷六作'题书'，当从之，正德本卷四作'题诗今日异州人'，乃明人所妄改。）盖用晋人简帖中二字（案《法书要录》卷一〇右军书记内，有一书云'五月二十七日，州民王羲之死罪死罪'），韦苏州所谓'敬共尊郡守，笺简具州民’，是也。故司业以此施之乐天。至其《寄和州使君刘梦得》，则云‘送客频过沙口店（案“频”字，本集卷六作“时”，未知孰是。正德本作“将”，非也），看花多上水心亭’，不过纪其尝所宴游之地，而无复敬恭桑梓之意矣。即此二诗观之，益信司业之为吴人，而唐史之说不必惑云。”自《新唐书》既行以后，无以张籍为吴人者，故朱长文《吴郡图经续记》、范成大《吴郡志》皆无籍姓名，及汤中之说出，学者始稍稍折而从之。如《韩文五百家注》卷二《此日足可惜一首赠张籍》下引集注云：“籍字文昌，吴郡人。”又卷一三《张中丞传后叙》下引孙汝听曰：“张籍，苏州吴人。”是也。亡友高阆仙（步瀛）尝疑其无确证（见《唐宋文举要》甲编卷五）。余案元陆友仁《吴中旧事》（卷一）曰：“《新唐书》载张籍，和州乌江，而张洎作《张司业诗序》云，籍，苏州吴郡人（案席氏本同，但注云‘一作和州乌江人’，正德本则径改之矣），二者无可考证。今乌江县有张司业宅，则疑传载为是。余因以诗集考之，有《赠陆畅》诗云：‘共踏长安街里尘，吴州独作未归身。胥门旧宅今谁住？（“胥门”二字，正德本作“昔年”，盖以意妄改。）君过西塘与问人。’由是可知籍吴人无疑矣，抑亦尝寓乌江耶？”陆氏盖未见汤中之跋，故以为无可考证，然其所引《赠陆畅》诗，则固确凿可凭，足补汤氏之阙矣。余谓张籍之为吴人而尝侨寓和州，此在《张中丞传后叙》中，固有明文可考，不必别求证据也。《叙》于篇首即称“吴郡张籍”，其后又云：“张籍曰：有于嵩者，少依于巡……籍大历中于和州乌江县见嵩，嵩时年六十余矣……籍时尚小，粗问巡、远事，不能细也。”（《昌黎集》卷一三）是则籍为吴郡人，小时尝寓乌江，昌黎所叙，原自分明，诸家于篇末一节，鲜有注意及之者，盖忽而不之察耳。昌黎《与孟东野书》（《昌黎集》卷一五），注以为贞元十六年三月作，籍以十五年登第，而其明年犹在和州居丧，盖以家贫，未能返里也。陆友仁谓为乌江县有张司业宅，考《舆地纪胜》卷四八《和州·古迹》云：“张籍宅，在城通淮门里报恩光孝禅寺，父老传唐张水部籍宅基也。又有书堂山，在乌江县东一里，旧传张籍读书处。”若此说可信，则籍之旧宅在和州者当有两处。一在乌江，乃其小时读书之所；一在历阳（唐和州治历阳县），疑其居丧之时即寓于此。然不得因是便为和州人也。陆畅者，吴郡人（见《唐诗纪事》卷三五）。《昌黎集》卷五有《送畅归江南》诗，略云：“践此秦关雪，家彼吴洲云。”知其即家于吴。籍因其归而念及胥门旧宅，足见其祖居故在苏州。《王建集》卷四有《送张籍归江东》诗，则籍亦非终身不归乡里者，安得为吴江人耶？宋祁修《新唐书》时，误以《张中丞传后叙》之“吴郡张籍”为称其郡望，如“昌黎韩愈”之比，遂据其篇末之言，以为和州乌江人，不知籍言“大历中于和州乌江县见于嵩”，正可见其非乌江人耳。如第以乌江有张司业宅为证，则历阳亦有张籍宅，籍果为何县人耶？明王鏊《姑苏志》卷三一《第宅》门、卷五四《人物》门，均据籍送陆畅诗，以籍为吴人，乾隆《一统志》卷五六《苏州·人物》内，亦收入张籍。是籍之里贯，早有定论，作《提要》者何不一考欤？

《昌黎集》有《代籍上李浙东书》，称以盲废。然集中《祭退之》诗，称“公比欲为书，遗约有修章。令我署其末，以为后事程”，则愈没之时，籍犹执笔作字，知其目疾已愈，世传盲废者非也。

案韩愈《代籍上李浙东书》，见《昌黎集》卷一六，中言籍两目不见物，而有“近者李协律翱到京师”之语，《五百家注》引孙曰：“翱……为浙东观察判官，元和六年，以事至京师。”则籍之眼疾，当以此年为最剧。《孟东野集》卷七有《寄张籍》诗云：“西明寺后穷瞎张太祝，纵尔有眼谁尔珍。天子咫尺不得见，不如闭眼且养真。”盖亦作于是时。籍本集卷七有《闲游》诗云：“老身不计人间事，野寺秋晴每独过。病眼校来犹断酒，却嫌行处菊花多。”又《患眼》诗云：“三年患眼今年校，免与风光便隔生。昨日韩家后园里，看花犹似未分明。”校，谓比较痊可也，盖唐人语如此。《白氏长庆集》卷三三《病中赠南邻觅酒》诗云：“头痛牙疼三日卧，妻看煎药婢来扶。今朝自校抬头语，先问南邻酒有无。”亦谓头痛稍减为校，是其明证。考《昌黎集》卷九《赠张十八助教》云：“喜君眸子重清朗，携手城南历旧游。忽见孟生题竹处，相看泪落不能收。”昌黎此诗，疑与籍《闲游》《患眼》两诗皆一时所作。孟郊以元和九年八月乙亥卒（见《昌黎集》卷二九《贞曜先生墓志铭》，是岁八月乙亥朔），诗作于郊卒之后，籍之眼疾，至此恰三年，知是年之秋，疾已渐愈，能步行看花矣。然籍又有《答开州韦使君寄车前子》诗云：“开州午日车前子，作药人皆道有神。惭愧使君怜病眼，二千里外寄闲人。”案《旧唐书·宪宗纪》云：元和十一年“九月……考功郎中韦处厚为开州刺史。”《大观本草》卷六曰：“车前子，明目，疗赤痛。唐本注云，今出开州者最良。《图经》（宋苏颂所撰《本草图经》也）曰：五月五日采，阴干。”处厚寄车前子与籍以疗其眼病，则当元和十一年间似犹未尽愈者，盖虽幸能见物，或尚不免有时赤痛耳。但自九年之秋既已眸子清朗，今又继续治疗，想必不久即霍然矣，何至复迁延八年之久，至长庆四年韩愈卒时，始能执笔哉？

其集为张洎所编，洎序称自丙午至乙丑相次缀辑，得四百余篇。考丙午为南唐李昪昇元元年，当晋开运三年，乙丑为宋乾德二年，盖洎搜葺二十年，始成完本，亦云勤矣。陈振孙《书录解题》云：“张洎所编籍诗，名《木铎集》，凡十二卷。近世汤中季庸以诸本校定，为《张司业集》八卷，刻之平江。”此本为明万历中和州张尚儒与张孝祥《于湖集》合刻者，尚儒称购得河中刘侍御本，又参以

朱兰嵎太史金陵刊本，得诗四百四十九首，并录《与韩昌黎书》二首，订为八卷，则已非张洎、汤中之旧。然其数不甚相远，似乎无所散佚也。

案《唐书·艺文志》《崇文总目》《通志·艺文略》均有《张籍诗集》七卷，此不知何人所编，疑在张洎之前。《唐才子传》卷五云："籍有集七卷传于世。"盖姑承《唐志》之旧，未必其本元时尚在也。《宋史·艺文志》则作"《张籍集》十二卷"，当即张洎所编之《木铎集》耳。然洎所编辑，亦非一本。《郡斋读书志》卷一七云："《张籍诗集》五卷……张洎为之编次。"《直斋书录解题》卷一九云："《张籍集》三卷……川本作五卷。"又云："《木铎集》十二卷，张洎所编。钱公辅名《木铎集》，与他本相出入，亦有他本所无者。"考张洎序云："予自丙午岁迨至乙丑岁，相次缉缀，仅得四百余篇，藏诸箧笥。余则更俟博访，以广其遗阙云耳。"是洎原欲陆续搜访以求完善，故其所编，遂有数本，其作五卷或三卷者，初编之本也，盖即乾德乙丑以前所缀辑；其作十二卷者，续编之本也，所谓博访以广遗阙者，后为钱公辅所得，名之为《木铎集》，以别于他本，非张洎所自名也。《提要》引之而删去"钱公辅"三字，非也。《解题》又云："《张司业集》八卷，附录一卷，汤中季庸以诸本校定，且考订其为吴郡人，魏峻叔高刻之于平江。续又得《木铎集》，凡他本所无者，悉附其末。"则司业集乃汤中所校定重编（附录亦汤氏所辑，席氏本目录后有汤中跋），魏峻为之刻行时，又取《木铎集》中逸诗附入之。（诗凡五首，在第八卷联句之后，附录之前，题曰"拾遗"，魏峻有跋，即附其后。）今通行诸本即出于此。第明刊各本多所窜乱，惟康熙间席启寓刻《百名家集》本，独能不失宋刻之旧耳。《提要》引《解题》语不全，无以见斯集之源流，故详著之如此。

（原载《四库提要辨证》，中华书局1980年版）

张籍简谱

◎卞孝萱

张籍是唐代一位杰出的现实主义诗人，他的乐府、歌行，为历代人所称颂，到今天仍然放射着耀眼的光芒。

安徽和县（唐和州乌江县）是张籍的故乡。根据前人的记载，在这里，有他的住宅、别墅、读书堂等遗迹；在这里，“白头田父”的口头上更长期地流传着他的轶事。足见人民对诗人是热爱的。为了纪念诗人，我们特为他编写年谱。

研究古典作家的作品，除了需要了解其时代背景，还必须了解其生平。编写张籍年谱，也就是企图在这方面为同志们服务。今所发表的是简稿，请大家指教。

由于张籍生前没有高官显位，他的事迹，史书上记载得很简略，而且还包含着错误，这就为编写年谱带来很多困难。简谱只是一个初稿，今后将继续补充、修正。

虽然有关张籍的资料很缺乏，本谱在选择、利用资料时，并不滥竽充数，仍采取慎重的态度。例如《全唐诗》载有张籍《赠项斯》诗，但题下注：“一作王建诗，题云《赠贾岛》。”像这种资料，本谱就不随便采用。同时，对于目前尚未搞清楚的问题，也是宁缺毋滥。

唐代诗文集版本多，个别字句，每有异同。本谱采用通行的版本，遇有疑义，则取诸本对照，取其妥善者。因限于篇幅，简谱主要介绍张籍的事迹；对他朋友的事迹，没有多说，同时，注释也不能太多，并请读者见谅。

张籍，字文昌，和州乌江县人。

关于张籍的乡里，历来有两种不同的说法：一说是吴郡人，一说是和州乌江县人。

前者的根据是：（一）韩愈《张中丞传后叙》云“吴郡张籍”；（二）张籍《送（一作赠）陆畅》云“共踏长安街里尘，吴州（一作门）独作未归身。昔年（一作胥门）旧宅今谁住？君过西塘与问人”；（三）张籍《寄苏州白二十二使君》云：“登第早年同座主，题诗今日是（一作异）州人。”我认为以上三点，都不足以说明张籍是吴郡人。第一，唐代人习惯于称郡望，如韩愈自称“昌黎”，实际上是河阳县人。韩愈称“吴郡张籍”，只能说明吴郡是张籍的郡望。第二，张籍诗中虽提到“吴州”“旧宅”，也只能说明他的祖先曾经在那里住过，不等于他本人生长在那里。第三，“是州人”或“异州人”都讲得通，难以肯定谁对谁不对，这条资料不足为凭。

后者的根据是《新唐书·张籍传》[①]。我又从《宣城张氏信谱传》中看到：“公讳孝祥……本贯和州乌江县，唐司业张籍七世孙。”[②]家谱中的记载应该是可信的。当然，张籍的生平事迹更能说明他确是和州乌江县人。这些活动，已分别排列在后面。

先世之名字官爵，俱不详。

在林宝《元和姓纂》中找不到张籍的祖先，两《唐书·张籍传》中也没有提到他的家世，可见张籍不是出身于高门显宦之家。

① 计敏夫《唐诗纪事》卷三四“张籍”条，尤袤《全唐诗话》卷二“张籍”条，辛文房《唐才子传》卷五《张籍传》，同。

② 张孝祥《于湖居士文集》，附录。

弟萧远。

张籍有《送萧远弟》《弟萧远雪夜同宿》诗。

计敏夫《唐诗纪事》卷四一“张萧远”条：“元和进士登第，与舒元舆声价俱美。”[①]

张为《主客图》：“瑰奇美丽主武元衡……升堂四人……张萧远。”

妻胡氏，贝州宗城县人，胡珦之女。（据韩愈《唐故中散大夫少府监胡良公墓神道碑》。）

子闇。（据《直隶和州志》卷一八《人物志·多贤·张籍》。）

牟融《重赠张籍》云“凡缘未了嗟无子”，无可《哭张籍司业》云“夕临诸孤少”。从这两首诗中看出，张籍得子甚迟，但不止一个。有名字可考者，仅闇一人。

唐代宗大历初

张籍生。

关于张籍的生年，史书上没有记载。张籍以及他朋友的诗文中，虽提到过他的年龄，但没有肯定的数字。清王元启认为张籍比韩愈年轻[②]，显属错误。近人有的说他生于永泰元年（765），有的说他生于大历三年（768），也都不够精确。

按照前者推算，长庆二年（822）张籍为水部员外郎时，应是五十八岁；可是张籍《新除水曹郎答白舍人见贺》云“年过五十到南宫”，似乎不是近六十岁的口吻。按照后者推算，元和十一

① 《全唐诗话》卷三“张肃（萧）远”条，同。

② 王元启《读韩记疑》卷一：“……公（韩愈）长于籍，多不过四五岁。”

年（816）张籍为国子监助教时，应是四十八岁；可是前一年白居易《与元九书》云“张籍五十，未离一太祝”，亦不相符合。

本谱在现有资料的基础上，暂定张籍生于大历初，而不死板地定在哪一年。这样做，绝不是马虎，而是严肃的态度。

张籍《逢王建有赠》云：“年状皆齐初有髭。”可见他二人同岁。如果明了王建的年龄，也就可以推知张籍的岁数，惜王建生平更缺乏资料，这条线索无法利用。

大历三年戊申（768）　约二岁

韩愈生。（据朱熹校《昌黎先生集传》。）

大历七年壬子（772）　约六岁

白居易、刘禹锡生。（据《旧唐书》卷一六六《白居易传》、卷一六〇《刘禹锡传》。）

大历中　约七八岁

识于嵩于和州乌江县。

于嵩少年时曾依靠张巡，这时他已六十余岁。张籍虽幼小，已知道问学，请于嵩讲述张巡、许远的事迹。（据韩愈《张中丞传后叙》。）

张籍在和州有住宅。

关于张籍的住宅，一说在百福寺。贺铸《庆湖遗老诗集》卷三《历阳十咏·百福寺》云：“文昌西郭居，修竹闭环堵。琴樽不复存，青莲开梵宇。”题注：“与县廨邻。按县谱，即唐诗人张司业籍之故居也。”另一说在报恩寺。吴龙翰《古梅遗稿》卷三有《过和州报恩寺〔唐（张）籍故居也〕》诗。

陈廷桂针对贺、吴两说，提出折衷的见解，《历阳典录》卷七“张籍宅”条云：“考宋赵昇《朝野类要》云：‘高宗中兴，令诸州军各建报恩、光孝寺观，追崇佑陵香火。’或百福寺入南渡后改为报恩。”

我以为，贺、吴两说，虽有分歧，也有共同之点，即：张籍住宅，确在和州，到宋时，已成寺观。至于寺之名称、沿革，与张籍生平无关，就不去探索它了。

邻居有朱、阚二山人。

张籍《寄朱阚二山人》诗云：“历阳旧客今应少，转忆邻家二老人。”

又有读书堂。

《历阳典录》卷七引张孝祥《读书堂在乌江即唐张文昌公读书处自五代至宋皆世守之渡江后为史氏所有》诗，略云：“市南水竹一亩空……吾家文昌读书处。”

大历十四年己未（779）　约十三岁

元稹生。（据《旧唐书》卷一六六《元稹传》。）

德宗建中二年辛酉（781）　约十五岁

作《废宅行》。（据徐倬、徐元正《全唐诗人年表》。）

张籍《祭退之》云：“籍在江湖间，独以道自将。学诗为众体，久乃溢笈囊。略无相知人，黯如雾中行。”韩愈《病中赠张十八》云：“籍也处闾里，抱能未施邦。文章自娱戏，金石日击撞。龙文百斛鼎，笔力可独扛。”可见张籍在和州时，就写下不少诗篇。

贞元初　约二十岁

识于鹄。

张籍《哭（一作伤）于鹄》云：“我初有章句，相合者唯君。”可见于鹄为张籍最早之诗友。

《唐诗纪事》卷二九“于鹄”条：“鹄，大历、正（贞）元间诗人也。”[①]

识王建。

张籍《逢王建有赠》云：“年状皆齐初有髭，鹊山漳水每追随。……经今三十余年事，却说还同昨日时。”这首诗是久别乍逢时作。根据“初有髭”句，推测此时他们约五十岁光景。从五十岁上溯“三十余年”，可见张、王二十岁左右就相识。

贞元十二年丙子（796）　约三十一岁

识孟郊。孟郊四十六岁，登进士第后，自长安东归，路过和州，与张籍同游桃花坞。（据华忱之《唐孟郊年谱》。）

桃花坞是张籍别墅。贺铸《历阳十咏·桃花坞》云：“种树临溪流，开亭望城郭。当年孟张辈，载酒来行乐。”题注：“县西二里麻溪上。按县谱，张司业之别墅也。籍与孟郊，载酒屡游焉。今茂林深竹，犹占近郭之胜。”

作《赠别孟郊》诗。

贞元十四年戊寅（798）　约三十二岁

北游。十月初，至汴州[②]。因孟郊介绍，识韩愈。韩愈时为汴州观察推官，很赏识张籍，留他在汴州小住。（据韩愈《此日足可惜一首赠张籍》《答张籍书》。）

十一月[③]，汴州举进士，韩愈为考官，张籍应试，膺首荐。（据张籍《祭退之》、韩愈《此日足可惜一首赠张籍》。）

① 《全唐诗话》卷二二“于鹄”条，同。

② 据魏怀忠《新刊五百家注音辩昌黎先生文集》卷二《此日足可惜一首赠张籍》的集注。

③ 《新唐书》卷四四《选举志》：“每岁仲冬，州、县、馆、监举其成者送之尚书省，而举选不由馆、学者，谓之乡贡。……”

徐松《登科记考》卷一四说“张籍为昌黎在徐州所荐送”，误。

作《董公诗》。

诗中所叙，与韩愈《故金紫光禄大夫检校尚书左仆射同中书门下平章事兼汴州刺史充宣武军节度副大使知节度事管内度支营田汴宋亳颍等州观察处置等使上柱国陇西郡开国公赠太傅董公行状》内容相符合，此诗当是张籍咏董晋之作。

往长安应进士试。离汴州后，曾两次写信给韩愈，韩愈有答书。

《上韩昌黎书》略云：“愿执事绝博塞之好，弃无实之谈，弘广以接天下之士，嗣孟轲、扬雄之作，辨杨、墨、老、释之说，使圣人之道复见于唐，岂不尚哉！”

《上昌黎第二书》略云：“今执事虽参于戎府，当四海弭兵之际，优游无事。不以此时著书，而曰俟后，或有不及，曷可追乎！”“君子发言举足，不远于理，未尝闻以驳杂无实之说为戏也。执事每见其说，亦拊抃呼笑，是挠气害性，不得其正矣。”

孟郊准备南归，邀约张籍到汴州话别。（据韩愈《重答张籍书》。）

贞元十五年己卯（799）　约三十三岁

登进士第，出高郢门下。（据张洎《张司业集序》。）

参阅张籍《哭孟寂》《祭退之》《寄苏州白二十二使君》等诗；《登科记考》卷一四“（贞元）十五年己卯”条。

作《省试行不由径》诗。

登第后，自长安返和州，路过徐州，探望韩愈。韩愈时为徐州节度推官，留张籍住了一个月，临别时，作《此日足可惜一首

赠张籍》[①]。

诗云："淮之水舒舒，楚山直丛丛。子又舍我去，我怀焉所穷。""淮""水""楚""山"均指和州。

本年前后，李翱荐张籍等于张建封。

李翱《荐所知于徐州张仆射书》云："又有张籍、李景俭者，皆奇才也，未闻阁下知之。"李翱是韩愈弟子，他认识张籍，当系去年张籍北游后，由韩愈或孟郊介绍。明年五月，张建封卒。此书当作于本年前后。

贞元十六年庚辰（800）　约三十四岁

在和州居丧，家甚贫。韩愈函嘱孟郊去看他。（据韩愈《与孟东野书》。）

贞元末　三十余岁

胡珦为舒州刺史。张籍与其女结婚，假定在此时。

据韩愈《唐故中散大夫少府监胡良公墓神道碑》，贞元十一年（795），胡珦为奉先令，"以治办迁尚书膳部郎中，改坊州刺史……迁舒州刺史"，后"迁尚书驾部郎中，数以事犯尚书李巽"[②]。从这一系列的官职中推算，胡珦当系贞元末为舒州刺史。这时，张籍已免丧。舒州刺史的女儿与和州新进士结婚，身份、时间、地点都很对头，故假定于此时。

顺宗永贞元年乙酉（805）　约三十九岁

本年或稍后，作《节妇吟》寄李师古，拒绝其书币之

---

① 据魏怀忠《新刊五百家注音辩昌黎先生文集》卷二《此日足可惜一首赠张籍》的集注。

② 《新唐书》卷一四九《李巽传》："顺宗立，擢兵部侍郎。……再迁吏部尚书……元和四年疾革。"

辟。（据洪迈《容斋三笔》卷六“张籍、陈无己诗”条。）

《节妇吟》题下，有三种版本注：“寄东平李司空。”[1]“李司空”即李师古，于本年三月兼检校司空，明年闰六月卒。此诗当作于本年三月以后、明年闰六月以前。

《全唐诗》作“寄东平李司空师道”，误。李师道于元和十一年（816）十月加检校司空。这时，张籍在长安为国子助教，而不“在他镇幕府”。

宪宗元和元年丙戌（806）　约四十岁

调补太常寺太祝。

赁居于长安延康坊西南隅西明寺后。

宋敏求《长安志》卷一〇“延康坊”条：“西南隅西明寺。”

孟郊《寄张籍》云“西明寺后穷瞎张太祝”；白居易《寄张十八》云“同病者张生，贫僻住延康”；韩愈《题张十八所居》云“君居泥沟上，沟浊萍青青”；张籍《酬韩庶子》云“西街幽僻处，正与懒相宜”。综合这些诗句，可知张籍之寓所甚僻甚陋。

夏，韩愈召入为国子博士，孟郊亦客长安。张籍与韩愈、孟郊、张彻同作《会合联句》。

参阅魏怀忠《昌黎先生文集》卷八《会合联句》引樊汝霖注。

又与韩愈、孟郊等会饮于张署家中。（据韩愈《醉赠张秘书》。）

参阅方崧卿《韩集举正》、方世举《韩昌黎诗集编年笺

---

[1] 《唐文粹》卷一二《乐府辞上·贞节六》、《唐诗纪事》卷三四“张籍”条、《张司业乐府集》朱睦亲坊本（江标重刊）。

注》、方成珪《昌黎先生诗文年谱》。

作《送区弘》诗，今仅存八句。

本年，韩愈有《送区弘南归》诗[1]。张籍此诗，虽已残缺，但从“韩入为博士，崎岖从归轮”两句看来，所说是本年之事，当与韩愈诗同时作。

识白居易。

张籍《病中寄白学士拾遗》：“自寓城阙下，识君弟事焉。”

元和二年丁亥（807）　约四十一岁

四月十三日夜，在韩愈家中同阅旧书，见李翰所撰《张巡传》，因对韩愈谈起幼小时从于嵩那里所听到的张巡轶事。（据韩愈《张中丞传后叙》。）

作《寄白学士》诗。

本年十一月，白居易为翰林学士。

元和三年戊子（808）　约四十二岁

与白居易有唱和，张《病中寄白学士拾遗》、白《酬张太祝晚秋卧病见寄》二诗，作于今年或明年。

本年四月，白居易除左拾遗，后年改官。

作《雨中寄元宗简》诗。

此诗与《病中寄白学士拾遗》意境相同（一云“秋堂羸病起”，一云“秋亭病客眠”），当系同时所作。

亦有诗寄王建。

王建《酬张十八病中寄诗》云：“秋灯照雨明。”可见张籍原唱与上述寄白、元诗同时作。

---

① 据方崧卿《韩集举正》卷二。

本年或稍后，授韩昶诗。韩昶是韩愈之子，时年十岁。

《唐故朝议郎检校尚书户部郎中兼襄州别驾上柱国韩昶自为墓志铭（并序）》[1]云：“性好文字，出言成文，不同他人所为。张籍奇之，为授诗。时年十余岁，日通一卷，籍大奇之，试授诸童，皆不及之。能以所闻，曲问其义，籍往往不能答。受诗未通两三卷，便自为诗。及年十一二，樊宗师大奇之。”将上下文对照起来看，上文所说的“十余岁”，是十岁多一点的意思。

参阅韩愈《赠张籍》诗中关于张籍授韩昶诗的描绘。

元和四年己丑（809）　　约四十三岁

正月，李翱赴岭南节度使杨於陵幕。（据李翱《来南录》。）

作《伤歌行》。

一本题下注：“元和中，杨凭贬临贺尉。”按：杨凭贬谪是本年七月事。

元和五年庚寅（810）　　约四十四岁

八月，李逊为越州刺史、浙东观察使。（据《旧唐书》卷一四《宪宗纪上》。）**李翱入越为李逊从事。**（据韩愈《代张籍与李浙东书》。）

冬，贾岛至长安，访张籍。贾岛时年三十二岁。（据郑珍《巢经巢文集》卷五《跋韩愈〈送无本师归范阳〉》。）

贾岛《携新文诣张籍韩愈途中成》诗，即咏来访张籍事。韩愈本年为河南县令，贾、韩相晤，当在洛阳。

元和六年辛卯（811）　　约四十五岁

作《送（一作赠）陆畅》诗。

---

① 凡《孟县志》卷七《金石上》。

本年冬，韩愈有《送陆畅归江南》诗[①]，张籍此诗，与韩愈同题，当亦同时所作。

元和七年壬辰（812）　　约四十六岁

贾岛住长安延寿里，与张籍为邻。（据李嘉言《贾岛年谱》。）

元和八年癸巳（813）　约四十七岁

李翱由越州至长安。

李翱《答皇甫湜书》云："仆到越中，得一官，三年矣。"可见李翱入越后，三年未至长安。宋代人认为李翱于元和六、七年来长安[②]，误。岑仲勉《关于贾岛年谱的讨论》云"翱之到京，最早当在八年"，是。

张籍与李翱分别已六七年，听说他来，忙去看他。张籍因患目疾，由韩愈代撰一书，托李翱转达李逊要求帮助医药费。（据韩愈《代张籍与李浙东书》。）

葛立方《韵语阳秋》卷一七云："唐张籍，好学业文之士也，中年病目失明，议者谓不能损读之过。……退之云'脑脂遮眼卧壮士，大弨挂壁谁能弯'，谓张籍也。杜牧之《乞湖启》云：'弟顗，久病眼，医者石公集云：是状也，脑积毒热，脂融流下，盖塞瞳子，名为内障。'则籍之所苦，乃内障也。"[③]

元和九年甲午（814）　　约四十八岁

孟郊卒，年六十四岁。将葬，张籍建议私谥为"贞曜先生"，孟郊的朋友一致同意。（据韩愈《贞曜先生墓志铭》。）

---

① 据王元启《读韩记疑》卷二、方成珪《昌黎先生诗文年谱》。

② 《韩巢举正》卷六《代张籍与李浙东书》注："此书（元和）六、七年间作也。"

③ 杜牧原题为《上宰相求湖州第二启》。《韵语阳秋》系节引。

孟郊卒后，张籍与韩愈、白居易往来最密。

本年，白居易为太子左赞善大夫，有《酬张十八访宿见赠》诗，略云："昔我为近臣，君常稀到门。今我官职冷，唯君来往频。……问其所与游，独言韩舍人。其次即及我，我愧非其伦。"

元和十年乙未（815）　约四十九岁

仍为太常寺太祝。

白居易《重到城七绝句·张十八》云："独有咏诗张太祝，十年不改旧官衔。"《与元九书》云："张籍五十，未离一太祝。"

五十岁以前，是张籍诗歌创作的重要时期。从白居易、姚合赠张籍的诗中看出，他创作中最有价值的部分——乐府、歌行，多是五十岁以前，在贫病交迫的环境中写出的。

参阅白居易《读张籍古乐府》、姚合《赠张籍太祝》等诗。

本年或稍前，元稹拟选张籍的古乐府，李绅的新歌行，卢拱、杨巨源的律诗，窦巩、元宗简的绝句，以及他与白居易的作品，编为《元白往还诗集》而未成功。（据白居易《与元九书》。）

这件事也反映出张籍的乐府多系五十岁前所作。

本年，作《同严给事闻唐昌观玉蕊近有仙过因成绝句二首》。

康骈《剧谈录》卷下"玉蕊院真人降"条，叙述严休复、元稹、刘禹锡、白居易作诗经过，未提到张籍。但既系同题，当亦同时所作。

"元和中"，元白、刘贬谪在外时多，仅本年春，元稹自唐州、刘禹锡自朗州召还，此时他们有可能同在长安作诗。不久，元稹赴通州，白居易赴江州，遂又分散。故将此诗系于本年。

至于《剧谈录》所记，本属怪诞不稽，但流传已久，成为唐代诗史上的一个掌故，可供读者参考。

《题杨秘书新居》诗，亦作于本年前后。

本年前后，杨巨源为秘书郎[1]。张籍诗有“白头新受秘书郎”之句，可见其写作时间，距杨巨源改官未久。

元和十一年丙申（816）　约五十岁

转国子监助教。

本年，韩愈有《奉酬卢给事云夫四兄曲江荷花行见寄并呈上钱七兄阁老张十八助教》《晚寄张十八助教周郎博士》[2]诗，可以为证。

目疾初愈。

韩愈《赠张十八助教》：“喜君眸子重清朗，携手城南历旧游。”

六月，叫贺拔恕代韩愈抄写《科斗孝经》《汉卫宏官书》。（据韩愈《科斗书后记》。）

作《患眼》《闲游》诗。

前一首云“三年患眼今年免”，后一首云“病眼校来犹断酒”，均是目疾初愈的口吻。

与韩愈有唱和，韩愈《题张十八所居》、张籍《酬韩庶子》二诗，作于本年夏间。

本年夏，韩愈为太子右庶子。

《答开州韦使君寄车前子》诗，当作于本年或稍后。

本年九月，韦处厚贬开州刺史。（据《旧唐书》卷一五《宪

① 参阅李嘉言《贾岛年谱》。

② 参阅《昌黎先生诗文年谱》。

宗纪下》。）张籍诗云："开州午（一作五）日车前子，作药人皆道有神。惭愧使君怜病眼，三千余里寄闲人。"是时张籍目疾渐愈，韦处厚寄药给他，不可能太迟，故假定为本年或稍后。

本年或稍后，王建来长安，张籍作《逢王建有赠》诗。

王建《留别张广文》云："谢恩新入凤凰城，乱定相逢合眼明。千万求方好将息，杏花寒食约同行。"从诗中的叙述看出，王建来长安是在张籍改官国子助教、目疾初愈之时。

元和十三年戊戌（818）　约五十二岁

作《送李仆射愬赴镇凤翔》（一本无愬字）诗。

本年五月，李愬为凤翔尹、凤翔陇右节度使。（据《旧唐书·宪宗纪下》。）

此诗与李愬生平符合，如"旌幢独继家声外"是指李晟、李愬父子，"兄弟连营列位同"是指李愬、李愿兄弟，等等。

元和十四年己亥（819）　约五十三岁

胡珦卒，年七十九岁。张籍撰行状，已佚。

方崧卿《韩集举正》卷九《唐故少府监胡公墓神道碑（石本）》引蜀本注："牛僧孺撰墓志，陈鸿撰谥，张籍撰行状。"

韩愈《唐故中散大夫少府监胡良公墓神道碑》云："其子遈、迺、巡、遇、述、迁、造，与公婿广文博士吴郡张籍，以公之族出、行治、历官、寿年为书，使人自京师南走八千里，至闽南两越之界上，请为公铭，刻之墓碑……"按张籍本年未为"广文博士"。此碑乃"长庆三年四月"立[①]，大概是胡证书丹时以张籍当时官职填写进去了。

作《送裴相公赴镇太原》。

---

① 赵明诚《金石录》卷九"第一千七百六十唐少府监胡珦碑"注。

本年四月，裴度为检校左仆射、兼门下侍郎平章事、太原尹、北郡留守、充河东节度观察处置等使。（据《旧唐书·宪宗纪下》。）

《田司空入朝》诗。

本年八月，田弘正入觐。（据《旧唐书》卷一四一《田弘正传》。）

元和十五年庚子（820）　约五十四岁

本年或稍前，已迁秘书省校书郎。

作《送施肩吾东归》诗。

晁公武《昭德先生郡斋读书志》卷四中“施肩吾西山集五卷”注：“吴兴人，元和十五年进士。”（陈振孙《直斋书录解题》卷一九、辛文房《唐才子传》卷六同。）[①]

与裴度等有唱和，张《谢裴司空寄马》（一作《蒙裴相公赐马谨以诗谢》）、裴《酬张秘书因寄马赠诗》二首，作于本年秋。

本年九月，裴度守司空、门下侍郎、同平章事（据《旧唐书·宪宗纪下》），自并州寄马赠张籍。

张、裴诗写成后，和者甚多，如元稹《酬张秘书因寄马赠诗》、李绛《和裴相国答张秘书赠马诗》、韩愈《贺张十八秘书得裴司空马》、白居易《和张十八秘书谢裴相公寄马》、刘禹锡《裴相公大学士见示答张秘书谢马诗并群公属和因命追作》，等等。需要说明一下的是，和诗时间有先后，并非同时所作。

本年，韩愈被召为国子祭酒。

---

① 王定保《唐摭言》卷八“及第后隐居”条；《唐诗纪事》卷四一及《全唐诗话》卷三“施肩吾”条，说施肩吾于元和十年及第，误。

穆宗长庆元年辛丑（821）　约五十五岁

本年春或去年冬，由韩愈举荐，张籍为国子博士。（据洪兴祖《韩子年谱》、张籍《祭退之》。）

参阅韩愈《举荐张籍状》。

与韩愈有唱和，韩《雨中寄张博士籍侯主簿喜》、张《酬韩祭酒雨中见寄》二诗，作于本年夏。

本年秋，韩愈迁兵部侍郎。张籍诗称韩愈为“祭酒”，当为夏季所作。

移居静安坊。

贾岛有《题张博士新居》诗，可见张籍移居，是在改官国子博士之时。

作《移居静安坊答元八郎中》。

“元八”是元宗简，其诗不传。

《送和蕃公主》。

本年七月，太和长公主嫁给回纥登罗骨没施合毗伽可汗。（据《旧唐书》卷一六《穆宗纪》。）

《早朝寄白舍人严郎中》。

本年十月，白居易转中书舍人。张籍诗有“赢马街中踏冻泥”“雪深无处认沙堤”之句，当为本年冬季所作。

《哭元九少尹》诗。

本年冬，元宗简卒。（据白居易《故京兆元少尹文集序》。）“元九”应作“元八”。

长庆二年壬寅（822）　约五十六岁

二年，与韩愈同游杨於陵别墅。（据韩愈《早春与张十八博士籍游杨尚书林亭寄第三阁老兼呈白冯二阁老》。）[1]

① 参阅《昌黎先生诗文年谱》。

三月，迁尚书省水部员外郎。（据郑珍《巢经巢文集》卷五《跋韩愈〈贺张十八秘书得裴司空马〉》、张籍《祭退之》。）

参阅白居易《张籍可水部员外郎制》。

与韩愈同游曲江。（据韩愈《同水部张员外曲江春游寄白二十二舍人》。）

七月，曾出差离京。这时，白居易出为杭州刺史，因汴河未通，取襄阳路赴任。张籍返长安途中，与白居易相遇，同宿驿馆。（据白居易《逢张十八员外籍》。）

本年，张籍与白居易、韩愈、裴度有唱和，白《曲江独行招张十八》、张《酬白二十二舍人早春曲江见（一作相）招》，白《喜张十八博士除水部员外郎》、张《新除水曹郎答白舍人见贺》，均作于本年春；张《朝日敕赐百官樱桃》[1]**、韩《和水部张员外宣政衙赐百官樱桃诗》，作于本年夏；裴《言志》、《朝回》（已佚），张《和裴仆射移官言志》（一作《和裴仆射寄韩侍郎》）、《和裴仆射朝回寄韩侍郎》，作于本年夏、秋间**。

本年三月，裴度复入中书，知政事。六月，守尚书右仆射、工部侍郎、平章事。（据《旧唐书·穆宗纪》。）裴、张唱和，当在六月以后。

作《送严大夫之桂州》。

本年四月，严谟为桂管观察使。（据《旧唐书·穆宗纪》。）

《赠商州王使君》。

诗有“道薄初为水部郎”之句可证。

《寄白二十二舍人》。

本年，白居易连上疏言军事及时政，皆不见用，遂求外任。张籍诗云：“三省比来名望重，肯容君去（一作意）乐樵

---

① 《韩昌黎诗集编年笺注》引李绰《岁时记》：“四月一日，内园荐樱桃寝庙，荐讫，班赐各有差。”

渔。”当是本年七月前白居易求外任时所作。

《寄令狐宾客》诗。

《旧唐书》卷一七二《令狐楚传》云：“长庆元年四月，量移郢州刺史，迁太子宾客、分司东都。二年十一月，授陕州大都督府长史、兼御史大夫、陕虢观察使。”张籍诗有“暂辞台座已三年”“秋日出城伊水好”之句，当是本年秋作。（元和十五年令狐楚罢相。）

《和韦开州盛山十二首》当亦作于本年或稍后。

据韩愈《韦侍讲盛山十二诗序》，韦处厚在开州时，作《盛山》诗十二首。元稹、许康佐、白居易、李景俭、严谟、温造等十人有和诗。韩愈文中没有提到张籍，可以理解为张籍不在这十人之内。因为韩、张是最亲密的，如张籍有和诗，韩愈岂有不知道的，又岂有不将其名字举出来的？张籍和诗，当系本年韩愈《诗序》写成[1]以后作，所谓“慕而为者”。

长庆三年癸卯（823）　　约五十七岁

与白居易、元稹有唱和，白《江楼晚眺景物鲜奇吟玩成篇寄水部张员外》、张《答白杭州郡楼登望画图见寄》，白《张十八员外以新诗二十五首见寄郡楼月下吟玩通夕因题卷后封寄微之》、元《酬乐天吟张员外诗见寄因思上京每与乐天于居敬兄升平里咏张新诗》、张《酬杭州白使君兼寄浙东元大夫》诸诗，均作于本年或稍后。

白居易去年冬到杭州，明年五月秩满去杭。元稹本年八月移浙东观察使、越州刺史。白、元、张唱和，当在本年至明年五月前。

作《喜王起侍郎放牒（一作榜）》。

① 据方崧卿《韩文年表》。

本年，王起知贡举，放进士二十八人。张籍诗云“二十八人初上牒”，诗与史合。

《送李馀及第后归蜀》。

《唐诗纪事》卷四六“李馀”条：“馀登长庆三年进士第，蜀人也。”[①]

《送郑尚书赴广州》《送郑尚书出镇南海（各用来字）》。

韩愈《送郑尚书序》云：“岭南节度为大府……长庆三年四月，以工部尚书郑公为刑部尚书、兼御史大夫，往践其任。……将行，公卿、大夫、士苟能诗者，咸相率为诗……韵必以来字者，所以祝公成政而来归疾也。”《旧唐书》卷一六二《郑权传》说他于长庆元年出镇广州，二年卒，误。

《赠孔尚书》。

韩愈《唐正议大夫尚书左丞孔公墓志铭》云：“年七十三，三上书去官，天子以为礼部尚书，禄之终身而不敢烦以政。……明年长庆四年正月己未，公年七十四，告薨于家。”张籍诗云：“三表自陈辞北阙，一家相送入南山。”当是孔戣初致仕时所作。

《送浙西周判官》（一作《送浙东周阮范判官》）诗。

白居易有一首绝句，序云：“予以长庆二年冬十月到杭州，明年秋九月，始与范阳卢贾、汝南周元范、兰陵萧悦、清河崔求、东莱刘方舆，同游恩德寺之泉洞……”张籍此诗，当作于去冬至本年九月前这一段时间内。

长庆四年甲辰（824）　约五十八岁

夏，罢官。这时，韩愈以病请假，遂同游城南，有《池上联句》，已佚。贾岛也常来游玩。前后共两月。（据张籍《祭退

① 《全唐诗话》卷三“李馀”条，误作“长庆二年”。

之》、韩愈《南溪始泛三首》、贾岛《黄子陂上韩吏部》《和韩吏部泛南溪》。）

秋，擢水部郎中。（据张籍《同韩侍御南溪夜赏》《祭退之》。）

郑珍《巢经巢文集》卷五《跋韩愈〈病中赠张十八〉》云：“……长庆四年。是年秋，籍转国子司业。”误。

八月十六日夜，和王建一同到韩愈家赏月，这是他们最后一次长谈。此后，韩愈病不起。（据张籍《祭退之》、韩愈《玩月喜张十八员外以王六秘书至》。）

“员外”是张籍旧官衔。

本月，刘禹锡为和州刺史。

刘禹锡《历阳书事七十韵》序云：“长庆四年八月，予自夔州转历阳。”

十二月，韩愈卒，年五十七岁。临终时，张籍在韩愈身旁，协助其家料理后事。（据张籍《祭退之》。）

本年，作《送杨少尹赴蒲城》《和裴司空酬蒲城杨少尹》诗。

韩愈《送杨少尹序》云：“国子司业杨君巨源，方以能诗训后进，一旦以年满七十，亦白丞相去归其乡。……予忝在公卿后，遇病不能出……然吾闻杨侯之去，丞相有爱而惜之者，白以为其都少尹，不绝其禄，又为歌诗以劝之。京师之长于诗者，亦属而和之。”可见杨巨源之还乡[①]，张籍等之作诗，均在本年韩愈病假期内。

近几年，与王建、贾岛有唱和，张籍《酬秘书王丞见寄》（一作《酬王秘书闲居见寄》）、贾岛《酬张籍王建》等诗，是

① 《新唐书》卷六〇《艺文志》“杨巨源诗一卷”注云“太和大中少尹”，误。此外，《唐诗纪事》《全唐诗话》《唐才子传》亦误。

张籍为水部员外郎或郎中时作。

张诗云“芸阁水曹虽最冷”，贾诗云“水曹芸阁往来篇”。

敬宗宝历元年乙巳（825）　约五十九岁

作《祭退之》。

洪兴祖《韩子年谱》：“明年，张籍祭公诗云……”

《寄苏州白二十二使君》诗。

本年三月，白居易除苏州刺史。五月，到任所。明年，以病免郡事。张籍此诗，作于本年五月后。

宝历二年丙午（826）　约六十岁

作《送朱庆馀及第归越》。

《直斋书录解题》卷一九“朱庆馀集一卷”注：“宝历二年进士。”（《唐才子传》卷六《朱庆馀传》同）

《送李司空赴镇襄阳》（一本无赴字）诗。

本年十一月，李逢吉为检校司空、同平章事，兼襄州刺史、充山南东道节度使、临汉监牧使。（据《旧唐书》卷一七上《敬宗纪》。）张籍此诗，与李逢吉生平符合，如：“再调公鼎勋庸盛”是指李本年再镇襄阳，“三受兵符宠命新”是指李镇剑南东川及两镇襄阳，等等。

与刘禹锡有唱和，张《寄和州刘使君》、刘《张郎中籍远寄长句开缄之日已及新秋因举目前仰酬高韵》二诗，作于本年或去年。

张诗云“闲向春风倒酒瓶”。前年春，张犹未为水部郎中，原唱最早是去年春所作。陈振孙《白文公年谱》“宝历二年”条云：“梦得时在和州，岁暮罢归洛……”刘之和诗，最迟是本年秋所作。

文宗大和元年丁未（827）　约六十一岁

作《庄陵挽歌词三首》。

《旧唐书·敬宗纪》："大和元年七月十三日，葬于庄陵。"

大和二年戊申（828）　约六十二岁

春，刘禹锡为主客郎中。［据刘禹锡《再游玄都观绝句（并引）》。］**不久，刘禹锡分司东都，张籍继为主客郎中，作《赠主客刘郎中》诗。**

刘禹锡《子刘子自传》："又除主客郎中，分司东部。明年……"张籍《赠主客刘郎中》："忆昔君登南省日，老夫犹是褐衣身。谁知二十余年后，来作客曹相替人。"

又迁国子司业。（参阅白居易《雨中招张司业宿》。）

本年与白居易、裴度、姚合有唱和，白《杏园花下赠刘郎中》、张《同白侍郎杏园赠刘郎中》二诗，作于本年春。

本年正月，白居易除刑部侍郎。元稹亦有《酬白乐天杏花园》诗。

裴《白二十二侍郎有双鹤留在洛下予西园多野水长松可以栖息遂以诗请之》、张《和裴司空以诗请刑部白侍郎双鹤》二诗，亦作于本年。

参阅白居易《答裴相公乞鹤》（一作《酬裴相公乞予双鹤》）、《送鹤与裴相临别赠诗》。

张《寒食夜寄姚侍御》、姚《酬张司业见寄》二诗，作于本年或稍后。

《酬浙东元尚书见寄绫素》。

诗云"远封来寄学曹人"，又云"应念此官同弃置，独能相贺更殷勤"，当是初为国子司业时作。

《赠别王侍御赴任陕州司马》（一作《赠王司马赴陕州》）诗。

《郡斋读书志》卷四上“王建诗十卷”注：“大和中，陕州司马。”（《直斋书录解题》卷一九、《唐才子传》卷四同。）本年，白居易有《送陕州王司马建赴任》诗。（明年，白至洛阳。）张籍此诗，与白同题，当为同时所作。

又与裴度、刘禹锡、崔群、贾悚作《春池泛舟联句》。

与裴度、白居易、刘禹锡、□行式作《西池落泉联句》《蔷薇花联句》《首夏犹清和联句》。

三联句皆作于初夏。《西池落泉联句》云：“攒珠溅菱荷。”《蔷薇花联句》云：“连春接夏开。”都是夏季景色，从时间上看，当与《首夏犹清和联句》同作。《首夏犹清和联句》云：“惟思奉欢乐，长得在西池。”从地点上看，又当与《西池落泉联句》同作。

近几年，与贾岛有唱和，张《过贾岛新居》、贾《张郎中过原东居》二诗，当是张籍为水部郎中或主客郎中时作。

大和三年己酉（829）　约六十三岁

作《送令狐尚书赴东都留守》。

本年三月，令狐楚为东都留守。（据《旧唐书》卷一七上《文宗纪上》）

《送白宾客分司东都》诗（两首）。

《唐诗纪事》卷三九“韦式”条云：“乐天分司东洛，朝贤悉会兴化亭送别，酒酣，各请一字至七字诗，以题为韵。”按赋诗者九人，张籍赋《花》诗。另一首是七言律诗。

又与裴度、刘禹锡、白居易作《宴兴化池亭送白二十二东归联句》；与裴度、刘禹锡、□行式等作《西池送白二十二东归兼寄令狐相公联句》。后者已残缺不全。

大和中　张籍卒，六十余岁

关于张籍的卒年，史书上也没有准确的记载。《旧唐书·张籍传》云："转水部郎中，卒。"《唐诗纪事》《全唐诗话》云："终主客郎中。"均误。《新唐书·张籍传》云："仕终国子司业。"是对的，但太笼统。本谱暂定张籍卒于大和中。

遗嘱归葬和州。

无可《哭张籍司业》云："留语葬乡山。"贾岛《哭张籍》云："故域九江分。"按《汉书》卷二八上《地理志上》"九江郡"条云："县十五：寿春邑……历阳……"可见，贾岛所云之"故域"，是指和州；这也就是无可所云之"乡山"。

综观张籍的一生，以诗名，世称"张水部"，亦称"张司业"。**并工文，晚年与韩愈齐名，时称"韩张"**。（据张籍《祭退之》。）

著《论语注辨》二卷（见《新唐书》卷五七《艺文志》）**，已失传**。**其诗歌，生前未编集**。

无可《哭张籍司业》有"乐章谁与集"之句可证。

经唐末五代的战乱，已十不存一。五代末，张洎缉缀张籍遗诗，从后晋开运三年（946）、南唐保大四年（946）到北宋乾德三年（965），花费了约二十年的时间，共搜罗到四百余篇。（据张洎《张司业集序》。）关于张籍诗集的版本源流，我另写一文，将来作为本谱的附录。

简谱外记

状　貌

韩愈《病中赠张十八》云："夜阑纵捭阖，哆口疏眉庞。"洪兴祖注："公称张籍'哆口疏眉庞'，魏灏称李太白'眸子炯然，哆如饿虎’，二公状貌，可想见也。”[①]

贺铸《历阳十咏·百福寺》云：“尘纷晦遗象，粉绘才可睹。”题注：“籍绘像今存。”他虽看见过张籍的绘像，但可惜没有用诗文描写出来。

性 情

（一）《旧唐书·张籍传》云：“性诡激。”韩愈《病中赠张十八》云：“夜阑纵捭阖。”韩醇注：“鬼谷子有《捭阖篇》。旧史言籍‘性诡激’，而公诗言其‘捭阖’，有矣。”[②]（二）《新唐书·张籍传》云：“籍性狷直。”（三）张籍《祭退之》云：“观我性朴直。”所谓“诡激”“狷直”，都是指张籍两次致书韩愈一事而言。其实从这件事来看，还是他自我评价的“朴直”二字，比较恰当一些。

张籍有时又自称“愚朴”“疏懒”，这是指宦情淡薄而言。例如《赠姚忞》云：“况我愚朴姿，强趋利名场。”《咏怀》云：“都无作官意，赖得在闲曹。”《酬秘书王丞见寄》云：“芸阁水曹虽最冷，与君长喜得身闲。”《书怀》云：“自小信（一作习）成疏懒性，人间事事总无功。……未能即便休官去，惭愧南山采药翁。”《送白宾客分司东都》云：“老人也拟休官去，便上君家池上人。”从这些诗中可以看出张籍不是热中的人。

贫与病

张籍诗中，直接提到贫的约二十处，提到病的约三十处。他的病情是：（一）久病不痊（《书怀寄元郎中》云“一离江坞

① 魏怀忠《新刊五百家注音辩昌黎先生文集》引。

② 魏怀忠《新刊五百家注音辩昌黎先生文集》引。

病多年”）；（二）羸弱（《雨中寄元宗简》云“秋堂羸病起”，《早春病中》云“羸病及年初”）。这种慢性病，与他的贫是相关联的。因治病要负担医药费（《书怀寄元郎中》云“计校唯求买药钱”，《赠任道人》云“长安多病无生计，药铺医人乱索钱”），又增加了他的贫。

张籍虽长期贫病，而处之泰然。如《野居》云“贫贱易为适，荒郊亦安居……寒天白日短，檐下暖我躯”，《早春病中》云“更怜晴日色，渐渐暖贫居”，《早春闲游》云“年长身多病，独宜作冷官”，《移居静安坊答元八郎中》云“虽守卑官不苦（一作厌）贫”，等等，皆是证明。张籍不为名利奔走，在当时统治阶级中是少见的。

至于张籍《咏怀》云：“老去多悲事，非唯见二毛。眼昏书大字，耳重觉声高。”这是形容衰老之态。促使他衰老的，当然又与长期的贫、病有关。

排释老

张籍《上韩昌黎书》有云：“愿执事……辨杨、墨、老、释之说。”《上昌黎第二书》又云：“夫老、释惑乎生人久矣，诚以世相沿化，而莫之知，所以久惑乎耳。执事材识明旷，可以任著书之事，故有告焉。”可见张籍早年排释老的主张是很坚决的。中年以后，他写了一些游寺观、赠僧道的诗，其中比较能够反映思想的，如《书怀》云：“别从仙客求方法，时到僧家问苦空。”《赠任道人》云：“欲得定知身上事，凭君为算小行年。”《同韦员外开元观寻时道士》云：“昨来官罢无生计，欲就师求断谷方。”都带有诙谐口吻，还不能就断定他已改变为崇信释老。

崇拜杜甫

冯贽《云仙杂记》卷七“焚杜甫诗饮以膏蜜”条云：“张籍取杜甫诗一帙，焚取灰烬，副以膏蜜，频饮之，曰：‘令吾肝肠，从此改易。’”这个故事虽不免荒唐，却反映出张籍对杜甫的崇拜和学习。实际上，张籍的乐府正是继承了杜甫的现实主义创作方法。

诗　派

唐代以诗受知于张籍者三人。

（一）朱庆馀：范摅《云溪友议》卷下“闺妇歌”条云：“朱庆馀校书既遇水部郎中张知音，遍索庆馀新制篇什数通，吟改后，只留二十六章……”

（二）项斯：张洎《项斯诗集序》云：“宝历、开成之际，君声价籍甚。时特为水部之所知赏，故其诗格颇与水部相类。词清妙而句美丽奇绝，盖得于意表，迨非常情所及。故郑少师薰云：‘项斯逢水部，谁道不关情。’”

（三）董居中：据韩愈《唐故朝散大夫商州刺史除名徙封州董府君墓志铭》，董居中为董晋之孙，董溪之子，“好学，善为诗，张籍称之”。（其姊婿为吴郡陆畅。）

学习张籍诗歌风格者五人。《项斯诗集序》云：“元和中，张水部为律格诗，尤工于匠物，字清意远，不涉旧体，天下莫能窥其奥。唯朱庆馀一人亲授其旨。沿流而下，则有任蕃、陈标、章孝标、胜〔滕〕倪、司空图等，咸及门焉。”

至于韩昶，虽曾从张籍学诗（见年谱），并不以诗名。

祠　堂

陈廷桂《历阳典录》卷九《古迹三》“三贤祠”条：“百福寺傍。祀唐太学生何蕃、国子司业张籍、宋显谟阁学士张孝祥。”

与崔莺莺恋爱的误传

苏轼《增刊校正王状元集注分类东坡先生诗》卷一五《张子野年八十五尚闻买妾述古令作诗》云：“诗人老去莺莺在，公子归来燕燕忙。”叶少蕴《石林诗话》卷下云：“盖全用张氏故事戏之。”误。

赵德麟《侯鲭录》卷五“辨传奇莺莺事”条，引王铚（性之）《传奇辨正》云：“尝读苏翰林赠张子野诗，有云：‘诗人老去莺莺在。’注言：所谓张生，乃张籍也。仆按元微之所作传奇，莺莺事在贞元十六年春。又言明年生文战不利，乃在十七年。而《唐登科记》，张籍以贞元十五年高郢下登科。既先二年，决非张籍明矣。”其实，从张籍生平与其性情来看，与元稹《莺莺传》中所描绘的张生，几乎毫无相似之处，张生乃张籍之说，显系附会。

（原载《安徽史学通讯》1959年第4、第5期合刊）

张籍系年考证

◎潘竞翰

张籍是唐贞元、元和间重要的现实主义诗人。他的诗文当时就受到人们的推崇。白居易《读张籍古乐府》云："张君何为者？业文三十春。尤工乐府诗，举代少其伦。"（《白居易集》卷四一，下简称白集）韩愈《病中赠张十八》云："籍也处闾里，抱能未施邦。文章自娱戏，金石日击撞。龙文百斛鼎，笔力可独扛。"（钱仲联《韩昌黎诗系年集释》卷一，下简称《韩诗集释》）后人评价更有过于此者，如宋周紫芝《竹坡诗话》就说："唐人作乐府者甚多，当以张文昌为第一。"王安石在《题张司业诗》中也说："苏州司业诗名老，乐府皆言妙入神。看似寻常最奇崛，成如容易却艰辛。"（《王临川集》卷三一）他的乐府名篇如《节妇吟》等已远传国外，且有数种英译本。

张籍"多才与艺"，诗文兼长。《新唐书·艺文志》载，"《论语注辨》二卷，张籍著"，已失传。韩愈《题张十八所居》云"端来问奇字，为我讲声形"（《韩诗集释》卷九），说明张籍还精于小学。明刘成德《唐司业张籍诗集序》曰："当时以文名家者有韩愈、柳宗元、李翱、张籍之徒。"可见张籍当时主要还是"以文名家"。惜其文今仅存《文苑英华》所收《上韩昌黎书》二篇，余均失传。其诗在南唐张洎为其编集时已"十不存一"。至于他的生平事迹更是湮没失考，"弗得而述"。新、旧《唐书》虽有记载，但均约略含糊，语焉不详。卞孝萱《张籍简谱》对张籍生平事迹作了较为系统的考订，但亦间有疏忽失误处。鉴于此，谨将张籍有关生平事迹按时间先后作一些考订，名之为“系年考证”，意在别于兼收并蓄、巨细无遗之“年谱”。一得之见，难免挂漏；未敢必是，仅以求正。

张籍，字文昌。祖籍吴郡（今苏州），幼迁居和州（今安徽省和县）乌江。

关于张籍的籍贯，向有二说。一说“和州人”，所据为：一、《新唐书·张籍传》“张籍者，字文昌，和州乌江人”；二、韩愈《张中丞传后叙》“籍大历中于和州乌江县见嵩，籍时尚小”（《韩昌黎文集》卷一三）；三、张籍《寄朱阚二山人》“历阳旧客今应少，转忆邻家二老人”（和州唐时属历阳郡）；四、韩愈《与孟东野书》“张籍在和州居丧”（同上）；五、陆世良《宣城张氏信谱传》“（张孝祥）本贯和州乌江县，唐司业张籍七世孙”（见《于湖居士文集》）。另，清陈廷桂《历阳典录》卷七载：“桃花坞，州大西门外唐张司业别墅。”并附录张孝祥《读书堂在乌江即唐文昌公读书处……》诗为证。辛文房《唐才子传》、计有功《唐诗纪事》均从此说。另一说为“吴郡人”。根据是：一、韩愈《张中丞传后叙》“愈与吴郡张籍阅家中旧书”；二、张籍《送陆畅》诗“共踏长安街里尘，吴州独作未归身。昔年旧宅今谁住？君过西塘与问人”；三、王建《送张籍归江东》诗“回车远归省，旧宅江南厢”（《王建诗集》卷四），和州位于江北，此诗既称“江南”“江东”，当指吴郡。

实则二说并不矛盾。白居易《唐故通议大夫和州刺史吴郡张公神道碑》云：“张之为著姓尚矣！自汉太傅良、侍中肱，晋司空华、丞相嘉以降，勋贤轩冕，历代不乏。肱避地渡江，始居于吴，故其子孙称吴郡人。”（《白居易集》卷四一）可见所谓“吴郡张籍”，系指郡望。正如岑仲勉《唐诗质疑》所说：“唐世习称郡望，弗重里居。”“必举其望而不举居者，固以别宗支，尤以显门阀也。”（《唐人行第录》第78页）张籍可能正是“肱避地渡江，始居于吴”的这一支，至其父辈始徙居和州，故在吴郡仍有旧宅。

约唐代宗大历七年壬子（772） 张籍生

关于张籍的生年，迄无定论。闻一多《唐诗大系》定为大历三年（768）；陆侃如、冯沅君《中国诗史》初版订为永泰元年（765）；游国恩等主编的《中国文学史》作“766（？）”年。其他有关著作大体不出以上三说，或笼统定为“大历初”。

按白居易诗有《读张籍古乐府》谓：“如何欲五十，官小身贱贫。病眼街西住，无人行到门。”其题注为“自此后诗为赞善大夫时所作”的《酬张十八访宿见赠》诗也说：“怜君将病眼，为我犯埃尘”（白集卷六）。白之为赞善大夫在元和九年（814）。故这二诗均当作于元和九年。如以公元765年为张籍生年，则此时正好五十岁，不得云“如何欲五十”。另，长庆二年（822）张籍有《新除水曹郎答白舍人见贺》诗云“年过五十到南宫”，如以公元768年为生年，则这一年籍已五十八岁，是“年近六十”，而不是“年过五十”。故不论以公元765年还是768年为张籍生年，都略嫌早。

《韩诗集释》卷一《此日足可惜一首赠张籍》诗下引王元启《读韩记疑》云：“籍尝自言大历中问张巡事于嵩。公（韩愈）生大历三年，至十四年裁止十二岁，而籍已能向六十岁人问事，计其年齿，亦当在七八岁，则公长于籍多不过四五岁，居然以‘少知诚难得’相目，盖籍年未壮，公复以前辈自居，故其言如此。”卞谱认为王说“显属错误”，实则王说不无道理。方世举注张籍、张徹等《会合联句》就说：“二张固韩门弟子。”赵翼《瓯北诗话》也说：“张籍、李翱、皇甫湜……昌黎皆以后辈待之。”韩愈本人在《送孟东野序》中亦称：“从吾游者，李翱、张籍其尤也。”（《昌黎先生集》卷一九）从这些材料看，张籍年龄确乎较韩愈为小。韩愈大历三年（768）生（见洪兴祖《韩子年谱》，下简称洪谱），则籍之生年至少当在768年之后。又据张籍《病中寄白学士拾遗》诗“自寓城阙下，识君弟事焉”，则籍之年龄又比白居易小。汪谱谓白生于大历七年（772），则籍之生年固不当早于此。但如晚于772年，又与822年籍自称“年过五十”不合。白生日为正月二十日（据陈振孙《白文公年谱》），则张籍当是生于772年而月份晚于白，故云“弟事焉”。验之以张籍长庆二年（822）“年过五十到南宫”诗句，其年籍五十一岁，刚好是“年过五十”。只是前面提到白居易元和九年（814）曾说张籍“如何欲五十”，以722年为生年，本年籍方四十三岁，够不上“欲五十”。但在生年问题上，白的说法毕竟不能比张籍本人所说更可靠。同时诗中年龄多举成数。白此诗既是为张籍之年事已高而官职犹卑鸣不平，在举年龄成数上当然靠上不靠下。

此外，以772年为张籍生年，也解决了王建年龄问题上的一桩疑案。张籍《逢王建有赠》云“年状皆齐初有髭”，则籍与建同岁。依照旧说，籍生于768年或更前，则与之同岁的王建大和二年（828）时当已六十一岁或更大，而《唐才子传》称：“（建）大和中出为陕州司马，从军塞上，弓箭不离身。”以一六十余岁皤然老翁，恐难能有此，而以772年为生年，则其时建方五十余，容或可能。因此，在未发现新的材料前，还是以公元772年为张籍生年较为可信。

约唐德宗建中四年癸亥（783）至贞元八年壬申（792）十二至二十一岁

与王建在漳溪一带（今河北省南部）从师求学讲道。

张籍《登城寄王建》诗说："十年为道侣，几处共柴扉。"王建《送张籍归江东》诗也说："昔岁同讲道，青襟在师傍。出处两相因，如彼衣与裳。"说明他们少年时有过一段约为期十年的共同从师求学的生活。

张籍《酬秘书王丞见寄》云："相看头白来城阙，却忆漳溪旧往还。……芸阁水曹虽最冷，与君长喜得身闲。"又《逢王建有赠》云："年状皆齐初有髭，鹊山漳水每追随。使君座下朝听《易》，处士庭中夜会诗。新作句成相借问，闲求义尽共寻思。经今三十余年事，却说还同昨日时。"此诗说明了张王共同求学的生活内容，也表明其从师求学的地点在鹊山漳水一带。王建《留别田尚书》诗也有"一旦甘为漳岸老"句，可证王建确曾居家漳水。漳水在今河北南部，鹊山也在今河北省，位于邢台西北、太行山东侧，是为其求学地点。"芸阁水曹"，标明诗作于籍为水部员外郎时，即长庆二年（822）（详后），《有赠》诗从内容看约亦作于同时。则"经今三十余年事"，由此上推三十年，籍与王建的漳水求学当在贞元八年（792）以前。诗中云"方有髭"，当是二十岁上下光景。依前定772年为籍、建生年，则此时正是二十岁。

约贞元九年癸酉（793）至贞元十二年丙子（796）　二十二至二十五岁

学成别王建，开始北方游历。后重经王建处归苏州故居，复经浙、赣南游至岭南。

贞元十二年（796）返和州乌江。是年秋与孟郊同游桃花坞。

从现存司业集中之纪游诗看，张籍的足迹几乎遍布今北方的晋、冀、陕、豫，南方的江、浙、赣、鄂以至岭南诸地。且诗中多失意语，明为入仕前所作。他的游历，只能在他结束求学生活（贞元八年）至结识韩愈（贞元十三年）前这段时期。

王建《送同学故人》诗："各为四方人，此地同事师。业成有先后，不得长相随。"张籍可能就是"业成"之后告别王建而开始其游历生活的。王建《送张籍归江东》诗提供了有关线索。诗云："昔岁同讲道，青襟在师傍。出处两相因，如彼衣与裳。行成归此去，离我适咸阳。失意未还家，马蹄尽四方。访余咏新文，不倦道路长。……回车远归省，旧宅江南厢。归乡非得意，但贵情义彰。五月天气热，波涛毒于汤。"据此诗，我们可以肯定以下几点：一、张籍结束漳溪求学生活后即别王建去咸阳，而开始了北方的旅游；二、籍在游历北方后曾于归途中重返王建处，即王建作《送张籍归江东》的这一次；三、在王建处稍事逗留乃南下还乡，时在五月。

张籍此次北方旅游的路线已难细考，只可从其诗作中看到一些断续线索。《别段生》云："况离父母傍，从我学诗书。同在道路中，讲诵亦未窥。……贫贱事俱难，今日有别离。我去秦城中，子留汴水湄。……还期在新年，勿怨欢会迟。"诗中所叙表明段生不唯从籍读书，亦且道路相随，至是始别于汴水（唐时汴水于郑州以北接黄河，正是从漳溪至咸阳经过处）。"我去秦城中"，与王建所说"离我适咸阳"当指一事。"还期在新年"，则此次咸阳之行往返不出一年。《寄别者》诗云"别君汾水东，望君汾水西"，当为西行入关之作。《宿邯郸馆寄马磁州》诗："几宿得欢笑，今日有别离。"《襄国别友》诗："独游无定计，不欲道来期。"襄国在今河北邢台，与邯郸、磁州同处于鹊山漳水之间，则当为籍别王建或归经王建处途中作。籍行踪最北至蓟北（今北京一带）。《蓟北春怀》诗说："问路更愁远，逢人空说归。"可能就在这儿动了归思，春季折回，五月过王建处，而后返归江南。

张籍此次北方游历主要是怀诗文以干谒的，但未获结果，故《南归》诗云："骨肉望我欢，乡里望我荣。岂知东与西，憔悴竟无成。”王建在《送张籍归江东》诗中说“旧宅江南厢”，和州既在江北，则籍此次归省，所至当为苏州①。

张籍的南方游历约始于其归家后不久。从其诗作推想其行踪，起初约盘桓于江浙一带。籍有《霅溪西亭晚望》《舟行寄李湖州》《夜宿天竺寺寄庐隐寺僧》等诗。霅溪在湖州，天竺寺在杭州，张籍可能即由此经虔州（今江西赣州。籍有《寄虔州韩使君》诗）而到达岭南的。《岭外逢故人》云：“过岭万余里，旅游经此稀。”另有《蛮州》、《蛮中》（今广西柳州附近）等诗，也都是此次南行纪游之作。

据华忱之《孟郊年谱》，贞元十二年（796），孟郊及第东归，过和州，曾与籍同游桃花坞。张籍《赠孟郊》诗“才名振京国，归省东南行。停车楚城下，顾我不念程”亦可证。诗中复有“幸当清秋夜”语，则至迟本年秋前籍已完成南方的游历回到和州。依前定张籍十年求学约结束于贞元八年（792），则咸阳之行与北游约在贞元九年（793）至十年（794）间；南游约在贞元十一年（795）至十二年（796）间。

贞元十三年丁丑（797）　二十六岁

冬，北上识韩愈于汴州（今河南开封）。愈留之城西馆读书。本年冬与次年春际，作《上韩昌黎书》与《上昌黎第二书》。

籍北上识韩愈的经过，愈《此日足可惜一首赠张籍》诗记述甚详，诗云：“念昔未知子，孟君自南方。自矜有所得，言子有文章。我名属相府，欲往不得行。思之不可见，百端在中肠。维时月魄死，冬日朝在房。驱驰公事退，闻子适及墙。命车

① 张籍《思江南旧游》诗云：“独行愁道远，回信畏家移。”（中华书局1959年版《张籍诗集》卷二）籍既在吴郡有“昔年旧宅”，其小时却生活在和州；其南归所返为吴郡，及第后居丧又在和州，颇不可解。故疑其幼时仅其父只身携籍来和州，至其南游期间始举家迁和州，故云“回信畏家移”。

载之至，引坐于中堂。开怀听其说，往往副所望。……留之不遣去，馆置城西旁。岁时未云几，浩浩观湖江。”（《韩诗集释》卷一）诗中“孟君自南方”指孟郊来汴州依陆长源事，时在贞元十三年春；“维时月魄死，冬日朝在房”，点明了籍至汴在孟冬之月朔日，即农历十月一日[①]。

《韩诗集释》卷一《病中赠张十八》下引郑珍《跋韩诗》曰：“当是贞元十四年孟冬公在汴州时作。是年十月初，籍至汴始见公。公馆之城西。十一月州家举进士，公为考官，籍膺首荐。”下谱亦从是说，认为张籍汴州识韩愈在贞元十四年（798）冬。均误。按张籍上韩昌黎二书，其第二书有“今执事虽参于戎府”句，说明系作于韩愈在汴州从宣武军节度使董晋为观察推官时。愈答籍第二书说：“孟君将有所适，思与吾子别，庶几一来。”（《昌黎先生集》卷一四）旧说均以为此二书作于张籍离汴赴长安应试后，亦误。孟郊有《汴州别韩愈》诗，此“汴州别”，即韩愈所谓“孟君将有所适”。诗中有“远客独憔悴，春英落婆娑”句（《孟东野诗集》卷八）。既云“春英落”，则郊之别汴当在暮春三月。而据洪谱，愈佐董晋在贞元十二年（796）七月至十五年（799）二月间，则贞元十二年春愈犹未至汴；十三年春，郊始来汴州依陆长源；十五年春二月初，韩愈又已从董晋丧离汴（据李翱《吏部行状》，董晋逝于十五年二月三日，是月汴州军乱，愈离汴后迄未返居）。可见孟郊“汴州别韩愈”必在贞元十四年春。韩愈《重答张籍书》既有招籍来与孟郊话别语，则至迟也当作于贞元十四年（798）春前。故张籍初至汴州识韩愈的时间断非十四年冬，而当是贞元十三年冬。

籍既与愈同处汴州，何用作书相招？当时愈在城中“参与戎

---

① 钱仲联《韩昌黎诗系年集释》“冬日朝在房”句引韩醇注：“《月令》：孟冬之月，日在房。”又引孙汝听注：“房者，日月所会之处也。”《汉书·律历志》：“死霸，朔也；生霸，望也。”颜师古注：“霸，古魄字同。”

府”，籍在城西置馆读书，并非朝夕共处。籍在城西馆所作《寄韩愈》诗即曾说明过这种情况。

贞元十四年戊寅（798）　二十七岁

继留汴州城西馆读书。

韩愈《此日足可惜一首赠张籍》诗：“留之不遣去，馆置城西旁。岁时未云几，浩浩观湖江。”

张籍《寄韩愈》诗：“野馆非我室，新居未能安。读书避尘杂，方觉此地闲。……夏景常昼毒，密林无鸣蝉。”又云：“出林望曾城，君子在其间。戎府草章记，阻我此游盘。……几朝还复来，叹息时独言。”《上韩昌黎书》中有“今执事虽参于戎府”语，诗、书可能作于同时。首四句所写明为城西馆读书生活。籍十三年冬至汴，此诗所写却为夏景，知籍自去岁冬迄留此馆未去。

十一月，汴州举进士，韩愈为考官，试“《反舌无声》诗”，籍膺首荐。旋入京。

韩愈《此日足可惜一首赠张籍》诗：“州家举进士，选试缪所当。驰辞对我策，章句何炜煌！……之子去须臾，赫赫流盛名。”《韩诗集释》举魏本引孙汝听注云：“汴州举进士，愈为考官，试《反舌无声》诗。籍中等。”（卷一）

张集卷三有《徐州试反舌无声》诗，“徐州”系“汴州”之误。

贞元十五年己卯（799）　二十八岁

长安应试。春二月，高郢知举，擢进士第。

宋赵令畤《侯鲭录》卷五引《唐登科记》：“（张籍）贞元十五年高郢下登科。”胡震亨《唐音癸签》云：“举场每岁开于二月。”韩愈《此日足可惜一首赠张籍》诗：“闻子高第日，正从相公丧。”“相公”指董晋。晋卒于十五年二月，韩愈从丧辗转至徐州，时正张籍长安及第之日。

夏，复自长安东归，过徐州睢上韩愈处，盘桓一月，返和州。

据洪谱，愈十五年二月从董晋丧，甫离汴，即发生汴州军乱。愈乃辗转至徐州依张建封。张宅愈于符离睢上，籍东归过此，乃相见。愈《此日足可惜一首赠张籍》诗叙此事云：“仆射南阳公，宅我睢水阳。……日念子来游，子岂知我情！……连延三十日，晨坐达五更。……淮之水舒舒，楚山直丛丛。子又舍我去，我怀焉所穷！”诗中“楚山”四句明写籍由彼返和州。

贞元十六年庚辰（800）　二十九岁

在和州居丧。

韩愈《与孟东野书》：“张籍在和州居丧。”（《昌黎先生集》卷一五）。书中有“去年春，脱汴州乱”语，汴州乱在贞元十五年春，则愈此书当作于本年。

贞元二十一年、唐顺宗永贞元年乙酉（805）　三十四岁

调补太常寺太祝。

元和九年（814），白居易居丧服除，重入长安任赞善大夫，作《重到城七绝句》（白集卷一五），其中《张十八》一首云：“谏垣几见迁遗补，宪府频闻转殿监。独有咏诗张太祝，十年不改旧官衔。”由元和九年上推十年，则籍授太祝约在本年。

另，张籍《赠主客刘郎中》诗：“忆昔君登南省日，老夫犹是褐衣身。”“登南省”，指刘禹锡为屯田员外郎。刘授屯田在本年四月，时张籍“犹是褐衣”。八月顺宗立，改元永贞，刘即贬出连州，则籍授太祝当在四月后。

唐宪宗元和元年丙戌（806）　三十五岁

为韩愈子韩昶授诗。

韩昶《自为墓志铭》曰："至六七岁，未解把笔书字，即是性好文字，出言成文，不同他人所为。张籍奇之，为授诗。"（《全唐文》卷七四一）是籍始授韩昶诗在其七八岁时。昶《铭》中自称"生徐之符离"。据洪谱，韩愈居睢上符离在贞元十五年（799），至本年六月愈自江陵召入为国子博士时，昶年已八岁，则张籍始为韩昶授诗当在此年。《韩诗集释》订为六年，恐误。

元和二年丁亥（807）　三十六岁

识白居易。

籍诗《病中寄白学士拾遗》云："自寓城阙下，识君弟事焉。"白此年十一月始由周厔尉入为翰林学士、左拾遗，是当为白与籍初识时。

元和七年壬辰（812）　四十一岁

约于此年前后，与王建重逢。

王建《自伤》诗："四授官资元七品，再经婚娶尚单身。"据《唐才子传》卷四，建历官渭南尉、昭应县丞、太府寺丞、秘书丞、侍御史、陕州司马。建《上裴度舍人》诗云："仙侣何因记名姓，县丞头白走尘埃。"据《旧唐书·裴度传》，度为中书舍人在元和七年至八年，则建为昭应县丞当在其时。建《归昭应留别城中》诗云："喜得近京城，官卑意亦荣。"（唐昭应近在京畿，距长安城仅"一驿之遥"）又，建《初到昭应呈同僚》云"白发初为吏"，张籍《酬秘书王丞见寄》亦云"相看头白来城阙"，两相参看，则与王建之重逢当在建初到昭应，即所谓"白发初为吏"时。

另，籍有《喜王六同宿》诗云："十八年来恨别离，唯同一宿咏新诗。"王六即王建（见岑仲勉《唐人行第录》）。依前定张籍与王建贞元九年（793）前后别于漳溪一带，十八年后重逢，亦当在本年前后。

元和九年甲午（814）　四十三岁

八月，孟郊卒。与韩愈同往会哭，私谥为贞曜先生。

韩愈《贞曜先生墓志铭》云："八月己亥，贞曜先生孟氏卒。……愈走泣哭，且召张籍会哭。"（《昌黎先生集》卷二九）

目疾渐剧，韩愈代作书与李逊以求资助。

张籍在孟郊死后眼疾渐剧，无钱财以济医药，韩愈撰《代张籍与李浙东书》，托李翱转交浙东观察使李逊，以求资助。方世举注韩愈《赠张十八助教》诗云："《与李浙东书》，当在元和六年间。"（《韩诗集释》卷九引）卞谱亦系此事于"元和八年"，恐未确。按韩愈《代张籍与李浙东书》云："近者阁下从事李协律翱到京，籍与李君友也，不见六七年。""李浙东"指李逊，"李协律"指李翱。据《旧唐书·宪宗纪》，元和五年八月，以"李逊为浙东观察使"；九年九月，以"孟简为浙东观察使"；十年十月，"以户部侍郎李逊为襄州刺使"，则李逊观察浙东在元和五年八月至九年九月间。又据李翱《来南录》："元和三年十月，翱既受岭南尚书公之命，四年正月己丑自旌善第以妻子上船于漕。"（《李文公集》卷一八）则翱元和四年即离京师赴广东从岭南节度使杨於陵。其《答皇甫湜书》云："仆到越，得一官，三年矣。"（同上书卷六）其《叔氏墓志》首志"元和九年"，末署"浙东观察判官李翱"（同书卷一五）。李逊任浙东观察使为时仅四年，而李翱云"得一官，三年矣"，则彼至少元和六年即由广东转至越改佐李逊。《与李浙东书》既称“籍与李君友也，不见六七年”，李翺系元和四年离开长安的，则“不见六七年”，李翺之由越重到长安与张籍相会，当在元和九、十年际。李逊既于元和九年九月去浙东观察使职，则《与李浙东书》所谓“近者阁下从事李协律翺到京”必然在九年九月之前。故《与李浙东书》的写作年份当是元和九年，而月份在该年九月之前，并非元和六年或八年。

元和十年乙未（815）　四十四岁

冬，转国子助教。

按《新唐书・张籍传》只说籍“第进士，为太常寺太祝，久次，迁秘书郎，愈荐为国子博士”，不言为助教，误。当从《旧唐书》作“调补太常寺太祝，转国子助教、秘书郎”。

韩愈《晚寄张十八助教周郎博士》诗（《韩诗集释》卷九），题中“周郎”指周况，系愈侄婿。愈在《周况妻韩氏墓志》（《昌黎先生集》卷三五）中称“四门博士周况”，复有“其从父愈于时为中书舍人”语。愈之为中书舍人在十年至十一年春[①]。此诗言“叹息岁将淹”，而愈十一年冬已降为右庶子，当为十年冬作。则张籍其时已转助教。又白居易此年冬《与元九书》云“张籍五十，未离一太祝”，是年秋白贬出长安，籍犹官太祝，则其授国子助教当在本年冬[②]。

---

① 洪兴祖《韩子年谱》（《粤雅堂丛书》本）订韩愈迁中书舍人在元和十一年春，误。按白居易《酬张十八访宿见赠》诗云：“问其所与游，独言韩舍人。其次即及我，我愧非其伦。”诗题下注“自此后诗为赞善大夫时所作”。白元和九年始居丧服除，入为赞善大夫，十年秋即贬出江州。则此诗明为十年秋前与籍同在长安时作。其时籍既已称韩愈为“韩舍人”，是愈之为中书舍人不迟于十年秋，可见洪谱订愈始授中书舍人在十一年，不确。

② 白居易贬江州在元和十年。《白氏长庆集》卷一〇有《别李十一后重寄》诗，题下自注：“自此后诗江州路上作。”诗中有“秋日正萧条”句，足见白之贬出江州在元和十年秋。

元和十一年丙申（816） 四十五岁

本年前后，即元和九年冬至十二年冬，病眼三年，一度罢官闲居。

张籍患眼疾约始于元和九年。是年白居易《酬张十八访宿见赠》诗云：“怜君将病眼，为我犯埃尘。”孟郊《寄张籍》亦称“西明寺后穷瞎张太祝”。郊死于九年八月，可见其死前张籍已开始患眼疾。韩愈《代张籍与李浙东书》谓“其盲未甚”，亦系患眼未久时。到张籍作《病中酬元宗简》诗“莫说樱桃花已发，今年不作看花人”时，目病已剧，终至不能视事而罢官居闲[1]。故其《同韦员外开元观寻时道士》诗云：“昨来官罢无生计，欲就师求断谷方。”

张籍《患眼》诗：“三年患眼今年校，免与风光便隔生。昨日韩家后园里，看花犹似未分明。”旧说多以其病眼三年在孟郊死前，如王元启《读韩记疑》云：“郊死时，张籍眼疾已愈。”（《韩诗集释》卷八《雪后寄崔二十六丞公》题注引）实则籍之病眼三年约在元和九年冬至十二年冬，有韩愈《赠张十八助教》诗可证：“喜君眸子重清朗，携手城南历旧游。忽见孟生题竹处，相看泪落不能收。”（《韩诗集释》卷九）孟郊元和九年秋死时，籍曾往哭，其目疾时犹未甚。“忽见孟生”句说明张籍即从往哭孟郊后，因目疾加重而未再出游。历三年患眼而“眸子重清朗”，始得与韩愈“携手城南历旧游”。愈诗作于春季，可见张籍“患眼三年”，在元和九年冬至十二年冬间。这一推断还有以下数事可为佐证。一、王建《留别张广文》诗云：“谢恩新入凤凰城，乱定相逢合眼明。千万求方好将息，杏花寒食的

---

[1] 唐例官员病假满百日即停官。《白居易集》卷三五有《百日假满少傅官停自喜言怀》诗。李翱《故正议大夫行尚书吏部侍郎……韩公行状》也有“得病，满百日假，既罢”语。张既病眼三年，且至“脑脂遮眼卧壮士”的地步，则其“昨来官罢无生计”，必此期间事。

同行。”（王集卷九）“乱定”，当指平定吴元济乱事，其为时正好在元和十二年冬。“乱定”“眼明”可证籍目愈在十二年冬。韩愈正是该年冬随裴度平吴元济归来，次年春与目疾初愈之张籍重游城南，情事正合。二、韩愈《雪后寄崔二十六丞公》诗曾说张籍“脑脂遮眼卧壮士，大弨挂壁无由弯”（《韩诗集释》卷八）。“崔二十六丞公”指蓝田县丞崔立之。愈为崔所作《蓝田县丞厅壁记》，末署“考功郎中知制诰韩愈记”（《昌黎先生集》卷一三），愈任此职即在元和九、十年间。则籍“脑脂遮眼”即在此时。三、籍诗《酬韩庶子》云：“家贫无易事，身病足闲时。寂寞谁相问，只应君自知。”所写为卧病闲居状，而韩愈之为右庶子即在元和十一年夏后（见洪谱）。四、籍诗《答开州韦使君寄车前子》云：“惭愧使君怜病眼，二千里外寄闲人。”既谓“病眼”“闲人”，亦为籍病目居闲时作。查《旧唐书·宪宗记》，韦处厚贬开州即在元和十二年九月。

元和十五年庚子（820）　四十九岁

改秘书省校书郎。

前引韩愈《赠张十八助教》谓“喜君眸子重清朗”，说明籍元和十三年春目愈时仍官国子监助教。而十五年冬或次年春韩愈《举荐张籍状》已称“登仕郎守秘书省校书郎张籍”，则籍之由助教改秘书郎当在此前。籍有《谢裴司空寄马》诗，韩愈、白居易和诗分别题为《贺张十八秘书得裴司空马》（《韩诗集释》卷一二）、《和张十八秘书谢裴相公寄马》（白集卷一九）。《韩诗集释》该诗下引孙汝听注云：“元和十四年四月，以裴度为河东节度使。十五年九月以度守司空。‘远寄’谓自河东寄籍。”是籍此诗作于元和十五年，而籍之改秘书省校书郎当在本年或稍前。姑系于此。

唐穆宗长庆元年辛丑（821）　五十岁

授国子博士。

元和十五年（820）九月，韩愈自袁州召还授国子监祭酒（见洪谱）后，有《举荐张籍状》云："登仕郎守秘书省校书郎张籍……学有师法，文多古风……臣当司见阙国子监博士一员……伏乞天恩，特授此官。"（《昌黎先生集》卷二九）按愈去年九月召还，冬暮始至京师（见《韩诗集释》卷一二《咏灯花》诗方世举题注），则籍实授博士当在本年。

又张籍《祭退之》诗："我官麟台中，公为大司成。念此委末秩，不能力自扬。特状为博士，始获升朝行。"亦可证。

自延康里移居靖安坊。

卞谱引贾岛《题张博士新居》诗（《长江集》卷五）以证籍之移居在官博士时。但丛书集成本《长江集》中此诗题作"章博士"，且从诗中内容"林在洞庭村""新庐葺此原"看，所写既非长安城居，更与张籍无关，不足为凭。然据陕西省博物馆编《西安历史述略》云，唐长安城以承天门大街为界，以西称西街，属长安县，以东属万年县。街西"是一般小官吏和商民活动的场所"，"一般权贵为上朝便利，都竭力在万年县辖区图谋居住"。籍原所居延康里属街西，而靖安坊属万年县辖。韩愈即居靖安坊（见《韩诗集释》卷九《示儿》诗魏汝霖注）。籍既于本年"特状为博士，始获升朝行"，则"为上朝便利"，又与同在国子监的韩愈为邻，于本年移居靖安，亦有可能，姑系于此。

长庆二年壬寅（822）　五十一岁

除水部员外郎。

《白居易集》卷四九有《张籍可水部员外郎制》。按白为中书舍人在长庆元年十月至二年七月间（见陈振孙《白氏文公年谱》）。二年七月，白出为杭州刺史，道经商州，遇张籍，有

《商州逢张十八》诗云："白发江城守，青衫水部郎。"其时籍新授水部，使行至商州，故得与白相遇，有籍诗《赠商州王使君》为证。诗云："才雄犹是山城守，道薄初为水部郎。"可见籍之除水部当在本年春夏间。验之籍本人《新除水曹郎答白舍人见贺》诗"年过五十到南宫"，亦合。

长庆四年甲辰（824）　五十三岁

夏，韩愈养疾城南，籍官休，往同游。八月，籍授主客郎中。十二月，愈逝，籍受托躬理后事。

据洪谱，愈去世在本年十二月。翌年籍有《祭退之》诗云："去夏公请告，养疾城南庄。籍时官休罢，两月同游翔。……籍受新官诏，拜恩当入城。公因同归还，居处隔一坊。"又云："公比欲为书，遗约有修章。令我署其末，以为后事程。家人号于前，有书不果成。子符奉其言，甚于亲使令。"

诗中所说"籍受新官诏"，当指主客郎中。按《新唐书》《唐才子传》及张洎《张司业集序》叙张籍仕历均无主客郎中。刘成德《唐张司业诗集序》、《全唐诗》、《唐诗纪事》始补入。而《旧唐书》谓籍"水部员外郎转水部郎中"，陆侃如、冯沅君《中国诗史》因之，卞谱亦于本年下系"擢水部郎中"，实误。考籍之宦历，从无"水部郎中"，想系"主客郎中"之误。刘禹锡有《和苏郎中寻丰安里旧居寄主客张郎中》诗，是籍之曾官主客郎中无疑。刘还有《张郎中籍远寄长句……仰酬高韵》诗，中有"历阳秋色正澄鲜"句（《刘宾客文集》卷六），是为刘任和州刺史时所作。刘任和州刺史在长庆四年（824）至宝历二年（826）间。彼时既已称籍为"郎中"，说明张籍在长庆元年授水部员外郎后又曾改任主客郎中。则籍夏日在城南与愈同游时所受之"新官诏"当即为主客郎中无疑。

唐文宗大和二年戊申（828）　五十七岁

授国子司业。

张籍《赠主客刘郎中》诗云：“忆昔君登南省日，老夫犹是褐衣身。谁知二十余年后，来作客曹相替人。”刘禹锡《再游玄都观绝句引》云“余贞元二十一年为屯田员外郎……寻贬朗州司马，居十年。……今十有四年，复为主客郎中”，末题“时大和二年三月”（《刘宾客文集》卷二四）。贞元二十一年（805）籍犹未仕，故云“犹是褐衣身”，至大和二年，已隔二十三年。本年刘和州刺史任满，入长安继张籍为主客郎中，故云“谁知二十余年后，来作客曹相替人”。可见籍由主客郎中迁国子司业即在此年。

卞孝萱《刘禹锡年谱》与《张籍简谱》均以为“来作客曹相替人”，系指张籍接替刘为主客郎中，恐误。刘来京前任和州刺史时答张籍诗已明称之为“张郎中籍”，足证籍之任主客郎中在前。而本年白居易有《雨中招张司业籍宿》诗，该诗排于《大和戊申岁大有年诏赐百寮出城观稼……采诗》诗后（见《白氏长庆集》卷二六），可见本年籍已由主客郎中迁国子司业。

另，中华书局1959年版《张籍诗集》所附刘成德《唐司业张籍诗集序》，将末句标点为“历主客郎中。卒。授国子司业”，以为籍之授司业在其“卒”后，误。当标为“历主客郎中，卒授国子司业”，即官终国子司业之意。

大和三年己酉（829）　五十八岁

作《送白宾客分司东都》诗。与裴度、白居易、刘禹锡共作《宴兴化池亭送白二十二东归联句》。

本年白居易分司东都。据《唐诗纪事》云：“乐天分司东洛，朝贤悉会兴化池亭送别。酒酣各请一字至七字诗。”籍所作《赋花》诗，集中未载。

大和四年庚戌（830） 五十九岁

约在本年或稍后数年内卒。

就已知材料，上引张籍《送白宾客分司东都》等诗为其绝笔。此后在其本人及诗友集中均断踪迹。

《全唐诗》所收无可《哭张籍司业》诗，中有“不起茂陵间”与“荒居吊客还”句，所写不似籍在长安居第光景，若此诗可信，则籍卒前或退居茂陵间荒居，然此诗在《全唐诗》中重出，亦作张乔诗，故不足信。又，陈廷桂《历阳典录》卷一三附收了张籍四首逸诗，其中有《再伤庞尹》一首，亦重见于刘禹锡集。《刘禹锡年谱》系此诗于大和五年下。查《旧唐书·宪宗纪》，有大和五年八月“京兆尹庞严卒”记载。若此诗果为张籍之作，则大和五年籍犹健在。只是二诗重出，未知谁属，权录此备考。

（原载《安徽师范大学学报》1981年第2期）

张籍杂考二则

◎谢荣福

《安徽师范大学学报》1981年第2期潘竟翰《张籍系年考证》对张籍的生平作了较为系统的考辨，取得了可喜的成果。但其中尚有疏漏，兹补证二则，期以求正。

广文馆博士

张籍曾任广文馆博士，王建《留别张广文籍》和《答广文张博士》均可为证。《昌黎先生集》卷三〇《唐故中散大夫少府监胡良公墓神道碑》亦云："元和十二年，朝廷以公年老，能自祗力，事职不懈，可嘉，拜少府监兼知内中尚。明年以病卒。""明年八月十四日，葬京兆奉先……其子逞、迺、巡、遇、述、迁、造，与公婿广文博士吴郡张籍，以公之族出、行治、历官、寿年为书，使人自京师南走八千里，至闽南两越之界上，请为公铭，刻之墓碑……"考洪兴祖《韩子年谱》："（韩愈）元和十四年乙亥春贬潮州刺史，冬移袁州。"与上述韩愈行踪合，故可知张籍元和十四年秋前后曾任广文馆博士。潘文漏考。

张籍任广文博士的起讫时间亦可基本考定。按张籍有《书怀寄元郎中》诗，元郎中即元宗简，时任左司郎中，张籍另有《和左司元郎中秋居十首》可证。考《白居易集》卷四三有《代书》一文，称元宗简为“金部元八员外”。朱金城先生《白居易年谱》编此文在元和十二年（817），可知其时，元宗简官金部员外郎。又《白居易集》卷一七《浔阳岁晚寄元八郎中庾三十三员外》，考《唐人行第录》，庾三十三为庾敬休。另据《唐会要》卷三九，庾敬休元和十三年八月迁礼部员外郎。又白居易元和十三年（818）十二月二十日，代李景俭为忠州刺史（据朱《谱》）。故白居易此诗必作于元和十三年岁末，其时已称元宗简为元郎中，可知元宗简任左司郎中当在元和十三年前后。

考张籍有《同韦员外开元观寻时道士》诗，韦员外即韦处厚。两《唐书》韦处厚本传均言其在元和十一年（816）九月于考功员外郎任上出刺开州，《白居易集》卷一六有《东南行一百韵寄通州元九侍御……开州韦大员外庾三十二补阙杜十四拾遗李二十助教员外窦七校书》诗，韦大即韦处厚，亦称韦处厚为员外，唯《旧唐书·宪宗纪》云：“（元和十一年九月）辛未……考功郎中韦处厚为开州刺史。”疑误。当从本传及白诗。籍诗云：“观里初晴竹树凉，闲行共到最高房。昨来官罢无生计，欲就师求断谷方。”据诗意，当作于元和十一年（816）早秋韦处厚未贬时[①]，时张籍刚罢职闲居。又张籍还有《答韦开州使君寄车前子》诗，诗云：“开州午日车前子，作药人皆道有神。惭愧使君怜病眼，二千里外寄闲人。”韦十一年九月贬开州，端午日寄籍车前子，必在次年夏，时籍自称“闲人”，可知仍在闲居。又张籍《夏日闲居》云：“多病逢迎少，闲居又一年。”知其闲居非一年。考前引张籍《书怀寄元郎中》诗云：“重作学官闲尽日，一离江坞病多年。”当是其患眼病罢职闲居后新受职时作，时间应在元和十三年夏秋间，这与上考张籍、元宗简行事均合，其所任职为广文馆博士。

又考《元稹集》外集卷四、补遗四有《授张籍秘书郎

① 元和十年（815），籍官国子助教。参见潘竟翰《张籍系年考证》。

制》，卞孝萱先生《元稹年谱》编在元和十五年（820）五月至九月间，可知张籍十五年秋已转秘书郎[①]，故张籍任广文馆博士的时间应为元和十三年（818）夏秋间至十五年（820）秋间。

二、移居靖安坊

张籍曾移居靖安坊，潘竟翰《张籍系年考证》认为唐长安城以承天门大街为界，以西称西街，以东称东街，街东属万年县。“一般权贵为上朝便利，都竭力在万年县辖区图谋居住。”因而张籍“为上朝便利”，且与韩愈为邻，故移居靖安。所考似嫌证据不足，兹补考如下：

按张籍有《移居靖安坊答元八郎中》诗，由前考得知，元和十三年前后元宗简任左司郎中。考元稹有《元宗简授京兆少尹制》，卞孝萱先生《元稹年谱》编在长庆元年或稍前。考《白居易集》卷一九《和元少尹新授官》诗云：“官稳身应泰，春风信马行。”知元宗简由左司郎中迁京兆少尹在长庆元年（821）春。又考《白居易集》卷一九《新昌新居书事四十韵因寄元郎中张博士》诗，元郎中、张博士即元宗简、张籍。据朱金城先生《白居易年谱》考订，白居易长庆元年春，移居新昌里宅，白诗云：“虚润冰销地，晴和日出天。”“假归思晚沐，朝去恋春眠。”可知白此诗当作于长庆元年早春，其时称元宗简为郎中，张籍为博士，知张籍初为国子博士时，元尚为郎中。故张籍《移居靖安坊答元八郎中》诗最迟作于长庆元年早春，其移居靖安坊亦应在此时或稍前。

（原载《安徽师范大学学报》1987年第4期）

① 潘竟翰《张籍系年考证》定元和十五年张籍任秘书省校书郎，实误。笔者已另撰文考辨，此不赘述。

张籍任秘书郎年代小考

◎李厚培

中唐乐府诗人张籍曾任秘书郎之职，这一点是毋庸置疑的。在考证其何时任此职时，论者多以籍之《谢裴司空寄马》一诗作为重要依据。如张籍的好友韩愈、白居易、元稹都曾有诗与之唱和，韩诗题为《贺张十八秘书得裴司空马》，白诗题为《和张十八秘书谢裴相公寄马》，元诗题为《酬张秘书因寄马赠诗》。此外，裴度自己也有答诗，诗题与元诗同；李绛又有《和裴相国答张秘书赠马诗》。从诗题便可看出，裴度赠马时，张籍必任秘书郎。裴度何时赠张籍马？张国光先生的《唐乐府诗人张籍生平考证》（载《全国唐诗讨论会论文选》，陕西人民出版社1984年版）将其事系于长庆四年（824）六月，认为其时裴在兴元任山南西道节度使。笔者认为此事应系于长庆元年（821）正月或稍前。理由如次：

首先，裴度赠马必在其任司空并远离京都时，这由张籍诗"司空远自寄书生"、韩愈和诗"司空远寄养初成"可知。据《旧唐书》卷十六载："（元和十五年，即820年）九月……戊午，加河东节度使……裴度守司空、门下侍郎、同平章事。"裴任司空后，长庆二年（822）三月返京。又据《资治通鉴》卷二四二《唐纪五十八》载："（穆宗长庆三年）八月……癸卯，以左仆射裴度为司空、山南西道节度使，不兼平章事。""（敬宗宝历二年）春正月，壬辰，裴度自兴元入朝。"

据以上史料可知，裴度曾有两次任司空并远离京都：一次是元和十五年（820）九月至长庆二年（822）三月，在太原任河东节度使；一次是长庆三年（823）八月至宝历二年（826）正月，在梁州兴元任山南西道节度使。笔者认为裴度赠张籍马必在太原河东节度使任上。因刘禹锡有诗题为《裴相公大学士见示答张秘书谢马诗并群公属和因命追作》，诗云："草玄门户少尘埃，丞相并州寄马来。……不与王侯与词客，知轻富贵重清才。"足证裴度赠马必在并州（太原）任职期间，亦即元和十五年九月至长庆二年三月之间。

其次，考元稹和诗，可进一步推知，裴度赠马不会晚于长庆元年（821）十月。丁居晦《重修承旨学士壁记》云："元稹，长庆元年二月十六日自祠部郎中知制诰充，仍赐紫，十七日拜中书舍人，十月迁工部侍郎出院。"元稹之迁工部侍郎罢学士出翰林院乃裴度上章弹劾的结果。《旧唐书·穆宗纪》："（长庆元年十月）河东节度使裴度三上章，论翰林学士元稹与中官知枢密魏弘简交通，倾乱朝政。以稹为工部侍郎，罢学士，弘简为弓箭库使。"同书《元稹传》亦载："河东节度使裴度三上疏，言稹与弘简为刎颈之交，谋乱朝政，言甚激讦。穆宗顾中外人情，乃罢稹内职，授工部侍郎。"裴度在奏章中斥责元稹云："如弘简、元稹等实为朋党，实蔽圣聪，实是奸邪，实作威福，伏望议事定刑，以谢天下。"据此，我们可以肯定，长庆元年十月以后，元稹绝不会在和诗中颂扬裴度"丞相功高"，而张籍既知裴度三次上疏弹劾元稹致使稹降职出翰林院，也绝不会把《谢裴司空寄马》诗送给元稹看，此人之常情也。故考裴度与元稹之关系，可以肯定，裴度赠马一事不会晚于长庆元年十月。

据《旧唐书·地理志一》："河东节度使，治太原府，管兵五万五千人，马万四千匹。"太原又称并州，并州的马是比较出名的。裴度《酬张秘书因寄马赠诗》云"满城驰逐皆求马，古寺闲行独与君”，可见求马的人很多。白居易大和元年（827）任秘书监时奉使东行，至灵宝稠桑驿，所乘马病死，也曾寄诗太原尹李程求马，诗中有句云：“并州好马应无数，不怕旌旄试觅看。”可见并州产良马。裴度在太原任职时，远道赠马一匹，给在长安任秘书郎的张籍，作为一位位尊贵显的丞相，如此“轻富贵重清才”，张籍对此当然认为是一种殊荣，便写下了《谢裴司空寄马》一诗，韩愈、白居易、元稹等诗坛好友闻讯齐来相马，于是都写了和诗。

从韩愈和诗中“旦夕公归伸拜谢”一句，我们可以进一步推知，赠马一事必在裴度任司空后第一次返京前不久。王拾遗先生将裴度第一次返京定在长庆元年（821）十月，即其上章弹劾元稹时。王著《白居易生活系年》（宁夏人民出版社1981年版）有云：“长庆元年十月……裴度来朝，对于麟德殿，叙河北用兵事，呜咽流涕。穆宗方知轻信元稹之言，命司徒裴度复入中书知政事。”按，裴度弹劾元稹，确是长庆元年十月的事，时裴为“司空”，并非“司徒”，裴度授司徒在长庆二年二月二十五日（见《旧唐书·穆宗纪》）；而“对于麟德殿”一事则在长庆二年三月，《旧唐书·穆宗纪》:“（长庆二年）三月戊申，裴度来朝，对于麟德殿，伏奏龙墀，因叙河北用兵，呜咽流涕，上改容慰劳之。”王先生把相隔五个月的两回事混为一谈了。裴度长庆元年十月之前是否曾有过还京之行，笔者尚无佐证。但我们可以从张籍与白居易的诗中推出裴度赠马的大致时间。

张籍《祭退之》诗有云：“我官麟台中，公为大司成。念此委末秩，不能力自扬。特状为博士，始获升朝行。”麟台即秘书省，大司成即国子祭酒。考韩愈行年，元和十五年岁暮由袁州刺史归京任国子祭酒，至长庆元年七月任兵部侍郎，张籍正是在这段时期内经愈举荐由秘书郎升为国子博士的。另外，白居易于长庆元年二月起居住在新昌里，有《新昌新居书事四十韵因寄元郎中张博士》诗，张博士即张籍。可见长庆元年二月张籍已任国子博士之职。结合裴度、韩愈、白居易三人的诗文，我们可以推出裴度赠张籍马约在长庆元年（821）二月之前不久，而张籍任秘书郎，其时间下限定在长庆元年正月较为恰当。

据前考，元稹任祠部郎中知制诰在元和十五年（820）五月九日（庚子），而张籍被授予秘书郎的制诏乃元稹所草，《元稹集》中有《授张籍秘书郎制》一文，文曰："……以尔籍雅尚古文，不从流俗，切磨讽兴，有助政经，而又居贫晏然，廉退不竞。俾任石渠之职，思闻木铎之音，可守秘书郎。"故张籍任秘书郎职事不会早于元和十五年五月，其在秘书郎任上约半年许。

我们既知韩愈举荐张籍为国子博士必在由袁州归京后的长庆元年春，又考知张籍长庆元年正月还在秘书郎任上，同时又证实籍长庆元年二月已任国子博士，若按韩愈之《举荐张籍状》称籍为"校书郎"，则籍任秘书郎只可能有一个月时间。以常情度之，韩愈既荐举张籍为博士，穆宗怎么可能旬月之内先授其秘书郎，再由秘书郎改授国子博士呢？如果说张籍先任秘书郎（从六品上），继任校书郎（正九品上），再改授国子博士（正五品上），则更与常情有悖。结论只能是：今本韩愈《举荐张籍状》中称籍"登仕郎守秘书省校书郎"必为"登仕郎守秘书省秘书郎"之误。

（原载《贵州社会科学》1987年第12期）

张籍生平二三事考辨

◎郭文镐

关于张籍生平考订，有卞孝萱《张籍简谱》（《安徽史学通讯》1959年第4、第5期合刊，以下简称“卞《谱》”）、朱金城《白氏长庆集人名笺证·张籍》（《中华文史论丛》1979年第1辑）、潘竞翰《张籍系年考证》（《安徽师范大学学报》1981年第2期，以下简称“潘《考》”）和张国光《唐乐府诗人张籍生平考证》（《全国唐诗讨论会论文选》，陕西人民出版社1984年版，以下简称“张《考》”），张籍生平事迹可谓大备。今不揣浅陋，复考辨一二，谨求教于读者并以上诸先生。

一、二次出使

长庆二年（822）三月，张籍除水部员外郎；七月，白居易出守杭州取襄阳路赴任，张籍出使返京与白居易道旁相逢。此卞《谱》已考出。张籍《赠商州王使君》（《全唐诗》卷三八五，以下只注卷次）云“衔命南来会郡堂”“道薄初为水部郎”，知其出使在长庆二年三月任水部员外郎后不久，则张籍本年出使在夏秋。张籍另有《使回留别襄阳李司空》（卷三八四）云“江亭寒日晚，弦管有离声”，诗作于冬，与长庆二年夏秋出使节令不合，则张籍有再出使事。“襄阳李司空”为李逢吉，《旧唐书·敬宗纪》：“（宝历二年十一月）甲申（二十一日），以右仆射、同平章事李逢吉检校司空、同平章事，兼襄州刺史充山南东道节度使。”逢吉前曾镇襄阳，其元和十二年（817）罢相，检校兵部尚书出镇东川，十五年（820）正月移襄阳，长庆二年（822）三月罢镇入为兵部尚书，时张籍适授水部员外郎。又，逢吉首次镇襄阳亦无司空之衔。故诗断非张籍长庆二年夏秋出使之作，张《考》系诗于长庆二年，将两次出使混而为一，误。

宝历二年（826）十一月李逢吉再镇襄阳，张籍有《送李司空赴镇襄阳》（卷三八五）云：“商路雪开旗旆展，楚堤梅发驿亭春。襄阳风景由来好，重与江山作主人。”可知张籍时在京。逢吉至任，即在大和元年（827）初春。张籍又有《和户部令狐尚书喜裴司空见招看雪》（卷三八四），“户部令狐尚书”为令狐楚，大和二年（828）十月逢吉自襄阳移镇汴州替令狐楚，令狐楚入拜户部尚书，次年三月令狐楚出为东都留守，其在长安仅一冬。诗云“南园新覆雪，上宰晓来看”，作于初雪时，即大和二年冬。此诗诸家未系年，是可证大和二年冬张籍亦在京。故《使回留别襄阳李司空》唯作于大和元年冬，张籍再出使即为本年事，诸家失考。本次出使襄阳，前次出使地不详。

张籍《使至蓝溪驿寄太常王丞》（卷三八四）云：“独上七盘去，峰峦转转稠。”七盘山在蓝田县南，为蓝关之险路，南行入商山即“峰峦转转稠”，诗为出使南行之作。“太常王丞”为王建，大和二年授陕州司马，刘禹锡《送王司马之陕州》（卷三五九）题下原注：“自太常丞授，工为诗。”诗又云“暂辍清斋出太常”。详卞先生《刘禹锡年谱》。故《使至蓝溪驿寄太常王丞》即张籍大和元年再出使之作。诗又云“云中迷象鼻，雨里下筝头。水没荒桥路，鸦啼古驿楼”，为秋景，张籍本次出使盖在秋，使回离襄阳在冬。朱金城先生以为此诗作于长庆二年（822）张籍首次出使时，似有疏漏。

另，刘禹锡有《分司东都蒙襄阳李司徒相公书问因以奉寄》，卞先生《刘禹锡年谱》系于大和元年，此诗当作于张籍使回离襄阳后，其时李逢吉加司徒。

二、“苏十”同年

刘禹锡有《和苏十郎中谢病闲居时严常侍萧给事同过访叹初有二毛之作》（卷三五九），题中“苏十”，岑仲勉《唐人行第录》云：“名未详。”《刘禹锡年谱》亦未考。

按，姚合有《奉和前司封苏郎中喜严常侍萧给事见访惊斑鬓之什》（卷五〇一），可证苏十前官为司封郎中。据《郎官石柱题名新考订》，司封郎中第十九行有苏景胤。在王彦威名后，故苏十为苏景胤。苏景胤，两《唐书》无传。其为李逢吉党人，开成三年（838）陈夷行曰：“宝历初，李续之、张又新、苏景胤等，朋比奸险，几倾朝廷，时号‘八关十六子’。”李珏曰：“主此事者，罪在逢吉。”事详《旧唐书·李宗闵传》。姚合诗云：“东观诗成号良史，中台官罢揖高名。”此联谓苏景胤，时景胤谢官闲居，即“中台官罢”。中台指尚书省，司封郎中为尚书省官。从“东观”可知景胤尝兼史职，《旧唐书·路泌传》：“及隋进《宪宗实录》后，文宗复令改正永贞时事。隋奏曰：‘近见……谏议大夫王彦威、给事中李固言、史官苏景胤等各上章疏，具陈刊改非甚便宜。’”又，《旧唐书·文宗纪》：“（大和四年三月）监修国史、中书侍郎、平章事路隋进所撰《宪宗实录》四十卷。”则苏景胤大和四年（830）三月尚为司封郎中兼史馆修撰。大和五年十月刘禹锡出为苏州刺史，其和景胤诗有“数茎斑鬓对秋风”句，故姚合、刘禹锡诗作于大和四、五年秋，景胤罢司封郎中、史馆修撰即此两年内。

刘禹锡又有《和苏郎中寻丰安里旧居寄主客张郎中》（卷

三六一），卞先生《刘禹锡年谱》系于大和二年，谓主客张郎中为张籍，此时张籍本年春尚未改官国子司业，是。此“苏郎中”亦景胤。刘禹锡诗首句“漳滨卧起恣闲游”，“漳滨”谓卧疾地。刘桢《赠五官中郎将》：“余婴沉痼疾，窜身清漳滨。”景胤病愈闲游丰安里旧居，丰安里在长安朱雀街西第二街，详《两京城坊考》。时张籍出使在外尚未归，故景胤以诗寄之。禹锡诗又云：“同学同年又同舍，许君云路并华辀。”据此，景胤与张籍同于贞元十五年（799）及第，《登科记考》失载，当补其名。据此又可知张籍贞元十四年冬入京至次年及第前，尝与苏景胤同舍于长安丰安坊。

三、大和二年作《同将作韦二少监赠水部李郎中》

刘禹锡有《酬严给事贺加五品兼简同制水部李郎中》（卷三六一），“加五品”指散品叙阶，迁朝散大夫。唐制九品以上职事官皆带散位，谓之本品，用以定章服。散官与职官升转各为一途而不同步，唐仕人颇重朝散之迁。朝散大夫，从五品下，服绯，而六品以下服绿。加五品即换绿着绯，故诗首联云：“九天雨露传青诏，八舍郎官换绿衣。”时禹锡加五品，严给事以诗相贺，禹锡酬答。严给事，即上文刘禹锡、姚合诗题中之“严常侍”休复。严休复，两《唐书》无传，其官给事中在大和初。《旧唐书·杨虞卿传》：“大和二年，南曹令史李赍等六人伪出告身……乃诏给事中严休复、中书舍人高钺、左丞韦景休充三司推案。”休复后出守华州，再入为右散骑常侍。《旧唐书·文宗纪》：“（大和四年三月）甲辰……以中书舍人李虞仲为华州刺史，代严休复；以休复为右散骑常侍。”据此知休复大和四年（830）三月前刺华州，又：“（大和三年正月）华州刺史、镇国军潼关防御史崔植卒。”则大和三年正月休复自给事中出为华州刺史代崔植。禹锡诗有“彩笔题诗出锁闱”句，可证休复赠贺诗时在朝，禹锡诗即作于大和三年正月前。禹锡诗又云“初佩银鱼随仗入，宜乘白马退朝归”，此谓已，而禹锡大和二年春自洛阳入长安为主客郎中，故诗作于本年。大和二年禹锡叙朝散，《刘禹锡年谱》未及。“水部李郎中”为与禹锡同制加五品者，名不详。

张籍有《同将作韦二少监赠水部李郎中》（卷三八五）云：“旧年同是水曹郎，各罢鱼符自楚乡。重着青衫承诏命，齐趋紫殿异班行。别来同说经过事，老去相传补养方。忆得当时亦连步，如今独在读书堂。”“鱼符”，谓鱼袋。唐制五品以上官员随身佩鱼符，盛以袋，谓之鱼袋。三品以上饰金，五品以上饰银。诸州刺史散阶未及五品者准服绯佩鱼，离任则停。“罢鱼符”谓罢刺史任，张籍未曾守郡，“各罢鱼符”乃指韦二少监与水部李郎中。诗谓韦、李二人昔年同为水部郎中，又先后典郡于楚地，今李某散阶未及五品脱刺史绯而重着六品以下之青衫，承诏入朝为水部郎中，与韦二少监（从四品下）朝班异行。诗末“忆得当时亦连步，如今独在读书堂”，谓己今官冷，前曾与韦、李二人紫殿连步。长庆元年（821）初，张籍因韩愈之荐擢国子博士，其《祭退之》（卷三八三）追忆云“特状为博士，始获升朝行”，国子博士正五品上，为常参官，其时张籍始得趋紫宸殿朝参。长庆二年春三月张籍为水部员外郎，官居清要，“忆得当时亦连步”即谓此。大和二年（828）春张籍转国子司业，国子司业为学官，清而不要，“独在读书堂”谓此，诗即作于此后。则诗题“水部李郎中”与刘禹锡诗之水部李郎中为同一人，张籍作此诗时水部李郎中尚着青衫，未加五品，知张籍诗作于刘禹锡诗前，故《同将作韦二少监赠水部李郎中》作于大和二年（828）。

此诗卞《谱》、潘《考》未论及，唯张《考》“寻释诗意”而谓诗“当是长庆四年（824）春张籍与李同以员外郎身份去南方视察水利工程，还京后罢职。其后李已升为郎中，而己则为秘书郎，故有此感慨。……所谓‘独在读书堂’，正说明他的职务是管理和缮写图书，与水曹班行已大异其趣之故”。所论甚牵强。唐尚书诸曹员外郎除吏、兵、户曹置二员，余皆一员，张籍何得以“与李同以员外郎身份去南方视察水利工程”？

四、张籍有关仕履

《同将作韦二少监赠水部李郎中》诗，张《考》谓作于长庆四年（824），以此为张籍本年夏罢水部员外郎得官秘书郎之“有力的内证”，此涉张籍有关仕履，不可不辨。

（一）张籍官秘书郎在元和十五年

张籍曾得裴度赠马，二人就此有酬答，时贤亦多有贺诗、和诗。韩愈有《贺张十八秘书得裴司空马》（卷三四四），韩集旧注谓作于元和十五年（820）冬，时韩愈自袁州召还不久，本年张籍官秘书郎，明年（长庆元年）初张籍缘韩愈之荐擢国子博士。卞《谱》据此系张籍《谢裴司空寄马》于元和十五年。钱仲联先生《韩昌黎诗系年集释》据宋方世举、孙汝听说亦编韩诗于元和十五年。按，刘禹锡亦有《裴相公大学士见示答张秘书谢马诗并群公属和因命追作》（卷三六一），云：“草玄门户少尘埃，丞相并州寄马来。”并州即太原，裴度元和十四年四月镇太原，十五年九月戊午（19日）加司空。故韩愈《贺张十八秘书得裴司空马》作于元和十五年说不误。张《考》以为“韩愈此诗写作年代历有争论”，经过“仔细考证”，谓当作于长庆四年（824）六月间，云“可见张籍《谢裴司空寄马》诗所谓‘司空远自寄书生’，与韩愈所谓‘司空远寄’，实际是指裴度自山南西道（治兴元）送来此马”，大误。

又，长庆二年（822）春末张籍迁水部员外郎，白居易《张籍可水部员外郎制》（《全唐文》卷六六二）云：“顷籍自校秘文而训国胄，今又核名揣称，以水曹郎处焉。前年以来，凡历文雅之选三矣。”文中“前年”即元和十五年（820），时张籍“校秘文”。按，秘书郎，“分掌四部经籍图书，分判校写功程事”（《通典》），又《渊鉴类函》卷九四“秘书郎”事对引《白氏六帖》“职在校文，官唯司典”，故白居易所谓“校秘文”指官秘书郎，此为元和十五年张籍官秘书郎之又一证。故张籍官秘书郎断非长庆四年（824）。

此处有必要再说明元和十五年张籍官秘书郎，非校书郎。校书郎，“掌雠校典籍，为文士起家之良选”（《通典》），元和十五年（820）张籍已入仕十四五年，不当再授此起家之职。又，元和十四年张籍为广文博士，此唯张《考》揭出，本年韩愈在潮州所作《唐故中散大夫少府监胡良公墓神道碑》（《韩集》卷三〇）亦云“公婿广文博士吴郡张籍”。元和十五年张籍即迁秘书郎，元稹行制，长庆元年初又擢国子博士，其间无任“校书郎”之间隙。自元和十五年起，张籍迁官秘书郎、国子博士，至长庆二年（822）春末擢水部员外郎，与白居易制文所云“前年以来，凡历文雅之选三矣”正合。又，制文明白无误，张籍“历文雅之选三”，指“自校秘文而训国胄，今又核名揣称，以水曹郎处焉”。张《考》谓“指元和十五年至此张籍历任广文博士、校书郎、国子博士之事”，非。

韩愈《举荐张籍状》有“登仕郎守秘书省校书郎”语，诸家据此以为张籍自校书郎迁国子博士。朱金城先生指出：“考张籍元和十一年已为国子助教，国子助教从六品上，秘书省校书郎为正九品上，官职卑小，如自国子助教转为校书郎，实不合当时迁升之序。又唐代‘秘书’一称多指秘书郎（从六品上）……《旧传》云‘转国子助教、秘书郎’。《新传》‘迁秘书郎，愈荐为国子博士’。则韩文‘校书郎’疑系‘秘书郎’之误。”“疑系”亦审慎之辞，所论极是，当从之。

张《考》以为元和十四、十五年之交，“张籍大约是因为失去韩愈援引，也降秩作校书郎”。韩愈元和十四年正月贬潮州，张籍若因此降秩，亦不至事过近一年方受此处置，故非。

（二）张籍病罢水部员外郎后长庆四年七月受新官诏

张《考》为证成张籍得裴度所寄马在长庆四年（824）六月，而谓本年五月张籍受新官诏。按，长庆四年夏，韩愈病休，养疾于长安城南。张籍病罢水部员外郎，与韩愈同游两月，返长安前，曾夜泛南溪，张籍《同韩侍郎南溪夜赏》（卷三八六）云：“喜作闲人得出城，南溪两月逐君行。忽闻新命须归去，一夜船中语到明。”其《祭退之》追忆云：“去夏公请告，养疾城南庄。籍时官休罢，两月同游翔。……籍受新官诏，拜恩当入城。”考姚合《和前吏部韩侍郎夜泛南溪》（卷五〇一）云：“辞得官来疾渐平，世间难有此高情。新秋月满南溪里，引客乘船处处行。”云“新秋月满”，则七月十五日也。故张籍病罢水部员外郎后长庆四年七月又受新官诏，而非五月，张《考》误。又，韩诗旧注失考姚合诗，误韩愈本年八月方病免，并误张籍受新命在八月，潘《考》仍承其误。

五、张籍长庆四年七月除水部郎中

《旧唐书·张籍传》“水部员外郎，转水部郎中”，《唐诗纪事》亦同。卞《谱》采之，谓长庆四年秋张籍擢水部郎中。潘《考》尤不信，云“考籍之宦历，从无‘水部郎中’，想系‘主客郎中’之误”，而谓张籍该年迁主客郎中。似可再商榷。

张籍《酬秘书王丞见寄》（卷三八五）云：“芸阁水曹虽最冷，与君长喜得身闲。”谓“水曹”似作于张籍官水部员外郎时。诗又云：“今体诗中偏出格，常参官里每同班。”按，京师每日参见皇上者号常参官，元和后已非日参，《唐会要》卷二五载元和元年诸官奏：“旬节已赐归休，常参又许分日，一月之内，才奉十日朝参，其间甚热甚寒，皆蒙颁放。”常参官，指五品以上职事官，八品以上供奉官、员外郎、监察御史、太常博士（《旧唐书·职官志》）。其中八品以上供奉官，据《唐会要》卷二五“贞元二年九月班序敕”包括：左右散骑常侍（正三品）、门下中书侍郎（正四品上）、谏议大夫（正五品上）、给事中（正五品上）、中书舍人（正五品上）、起居郎及舍人（从六品上）、左右补阙（从七品上）、左右拾遗（从八品上）、通事舍人（从六品上）。秘书丞，从五品上；员外郎，从六品上。二者同为常参官，然是否同班？《唐会要》卷二五“文武百官朝谒班序”载：“（贞元）二十一年五月御史台奏……准紫宸门外班，除供奉官，余其一切宣政殿前班序，登阶后，任依旧位，如违，请准乾元元年三月敕，夺一月俸。依奏。”又《两京城坊考》卷一“大明宫”：“含元殿后曰宣政殿，天子常朝所也。……宣政殿后为紫宸殿，殿门曰紫宸门，天子便殿也，不御宣政而御便殿曰‘入阁’。”按，朔望日，天子御宣政殿见群臣，称正衙；单日视朝在紫宸殿，称内衙，候朝百官由宣政殿东西两侧阁门入，即入阁，立于紫宸殿外。除供奉官外，紫宸殿前班序同宣政殿前，即内衙班序同正衙。安史之乱后，天子双日不听政，常参官朝参在单日，亦即所谓“入阁日”。常参官入阁朝参，“紫宸门外班”即常参官班行。常参班尊卑有序，非通班并列，违者夺俸，其班序同正衙。据“贞元二年九月班序敕”，秘书丞正衙官班在五品班，同班者有诸司郎中，而无员外郎。员外郎非供奉官，其班位不在前列。据“班序敕”注“御史在六品班之后”，知正衙有六品班（按，“班序敕”未具列六品班官），御史在其后。敕又云：“诸使下御史内供奉者，入阁日，并依宣政殿前班位，次员外郎之后，在正台监察御史之上。”据此知员外郎在御史前，即在六品班，则与秘书丞不同班。张籍诗“常参官里每同班”，又云“芸阁水曹”，则必作于其官水部郎中时。郎中，从五品上，与秘书丞同班，故张籍曾官水部郎中。

又，自元和后百官候朝于待漏院，《唐会要》卷二五：“（元和）三年六月，百官初入待漏院，候禁门启入朝。……至是，始令有司各据班品，置院于建福门。”据此知待漏院亦分班品，“常参官里每同班”非谓同时辰候朝，为避免误会，附识于此。

又，此诗题，《全唐诗》注：“一作《酬王秘书闲居见寄》。”秘书郎，从六品上，与员外郎品阶同，然非常参官，题与诗不合，故非。

张籍大和二年春末自主客郎中转国子司业，水部郎中即为其官主客郎中前之历官，是故长庆四年七月张籍除水部郎中。其《酬秘书王丞见寄》即作于此后，“秘书王丞”为王建，后迁太常丞，前证张籍《使至蓝溪驿寄太常王丞》作于大和元年再次出使时殆无可疑。

另，韩愈《玩月喜张十八员外以王六秘书至》，韩集旧注谓作于长庆四年八月十六日，诗题称张籍员外，证之张籍本年七月除水部郎中，则可知旧注有疏。《韩昌黎诗系年集释》承旧说系诗于长庆四年（824），视同绝笔，未妥。

六、大和三年秋送周元范使回还越

卞《谱》张籍诗编年至大和三年（829）春所作《送白宾客

分司东都》等诗止，潘《考》云："就已知材料，上引张籍《送白宾客分司东都》等诗为其绝笔，此后在本人及诗友集中均断踪迹。"

张籍有《送浙西周判官》（卷三八五）："由来自是烟霞客，早已闻名诗酒间。天阙因将贺表到，家乡新着赐衣还。常吟卷里新酬句，自话湖中旧住山。吴越主人偏爱重，多应不肯放君闲。"《全唐诗》题下注："一作《送浙东周阮范判官》。"证之贾岛《送周判官元范赴越》（卷五七四）、朱庆馀《送浙东周判官》（卷五一五），当作《送浙东周阮范判官》，"阮"为元讹字。周元范，白居易苏杭刺史任之旧从事，数见于其诗，《予以长庆二年冬十月到杭州明年秋九月始与……汝南周元范……同游恩德寺之泉洞……》即为长庆三年（823）居易在杭州任与元范等僚属游览之作。宝历二年（826）秋末居易罢苏州，有《酬别周从事二首》《望亭驿酬别周判官》留赠元范。后元范入浙东元稹幕，居易《和新楼北园偶集……判官周刘二从事皆先归》为酬和元稹之作，"判官周"即周元范，诗作于大和二年，详朱金城先生《白居易年谱》。张籍诗"吴越主人偏爱重，多应不肯放君闲"即谓元范得居易、元稹之看重。贾岛《送周判官元范赴越》："原下相逢便别离，蝉鸣关路使回时。"朱庆馀《送浙东周判官》："久闻从事沧江外，谁谓无官已白头。来备戎装嘶数骑，去持丹诏入孤舟。蝉鸣远驿残阳树，鹭起湖田片雨秋。到日重陪丞相宴，镜湖新月在城楼。"诗中"丞相"指浙东观察使前宰相元稹。从贾岛、朱庆馀诗知元范奉使入京，秋七月使回归越。张籍诗又云"天阙因将贺表到，家乡新着赐衣还"，则元范奉贺表至京，因此行天子赐衣且持丹诏还，必有大事。越州至京三千五百三十里（《元和郡县志》），约两月程，元范自越州发在五月初。考诸史，《资治通鉴》"（大和三年四月）乙亥（二十六日）……乃斩同捷，传首，沧景悉平"，沧州用兵历三年，至是始平。故元范乃奉浙东观察使贺沧州平表而入京，归越所持之丹诏即答敕，张籍、贾岛、朱庆馀诗俱作于大和三年（829）秋七月。本年九月元稹入为尚书左丞。则《送白宾客分司东都》非张籍绝笔矣。

居易大和三年春有《和酬郑侍御东阳春闷放怀追越游见寄》，此亦和元稹之作，元稹原作佚。诗末云："此诗勿遣闲人见，见恐与他为笑资。白首旧僚知我者，凭君一咏向周师。"此为嘱元稹语，末句有注："周判官师范，苏杭旧判官，去范字叶韵。"按：周判官乃元范，居易、张籍、贾岛诸诗俱可证，作"师范"非。居易诗为和唱之作，元范又在元稹浙东幕，元范为居易旧从事元稹固晓，不必加注语。因疑此注非居易诗原有，乃出后人之手，未明"周师"为敬称元范，"师"者贤师良傅之义，非有"周师范"之名。元范齿长于居易，居易《岁假内命酒赠周判官萧协律》："岁酒先拈辞不得，被君推作少年人。"饮岁酒年少者先。《元稹年谱》列元稹浙东幕从事周师范，殆误。

七、大和四年秋张籍尚健在

贾岛《宿姚合宅寄张司业籍》（卷五七二）："闲宵因集会，柱史话先生。身爱无一事，心期往四明。松枝影摇动，石磬响寒清。谁伴南斋宿，月高霜满城。"张籍大和二年春为国子司业，时姚合以监察御史分司东都，本年冬入拜殿中侍御史[1]，《唐

① 姚合大和二年自洛阳入拜殿中侍御史、充右巡使，此为陶敏先生据《唐会要》首先考出，详见其《〈全唐诗〉作者小传正补（一）·姚合》（《湘潭师范学院学报》1986年第1期）。谢荣福同志继以《因话录》订姚合入拜殿中在十一月，详见其《读姚合诗杂考三则》（《徐州师范学院学报》1987年第2期）。所考良是，兹从其说，唯姚合入拜之月份当以十月为宜，此无碍考贾岛诗作年，故从略。

会要》卷四四“火”：“大和二年十一月，禁中昭德宫火……御史中丞温造不到，与两巡使崔蠡、姚合等各罚一月俸。”又，《因话录》卷五：“殿中侍御史……最新入，知右巡，已次知左巡，号两巡使。”时姚合新为殿中侍御史而与崔蠡并充两巡使。大和三年冬十月崔蠡仍官殿中侍御史，李听因于馆陶丧师而受其弹劾，罢为太子少师。《旧唐书·李听传》：“诏听兼领魏博节度使，将兵北渡。魏人不纳听，乘城拒守，乃屯兵馆陶。魏兵遽袭，听不为备，其军大败……御史中丞温造、殿中侍御史崔蠡弹之……罢兵柄，为太子少师。”《旧唐书·文宗纪》：“（大和三年七月）魏博军乱……其新节度使李听入城不得……冬十月……丙辰（九日）以前义成军节度使李听为太子少师。”崔蠡官资深于姚合，据《郎官石柱题名新考订》，户部员外郎崔蠡在姚合前一人，大和二年冬崔蠡即知左巡，姚合知右巡，周年后崔蠡未转官，姚合亦当在殿中任。元和后殿中侍御史守官十五月改转，详《唐会要》卷六〇“御史台”元和五年王播奏，则姚合在大和三年岁杪或明年春初改官。姚合自殿中侍御史改侍御史，无可《秋暮与诸文士集宿姚端公所居》、《冬中与诸公会宿姚端公宅怀永乐殷侍御》（卷八一四）可证，端公为侍御史之别称。殿中侍御史，从七品下；侍御史，从六品下，十三月官满。姚合再转他官即在大和五年初，其任侍御史仅度一秋冬，上举无可二诗作于大和四年秋冬。

贾岛《宿姚合宅寄张司业籍》首联：“闲宵因集会，柱史话先生。”柱史或柱下史为侍御史之美称，《初学记》卷一二“侍御史”下注云：“汉官云，老子为周柱下史，张苍秦时为御史，主柱下方书，侍御史之任也。”无可《冬中与诸公会宿姚端公宅怀永乐殷侍御》亦以“柱史”称姚端公，云：“柱史静开筵，所思何地偏。”故贾岛诗作于大和四年姚合为侍御史时。本年秋末，无可等人会宿姚合宅，无可所作《秋暮与诸文士集宿姚端公所居》云：“宵清月复圆，共集侍臣筵。独寡区中学，空论树下禅。风多秋晚竹，云尽夜深天。此会东西去，堪愁又隔年。”从首句“宵清月复圆”，知时为九月半。贾岛诗“闲宵因集会”“石磬响寒清”“月高霜满城”，事时皆与无可诗合，故贾岛《宿姚合宅寄张司业籍》作于大和四年九月半与无可等人宿于姚合宅之集会中，无可诗题“诸文士”即有贾岛，集会中姚合向诸文士谈及张籍，贾岛亦因有此诗，是知大和四年秋末张籍尚健在。

《贾岛年谱》系此诗于大和二年，谓“当在本年前后”，乃从旁推测，不足据。张《考》引贾岛此诗论曰：“‘柱史话先生’，比之为柱下史老聃，可见推崇之至。”谓贾岛将张籍比作老聃，大误。

（原载《唐代文学研究》第1辑，山西人民出版社1988年版）

中唐诗人琐考（节选）

◎吴汝煜

一、张籍生年求是

张籍的生年，至今尚无定论。新、旧《唐书》张籍本传均未提供考订张籍生年的资料。闻一多《唐诗大系》定于大历三年（768）。冯沅君《中国诗史》定于永泰元年（765）。游国恩等主编《中国文学史》定于大历元年（766），但加一问号存疑。张国光《唐乐府诗人张籍生平考证》①也定于此年，而未加问号。潘竟翰《张籍系年考证》②定于大历七年（772）。卞孝萱《张籍简谱》③定为“大历初”。华忱之《略谈张籍及其乐府诗》④定于765年至767年之间。

细按以上数说，以游、张之见为是。游说限于编写文学史的体例，未列举证据。张说提供了证据。他说：

> 按韩愈《昌黎先生集·张中丞传后叙》：“籍大历中……见嵩……籍时尚小，粗问巡、远事，不能细也。”大

---

① 张国光《唐乐府诗人张籍生平考证》，载霍松林主编《全国唐诗讨论会论文选》，陕西人民出版社 1984 年版。

② 潘竟翰《张籍系年考证》，《安徽师范大学学报》1981 年第 2 期。

③ 卞孝萱《张籍简谱》，《安徽史学通讯》1959 年第 4、第 5 期合刊。

④ 华忱之《略谈张籍及其乐府诗》，《文学遗产（增刊）》第 3 辑。

> 历纪元共十四年（766—779），今姑定张籍见于嵩之年为大历十年（775）。当时张籍虽小，但他对于嵩所述张巡、许远事迹，已有感性以上的认识，且能记张巡读书三遍不忘，背诵《汉书》尽卷不错一字，及其就义时的慷慨激昂与许远的宽厚长者之风等，这决非六七岁儿童智力所能及，至迟当为九、十岁儿童。据此可以推定张籍生于大历元年（766），自此至大历十年，依旧日之算法恰为十岁，与“尚小”一语相合。

由此可知，张说实亦出于推断，如果不另求新证，则上述结论尚不能令人信服。

张籍与白居易的交谊甚厚。白居易《与元九书》（《白居易集》卷四五）称：“张籍五十，未离一太祝。”朱金城《白居易年谱》系此书于元和十年十二月江州司马任所，甚确。是年张籍“年五十”，自元和十年（815）上推四十九年，则其生年当在唐代宗大历元年（766）。白居易《读张籍古乐府》诗（《白居易集》卷一）写道：“如何欲五十，官小身贱贫。病眼街西住，无人行到门。”此诗作年，亦可考知。白居易有《酬张十八访宿见赠》诗（《白居易集》卷六）：“昔我为近臣，君常稀到门。今我官职冷，唯君来往频。……胡为谬相爱，岁晚逾勤勤？落然颓檐下，一话夜达晨。”题下自注：“自此后诗，为赞善大夫时所作。”两《唐书》白居易本传都说白居易任太子左赞善大夫在元和九年（814）冬，当然可信。自元和九年冬起，白居易因官职闲冷，才有充分的时间与张籍论交谈诗，频繁往来，对张籍的人品有了深刻的了解，张籍的乐府诗引起了他强烈的共鸣，因此《读张籍古乐府》诗必定作于这一年冬。以张籍生于大历元年推算，这年冬是四十九岁，恰与“欲五十”之语相合。又张籍有《新除水曹郎答白舍人见贺》诗，诗云：“年过五十到南宫。”

说来也巧，张籍“除水曹郎”的制文正好是白居易撰写的。据《旧唐书·白居易传》，白居易官中书舍人在长庆元年（821）十月至次年七月间。他的《张籍可水部员外郎制》当作于长庆元年冬末或次年春。按张籍生于大历元年计算，其时为五十六七岁，与“年过五十”之说亦合。

由此可见，运用张籍与白居易交往中的有关资料来考证张籍的生年，可以成立。不过，有一则资料尚需特别说明一下。张籍《病中寄白学士拾遗》诗（《全唐诗》卷三八三）写道：“自寓城阙下，识君弟事焉。”从字面上看，似乎张籍年岁至少与白居易相同，或比白居易小。白居易生于大历七年（772）。有人即据此主张张籍亦当生于大历七年。其实，“识君弟事焉”，系用典。《礼记》卷五一《孔子闲居》说：“子云：‘孝以事君，弟以事长。’”《礼记》卷六十《大学》云：“孝者所以事君也，弟者所以事长也，慈者所以使众也。”郑玄注：“弟音悌。”这就说明，“弟事”就是“弟（音悌）以事长”的意思。张籍以此表示对白居易的尊重，并不是以“弟”自居。假如张籍真的比白居易年龄小一点，那就该说“兄事”了。《史记·项羽本纪》写刘邦听说项伯的年岁比张良大，就赶紧说“吾得兄事之”，就是一个很明显的例子。事实上，张籍的年龄比白居易、韩愈都要大些。

据张籍自称，他与王建“年状皆齐”（《逢王建有赠》）。张籍既然生于大历元年，那么，王建的生年也就毫无疑问是在这一年了。

二、韩愈《举荐张籍状》献疑

韩愈与张籍交谊深厚。其《举荐张籍状》（《全唐文》卷五四九）云：“登仕郎守秘书省校书郎张籍……学有师法，文多古风……臣当司见阙国子监博士一员……伏乞天恩，特授此官。”后人述张籍仕历，即以此为据，称籍由校书郎荐为国子博士。实际上，问题并不如此简单。

首先，荐状中“校”字为“秘”字之讹。

据《旧唐书》卷一六〇《韩愈传》及洪兴祖《韩子年谱》，韩愈自袁州征为国子祭酒，在元和十五年（820），愈有《雨中寄张博士籍侯主簿喜》诗。《韩昌黎诗系年集释》卷一二系此诗于长庆元年（821），并引方世举注云：“公初为祭酒，在元和十五年冬，而此诗所云雷、雨、菌、麦，则似夏景。盖长庆元年作也。”由此可知，韩愈荐举张籍为博士的时间，最早当在元和十五年冬，最迟也不会晚于长庆元年春。

张籍在元和十五年任什么官职呢？裴度有《酬张秘书因寄马赠诗》诗（《全唐诗》卷三三五）。张籍有《谢裴司空寄马》诗（《全唐诗》卷三八五）。裴度为中唐贤相，他对诗人如此器重，在当时诗坛上传为佳话。一时著名诗人竞相酬和。韩愈写了《贺张十八秘书得裴司空马》诗，《韩昌黎诗系年集释》卷一二系此诗于元和十五年，并引王元启曰：“此诗元和十五年冬公初自袁州召还，籍尚未为博士。”白居易写了《和张十八秘书谢裴相公寄马》诗（《白居易集》卷一九），朱金城《白居易年谱》亦系此诗于元和十五年。刘禹锡写了《裴相公大学士见示答张秘书谢马诗并群公属和因命追作》（《全唐诗》卷三六一），李绛写了《和裴相国答张秘书赠马诗》（《全唐诗》卷三一九），元稹写了《酬张秘书因寄马赠诗》诗（《全唐诗》卷四二三）。卞孝萱《元稹年谱》谓诸人诗均当“作于元和十五年九月以后，长庆元年”，其说甚确。诸人诗题均称张籍为“秘书”，而不是“校书”，可见元和十五年九月至长庆元年，张籍确实官秘书省秘书郎，而不是校书郎。元稹有《授张籍秘书郎制》（《全唐文》卷六四八），卞孝萱《元稹年谱》谓“《制》当撰于元和十五年九月戊午以前”，更可进一步证明上述说法不误。

白居易在《张籍可水部员外郎制》（《白居易集》卷四九）中云：“顷籍自校秘文而训国胄。”这一记载并不能为张籍任校书郎提供证据。盖秘书郎属官有校书郎十人，正字四人。“掌校雠典籍，刊正文章。”秘书郎即分判课写功程，实主其事，因此也可以说是“校秘文”。唐代秘书省校书郎正九品上，秘书郎从六品上（详参《旧唐书》卷四四《职官志二》）。张籍于元和十一年（816）已是从六品上的国子助教（参《韩昌黎诗系年集释》卷九《晚寄张十八助教周郎博士》诗系年），其后并无显过，不当降为正九品上的校书郎，而改官从六品上的秘书郎，则是合乎唐制的。基于上述理由，《全唐文》所载韩愈《举荐张籍状》中的“校”字必为“秘”字之讹。

其次，荐状虽云“当司见阙国子监博士一员”，请求朝廷授张籍此职，但实际所授，只是广文馆博士。任国子监博士当是在任广文馆博士之后。韩愈在《唐故中散大夫少府监胡良公墓神道碑》（《全唐文》卷五六二）中称张籍为“广文博士吴郡张籍”。胡良公（珦）卒于元和十四年（819），此碑立于“长庆三年四月”（据赵明诚《金石录》卷九《胡珦碑》注）。韩愈撰碑的时间必在自袁州召还任国子祭酒以后（即元和十五年冬季）。白居易《张籍可水部员外郎制》云：“敕：登仕郎守国子博士张籍……前年以来，凡历文雅之选三矣。”所谓“文雅之选”，当指秘书郎、广文博士、国子博士而言。朱金城《白居易年谱》系此制于长庆二年。“前年”，当指元和十五年。据前所述，张籍为秘书郎在元和十五年九月前。其官广文馆博士，约在其年冬或次年春。不久即迁国子博士。王建有《留别张广文》《寄广文张博士》诗（《全唐诗》卷三〇一），张广文及广文张博士均指张籍，其时官广文博士。白居易有《喜张十八博士除水部员外郎》诗（《白居易集》卷一九），张十八亦指张籍，其时他不仅早已由广文博士升国子博士，而且已由国子博士升水部员外郎了。

三、张籍始见韩愈时间

韩愈《此日足可惜一首赠张籍》云：

> 念昔未知子，孟君自南方。自矜有所得，言子有文章。我名属相府，欲往不得行。思之不可见，百端在中肠。维时月魄死，冬日朝在房。驱驰公事退，闻子适及墙。命车载之至，引坐于中堂。开怀听其说，往往副所望。

《韩昌黎诗系年集释》卷一引祝充注云："时公在汴州也。张籍、李翱始与公相从。其后籍祭公诗云：'北游偶逢公，盛语相称明。公领试士司，首荐到上京。'翱祭公文云：'贞元十二，兄在汴州。我游自徐，始得兄交。'"据洪兴祖《韩子年谱》，韩愈于贞元十二年（796）至十五年（799）二月间，在汴州宣武军节度使董晋幕任观察推官。据上引韩诗自述，张籍因孟郊推荐始至汴州与己相识。《韩昌黎诗系年集释》卷一《病中赠张十八》下引郑珍《跋韩诗》，谓贞元十四年"十月初，籍至汴始见公"。此说似可再斟酌。据华忱之《孟郊年谱》，郊于贞元十二年自长安东归时曾在和州小住，与张籍同游于桃花坞上。贞元十三年，孟郊寄寓汴州，依陆长源（时陆为御史大夫、宣武军行军司马）。从上引韩愈《此日足可惜一首赠张籍》，知孟郊甫至汴州即向韩愈推荐张籍。"维时月魄死"两句，明言此事在当年十月初。同诗云："留之不遣去，馆置城西旁。岁时未云几，浩浩观湖江。众夫指之笑，谓我知不明。儿童畏雷电，鱼鳖惊夜光。州家举进士，选试谬所当。"《韩昌黎诗系年集释》引孙汝听语曰："汴州举进士，愈为考官，试《反舌无声》诗。籍中等。"其时间，必在贞元十四年（798）秋。由贞元十三年冬至十四年秋，不足一年，故诗云："岁时未云几。"张籍州试获隽后即从汴州起解，次年（贞元十五年）春在长安登进士第，此与五代张洎《张司业集序》所言合。由此可见，张、韩初次识面，必在贞元十三年十月一日。

［原载《文学遗产（增刊）》第18辑，山西人民出版社1989年版］

张籍行迹仕履考证拾零

◎李一飞

关于中唐诗人张籍的生平，自卞孝萱《张籍简谱》[①]问世以来，多有论著进行考订，对张籍元和初至长庆末这十余年间官职迁转情况已有确考。本文拟在此基础上对张籍早年行迹和晚年仕履中尚无人言及或语焉不详的一二零碎问题作些考证，以就教于专家和读者。

一、南游江湘岭表

张籍尝作江湘、岭表之游，其《江南行》“江南风土欢乐多，悠悠处处尽经过”、《寄友人》“忆在江南日，同游三月时”诗句及《岭表逢故人》诗题可证。此游之踪迹和时间亦可大体考知：

张诗中叙及江湘、岭表的地名有金陵、会稽、江陵、岳州、长沙、桂林、象州等，说明足迹几乎遍及五岭南北。《留别江陵王少府》游而复离江陵作，诗云：“况此分手处，当君失意时。”与王建《送从侄拟赴江南少尹》“无事日长贫不易，有才年少屈终难”意合，疑少尹即王拟；《岳州晚景》写晚眺所见所感，明游踪尝至；《蛮州》《蛮中》《山中赠日南僧》《岭表逢

① 卞孝萱《张籍简谱》，《安徽史学通讯》1959年第4、第5期合刊。

故人》记叙岭南事物，言及“象州”“日南”，日南属爱州，与象州俱为岭南地，见《元和郡县志》卷三七、卷三八。《岭表逢故人》云：“过岭万余里，旅游经此稀。相逢去家远，共说几时归。海上见花发，瘴中唯鸟飞。炎州望乡伴，自识北人衣。”《宿临江驿》云:“楚驿南渡口，夜深来客稀。月明见潮上，江静觉鸥飞。旅宿今已远，此行殊未归。离家久无信，又听捣寒衣。”岭表，犹五岭外，指今两广地；临江，唐县名，属吉州，今江西省清江县。二诗同言去家远、离家久，归思甚切，与江陵、岳州之作不同，故谓籍此游自和州溯江先游江汉，再潇湘，再岭南，然后北还经江西、浙江归家，大体是不差的。

关于此游时间，其《舟行寄李湖州》云：“客愁无次第，川路重辛勤。藻密行舟涩，湾多转楫频。薄游空感惠，失计自怜贫。赖有汀洲句，时时慰远人。”《霅溪西亭晚望》云：“霅水碧悠悠，西亭柳岸头。夕阳生远岫，斜照逐回流。此地动归思，逢人方倦游。吴兴耆旧尽，空见白蘋洲。”其久客远乡之愁、倦游思归之意与岭南诗同，当为此游归途中过湖州时作。二诗同用柳恽《江南曲》“汀洲采白蘋，日落江南春。洞庭有归客，潇湘逢故人”语，《全唐文》卷六一八李直方《白蘋亭记》云:“吴江之南，震泽之阴，曰湖州。”“新作白蘋亭，书时，且志政也。梁太守柳恽赋诗于始，因以名洲。今邦伯李公成室于终，兹用目亭。……洲在郡城南，东乱霅溪而即焉。”知张诗中之西亭即白蘋亭，张诗中之李湖州，即《白蘋亭》中之“今邦伯李公”李词。李词为湖州刺史在贞元十四至十七年（798—801）[①]，《白蘋亭记》作于贞元十五年（799）十月，则张籍远游北归过湖州当在此数年内。考这几年中，籍于贞元十三年至十四

① 见郁贤皓《唐刺史考》。

年（797—798）从韩愈游于汴州，十五年（799）春在长安应进士举登第，夏，晤韩愈于徐州[①]，十六年（800）春于和州居丧[②]，推知张籍远游江湘、岭南，归过湖州，在贞元十七年（801）前后。其后即入长安候选调，为太常寺太祝。

籍旧居吴门，移居和州，加上此次较长时间的漫游，使他得以广泛而实地了解、体验江湘、岭南一带的风土人情，这对其诗歌创作无疑是有助益的。其乐府诗《寄远曲》《行路难》《采莲曲》《贾客乐》《远别离》《江南行》《湘江曲》《江村行》《湖南曲》等均以江湘、岭南风情为题材；近体诗《江南春》《蛮中》《蛮州》《夜到渔家》《宿江店》《江头》《岳州晚景》等描写江湘、岭南风光，应该说皆得力于诗人游历的具体感受。故王士禛《万首唐人绝句选》论《蛮州》《蛮中》诸篇云:“说出南方风土，使人如履其地。……凡登临风土之作，当如此写得明净。”

二、二次衔命使南

张籍于长庆二年（822）和大和初尝二次衔命使南，郭文镐《张籍生平二三事考辨》[③]已考及，然犹有未尽之义，兹补叙于此。

籍初次使南在长庆二年七月前后，有白居易《逢张十八员外籍》诗可证，白诗系是岁七月由中书舍人出为杭州刺史、赴任南行遇张籍使南北归至内乡而作。此外，籍往程也有诗言及，其《赠商州王使君》云:“衔命南来会郡堂，却思朝里接班行。才雄犹是山城守，道薄初为水部郎。选胜相留开客馆，寻幽更引

① 见韩愈《此日足可惜一首赠张籍》及张籍《祭退之》。

② 见韩愈《与孟东野书》。

③ 《唐代文学研究》第1辑。

到僧房。明朝从此辞君去，独出商关路渐长。”王使君，即王公亮。公亮由司门员外郎出刺商州，为白居易行制，白于元和十五年（820）十二月至长庆元年（821）十月为主客郎中、知制诰，制当作于其时，亦知公亮于长庆元年出为商州刺史。又《唐会要》卷三六载：“长庆元年十一月，商州刺史王公亮，进新撰《兵书》一十八卷。”合籍此诗，知公亮长庆二年（822）秋适在商州任。“道薄初为水部郎”，指此次“衔命南来”时为水部员外郎不久。籍于长庆二年授水部员外郎①；又据《旧唐书·穆宗纪》，长庆二年六月五日，裴度罢相，守尚书右仆射，籍有《和裴仆射移官言志》诗，知籍六月上旬仍在长安；白居易自长庆元年十月为中书舍人，二年作《衰病无趣因吟所怀》诗云：“终当求一郡，聚少渔樵费。合口便归山，不问人间事。”《旧唐书·白居易传》亦谓其“乃求外任”，籍作《寄白二十二舍人》诗云：“三省比来名望重，肯容君去乐渔樵？”即针对白氏求外任、计退隐而言。据白居易《杭州刺史谢上表》，七月十四日除授杭州刺史，亦知籍此时尚在长安。综籍以上三诗观之，其“衔命南来”，约在长庆二年（822）“初为水部郎”后之六月中下旬。

籍又有《游襄阳山寺》云:“秋色江边路，烟霞若有期。寺贫无利施，僧老足慈悲。薜荔侵禅窟，虾蟆占浴池。闲游殊未遍，即是下山时。”《寄汉阳故人》云：“知君汉阳住，烟树远重重。归使雨中发，寄书灯下封。同时买江坞，今日别云松。欲问新移处，青萝最北峰。”据诗意，当是使至襄阳游山寺和自距汉阳甚远的襄阳使归前作。《元和郡县志·山南道·襄州》：“今为襄阳节度使理所。西北至上都一千二百五十里。”籍约于六月下旬由长安出发，七月底归次内乡，约于八月中旬返回长安，除去使事逗留，四十日左右，往返二千五百里，以骑代

① 见卞孝萱《张籍年谱》。

步[①]，日均行六七十里，推知籍此行之终点可能就是山南东道节度使治所襄阳。《旧唐书·职官志二·尚书都省·工部》：“水部……郎中、员外郎之职，掌天下川渎陂池之政令，以导达沟洫，堰决河渠。凡舟楫灌溉之利，咸总而举之。”山南东道地处江汉流域，水网纵横，籍为水利之政而使，是可能的。

从张籍诗中还可考知，籍于大和初尝再次受差使山南。其《使回留别襄阳李司空》诗云：“江亭寒日晚，弦管有离声。从此一筵别，独为千里行。迟迟恋恩德，役役限公程。回首吟新句，霜云满楚城。”李司空，李逢吉。逢吉曾两次出镇襄阳，充山南东道节度使。第一次在元和十五年（820）正月至长庆二年（822）三月，系由剑南东川移镇襄阳[②]，未带司空衔，与籍长庆二年秋那次出使事、时不符；第二次在宝历二年（826）十一月至大和二年（828）十月，并“检校司空”[③]，籍尝有《送李司空赴镇襄阳》诗相赠，是知《使回留别襄阳李司空》作于逢吉再镇襄阳期内。诗有“霜云”“寒云”语，明言在深秋，亦与长庆二年初秋使时不同。考籍于大和二年春已由主客郎中迁国子司业，后职无由出使，故籍再次使南自襄阳使归在大和元年季秋。

籍再使襄阳，还作有《送梧州王使君》诗云：“楚江亭上秋风起，看发苍梧太守船。千里同行从此别，相逢又隔几多年！”王梧州，未详。楚江亭，指汉水（古称沔水）边的襄阳亭。《水经注》卷二八《沔水》：“又东过襄阳县北……城北枕沔水，即襄阳县之故城也，王莽之相阳矣，楚之北津戍也。”故《使回留别襄阳李司空》称襄阳为“楚城”，此诗则称襄阳客亭为“楚江亭”。合《送梧州王使君》《使回留别襄阳李司空》二诗观之，知王梧州赴任，与籍自京奉使同行，至襄阳后，王取水路赴

① 《使行望悟真寺》：“无端来去骑官马。”

② 见《旧唐书·穆宗纪》。

③ 见《旧唐书·敬宗纪》《文宗纪上》。

岭南，籍送别于“楚江亭”；王去后，籍使回离襄阳，李逢吉于“楚城”之“江亭”饯行，籍因有留别之作。襄阳为唐代自京达荆湖、岭南官道之要津，来时有王使君“千里同行”，归程只得“独为千里行”了。郁贤皓《唐刺史考》“梧州刺史”，考出长庆初为骆峻，宝历元年为李湘，并据张籍此诗疑“王某”为梧州刺史在“元和中”，唯大和中阙如。按：元和中张籍历官太常寺太祝、国子助教、广文博士、秘书郎、国子博士，又多年病眼，以无由与王梧州“千里同行”至“楚江亭上”相别。弄清《送梧州王使君》诗写作背景，不仅有助于明确张籍再次使襄阳之情事，亦可考知王某知梧州在大和初。

晚年官职迁转

张籍自元和初官太常寺太祝至长庆二年（822）为水部员外郎，其间官职迁转大致清楚，然晚年为尚书省郎中居何部、迁转次第及时间，一直未能确考。《旧唐书》本传谓为“水部郎中”，卞孝萱《张籍简谱》因之；《新唐书》本传、刘成德《唐司业张籍诗集序》谓为“主客郎中”，潘竟翰《张籍系年考证》[①]、迟乃鹏《张籍、刘禹锡相替主客郎中前后事迹考》[②]从之；近年出版而广有影响的《中国大百科全书》《中国文学家大辞典》《唐诗大辞典》《唐才子传校笺》亦取旧说，或谓“考籍之宦历，从无‘水部郎中’，想系主客郎中之误”（潘文），或谓“为主客郎中，而非水部郎中”（《校笺》）；只有朱东润《中国古代文学作品选》、山东大学文史哲研究所《中国历代著名文学家评传》、郭文镐《张籍生平二三事考辨》始谓籍曾官水

① 潘竟翰《张籍系年考证》，《安徽师范大学学报》1981 年第 2 期。

② 迟乃鹏《张籍、刘禹锡相替主客郎中前后事迹考》，《南充师范学院学报》1983 年第 2 期。

部、主客二郎中，然或未作详考，或未考及迁转情况。现将近年考得记述于下，以期引起进一步探讨。

张籍晚年官主客郎中，有其《赠主客刘郎中》诗“客曹相替”语、刘禹锡《和苏郎中寻丰安里旧居寄主客张郎中》、姚合《寄主客张郎中》等诗以及岑仲勉《郎官石柱题名新考订》相证，近人研究已渐趋一致，毋庸赘言。其为水部郎中，则还需引证。今按：朱庆馀涉张籍诗有《贺张水部员外拜命》①、《上张水部》②、《近试上张水部》③等。《贺》诗云：“省中官最美，无似水曹郎。前代佳名逊，当时重姓张。”逊，指曾官水部员外郎的南朝梁诗人何逊，张籍于长庆二年春由国子博士授水部员外郎，此诗作于其时，故称籍“水部员外”。而另二首均称“张水部”，其《上张水部》云：“出入门阑久，儿童亦有情。不忘将姓字，常说向公卿。每许连床坐，仍容并马行。恩深转无语，怀抱甚分明。”朱庆馀出入张籍门阑，虽可从二人同题诗④追溯到长庆元年，是岁十一月张籍内弟胡遇卒⑤，诗云“出入门阑久”，当距作《贺》诗后时间较长；其《近试上张水部》为“近试”作，朱庆馀举进士及第在宝历二年⑥，礼部试例在二月，则诗当作于是岁正月或二月初。晚唐范摅《云溪友议》记其事云：“朱庆馀校书既遇水部郎中张籍知音，遍索庆馀新制篇什数通，吟改后，只留二十六章，水部置于怀抱而推赞之。清列以张公重名，无不缮录而讽咏之，遂登科第。”并录此诗及籍答诗《酬朱庆馀》，足见朱诗称呼张籍前后有异，是因前首作于籍为水部员外郎、后二首作于籍为水部郎中时，亦知范摅称“水部郎

① 《全唐诗》卷三一五。

② 《全唐诗》卷三一四。

③ 《全唐诗》卷三一五。

④ 朱庆馀《哭胡遇》，张籍有《哭胡十八遇》。

⑤ 见韩愈《胡珦神道碑》、沈亚之《祭胡同年文》。

⑥ 见《登科记考》。

中张籍”，其后《旧唐书·张籍传》采之，并非无稽。

长庆四年（824）夏秋，张籍趁罢水部员外郎、待新授之闲暇，陪伴韩愈养病于城南庄，作《同韩侍郎（原作御，误）南溪夜赏》诗云：“喜作闲人得出城，南溪两月逐君行。忽闻新命须归去，一夜船中语到明。”十二月愈卒，次年，即宝历元年（825），籍作《祭退之》诗云：“去夏公请告，养疾城南庄。籍时官休罢，两月同游翔……籍受新官诏，拜恩当入城。”宝历元年八月，刘禹锡自夔州移刺和州，次年春，籍有七律《寄和州刘使君》，秋，刘以《张郎中籍远寄长句开缄之日已及新秋因举目前仰酬高韵》答之，称籍为郎中，知《同》《祭》二诗中所云“新命”“新官诏”，即由水部员外郎擢为郎中。大和二年（828）三月刘禹锡拜主客郎中[①]，为接替张籍，籍有《赠主客刘郎中》诗云：“忆昔君登南省日，老夫犹是褐衣身。谁知二十余年后，来作客曹相替人。”即指此。合前后观之，知张籍为郎中系自长庆四年（824）秋至大和二年（828）三月。其间迁转情况，亦可从侧面考知大略。

《旧唐书·职官志》：尚书省“主客郎中一员，从五品上”，“水部郎中一员，从五品上”。知客、水二曹郎中同阶，俱一员。今按：《隋唐五代墓志汇编》陕西卷第四卷九〇《李济墓志》，结衔“通直郎、守尚书水部郎中、赐绯鱼袋李仍叔撰”，时为“宝历元年闰七月十九日”；《旧唐书·敬宗纪》及《李逢吉传》俱载李逢吉党阴谋阻裴度入觐事，参与其事者有张权舆、李仲言、茅汇、李涉等，“水部郎中李仍叔”预之，其后逢吉之丑迹彰露，十月，李仲言、李涉等遭贬，《册府元龟》卷一五三《明罚二》载，宝历元年十一月，“前水部郎中李仍叔可道州司马，待服阙赴任”，是知宝历元年闰七月前至十一

① 见《刘禹锡集》卷二四《再游玄都观绝句》小引。

月，水部郎中为李仍叔。又：白居易于宝历元年三月由太子左庶子分司出为苏州刺史，秋，有《闻行简恩赐章服喜成长句寄之》[①]诗云："吾年五十加朝散，尔亦今年赐服章。齿发恰同知命岁，官衔俱是客曹郎。"自注："予与行简俱年五十始着绯，皆是主客郎官。"白居易于元和十五年十二月二十八日除主客郎中、知制诰，次年夏加朝散大夫，始着绯，时年五十[②]；其弟行简生于大历十一年（776），宝历元年（825）五十岁，授主客郎中，着绯，正合。白居易于大和二年十二月作《祭弟文》，称行简"郎中"，谓"自尔去来，再周星岁"，推知行简卒于宝历二年冬[③]，亦知宝历元年秋至二年冬，主客郎中为白行简。

综上所述，从正、侧面推知张籍为尚书省郎中迁转情况是：

（一）长庆四年（824）秋至大和二年（828）三月为尚书省郎中，居水部、主客二曹；且必居二曹，不能只居其中某一曹。

（二）长庆四年秋由水部员外郎擢主客（或水部）郎中，其间宝历元年闰七月至十一月李仍叔为水部郎中期内，籍只能是主客郎中。

（三）宝历二年正月前后为水部郎中。前限为宝历元年十一月，即李仍叔罢水部郎中后，后限则可能至宝历二年冬。

（四）大和二年三月前为主客郎中，其前限不得早于宝历二年冬白行简居此职之前。

故以"水部员外郎—主客（或水部）郎中—水部郎中—主客郎中—国子司业"标示张籍晚年官职迁转，大体可信，亦庶无滞碍。

（原载《中国韵文学刊》1995年第2期）

① 《白居易集》卷二四。

② 见朱金城《白居易年谱》。

③ 见两《唐书》本传。

张籍二题

◎季镇淮

一、张籍的生年

《韩昌黎全集》卷一七《与冯宿论文书》云："近李翱从仆学文，颇有所得，然其人家贫多事，未能卒其业。有张籍者，年长于翱，而亦学于仆，其文与翱相上下，一二年业之，庶几乎至也。"韩愈自以为有两个学生跟他学文：李翱与张籍，张籍年长于翱。李翱生于大历七年（772）（李恩溥《李翱年谱》），则张籍生于大历七年以前。惜韩愈未言张籍与他自己年纪相比如何，是年长，年少或同年？从文章语气看，韩愈在李、张二生中年最长，即长于张籍。又同书卷二《此日足可惜一首赠张籍》云："开怀听其说，往往副所望。孔丘殁已远，仁义路久荒。纷纷百家起，诡怪相披猖。长老守所闻，后生习为常。少知诚难得，纯粹古已亡。譬彼植园木，有根易为长。"观此诗"少知诚难得"，显系称赞张籍，韩愈自居长者，则亦可见年长于张籍。韩愈生于大历三年（768），李翱生于大历七年，则张籍生于大历三年至七年之间，比李翱长一二岁，比韩愈少二三岁或四五岁定矣。同书卷一三《张中丞传后叙》云："籍大历中于和州乌江县见嵩，嵩时年六十余矣。"又云："籍时尚小，粗问巡、远事，不能细也。"大历中，张籍年小，但已能问张巡、许远事，则至小亦当在七八岁或八九岁间。大历中之"中"，不能简单地理解为大历（766—779）正中间的一年即大历七年（772）或八年（773），而当理解为大历时期中的任一年。据此，定张籍生于大历五年，比李翱长二岁，比韩愈小二岁，似较接近事实。

今人卞孝萱先生著《张籍简谱》[1]、罗联添先生著《张籍年谱》[2]，并定张籍生于“大历初”，或大历元年、二年，比韩愈年长，似于事实多难协调。《白氏长庆集》卷四五《与元九书》云：“近日孟郊六十，终试协律；张籍五十，未离一太祝。”此书元和十年（815）作，若张籍生于大历元年，则元和十年年正五十。实际此言五十为虚数，非实际年岁。《白氏长庆集》卷一《读张籍古乐府》云：“如何欲五十，官小身贱贫。”此首后二首有《题海图屏风》诗，自记为元和己丑（元和四年）作，则前诗殆亦为元和四年前后所作，方“欲五十”，说接近五十，实际只四十岁左右，已是极大虚言。到元和十年，直以四十六七为五十矣。盖以整数言之，非实数也。孟郊卒于元和九年（814），年六十四，亦言其整数，非实际终岁也。又《张司业集》卷四《新除水曹郎答白舍人见贺》云：“年过五十到南宫，章句无名荷至公。”白居易于长庆二年（822）为中书舍人，张籍此诗作于长庆二年。诗云“年过五十”，则五十二三矣。若生于大历初，则此时年五十七，近六十矣。故知白居易两言张籍年纪“欲五十”及“五十”，都是虚数，不足据之以定张籍生年也。韩愈卒于长庆四年（824），张籍写《祭退之》云与韩愈订交，“到今三十年”，自贞元十四年（798年，始交）到长庆四年（824），共二十七年，亦以整数虚言之，非实数也。

---

① 卞孝萱《张籍简谱》，《安徽史学通讯》1959 年第 4、第 5 期合刊。

② 罗联添《张籍年谱》，《大陆杂志》1962 年第 25 卷第 4 期。

二、张籍的居处

宋敏求《长安志》卷七：唐京城内有皇城、外郭城（唐曰长安城，亦曰京师城）。外郭城“东西一十八里一百一十五步，南北一十五里一百七十五步，周六十七里，其崇一丈八尺。……郭中南北十四街，东西十一街，其间列置诸坊，有京兆府，万年、长安二县所治，寺、观、邸、第，编户错居焉。当皇城南面朱雀门有南北大街，曰朱雀门街，东西广百步，万年、长安二县以此街为界。万年领街东五十四坊及东市，长安领街西五十四坊及西市”。这一记载与《旧唐书·地理志一》、徐松《唐两京城坊考》等所记均同。《韩昌黎全集》卷七《早赴街西行香赠卢李二中舍人》：“天街东西异，祗命遂成游。”天街即指朱雀街，东西指朱雀街东街、西街。《白氏长庆集》卷一《凶宅》：“长安多大宅，列在街西东。”街西东亦指朱雀街西街、东街。《韩昌黎全集》卷七《南内朝贺归呈同官》：“绿槐十二街，涣散驰轮蹄。”旧注引《中朝事迹》曰：“天街两畔树槐，俗号为槐街。白乐天《游园诗》云‘下视十二街，绿树间红尘’，即此也。”十二街指东西两街各六街，共十二街。《孟东野诗集》卷一《长安道》云：“长安十二衢，投树鸟亦急。”十二衢当即十二街。十二街乃唐人习惯用语，所指区域方位，亦有一定而无疑，如上所云当不可易矣。其不可解者为与“郭中南北十四街，东西十一街”之关系如何耳。又按《长安志》（毕沅校本，收入《训经堂丛书》）所记，依顺序而列为表，则万年、长安所领街坊，共十街、一百一十三坊。每县只有五街，无六街，《唐两京城坊考》据之，大致相同，亦只有十街，无十二街。毕沅谓书有脱文，则不可考矣。（清·程鸿诏《唐两京城坊·校记》，及近人阎文儒《两京城坊考补》，均未及此。）

《资治通鉴·宪宗纪》元和十一年胡注引程大昌《雍录》

曰：“坊皆有垣、有门，随昼夜鼓声以行启闭。〔左右〕巡使掌左右街百坊之内谨启闭徼巡者也。”坊内有寺、观、贵族官僚住宅、公馆、不得志士人贫居之所，以及一般寻常百姓人家，亦有旅舍。《白氏长庆集》卷一《凶宅》：“长安多大宅，列在街西东。往往朱门内，房廊相对空。”又《伤宅》：“谁家起甲第，朱门大道边。丰屋中栉比，高墙外回环。累累六七堂，栋宇相连延。一堂费百万，郁郁起青烟。”而《孟东野诗集》卷一《长安道》云：

胡风激秦树，贱子风中泣。家家朱门开，得见不可入。长安十二衢，投树鸟亦急。高阁何人家，笙簧正喧吸。

此不得志士人所见之长安街坊。《孟东野诗集》卷三《长安旅情》《长安羁旅》二诗，可见其在长安街坊居住之困难。《元氏长庆集》卷一七《靖安穷居》：

喧静不由居远近，大都车马就权门。野人住处无名利，草满空阶树满园。

元稹不得志时，曾在靖安坊（朱雀街东第二街）穷居，必然是小住宅，可见住宅与仕途高低有重要关系。

元和十一年（816），韩愈作《示儿》诗：

始我来京师，止携一束书。辛勤三十年，以有此屋庐。（旧注：公第在长安靖安里。）此屋岂为华，于我自有余。中堂高且新，四时登牢蔬。前荣馔宾亲，冠婚之所于。庭内无所有，高树八九株。有藤娄络之，春华夏阴敷。东堂坐见山，云风相吹嘘。松果连南亭，外有瓜芋区。西偏屋不多，槐榆翳空虚。山鸟旦夕鸣，有类涧谷居。主妇治北堂，膳服适戚疏。恩封高平君，子孙从朝裾。开门问谁来，无非卿大夫。……

观此诗可知，韩愈得到靖安坊住宅，相当满意，是其三十年努力的结果。这时韩愈为考功郎中，知制诰。这所住宅有中堂、前堂、东堂、南亭、北堂，庭中有高树，庭外有瓜芋区，相当宽大，在靖安坊不是大宅，是较好的中小住宅。它不是新造的，而是韩愈买来的吧？

相形之下，张籍的居处就显得过于贫穷了。他的两个朋友，韩愈与白居易都同情他。韩愈《题张十八所居》：

君居泥沟上，沟浊萍青青。蛙欢桥未扫，蝉嘒门长扃。名秩后千品，诗文齐六经。端来问奇字，为我讲声形。

张籍自元和初为太常寺太祝后，官未升，一直住在朱雀街西街第三街延康坊，距离靖安坊隔三条街已很远，到白居易的新昌坊就更远。新昌坊在朱雀街东第五街，他们很难相会。《白氏长庆集》卷六《寄张十八》：

……同病者张生，贫僻住延康。慵中每相忆，此意未能忘。迢迢青槐街，相去八九坊。秋来未相见，应有新诗章。早晚来同宿，天气转清凉。

从延康坊横穿街向东到新昌坊，确为八坊。虽然他们都骑马，不是步行，但是自延康至新昌往返一次，也够困难的。《韩昌黎全集》卷七《早赴街西行香赠卢李二中舍人》顾嗣立补注引《隋三礼图》：“长安领街西五十四坊及西市，多王公贵戚之家。”而张籍在街西延康坊处，有利于他写乐府诗。孟郊在东西两街，似无定居，对张籍同情。其《寄张籍》云：“西明寺后穷瞎张太祝，纵尔有眼谁尔珍。天子咫尺不得见，不如闭眼且养真。”延康坊西南隅有西明寺，寺内因有牡丹而著名，每年春吸引游人甚众。“花开花落二十日，一城之人皆若狂。”（《白氏长庆集》卷四《牡丹芳》）张籍初在西明寺后泥沟上小屋内居住，后来可能移至西明寺内居住。

整个元和时期，张籍一直居住在延康坊，他常不以路远自街西来到街东看望韩愈、白居易。到长庆元年（821）张籍移居静安坊有诗答元稹。这年元稹为祠部郎中。《张司业诗集》卷四《移居静安坊答元八郎中》：“长安寺里多时住，虽守卑官不厌贫。作活每常嫌费力，移居只是贵容身。初开井浅偏宜树，渐觉街闲省踏尘。更喜往还相去近，门前减却送书人。”长安指朱雀街西的长安县，寺指西明寺。张籍这个新居，房虽少，但也够住了。环境也还好，能够开井取水种树。最满意的是地方安静，邻近韩愈宅。元稹宅也在靖安。“减却送书”是对元稹讲的，当然也是对韩愈讲的。韩愈居静安坊，南迁潮州后回来，仍居静安坊，直到卒于静安坊。张籍到长庆四年（824）是否还居静安坊呢？张籍《祭退之》（诗集卷七）云：“籍受新官诏，拜恩当入城。公因同归还，居处隔一坊。”可见这时张籍又已移家到另一坊了，与韩愈居宅隔一坊了，但还是同街，隔坊不隔街，“隔街如隔山”（白居易《酬吴七见寄》，《白氏长庆集》卷六），则张籍与韩愈还是邻近的，可惜韩愈自城南休养回静安坊后不久就逝世了。

（原载《文学遗产》1996年第1期）

《张籍王建交游考述》商榷

◎迟乃鹏

李一飞先生《张籍王建交游考述》[①]一文，在卞孝萱先生、谭优学先生有关研究成果的基础上，对张籍、王建的交游始末多有发明，如指出张籍《逢王建有赠》诗“鹊山漳水每追随”之“鹊山”在邢州，而非如谭优学先生《王建行年考》[②]所云在山东历城县，这同笔者的研究结论不谋而合[③]。但“李考”中述而不考、考而不当也处处可见，今择其要者，仅就下面五个问题，求教于李先生。

一、张籍、王建洛阳相会真相

“李考”在“洛阳城里见秋风”一节中，认为“从张、王的作品中可以看到：二人早年都在东都洛阳生活过，他们相识应是从这里开始”。其证据除了二人都写有“以洛阳风物为题材”之作，如张籍有《洛阳行》《北邙行》，王建有《北邙行》《行宫词》《上阳宫》，最为重要的证据就是王建的《洛中张籍新居》诗：“王建有《洛中张籍新居》提到张籍洛阳的居住和生活，诗云：‘最是城中闲静处，更回门向寺前开。云山且喜重重见，亲

① 李一飞《张籍王建交游考述》，《文学遗产》1993 年第 2 期。以下简称“李考”。
② 谭优学《王建行年考》，《西南师范学院学报》1983 年第 4 期。
③ 迟乃鹏《王建生平事迹考》，《成都师专学报》1990 年第 3 期。

故应须得得来。借倩学生排药合，留连处士乞松栽。自君移到无多日，墙上人名满绿苔。’张籍于元和初入仕后一直为朝官，无由再移居洛阳，故疑张籍移居洛阳在其生活早期。”

现在让我们看看以上论据是否成立。

一是王建《洛中张籍新居》诗的内容不合张籍早期的身份。“李考”认为张、王二人洛阳相识，应在建中、兴元年间。如果真是如此，则是时他们的年龄不会超过二十岁，因为直到他们在河北“鹊山漳水每追随”时，也才是“年状皆齐初有髭”（张籍《逢王建有赠》）。但王建是诗谓“借倩学生排药合”，意谓让学生为自己分药、合药。很难想象一个不到二十岁的青年，自己尚处于游学最初阶段（“李考”明确指出，“张、王在洛阳相识后，约于兴元、贞元之间一同来到河北道邢州，开始十年同窗求学生活”），而又有了从学于自己的学生。因此，王建此诗只能是张、王年老时的作品。众所周知，当张籍于长庆二年（822）为水部员外郎后，朱庆馀写有《近试上张水部》诗给张籍。正是在这前后，张籍确立了自己在文坛上的地位，故才有后学请教诗法、文法乃至文字学。又如王建是诗尾联云：“自君移到无多日，墙上人名满绿苔。”很难想象，早年名不见经传的张籍会赢得如此之高的荣誉。因此，这两句诗只能是对晚年的张籍在文坛上地位的反映。

由上可以看出，此诗的内容完全不合张籍早期的身份，故此诗只能证明张、王晚期而不是早期曾相会于洛阳。其实，张籍诗“鹊山漳水每追随”已告知人们，是时才是他们相识的开始。

二是谓张籍“于元和初入仕后一直在朝为官，无由再移居洛阳”，这一结论也未必就正确。张籍晚年是到过洛阳的。王建《洛中张籍新居》诗固然已经说明晚年的张籍曾到过洛阳，张籍也有首诗更增添了这一结论的可靠性。《赠王侍御》诗云：“心同野鹤与尘远，诗似冰壶见底清。府县同趋昨日事，升沉不改故人情。上阳春晚萧萧雨，洛水寒来夜夜声。自叹独为折腰吏，可怜骢马路傍行。”“王侍御”即王建。此诗同王建《洛中张籍新居》诗，均是他们洛阳相会时之作。所谓“府县同趋”，盖追忆张、王二人在河北一带的游学经历。颈联以“上阳”宫、“洛水”点出张籍写是诗时正在洛阳。尾联谓王建自叹为“折腰吏”，用陶渊明“不愿为五斗米折腰向乡里小儿”典。“骢马”，用东汉桓典为御史典。既然王建已为“折腰吏”，且其官为汉之“御史”，亦即唐之殿中侍御史，张籍写此诗时必在其为官期，而不再是游学之人。对此，“升沉”二字已明白无误地告知。又据“上阳春晚萧萧雨”，知张、王洛阳相会时在暮春。

由王建《洛中张籍新居》和张籍《赠王侍御》诗，可以推导出如下结论：一、当王建为“侍御”至洛阳时，张籍已早于王建至洛阳，但距其离开京师长安时间不长，故其居才是“新居”；二、张、王二人洛阳相会，时在暮春。

现在要考证的是，他们到底应该是哪一年在洛阳相会的。

让我们先从张籍这一方加以考察。综合洪兴祖《韩子年谱》、朱金城《白居易年谱》等资料，知张籍于元和十年（815）为国子助教，元和十五年（820）为秘书郎，长庆二年（822）为水部员外郎。直至长庆四年（824）八月十六日，张籍仍以水部员外郎偕王建同访韩愈。据张籍《祭退之》诗“籍受新官诏，拜恩当入城”和《同韩侍郎南溪夜赏》诗“忽闻新命须归去”，知正是在长庆四年八月，张籍由罢水部员外郎闲居两个月后走上了新命之职。但张籍这一新命绝不可能是到洛阳任职，因为张籍《祭退之》诗写到了韩愈临终前及去世后的种种事情，这些事情张籍都是参与了的，而韩愈逝于长庆四年十二月二日。据唐时中级官员任职一般都是一年或稍长的常例，张籍自长庆四年八月所领新命当于宝历元年秋冬结束。

又，张籍当不晚于宝历二年（826）十一月已在京师长安。张籍有首《送李司空赴镇襄阳》诗，为送李逢吉之作。“李司空”即指李逢吉。《旧唐书·敬宗纪》云：宝历二年十一月“甲申，以右仆射、同平章事李逢吉检校司空、同平章事，兼襄阳刺史，充山南东道节度使、临汉监牧使。”其后，张籍先后任主客郎中、国子司业，一直在京师为官直至去世。因此，张籍自宝历元年秋冬至宝历二年十一月这段时间，应在洛阳。很明显，张、王洛阳相会时为暮春，只能是宝历二年。

现在问题又到了王建这里，即看王建在宝历二年暮春时是否有可能以“侍御”身份到过洛阳。

“侍御”指殿中侍御史。赵璘《因话录》卷第五《徵部》云：“一曰台院。其僚曰侍御史，众呼为端公。……二曰殿院。其僚曰殿中侍御史，众呼为侍御……最新入，知右巡；已次，知左巡，号两巡使，所主繁剧。”又《新唐书·百官志三》云：“左巡知京城内，右巡知京城外，尽雍、洛二州之境，月一代。”“以殿中掌左右巡。”由此不难看出，只要王建任过“侍御”，就必然先从“知右巡”做起，至“京城外，尽雍、洛二州之境”而到洛阳。王建任过“侍御”，应是不争的事实。现在学者们争论的是，到底王建是以“侍御”还是以“太常丞”在大和二年（828）出为陕州司马。其实，只要承认刘禹锡《送王司马之陕州》诗题注“自太常丞授”是真实的，其诗之首句“暂辍清斋出太常”是在头脑清醒的状况下写出的，就不会怀疑王建是以太常丞出为司马，而在太常丞之前则为“侍御”。既然王建于大和二年出为陕州司马，则其为太常丞当不晚于大和元年。据洪迈《容斋随笔》卷一一《唐御史迁转定限》条，知殿中侍御史任职为十二至十五个月，则其为殿中侍御史当不晚于宝历二年（826）。

至此，我们可以肯定地说，正是在宝历二年暮春，王建以殿中侍御史知右巡时至洛阳而会张籍。加强这一结论的论据还有张、王另外几首诗作。一是王建之《外按》诗，是诗云“夹城门向野田开，白鹿非时出洞来。日暮秦陵尘土起，从东外按使初回”。“外按”，指王建以殿中侍御史掌右巡巡知京城外，同掌左巡巡知京城内者相对。“秦陵”在骊山附近。由一“东”字，知王建乃往洛阳方向出使。“初”字说明王建乃初次出使。故由此诗知王建的确曾以“侍御”身份“外按”，出京师往东出使过。二是张籍的《逢王建有赠》诗，诗之尾联云：“经今三十余年事，却说还同昨日时。”“李考”认定张、王河北之别在贞元十一年（795），云：“约于贞元十一年（张籍）南归，过访邢州漳溪山居，将归江南，再别王建。”对此，笔者完全赞同。由贞元十一年顺推至宝历二年（826），正好三十二年。自然，他们相逢的地点应是洛阳。

二、“鹤岭”当在何处

“李考”在“今日相逢在上都”一节中，谓“张籍、王建在经过18年阔别后，于元和七、八年之际相逢于长安”。紧接着于“病友经年不得看”一节，言及“鹤岭”这一地名，谓鹤岭是王建在京为“秘书”时之村居之地，在长安西：“今按：姚合长庆中有《送王建秘书往渭南庄》诗，或即《云溪友议》谓建为渭南尉所本，诗云：（略）知渭南系指王建所居之山庄坐落在渭水之南，非专指渭南县。时姚合为武功县主簿，县在长安西约百里的渭水北岸，当是王建经武功归庄，姚合以诗送之。张籍《登城寄王秘书建》约作于同时，诗云：‘闻君鹤岭住，西望日依依。’王建《村居即事》有‘西峰半夜鹤来声’句，知王建村居鹤岭，当即姚合诗中之渭南庄。籍诗云‘西望日依依’，明鹤岭，即渭南庄所在之地在长安西。”

实则“鹤岭”并不在长安西，而在“李考”之“鹊山漳水每追随”一节所提到的邢州之鹊山。《太平寰宇记》卷五九《河北道》八“邢州·龙冈县”条云：“鹊山，《水经注》云：‘鹊山有穴，出云母。’又云：‘其南有龙腾溪、鹤渡岭。’”按“鹊山”一名“蓬鹊山”，一名“龙腾山”，坐落在邢州龙冈和内邱两县境内，而鹊山南之“鹤渡岭”即张籍诗之“鹤岭”，只不过张籍受诗歌文字限制，把“鹤渡岭”省却了一个“渡”字罢了。

然则如何解释张籍诗题之“秘书”二字呢？据《全唐诗》本诗诗题注：“一本无秘书二字。”无“秘书”二字是。因是诗紧接着又云“十年为道侣，几处共柴扉”。张籍、王建在河北除游学外，还都迷上了道教的修炼成仙长生不老术，故二人得为“道侣”，“十年为道侣”正指此。由此二字知是时二人均未为官。

“李考”曾引用张籍《逢王建有赠》诗“鹊山漳水每追随”，谓张、王“于兴元、贞元之间一同来到河北道邢州，开始十年同窗求学生活”。这一结论除时间和是否“一同来到河北道邢州”有待细考外，在地点上则无可置疑。当王建居于鹊山时，张籍也曾“追随”到鹊山。据《元和郡县志》卷八之“邢州·内邱县”条云：“鹊山在县西三十六里。”张籍诗云“西望日依依”，西望者正指鹊山、鹤渡岭。当张籍往鹊山行至内邱县登上县城城楼，因有《登城寄王秘书建》诗。

三、王建从军幽州刘济幕的时间

“李考”在“十八年来恨别离”一节中，谓王建“约于贞元十三年入幽州刘济幕为从事”。“李考”之所以定王建从军时间为贞元十三年（797），是因为“李考”硬要把王建《淮南使回留别窦侍御》诗中之“窦侍御”指为窦常，说“约于贞元十三年冬王建由幽州奉使淮南”，而王建“《淮南使回留别窦侍御》之窦侍御则指贞元中为杜佑淮南幕府参谋的窦常”。

实则王建从军幽州刘济幕当在贞元十六年（800）。王建《谢田赞善见寄》诗云：“五侯三任未相称，头白如丝作县丞。”是说王建为昭应县丞之前，曾在五个节度使手下任过三个职务。又王建《别杨校书》诗：“从军走马十三年，白发营中听早蝉。故作老丞身不避，县名昭应管山泉。”是说其任昭应丞前从军的时间共计十三年。

王建当于元和七年（812）离开魏博镇田弘正。元和七年，田弘正以魏博六州归唐有司，不久王建即离开魏博往京师铨选，临行有《留别田尚书》诗予弘正，田弘正于元和七年十月被授为银青光禄大夫、检校工部尚书兼魏州大都督府长史，充魏博节度使。后元和十四年田弘正朝京师，加兼侍中，王建先后作《田侍中宴席》《朝天词》《田侍中归镇》等诗，或叙旧，或颂德。自元和七年逆推十三年，则为贞元十六年。王建先后在幽州刘济、刘总和魏博田季安、田怀谏、田弘正这所谓的“五侯”幕下为从事十三年。

四、王建为太府丞的时间

“李考”在“病友经年不得看”一节中，认为王建由昭应丞入朝为太府丞是长庆之事，这从王建《寄广文张博士》诗可以看出。张籍于元和十五年末始为国子博士，而其时，王建尚在“春明门外作卑官”。“李考”这一结论大误。“李考”即云：“元和八年至十五年的七八年内，张籍一直在朝为官，十年前为太常寺太祝，十一年转国子助教，十五年为秘书省校书郎（应为‘秘书郎’），同年末迁国子博士。”又云：“张籍任国子监广文馆助教、博士时，王建先后两次有诗赠之。其一《留别张广文》……知籍十一年改为国子馆广文助教……其二《寄广文张博士》……张籍约于元和十五年因韩愈荐，由秘书郎迁为国子博士，诗称籍为博士，知作于是时。”对照两段文字，我们不难发现，“李考”犯了一个常识性错误，即把国子助教等同于国子馆广文助教，把国子博士等同于广文博士。按唐时国子监有国子学、太学、广文馆、四门馆、律学、书学、算学之分，每学均有博士、助教等授业。所以，国子博士不等同于广文博士，国子助教也不等同于广文助教甚明。

据朱金城《白居易年谱》，张籍为秘书郎在元和十五年（820），而于长庆元年为国子博士。但张籍为广文博士在元和十二年。韩愈《唐故中散大夫少府监胡良公墓神道碑》云：“其子逞、迺、巡、遇、述、迁、造，与公婿广文博士吴郡张籍……刻之墓碑于潮州刺史韩愈。”据洪兴祖《韩子年谱》，韩愈为潮州刺史在元和十四年正月至十月，故张籍肯定不会晚于元和十四年已为广文博士。联系到张籍于元和十五年已为秘书郎，故其始为广文博士当在元和十四年以前。因此，以王建《寄广文张博士》诗，只能证明王建在张籍任广文博士而非国子博士时，尚在“春明门外作卑官”。显然，“李考”所谓王建由昭应丞“入朝为太府丞是长庆之事”这一结论，是建立在“沙滩”之上的。

王建为太府丞当在元和十二年（817）岁暮。王建元和七年离魏博入京铨选，但未能得选，故其《归山庄》诗云：“长安寄食半年余，重向人边乞荐书。”其约于元和九年才被选为昭应丞，临别有《上裴度舍人》诗。据《新唐书》之《宪宗纪》和《裴度传》，知裴度为中书舍人在元和七年（812）末至元和九年（814）十月，故王建为昭应丞绝不会晚于元和九年。

王建约于元和十二年罢昭应丞入京，因在是年七月王建有《上崔相公》诗予崔群；八月，裴度东征平蔡，有《东征行》诗送行；十一月，有《赠李仆射》诗予李愬；同月，又有《赠华州郑大夫》诗予郑权。这些作品说明王建已不在昭应而在长安。约于元和十二年岁暮，王建被授为太府丞。其证据即“李考”所提到的王建《留别张广文》诗。是诗云：“谢恩新入凤凰城，乱定相逢合眼明。千万求方好将息，杏花寒食约同行。”首句即告知自己已有新命，此一新命只能是太府丞。“乱定”指元和十二年（817）十月平定淮西。十一月末，裴度即班师回朝。寒食节在三月，故诗当作于其平定淮西后的元和十二年之岁暮。自然，正在是时王建被授为太府丞。

约于长庆元年（821），王建由太府丞转为秘书郎。白居易《白氏长庆集》有《授王建秘书郎制》一文，是文云：“敕太府丞王建：太府丞与秘书郎，品秩同而禄廪一。今所转移者，欲职得宜而才适用也。”据《旧唐书·穆宗纪》，白居易为主客郎中、知制诰，在元和十二年十二月丙申。据朱金城《白居易年谱》，白居易为中书舍人、知制诰在长庆元年十月，而于长庆二年七月出为杭州刺史。白居易此文编在白集补遗中，无法断定其作于为主客郎中、知制诰时抑或中书舍人、知制诰时，但很可能作于长庆元年。

五、王建为太常丞时间

“李考”在“常参官里每同班”一节中又云：“长庆二年春，张籍由国子博士迁水部员外郎。是岁秋，奉使山南东道节度使府治所襄阳一带，登程有《使至蓝溪驿寄太常王丞》，返京后有《赠太常王建藤杖笋鞋》诗，可证王建已于秋前由秘书郎迁太常寺丞……谓其为陕州司马系由太常丞授，则误。”“李考”此说显然是继承朱金城先生《白居易年谱》之误。《白居易年谱》大和二年在笺证白居易《送陕州王司马建赴任》一诗时即云：“张籍除水部员外郎在长庆二年春间……是年秋间张籍出使在外，白氏有《逢张十八员外籍》诗（卷二〇），盖作于赴杭州刺史途中，张籍使回，相遇于道旁也。《全唐诗》卷三八四又有张籍《使至蓝溪驿寄太常王丞》诗，亦作于此次出使时，可证王建此际已自秘书丞迁太常寺丞。”

笔者绝不否认张籍于长庆二年（822）以水部员外郎出使曾逢白居易出知杭州，但也绝不认为这是张籍唯一一次出使。大和元年张籍也曾以主客郎中出使过江陵，而不是如“李考”所云奉使襄阳一带，说明这一结论正确最有力的证据莫过于张籍《使回留别襄阳李司空》诗。“李司空”指李逢吉。《旧唐书·敬宗纪》云：“（宝历二年十一月）甲申，以右仆射、同平章事李逢吉检校司空、同平章事，兼襄州刺史，充山南东道节度使、临汉监牧使。”《旧唐书·文宗纪》又云：“（大和二年冬十月）癸酉，以尚书右仆射、同平章事窦易直检校左仆射、同平章事，充山南东道节度使、临汉监牧等使，代李逢吉。”恰值李逢吉节度山南东道期间，张籍以主客郎中出使江陵，使回襄阳，因有《使回留别襄阳李司空》诗予李逢吉。虽然自元和十五年（820）正月至长庆二年二月，李逢吉也曾任过山南东道节度使，但是时其检校职绝不是“司空”。其后，牛元翼任山南东道节度使。至宝历二年（826）十一月，李逢吉再次出节山南东道。所以，张籍这次出使江陵只能是李逢吉再次节镇山南东道时。

张籍《使回留别襄阳李司空》诗云：“回首吟新句，霜云满楚城。”知时为深秋。据朱金城《白居易年谱》，大和二年（828）张籍已为国子司业，无由再出使江陵，是张籍使回时为深秋且李逢吉又检校“司空”节度山南东道，只能是大和元年。蓝溪驿乃往秦岭南必经之路，故当张籍出使江陵登程后行至蓝溪驿时，有《使至蓝溪驿寄太常王丞》诗予王建。而自江陵返京后又有《赠太常王建藤杖笋鞋》诗予王建。由诗之首联“蛮藤剪为杖，楚笋结成鞋”，知藤杖和笋鞋均为张籍出使江陵所得。由此可知大和元年秋时王建仍任太常丞。既然如此，当大和二年（828）王建出为陕州司马时，我们又有何理由去怀疑刘禹锡《送王司马之陕州》诗题之注“自太常丞授”和首句“暂辍清斋出太常”之真实性呢？至于张籍之《赠别王侍御赴任陕州司马》诗，其诗题一作《送王司马赴陕州》，作《赠王司马赴陕州》是。以《赠别王侍御赴任陕州司马》这一诗题去判断王建是以“侍御”而非太常丞出为陕州司马，绝不可信。因此，“李考”认为王建任秘书郎和秘书丞二职中间任太常丞，是又一考而失当的结论。

（原载《文学遗产》1998年第3期）

张籍为太祝及辞聘考

◎刘明华

一

关于张籍生平，《旧唐书》卷一六〇本传载："张籍者，贞元中登进士第。性诡激，能为古体诗，有警策之句传于时。调补太常寺太祝，转国子助教、秘书郎。以诗名当代，公卿裴度、令狐楚，才名如白居易、元稹，皆与之游，而韩愈尤重之。累授国子博士、水部员外郎，转水部郎中，卒。世谓之张水部云。"《新唐书》卷一七六本传载："张籍者，字文昌，和州乌江人。第进士，为太常寺太祝。久次，迁秘书郎。愈荐为国子博士。历水部员外郎、主客郎中。当时有名士皆与游，而愈贤重之。籍性狷直……"

两《唐书》均记载张籍曾为太常寺太祝，且在贞元登进士第后。卞孝萱先生《张籍简谱》定时间为："宪宗元和元年丙戌（806），约四十岁。调补太常寺太祝。……夏，韩愈召入为国子博士。……识白居易。"[①]这一判断大致是准确的。因为白居易元和十年所作的《重到城七绝句·张十八》即云："独有咏诗张太祝，十年不改旧官衔。"《与元九书》亦云："张籍五十，未离一太祝。"而元和十一年张籍已转为国子监助教。那么，张籍为

① 卞孝萱《张籍简谱》，《安徽史学通讯》1959年第4、第5期合刊。

太祝期间的生活如何呢?

张籍在任太祝前后，无疑是其贫穷期。这从他自己的作品和与其交往的朋友们所留下的作品大略可知。

张籍之贫穷，与其身体状况有关，其作品有不少关于其“贫病交加”的描写。他寓居长安时，写给韩愈《酬韩庶子》一诗，是其生活写照：

西街幽僻处，正与懒相宜。寻寺独行远，借书常送迟。家贫无易事，身病足闲时。寂寞谁相问，只应君自知。①

他如《野居》：

贫贱易为适，荒郊亦安居。端坐无余思，弥乐古人书。秋田多良苗，野水多游鱼。我无耒与网，安得充廪厨。寒天白日短，檐下暖我躯。四肢暂宽柔，中肠郁不舒。多病减志气，为客足忧虞。况复苦时节，览景独踟蹰。②

《卧疾》：

身病多思虑，亦读神农经。空堂留灯烛，四壁青荧荧。羁旅随人欢，贫贱还自轻。今来问良医，乃知病所生。僮仆各忧愁，杵臼无停声。见我形憔悴，劝药语丁宁。春雨枕席冷，窗前新禽鸣。开门起无力，遥爱鸡犬行。服药察耳目，渐如醉者醒。顾非达性命，犹为忧患生。③

① 《全唐诗》卷三八四，中华书局1985年版，第4314页。
② 《全唐诗》卷三八三，中华书局1985年版，第4294页。
③ 《全唐诗》卷三八三，中华书局1985年版，第4296页。

此类描写几乎终其一生。如："君为天子识，我方沉病缠。"[①]"病来辞赤县，案上有丹经。"[②]"多病逢迎少，闲居又一年。药看辰日合，茶过卯时煎。"[③]"由来病根浅，易见药功成。"[④]"羸病及年初，心情不自如。……更怜晴日色，渐渐暖贫居。"[⑤]"老去多悲事，非唯见二毛。眼昏书字大，耳重觉声高。"[⑥]"年长身多病，独宜作冷官。从来闲坐惯，渐觉出门难。"[⑦]"身病多时又客居，满城亲旧尽相疏。"[⑧]"东风渐暖满城春，独占幽居养病身。"[⑨]"合取药成相待吃，不须先作上天人。"[⑩]

晚年《书怀》，可视为诗人贫病一生的总结：

> 自小信成疏懒性，人间事事总无功。别从仙客求方法，时到僧家问苦空。老大登朝如梦里，贫穷作活似村中。未能即便休官去，惭愧南山采药翁。[⑪]

从朋友的作品亦可证张籍之穷。韩愈《题张十八所居》写张籍之穷：

> 君居泥沟上，沟浊萍青青。蛙欢桥未扫，蝉嘒门长扃。名

---

① 《全唐诗》卷三八三《病中寄白学士拾遗》，中华书局 1985 年版，第 4300 页。
② 《全唐诗》卷三八四《赠姚合少府》，第 4314 页。
③ 《全唐诗》卷三八四《夏日闲居》，第 4316 页。
④ 《全唐诗》卷三八四《和李仆射秋日病中作》，第 4318 页。
⑤ 《全唐诗》卷三八四《早春病中》，第 4318 页。
⑥ 《全唐诗》卷三八四《咏怀》，第 4318 页。
⑦ 《全唐诗》卷三八四《早春闲游》，第 4320 页。
⑧ 《全唐诗》卷三八六《答刘明府》，第 4354 页。
⑨ 《全唐诗》卷三八六《病中酬元宗简》，第 4360 页。
⑩ 《全唐诗》卷三八六《赠施肩吾》，第 4360 页。
⑪ 《全唐诗》卷三八五，第 4334 页。

秩后千品，诗文齐六经。端来问奇字，为我讲声形。[①]

白居易《诗酒琴人例多薄命予酷好三事雅当此科而所得已多为幸斯甚偶成狂咏聊写愧怀》其一中，对张籍有这样的描写：

> 爱琴爱酒爱诗客，多贱多穷多苦辛。中散步兵终不贵，孟郊张籍过于贫。[②]

白居易《读张籍古乐府》对其文学成就的敬佩和生活困顿的同情的描写更类似一篇传记：

> 张君何为者？业文三十春。尤工乐府诗，举代少其伦。为诗意如何，六义互铺陈。风雅比兴外，未尝著空文。读君《学仙》诗，可讽放佚君。读君《董公诗》，可诲贪暴臣。读君《商女》诗，可感悍妇仁。读君《勤齐》诗，可劝薄夫敦。上可裨教化，舒之济万民。下可理情性，卷之善一身。始从青衿岁，迨此白发新。日夜秉笔吟，心苦力亦勤。时无采诗官，委弃如泥尘。恐君百岁后，灭没人不闻。愿藏中秘书，百代不湮沦。愿播内乐府，时得闻至尊。言者志之苗，行者文之根。所以读君诗，亦知君为人。如何欲五十，官小身贱贫。病眼街西住，无人行到门。[③]

张籍的命运，也得到韩愈、白居易、元稹等人的关注。韩愈去世，张籍有《祭退之》："……我官麟台中，公为大司成。念此委末秩，不能力自扬。特状为博士，始获升朝行。未几享其

① 《全唐诗》卷三四二，第 3832 页。
② 《全唐诗》卷四五五，第 5151 页。
③ 《全唐诗》卷四二四，第 4654 页。

资，遂忝南宫郎。……”[1]这正是韩愈“举荐张籍状”的结果。

《举荐张籍状》：

登仕郎守秘书省校书郎张籍，右件官学有师法，文多古风，沉默静退，介然自守，声华行实，光映儒林。臣当司见阙国子监博士一员，生徒借其训导，伏乞天恩，特授此官，以彰圣朝崇儒尚德之道。谨录奏闻，伏听敕旨。[2]

此后，在元白等人举荐下，张籍的命运出现转机。

敕张籍：《传》云：“王泽竭而诗不作。”又曰：“采诗以观人风。”斯亦警予之一事也。以尔籍雅尚古文，不从流俗，切磨讽兴，有取政经，而又居贫宴然，廉退不竞。俾任石渠之职，思闻木铎之音。可守秘书郎。[3]

白居易撰《张籍可水部员外郎制》：

敕登仕郎守国子博士张籍：文教兴则儒行显，王泽流则歌诗作。若上以张教流泽为意，则服儒业诗者宜稍进之。顷籍自校秘文而训国胄，今又核名揣称，以水曹郎处焉。前年以来，凡历文雅之选三矣，然人皆以尔为宜，岂非笃于学，敏于行，而贞退之道胜邪？与之宠名，可以奖夫不汲汲于时者。可尚书水部员外郎，散官如故。[4]

---

① 《全唐诗》卷三八三，第4301页。

② 董诰等编《全唐文》卷五四九，中华书局1983年版，第5564页。

③ 《全唐文》卷六四八，第6561页。

④ 《全唐文》卷六六二，第6733页。

二

张籍名篇《节妇吟》寄赠对象，向有司空李师古和李师道两说。张籍朋友姚合有《赠张籍太祝》诗，他是第一个也是唯一在唐代透露出张籍辞聘的材料的诗人。全诗如下：

> 绝妙江南曲，凄凉怨女诗。古风无手敌，新语是人知。飞动应由格，功夫过却奇。麟台添集卷，乐府换歌词。李白应先拜，刘祯必自疑。贫须君子救，病合国家医。野客开山借，邻僧与米炊。甘贫辞聘币，依选受官资。多见愁连晓，稀闻债尽时。圣朝文物盛，太祝独低眉。①

据《张籍简谱》，张籍贞元十五年（799）登进士第，按唐制，进士及第后须守选三年，始得吏部铨选授官。而姚合诗“甘贫辞聘币，依选受官资”，意谓张籍登第后宁愿辞去待遇丰厚的方镇之聘，而依中央选官程序，最后获得了太祝这样的清贫之官。那么，张籍辞聘时间当在其贞元十五年进士登第后至元和元年任太祝之前。据《旧唐书》卷一七五载：“元和元年八月，淄青节度李师古卒。”而据《旧唐书》卷一二四李师道本传，元和元年（806）十月，李师道始加“检校工部尚书，兼郓州大都督府长史，充平卢军及淄青节度副大使，知节度事、管内支度营田观察处置、陆运海运押新罗、渤海两蕃等使”。如此，张籍辞聘的对象只能是李师古而非李师道了。

不过，“依选受官资”似也可以理解为张籍任太祝后依照磨勘制度积累升迁资历，这样，辞聘的对象又变得无法确定了。但

① 《全唐诗》卷四九七，第5651页。

这一歧义，并不影响诗歌阐释的指向，笔者另有专文探讨。

三

后世读者对张籍名篇《节妇吟》的解读，是联系到他当时的贫困状况的。从各种材料看，张籍在当时的文人中是一个“穷士”的典型。而如果据上判断，则必须确认，此时的张籍，可能是在任太祝之前或在太祝任上，而非“国子助教”或“博士”。因为唐代官制，太常寺设“博士四人，从七品上。……太祝六人，正九品上”[①]。国子监所设博士或助教，品级亦高于太祝，即“司业二人，从四品下”[②]，“博士五人，正五品上”，“助教五人，从六品上”[③]，其余为“太学，博士六人，正六品上；助教六人，从七品上”[④]、“四门馆，博士六人，从七品上；助教六人，从八品上”[⑤]。即是说，张籍任国子博士是正五品，国子助教是从六品上。相比之下，太祝官品最低。而张籍任国子博士或助教，“仕终国子司业”[⑥]，也显然是太祝之后的事。或许是这样的原因，人们对其拒绝入“司空”幕，才感到不易，感到敬佩。

（原载《文学遗产》2010年第6期）

① 《新唐书》卷四八《百官志三》，中华书局 1975 年版，第 1241 页。
② 《新唐书》卷四八《百官志三》，第 1255 页。
③ 《新唐书》卷四八《百官志三》，第 1266 页。
④ 《新唐书》卷四八《百官志三》，第 1266 页。
⑤ 《新唐书》卷四八《百官志三》，第 1267 页。
⑥ 《新唐书》卷一七六《韩愈传附张籍》，第 5267 页。

张籍与韩愈、白居易关系考察

◎于展东

张籍（约766—830）、韩愈（768—824）、白居易（772—846）三人共同生活在贞元、元和、长庆年间，张籍与韩愈生活的年代基本相同，白居易比张、韩二人稍晚一些。韩愈、白居易分别是中唐两大诗派的领袖人物，张籍与他们二人交往都很密切。

张籍因其乐府诗歌关注现实生活、言语明白晓畅的风格近于白居易的讽谕诗，一般被归于元白诗派。历代诗评家谈到唐人乐府，常以“张（籍）、王（建）、元（稹）、白（居易）”并举。张戒《岁寒堂诗话》说：“元白张籍王建乐府，专以道得人心中事为工，然其词浅近，其气卑弱。”“张司业诗与元白一律，专以道得人心中事为工，但白才多而意切，张思深而语精，元体轻而词躁尔。”[①]尽管他们的诗作各具特色，但这些评论在总体上还是把他们看作一个流派的。另一方面值得注意的是，历来论者也常把张籍归入韩孟诗派，如《新唐书》将孟郊、张籍、皇甫湜、贾岛、刘叉传附于《韩愈传》；梅尧臣《依韵和永叔澄心堂纸答刘原甫》“退之昔负天下才，扫掩众说犹除埃。张籍卢仝斗新怪，最称东野为奇瑰”，显然将张籍与卢仝、孟郊并列于韩愈一派。所以，考察张籍与韩愈、白居易之间

① 张戒《岁寒堂诗话》卷上，丁福保辑《历代诗话续编》，中华书局2006年版，第450页、460页。

的关系，有助于我们深入了解韩孟、元白两大诗派的创作状况以及两个诗派之间的相互影响，而且对于确定张籍归属于哪个诗派会有所启示。

一、张籍与韩愈之间的交往

对于张籍与韩愈二人一生的交游，张籍《祭退之》一诗有深情的追忆、明确的记载：

> 籍在江湖间，独以道自将。学诗为众体，久乃溢笈囊。略无相知人，黯如雾中行。北游偶逢公，盛语相称明。名因天下闻，传者入歌声。公领试士司，首荐到上京。一来遂登科，不见苦贡场。观我性朴直，乃言及平生。由兹类朋党，骨肉无以当。坐令其子拜，常呼幼时名。追招不隔日，继践公之堂。出则连辔驰，寝则对榻床。搜穷古今书，事事相酌量。有花必同寻，有月必同望。为文先见草，酿熟偕共觞。新果及异鲑，无不相待尝。到今三十年，曾不少异更。公文为时师，我亦有微声。而后之学者，或号为韩张。①

从这首诗中我们可以得知：其一，张籍在与韩、孟诗酒唱和、切磋诗艺之前，已是“学诗为众体”，有了自己的创作面貌，但尚未知名，后因韩愈称赏，才“名因天下闻”；其二，韩愈荐举张籍参加科考并及第；其三，韩、张在生活、文学创作中相处甚密，“事事相酌量”，“为文先见草”，相互间定然有影响。张籍认为在开始阶段时自己的诗名从属于韩愈，但后来并称

① 李建昆校注《张籍诗集校注》，台北华泰文化事业公司2001年版。

为“韩张”，诗名有所提高。

张籍与韩愈二人终生牢不可破的友谊主要体现在三个方面。首先，张籍与韩愈的交往表现出一种师友关系。经孟郊介绍，张籍与韩愈在德宗贞元十三年（797）相识，从此便开始了长达二十八年的亲密关系，且终其一生交情都不曾改变。结识之后，韩愈对张籍的才学和品行非常欣赏，于是留张籍在他的城西馆读书，准备参加考试。贞元十四年（798）秋，汴州举进士，韩愈为考官，张籍应试得了第一，被推荐参加全国的进士考试。贞元十五年（799）春二月，张籍在长安中了进士，开始到处谋官的生涯。由此可见，在科举考试上，张籍得到了韩愈的鼎力支持和帮助。其次，张籍在仕宦生涯中之所以能有所成就，和韩愈的四处举荐是分不开的。《旧唐书·韩愈传》载：“少时与洛阳人孟郊、东郡人张籍友善。二人名位未振，愈不避寒暑，称荐于公卿间。而籍终成科第，荣于禄仕。后虽通贵，每退公之隙，则相与谈宴，论文赋诗，如平昔焉。”元和元年（806），张籍任太常太祝，“十年不改旧官衔”。直到元和十一年（816），在韩愈的推荐下，张籍才改任国子助教。长庆元年（821），韩愈任国子祭酒之时，又举荐张籍，有《举荐张籍状》：“登仕郎守秘书省校书郎张籍……学有师法，文多古风。”张籍在《祭退之》中也说到此事：“我官麟台中，公为大司成。念此委末秩，不能力自扬。特状为博士，始获升朝行。”还有，张籍与韩愈的交往更多的是文学上的吸引与影响，韩愈和张籍二人的友谊也基于文学上的交流与影响。从相识到韩愈去世这中间的每一年，他们几乎都有诗歌唱和。据统计，张籍酬赠韩愈诗八首，韩愈赠酬张籍诗十九首。直到韩愈去世前，张籍作为他最好的朋友，经常来探望，二人诗歌唱酬直到最后一刻。

张、韩二人常常在一起谈论诗文，他们在古文以及诗歌创作上持有不同意见，先后有往还书信四封。张的书信主要是建议韩愈著书以攘佛老，并对其“多尚驳杂无实之说”以及喜“为博塞之戏”一类“远于理”的嗜好进行了批评。对此，韩愈作了《答张籍书》《重答张籍书》，就张籍指出的问题作了回答。这一辩论为时人、亦为后人所乐道，更常常作为考察研究唐人小说观念的重要资料。而最能表现张籍与韩愈在文学创作中切磋砥砺情景的，是韩愈写于元和十一年（816）的《调张籍》：“李杜文章在，光焰万丈长。不知群儿愚，那用故谤伤。蚍蜉撼大树，可笑不自量。……我愿生两翅，捕逐出八荒。精诚忽交通，百怪入我肠。刺手拔鲸牙，举瓢酌天浆。腾身跨汗漫，不着织女襄。顾语地上友，经营无太忙。乞君飞霞佩，与我高颉颃。”诗歌热情地赞美李白、杜甫的诗文，表现出高度的倾慕之情；直接斥责“群儿”谤伤李杜是多么愚蠢无知，如同蚍蜉撼大树，其不自量力只会让人笑话，对于光芒万丈的李杜，是不会有丝毫损伤的。李杜的诗文流传人间的，只不过是泰山的毫末之微而已，因此，不仅他自己愿意生出两翅，上天入地地追寻李杜诗歌的精神，也希望自己的朋友张籍不要老是钻进书堆里寻章摘句，忙碌经营，还是和自己一起向李杜学习，在诗歌的广阔天地中高高飞翔。

二、张籍与白居易之间的交往

张籍与白居易的交往比与韩愈的交往要晚得多。张籍与白居易定交，可以追溯到元和初张籍调补太常寺太祝之时。当时白居易是左拾遗、翰林学士，官品虽不高，地位却十分清贵，而张籍是太常寺太祝，一直屈居下僚，病体缠身、郁郁寡欢。张籍曾多次想造访白居易，他写了一首《寄白学士》诗：“自掌天书见客稀，纵因休沐锁双扉。几回扶病欲相访，知向禁中归未归。”清楚地表明了白居易的地位，以及自己急于求见的心情。白居易对此深表同情，他立即以《答张籍因以代书》向张籍发出了热情的邀请："怜君马瘦衣裘薄，许到江东访鄙夫。今日正闲天又暖，可能扶病暂来无？"白居易表现得十分谦逊好客，流露出异常真挚的友情。自从二人定交之后，友情深厚，一直有诗唱和，直到张籍去世前不久。纵观张籍与白居易二人的交往，前后近三十年，可谓事历数朝，"交情不替"。据统计，张籍酬赠白居易诗十一首，白居易酬赠张籍诗十五首。

张籍、白居易二人交往中最有意义的一段时间是从元和初到元和十年（815）白居易被贬为江州司马之前这十年左右，著名的新乐府运动也正兴起于这十年。当时，韩孟诗派从人员到风格已经初步形成，并且有较大的声势。而此时元白的共同创作风格还没有形成，元白早期的讽谕诗的创作，从贞元十九年（803）白居易做左拾遗才刚刚开始尝试，张籍、白居易之间的交往对于新乐府运动的开展有积极的作用，二人相互影响、相互促进，他们许多有价值的乐府诗和讽谕诗正是创作于这十年间。这十年，白居易在仕途上可谓一帆风顺，"十年之间，三登科第，名入众耳，迹升清贵"，同时在文学创作上取得了辉煌成就，创作了大量的讽谕诗作；这十年张籍虽位卑官冷、"多病逢迎少"、"终朝自在贫"，却也是他创作上丰收的十年。尽管张籍、白居易二人的境遇穷达不同，但交往十分密切，时常你来我往。如元和九年（814），白居易结束了在渭上的丁忧生活，诏授太子左赞善大夫，入朝后曾作《重到城七绝句》，其中一首《张十八》："谏垣几见迁遗补，宪府频闻转殿监。独有咏诗张太祝，十年不改旧官衔。"就是为张籍的仕途失意鸣不平。白居易还在《酬张十八访宿见赠》诗中分析了张籍不走运的原因："况君秉高义，富贵视如云。五侯三相家，眼冷不见君……"既是深入的分析，也是热情的赞誉，更是纯正的友谊的体现。可以想见，两位思想倾向和诗风相近的诗人通过频繁接触、相互切磋，肯定会给彼此的创作带来有益的影响。

张籍、白居易交往的第二个重要时期是从元和十五年（820）直到张籍去世。遭贬后的白居易思想开始变化，由原来的兼济天下转而开始独善其身，政治热情大大减退，于是创作了大量的闲适诗，用文学寄托生活情趣，表达闲情逸致。虽然长庆年间白居易回到了京城，但他已经不再热心政治了。这时，张籍与白居易交往唱和的诗作不再以乐府诗为主，而更多的是应酬、闲适的内容，写日常生活、交游往来、凡俗琐事。当然，这其中少不了探讨诗歌创作，例如在长庆三年（823），张籍曾把自己的二十五首新诗寄给白居易，白居易看了后十分高兴，玩味通宵，并在这二十五首之后题诗一首，一并寄给当时任越州刺史、浙东观察使的元稹，元稹也和诗一首。从元稹的诗题《酬乐天吟张员外诗见寄因思上京每与乐天于居敬兄升平里咏张新诗》可以看出，白、元等人经常在一起吟咏张籍的新诗。而且这一时期，张籍、白居易之间的友谊更深厚了，他们晚年甚至已经到了形影不离的地步。大和二年（828），白居易有《雨中招张司业宿》："泥泞非游日，阴沉好睡天。能来同宿否？听雨对床眠。"可见诗人之间的关系非常亲密，常常对床而眠、促膝而谈。诗句虽明白如话，其中所表达的情意却是那么真挚感人。

在张籍心中，韩、白二人无论在友情还是文学成就上都是不相上下的。有诗为证，元和九年（814），白居易作了《酬张十八访宿见赠》："五侯三相家，眼冷不见君。问其所与游，独言韩舍人。其次即及我，我愧非其伦。"通过以上对张籍和中唐两大诗派代表人物韩愈、白居易之间的交往情况的考察，可见当时诗坛虽各立门户，但不同风格、不同流派之间的诗人结交为友，互相切磋。张籍与韩、白二人同时交好。对此，许总先生曾论述说："……张（籍）、王（建）既表现为元白诗风之先导，又与韩孟派关系密切，其诗歌通俗化程度显然不及元白，在着意将写实、寓义与通俗融合起来的创作实践中，实际上包含着相当程度的经营构炼之功，有些诗篇甚至含蕴隽永，耐人寻味。宋人王安石《题张司业诗》评为‘看似寻常最奇崛，成如容易却艰辛’，正是对张、王‘乐府皆言妙入神’的根本特征的精彩提挈。从其中‘寻常’与‘奇崛’两种艺术风范的兼具及辩证关系看，似又一定程度地体现出介乎韩孟诗派的奇险化与元白诗派的通俗化之间的过渡与兼容状态。”[①]联系到韩愈、白居易各自不同时期诗歌的创作特色，我们不难推知张籍在韩孟诗派的奇险化和元白诗派的通俗化之间起着桥梁的作用。

（原载《兰台世界》2012年6月下旬刊）

① 许总《论张王乐府与唐中期诗学思潮转向》，《华侨大学学报》2004 年第 2 期。

论张王乐府中的唱和现象

◎朱炯远

中唐诗人张籍、王建擅长乐府诗，甚为时辈所重，其乐府诗被誉称为“张王乐府”，嗣后又被历代诗论家所推许，赞语不绝。然而这些论者从未言及张王乐府中存有唱和现象。五四以来的文学史著作及有关张王乐府的专论文章，也几乎无一谈到这个特殊现象。唯有乔象钟先生等主编的《唐代文学史》在论述张王同题乐府时说“应是唱和的诗”[①]，可惜未曾展开论述，且对非同题乐府中的唱和现象只字未提。有感于上述情况，笔者认为很有必要将张王乐府中的唱和现象展示给研究唐诗，特别是研究中唐诗歌的同仁。因为笔者相信这样的展示既能让人认识中唐乐府诗发展的某些规律，又有助于弄清中唐新乐府运动究竟存在与否这个学术界甚为关切的问题。

一、张王乐府中的唱和现象

张王乐府中确实存有唱和现象，大致可以分为两大类：

（一）同题唱和。这类唱和诗计有八组，题名为：（1）《寄远曲》；（2）《促促词》；（3）《思远人》；（4）《北邙行》；（5）《凉州词》；（6）《别鹤》；（7）《乌栖曲》；

① 乔象钟等主编《唐代文学史》下册，人民文学出版社 1995 年版，第 234 页。

（8）《望远人》。

如《寄远曲》，张诗：

美人去来春江暖，江头无人湘水满。浣纱石上水禽栖，江南路长春日短。兰舟桂楫常渡江，无因重寄双琼珰。

王诗：

美人别来无处所，巫山月明湘江雨。千回相见不分明，井底看星梦中语。两心相对尚难知，何况万里不相疑。

判定这组诗是唱和诗的依据是：首先，前诗写对美人的情意深长，后诗写担忧美人的别后变心，呈反向唱和状态，白居易称之为“答”诗[①]；其次，在《乐府诗集》中，同题之作仅此两首，可见并非只是模拟母题的泛咏之作；再次，首句句法相似，一“去”、一“别”，正为呼应之语，二句的湘水、湘江为有意识的重复；最后，中间两句张诗写思者情不能自已，王诗写想者痴意难平，和意甚明。

又如《促促词》，张王均有同题之作。张诗感叹贫穷之家丈夫整年务工谋生，却难以赡养全家老小，因而感慨“君身长在（自家）应不得”；而王诗则写一位出嫁后受“长住娘家”恶风俗束缚的女子，数十年来不能与丈夫团聚，过着十分痛苦的寡居生活，所以她是一位“妾身长在（夫家）应不得”的苦命女子[②]。男女主人公的生活遭遇虽然不同，处境却又那样惊人地相似，不是唱和诗又是什么？而且，张诗前两句谓“促促复促

① 白居易《和答诗十首序》：“同者谓之和，异者谓之答。”

② 见拙作《王建〈促刺词〉与“长住娘家”的民俗》，《沈阳师范学院学报》1989年第2期。

促，家贫夫妇欢不足”，王诗前两句谓“促促复刺刺，水中无鱼山无石”，前诗直说，后诗用比兴暗说（无鱼即无偶，无石即无依、无夫之意），亦是唱和之貌。再者，《乐府诗集》中同题之作仅此两首，同样排除了泛咏之嫌。最后，两诗风格相似，均善用民间俗语，恐为同时、同地所作。

再如《思远人》，张诗：

> 野桥春水清，桥上送君行。去去人应老，年年草自生。出门看远道，无信向边城。杨柳别离处，秋蝉今复鸣。

王诗：

> 妾思常悬悬，君行复绵绵。征途向何处，碧海与青天。岁久自有念，谁令长在边。少年若不归，萧室如黄泉。

谓其为唱和诗的理由是：首先，内容相似，均为女子思念远方的丈夫。白居易称这类意同唱和为“和诗”[①]。其次，使用意象相同，张用“远道”，王用“征途”；张用“向边城”，王用“长在边”；两人又共用“君行”。再次，同用叠字手法，张的“去去”“年年”，王的“悬悬”“绵绵”均是，恐非巧合。最后，《乐府诗集》中同题亦仅此两首，实非为泛咏之作。

又如《北邙行》，张诗末两句“人居朝市未解愁，请君暂向北邙游”，王诗末两句“朝朝车马送葬回，还起大宅与高台”。张诗调侃沉溺于欢乐窝中的有钱人不妨先去郊外坟场走走，自会愁绪顿生；王诗讽刺富贵之人只知享受，不知死之临头。两诗讽意相似，只是角度稍有不同而已，是谓

① 白居易《和答诗十首序》：“同者谓之和，异者谓之答。”

“和”。再，《乐府诗集》同题之作仅此两首，亦足证此组诗仅为自相唱和，非为附咏他题的一般乐府作品。

此外，张王有的乐府唱和诗如《别鹤》，虽然前人已有同题之作，但张王诗章题材已有变动，不同于前人的抒写失侣之情及羁旅之意，而是专咏夫妻离别，故仍可将它们视作乐府唱和诗，而不是普通的乐府诗。同样的例子还有《凉州词》《乌栖曲》等。

（二）异题唱和。这类唱和诗计有七组，题名为：（9）《寄衣曲》《送衣曲》（前张诗后王诗，下同）；（10）《猛虎行》《射虎词》；（11）《古钗叹》《开池得古钗》《失钗怨》（后两首王诗）；（12）《野老歌》《水夫谣》；（13）《别离曲》《赠离曲》；（14）《车遥遥》《远将归》；（15）《湘江曲》《湖南曲》《荆门行》（前两首张诗）。

如张籍《寄衣曲》：“殷勤为看初着时，征夫身上宜不宜？”写女子托官家给丈夫送衣。王建《送衣曲》：“愿身莫着裹尸归，愿妾不死长送衣。”写女子亲自远行为夫送衣。两诗立意相同，角度相异，唱和之意甚明。张诗有“贵从妾手着君身”，王诗有“贵欲征人身上暖”，句型亦同，更见是唱和之诗。张诗云“高堂姑老无侍子，不得自到边城里”，王诗云“去秋送衣渡黄河，今秋送衣上陇坂”，白居易所谓“答”诗的特征甚清。再则，张王这组乐府诗在《乐府诗集》中均为独首之篇，这又从侧面说明这组异题唱和诗同其他乐府诗联系甚少，而被视为组唱正相适宜。

又如张的《猛虎行》和王的《射虎词》，前者以“南山北山树冥冥，猛虎白日绕村行”，将猛虎喻为地方村霸劣绅之类；后者以“自去射虎得虎归，官差射虎得虎迟”，将射虎人比作各地军阀头子。两诗相互配合，将或分裂割据，或占山为王的大大小小危害国家社稷和人民的恶势力尽数包举其中，并予以猛烈的抨击，为百姓出了一口冤气。细绎诗意，当是两人有意识的唱和之作。

再如张籍的《古钗叹》谓“古钗堕井无颜色，百尺泥中今复得。凤凰宛转有古仪，欲为首饰不称时”，此以古钗堕井喻贤才不得重用。王建的《开池得古钗》谓“美人开池北堂下，拾得宝钗金未化。凤凰半在双股齐，钿花落处生黄泥”，与前者诗意联绵，前失而后得；前言“凤凰宛转有古仪”，此言“凤凰半在双股齐”，必是一时并作无疑。唯此首所咏之事与前首不似，为纯写夫妇情事，借得钗而欲与夫婿重修前好。故这组诗虽为唱答之作，但诗意腾挪变化较大。王建还有《失钗怨》诗“贫女铜钗惜于玉，失却来寻三日哭。嫁时女伴为作妆，头戴此钗如凤凰”，从用语看，似乎是张籍《古钗叹》的答诗；或者说，也可能是自己《开池得古钗》诗的答诗。因为这种自和自答的诗篇，在晚唐皮陆唱和诗中尤为繁多，王建初试身手，率先自答其诗，也不是没有可能的[①]。

还如张籍的《野老歌》与王建的《水夫谣》，虽诗题毫无相似之处，但前者写山农无食只得以橡实为生，后者写水夫无居，只能似水鸟般在沙滩生存。一写无食，一写无居。此唱彼和，相互补充，叙尽百姓疾苦。且《野老歌》又题为《山农词》，与《水夫谣》字字相对，甚为精妙，故张籍之作可能先题为《山农词》，与王建《水夫谣》唱答，后来又改题为《野老歌》。

此外，张籍的《别离曲》中有“早知今日当别离，成君家计良为谁”，而王建的《赠离曲》中有“若知中路各东西，彼此不结同心结”。两诗主人公均为女子，但前者写女子怨丈夫出征，后者写女子恨丈夫抛弃，题材不尽相同；然其中人物的

① 见赵以武《唐代和诗的演变论略》之四、之二，《社科纵横》1994 年第 4 期。

反悔语气和决绝态度又何其相似，大概非是巧合，恐为酬唱之篇。张又有《车遥遥》，写富贵女子愿夫婿早归；王又有《远将归》，写贫困妇人待将归丈夫。两诗使用的意象相同，语意接近，当可视为唱和之什。

二、张王以乐府唱和的内外条件

张王以乐府唱和是在一定的内外条件具备的情况下形成的。

首先是张王两人有交往的经历，这里既有人的交往，也有诗的交往。张王在乐府上齐名，凑巧的是，两人生年也相同（766），故张籍《逢王建有赠》诗云“年状皆齐”。更凑巧的是，两人卒年也相近，张约在830年，王约在831年，王比张大约多活一年。两人在一生中，有过两个密切接触时期，即贞元初在邺郡（今河南安阳一带）同学时期及元和八年（813）后两人居留京城时期。在前段时期里，张王只是“初有髭”的年轻后生，他俩每每“追随”名师发奋读书，有时在“使君座下朝听《易》”，有时在“处士庭中夜会诗”，谁有新作就互相“借问”，为寻绎诗义便共同“寻思”。当张籍过了知天命年岁时，对上述事情犹念念不忘，说“经今三十余年事，却说还同昨日时”（以上所引据张籍《逢王建有赠》），可见两人感情之深。而且，张籍在贞元十年（794）曾重访寓居漳水之滨达十年之久的王建，重叙友谊，再续前缘，表明两人在此十年间书信诗作的往复当未曾间断。后段密切接触时期在元和八年王建迁回故乡京都之后，这一时期持续较长，张王同为京官，官阶均不高，自有许多共同语言。总体说来，张王两人一生交往不断，关系密切，情感相通，旨趣贴近，因此，以他们所喜爱并擅长的乐府诗进行唱和是完全有可能的。

我们还可通过对张王交往诗篇的选录，加深对上述结论的印象。张王交往诗（不包括乐府唱和诗）计二十首，其中张寄王诗十四首，王寄张诗六首[1]。在这些作品中，提及两人以篇什唱和与共同切磋诗艺的有：张的《逢王建有赠》“新作句成相借问，闲求义尽共寻思”，《赠别王侍御赴任陕州司马》“更和诗篇名最出”，《喜王六同宿》“更相借问诗中语，共说如今胜旧时”；王的《送张籍归江东》“君诗发大雅，正气回我肠”“访余咏新文，不倦道路长”等。提及两人互相思念及情谊深长的有：张的《登城寄王秘书建》“闻君鹤岭住，西望日依依”“十年为道侣，几处共柴扉”，《酬秘书王丞见寄》“相看头白来城阙，却忆漳溪旧往还”，《书怀寄王秘书》“赖君同在京城住，每到花前免独游”，《赠别王侍御赴任陕州司马》“京城在处闲人少，唯共君行并马蹄”，《喜王六同宿》“十八年来恨别离，唯同一宿咏新诗”，《赠王建》“赖有白头王建在，眼前犹见咏诗人”；王的《送张籍归江东》“出处两相因，如彼衣与裳”“相亲惜昼夜，寝息不异床”，《酬张十八病中寄诗》“彼愁此又忆，一夕两盈盈”等。以上诗句足证张王两人有着同声相应、同气相求的共同思想基础，这是产生张王乐府唱和诗最重要的内部条件。

张王以乐府唱和的盛举若无一定的外部条件也是难以出现的。撮其要点有二：一为中唐文人一般唱和诗的繁荣，一为中唐文人乐府唱和诗的崛起。

中唐文人唱和诗一般是上承齐梁时代唱和诗之佼佼者颜延之、谢玄晖的唱和传统发展而来的，其间初盛唐诗人也偶尔染指于此，然数量既少，名作更乏。《唐诗三百首》所录王维、岑参、杜甫同时和贾至《早朝大明宫》诗三首，虽流布较广，然在该著中依然算不上名篇，仅为陪衬而已。和诗发展到中唐，在数

① 见吴汝煜主编《唐五代人交往诗索引》张籍、王建条，上海古籍出版社 1993 年版。

量上有了突飞猛进的上升幅度。有人统计，在全部唐诗中，和诗约占二十分之一，而中唐的和诗要占到全部和诗的三分之一[①]，足见中唐唱和诗之发达。张王以乐府唱和的举动自然不可能不受到这股流风的影响。

张王以乐府唱和的举动同样受到当时文人乐府唱和诗的影响。前述张王有两个密切接触期，一个是贞元初的十年，一个是元和八年后的十六七年。而从贞元至元和期间，亦正是中唐以白居易、元稹等为代表的诗人运用乐府诗唱和的高潮时期，他们的这种新尝试，自然会给原本就喜爱乐府诗的张王带来连锁反应。其实，早于贞元的乐府诗唱和已在王季友、戎昱两人间进行。戎昱有和王季友的同题唱和《苦哉行》，诗前有注云“宝应（代宗年号，762—763）中过滑州、洛阳后同王季友作”。《乐府诗集》原存戎诗，王诗惜不传。其后，元稹可谓大量制作乐府唱和诗的主要诗人，他一人和了三位诗人的乐府诗三十二首，其中和李绅乐府新题十三首、和李馀乐府古题九首、和刘猛乐府古题十首[②]。稍后，白居易再和李绅乐府新题五十首，其中十三首与元稹同题，亦可称为和元稹之作。此外，白居易有奉宪宗李纯进献之《太平乐词》两首及《小曲新词》两首，虽然在本质上不能算是唱和诗，但这两组诗隶属乐府诗，又是应命之吟，恐含唱和成分在内，当为受文人乐府唱和时尚影响的产物。白居易还有一件轶事同乐府唱和诗有关，即唐宣宗李忱问及其《杨柳枝》辞中的“永丰”究处何地，白在向帝讲述之后余兴未尽，再作一篇同题之作。河南尹卢贞又和咏一首，诗人薛能再作续和[③]。上述中唐文人以乐府唱和的盛况，有的发生在张王乐府唱

① 见赵以武《唐代和诗的演变论略》之四、之二，《社科纵横》1994 年第 4 期。

② 见郭茂倩《乐府诗集》（中华书局 1979 年版，第 1349 页）、吴汝煜《唐五代人交往诗索引》（上海古籍出版社 1993 年版，第 170 页、第 174 页）。

③ 见郭茂倩《乐府诗集》，第 1142 页。

和之后（如《杨柳枝》辞），但元李（绅）、元刘（猛）、元李（馀）的唱和年代大致较早，元白唱和的年代大致在张王两次密切接触期之间。不难看出，以乐府唱和，在他们中间是相互影响、蔚为风气的。

三、张王以乐府唱和的时代意义

张王乐府唱和诗是中唐诗坛上的一朵奇葩，它的成功至少有以下三方面进步意义。

首先是，在原先只是属于抒写文人个人情感的唱和诗领地中，以描写社会现实为主要内容的乐府诗开始占据了一席之位，这就使唱和诗获得了新的生命力，并表现出一定的时代特征[①]。众所周知，历来的文人唱和诗在内容上仅囿于官场得失、职位黜陟、宴饮欢聚、山水吟唱、叙旧话别、咏物托志、伤友怀人、叹穷嗟贫等方面，虽然也具有一定的认识价值，但比起张王唱和乐府主要以社会民生现象为直接描写对象，在反映现实的广度和深度方面还有着一定的差距。张王的乐府唱和诗虽然数量不够多（32首），但已占到两人乐府诗总数（163首）的五分之一[②]，其比例不可小觑。可以这样说，正因为张王这批具有相当规模的乐府唱和诗，以其强烈的社会性，汇入了当时的诗坛主流，才使得中唐诗歌的时代特征更加突出，更加鲜明。中唐诗作中具有现实内容的很多，但在反映现实时能做到及时深刻就不太容易，其中做得比较突出的无非是元白张王等一批新乐府诗人。在他们的成功经验中，重要的一条便是，在中唐诗歌改革的

① 如陈绎曾《诗谱》谓“中唐主辞意”，牟愿相《小澥草堂杂论诗》谓“中唐诗以道得人心中事为工”等。

② 统计方法为，将《乐府诗集》《全唐诗》中不重见部分相加，张籍有乐府诗 77 首，王建有乐府诗 86 首。

大潮中，重视乐府诗以及乐府唱和诗的社会功能，使之为自己的总目标服务。这不能不说是元白、张王的高明之处。

其次是，张王唱和乐府在形式上也给予文人唱和诗以新鲜的面貌，其主要特征便是通俗。众所周知，中唐诗歌从总的趋向看在通俗化方面比盛唐诗歌大大前进了一步①，这不仅表现在元白的“元和体”长篇叙事诗上，同时突出地表现在元白张王等人新的乐府诗上。作为中唐乐府诗的一条支脉，张王唱和乐府在通俗化方面表现突出，它将过去只属于民间文学特色的通俗手法带入文人文学范畴的文人唱和诗中。这说明通俗诗正在逐步向文人诗的领地渗透，也说明文人唱和诗的领域已向通俗诗开放。这种通俗化的文学现象，正是整个中唐文学的重要特色，不仅在诗歌领域如此，而且在其他文学领地，诸如小说、散文、词、说唱文学甚至骈文的领域，文人创作也越来越多地表现出通俗化的特色，并最终导致晚唐诗歌的一大变革，即律诗的通俗化。作为距离民间文学最远、最富有文人创作风貌的律诗一经被通俗化所改造，那么，毫无例外几乎所有的文学样式无不具备了通俗特色。这就是人们往往将中唐文学视为中国文学史上文学创作从纯文人创作到文人创作和民间创作相结合的转折时代的原因。这是一个具有伟大意义的时代，繁荣于元明清时期的戏曲和小说就是在这个时代孕育出来的。而张王唱和乐府正是在此转折的关键时刻，在文坛上出现的能促进这种变革的重要环节。它可谓通俗诗和文人诗高度融汇的产物，是中国通俗文学时代即将到来的序曲之一，是文学发展史上的一件大事，其时代的进步意义不言而自明。

而且，张王唱和乐府革除了文人唱和诗的某些弊端，为它的健康发展指明了方向。从宏观的角度看，文人唱和诗在文学发

① 如《明文海》卷二二五王格《初唐诗叙》谓“中唐以降……多肤露之词”，又同书卷二六六彭辂《诗集自叙》谓中唐诗的特色是“吐露条达”，沈德潜《唐诗别裁集》谓“中唐诗渐平”等。

展史上只是一股逆流，除极少数优秀诗篇外，其他大量作品只是形式主义的机械重复、卖弄技巧的置换颠倒、显示才气的韵脚编次，充其量不过是一种文字游戏罢了。故历来诗论家对此极少褒奖，如清人李重华就曾以“多勉强凑合”“特以示才气过人”“次韵随人起倒，其遣词运意，终非一一自然”[①]等语批评了唐宋名家元白、皮陆、苏黄等人的唱和诗，至于那些不入流诗人的唱和之作就更无从谈起了。唱和诗在他们的笔下，已成为逞才使气的特殊工具，离文学作品所应具备的社会性、形象性、抒情性和感染性差距甚远。然而张王唱和乐府以独特的风貌打入文人唱和诗的营垒之中，它们所表现出来的进步的思想意义、高超的艺术技巧、通俗的表现手法和灵活的韵律处理等特点，使之具备了不朽的生命力和强大的感染力，并长久地沾溉后世文人和读者，深受历来诗论家嘉许。不能不说，这是从文人唱和诗这块贫瘠的土地上生长出的鲜艳的花丛，可惜的是历来对文人唱和诗持批评意见的人几乎无一注意到这枝“出墙的红杏”。

再次是，张王的乐府唱和诗对新乐府运动的声势产生了一定的积极影响。自二十世纪八十年代以来，学术界对中唐是否存有一个“新乐府运动”展开了激烈的讨论，持否定意见的学者，有的从人数少、时间短、作品有限的角度立论[②]，有的从新乐府难以界定的角度立论[③]，自然也有持肯定意见的[④]，但无论持何种观点的论者，都不曾涉及这批张王乐府唱和诗，不能不说是一种缺憾。张王的新乐府唱和诗约占其乐府唱和诗的一半，这些诗篇无论从题材的选择还是手法的运用方面看，都很接近元白的新乐

① 《贞一斋诗话》第 31 条。

② 例如罗宗强《“新乐府运动”种种》，1985 年 11 月 19 日《光明日报》、《文学遗产》专刊第 694 期。

③ 例如周明《论唐代无新乐府运动》，《唐代文学研究》第 2 辑，广西师范大学出版社 1990 年版。

④ 例如葛晓音《新乐府的缘起和界定》，《中国社会科学》1995 年第 3 期。

府诗，属于新乐府诗林中的一部分。过去单纯地将它们视为一般的新乐府，现在则弄清了它们属于新乐府唱和诗。这样，我们无论如何也不能否定张王新乐府唱和诗丰富了以元白为主流的新乐府诗的表现样式以及对其他诗体的渗透能力，同时也从一个方面说明新乐府的创作在元白大量创作新乐府诗篇之前、之后都在不间断地持续进行着。所以，结论就是：张王以乐府唱和现象的发现，特别是张王曾以新乐府唱和现象的揭示，以及由此而相关的以元白为主体的整个中唐新乐府唱和活动自觉展开这种现象的展示，对那种以为中唐文学史上确实存在过“新乐府运动”的论点肯定能起到提托的作用；同时，对白居易从杜甫以来的现实主义诗人所创作的大量的新乐府诗的实践中，认真加以总结提高，最终确定“新乐府”的名称（后人又称之为“新乐府运动”）这一文学现象，也肯定能起到支持的作用。

（原载《上海大学学报》1997年第5期）

“道得人心中事”的艺术

——张籍、王建乐府比较

◎周　明

张籍、王建诗歌创作的成就主要表现在乐府诗上。他们继承了《诗经》和汉魏乐府反映现实的优秀传统，学习了杜甫的现实主义创作方法，写作了许多优秀的乐府诗。其中有些古题乐府并非“沿袭古题，唱和重复”，而是“寓意古题，刺美见事”（元稹《乐府古题序》），表现现实生活，其实就是新乐府的一种。他们的新题乐府更是广泛而真实地反映了各方面的社会生活。这些诗对少数民族统治者的入侵骚扰、战争的残酷破坏、皇室权贵的骄奢淫逸、农民的饥寒劳困、妇女的屈辱凄苦、富商大贾的牟利伤农，都有真切的反映。他们写这些诗不免有向统治者讽谏、规劝的用意，其主导方面还是对社会的批判。他们的社会诗都用乐府诗来写即一证明。

张王二人一生都官职卑微，生活坎坷贫困，因此他们能较多地接近社会下层，了解人民的生活，同情人民的悲苦命运，感受人民的思想情绪。他们的乐府诗主要内容就是描写劳动人民的生活。诗中写到普通的农民、樵夫、牧童、船工、纤夫、苦工、兵士和平凡的劳动妇女，表现的是他们苦难的生活和悲惨的命运，传达的是他们的心声。这些诗生活气息浓厚，语言通俗平易，多用口语和比兴，富有民歌风，艺术成就较高。从唐以来，人们对他们的乐府诗评价都很高。宋张戒《岁寒堂诗话》称："元白张籍王建乐府，专以道得人心中事为工。"我们认为这一评语最能表现张王乐府的主要成就和艺术上的基本特色。他们的乐府诗确实最善于表现劳动人民的内心世界，道出劳动人民在战争的摧残和封建剥削压迫下的怨愤情绪和对于美好生活的渴望。二人诗名相齐，作品题材、艺术风格都比较接近，但两人各有特色。这里打算对他们的乐府诗"道得人心中事"的基本方法和风格的区别作一些分析。

一、平凡处见本质

见微知著、以典型表现一般，是古代现实主义诗歌的优秀传统之一。张王乐府中极少有叙事诗，篇幅都不长，写的也不是重大的社会事件，但张王善于在平凡的生活画面中表现社会的本质。诗篇选材小，开掘深，做到小中见大。在处理诗歌艺术的小大关系上，他们是善于立足于小的。

"安史之乱"后，藩镇割据，经常称兵作乱，一方面朝廷直接征收赋税的地区大大缩小，一方面朝廷进行平叛战争，军事开支加大，因而拼命加重对农民的剥削，广大农民被逼得在死亡线上挣扎。对于这无尽的苦难，张籍用《山头鹿》来揭露和控诉：

> 山头鹿，双角芟芟尾促促。贫儿多租输不足，夫死未葬儿在狱。旱日熬熬烝野冈，禾黍不熟无狱粮。县家惟忧少军食，谁能令尔无死伤。

农民因交不足租税被官府囚禁的事，是当时社会的真实。白居易在《奏阌乡县禁囚状》中写道："县狱中有囚十数人，并积年禁系，其妻儿皆乞于道路，以供狱粮。其中有身禁多年、妻已改嫁者，身死狱中、取其男收禁者，云是度支转运下，囚禁在县狱，欠负官物，无可填陪（赔），一禁其身，虽死不放。”张籍的《山头鹿》写的就是这样的现实。白居易的《秦中吟·歌舞》写的也是这样的事。不过，白居易是把秋官、廷尉的醉暖与狱囚的冻死联系起来叙写，暗示其中的关系，而张籍则正面加以表现，公开揭示“县家惟忧少军食”与“夫死未葬儿在狱”的关系，同时又写出“旱日熬熬烝野冈，禾黍不熟无狱粮”的事实，既交代了农民悲惨命运的人祸天灾的背景，也暗示了夫死狱中儿命难活的悲剧结局，读来令人怵目惊心。从中不难看出张籍在短篇中高度概括、以小见大的功力。

张籍的诗善于概括，善于把矛盾集中到一人一事，特别是妇女的遭遇上来表现，从《征妇怨》这首诗也可看出来。这首诗写的是一个征妇“夫死战场子在腹”的悲剧。诗篇的前半部分写了战争悲剧的普遍性：“九月匈奴杀边将，汉军全没辽水上。万里无人收白骨，家家城下招魂葬。”然后把战争的苦难集中到一家一人来表现：“妇人依倚子与夫，同居贫贱心亦舒。夫死战场子在腹，妾身虽存如昼烛。”封建社会的妇女无独立地位，“三从”的另一面无疑就是“三依”。现在丈夫战死，孩子未生，这征妇的命运可谓悲惨至极。昼烛暗淡无光，象征了征妇无有生路的处境，语极沉痛。按说“夫死战场子在腹”在现实生活中不一定实有。张籍另有一首七绝《邻妇哭征夫》，从标题看，应是实录：“双鬟初合便分离，万里征夫不得随。今日军回身独没，去时鞍马别人骑。”悲惨的程度较轻，而“夫死战场子在腹”极深刻地揭示了征妇的不幸。王安石说张籍的诗“看似寻常最奇崛，成如容易却艰辛”（王安石《题张司业诗》），诚为的论。从上述“夫死未葬儿在狱”“夫死战场子在腹”的两个悲剧不难看出，张籍最善于用虚构来概括、集中生活，由平凡处见本质。

王建的乐府也擅长采用这种写法，通过一家一户的平凡的生活表现社会的本质。如《田家行》写一户人家夏收劳动的情景，虽然辛苦，但“男声欣欣女欢悦，人家不怨言语别”，呈现一片欢乐的气氛。他们乐在“麦收上场绢在轴，的知输得官家足。不望入口复上身，且免向城卖黄犊。田家衣食无厚薄，不见县门身即乐”。处在苛重的剥削下的农民，辛苦劳动一年，连入口上身的最低要求也不敢存，他们只希望保住耕牛，只希望不被抓到县衙蹲监狱，免遭“夫死未葬儿在狱”的惨祸，这就是他们唯一的快乐了。请看，当时剥削到了何等残酷的地步！也可看出官家和农民是怎样的关系！张籍的《山头鹿》从农民的苦揭露社会本质，王建的《田家行》则从农民的“乐”来揭露社会本质，都是从一个侧面，由平凡生活表现社会大问题。相比之下，张籍在这方面要更尖锐些。张戒称赞他“思深而语精”（《岁寒堂诗话》卷上），是很有道理的。

二、反常处见真情

事物的性质是从不同的方面表现出来的，既有正面，也有反面。人的思想也是这样，有时通过正常的、合理的愿望表现出来，有时通过反常的、不合理的要求表现出来。但往往反常的、不合理的东西能更深刻地表现事物的本质。张籍、王建在表现人民内心世界时，常常写他们反常的愿望，表现他们内心的真情。也就是说，在艺术的奇正关系上，他们往往出其不意，于反常处表现人民的真实感情。

张籍的《贾客乐》对比了商人和农民的生活后，写道：“（贾客）年年逐利西复东，姓名不在县籍中。农夫税多长辛苦，弃业宁为贩宝翁。”这“弃农从商”就是反常的心理，恰恰反映了农民对自身地位的抗议。因为他们承受着沉重的封建租赋和劳役的剥削，终年辛劳却难以生存。王建《水运行》就写道：“辛勤耕种非毒药，看着不入农夫口。”农民看到商人的生活，忽发奇想：“弃业宁为贩宝翁。”这愿望是不可能实现的，却从中表现了农民求生不得的痛楚。在善作奇语方面，王建表现得格外出色。他表现人物的反常心理，往往奇特得不合情理，仔细品味却又入情入理。例如写妇女给征人送衣的《送衣曲》就是如此：

> 去秋送衣渡黄河，今秋送衣上陇坂。妇人不知道径处，但问新移军近远。半年着道经雨湿，开笼见风衣领急。旧来十月初点衣，与郎着向营中集。絮时厚厚绵纂纂，贵欲征人身上暖。愿身莫着裹尸归，愿妾不死长送衣。

这首诗铺叙妇女送衣的过程，“去秋”二句暗写征妇送衣已非一次，征人在外也非一年；地点的变化说明愈来愈远。“妇人”二句写送衣之难。“半年”二句写送衣路上雨露风霜之苦。“旧来”二句写她赶路之急。“絮时”二句总写她对亲人之爱，是她不怕远、难、苦、累的力量所在。一系列叙述中已渗透了她对丈夫的爱，而这爱在结尾处凝聚成一个愿望：希望丈夫永不归来，为此愿意自己继续送衣，至死方休。这“愿身莫着裹尸归”就是一个不合理的愿望，哪有妻子不盼丈夫归来的！但她知道丈夫活着是回不来的（王建《渡辽水》诗曰“身在应无回渡日”），除非裹尸归来。为了能让丈夫活着，只好愿他永世不归，宁愿自己至死长送衣。战争的残酷、征妇心中的沉痛、妻子对丈夫的挚爱，都从这一反常的愿望中倾诉了出来。

他的《水夫谣》也用这种奇中见正的方法，抒写了纤夫在沉重的苦役下渴望摆脱苦难的心情。诗由“苦哉”领起，至“怨天”结束，表现纤夫的苦和怨非常集中，而这无穷的苦、怨都升华为诗的结尾“我愿此水作平田，长使水夫不怨天”这一反常的、不合理的要求。拖船劳动异常艰苦，但他们不能远走高飞，因为“父母之乡去不得”，封建的土地制度像枷锁一样把他们束缚在土地上。在纤夫看来，苦的根子就是“生长水驿边”，所以才有“官家使我牵驿船”的苦役，因而唯一解除苦难的办法是“我愿此水作平田”。然而这愿望怎能实现！诗人就从这不合情理的呼告中写出了船工们摆脱不掉的命运和哭诉无门的痛苦。辛文房说王建的诗能“道人所不能道”（《唐才子传》卷四），看来应该包括这种反常处见真情的表现手法。而这种手法的运用归根结蒂是基于诗人对劳动人民内心世界深透的把握。

三、隐曲处见精神

人的心灵活动有时大起大落，如急浪翻涌，有时微妙幽隐，如春水微皱。道人心中事往往要在不引人注目之处把握人心灵的活动，把最深微、最能表现真情的东西发掘出来。张籍、王建是这方面的能手，他们在处理隐显关系上，常常在隐曲处下功夫。清沈德潜对张王诗歌评价不高，但也不得不佩服“张王乐府，委折深婉，曲道人情”（《重订唐诗别裁集序》），肯定他们的深和曲。

张籍的《节妇吟》是人们经常提到的作品。这首诗写“节妇”接受情人赠送明珠后的矛盾心理，始则“感君缠绵意，系在红罗襦”，以动作表现她欣然接受了男方的爱情，她继而想到自己是有夫之妇，要“事夫誓拟同生死”，因而又流泪退回了礼品。此时她心情痛苦，矛盾的感情凝成一句痛心的内心独白：“何不相逢未嫁时！”表现这女子既忠于丈夫，又渴望获得真正爱情的心理，真是惟妙惟肖。此诗在《全唐诗》中题作《节妇吟寄东平李司空师道》。如此题为张诗原题，则此诗是用寄托的写法，委婉地拒绝强藩李师道的招引。但诗人对妇女矛盾心理的体会和刻画仍是相当成功的。具有这一特色的还有《寄衣曲》：

织素缝衣独苦辛，远因回使寄征人。官家亦自寄衣去，贵从妾手着君身。高堂姑老无侍子，不得自到边城里。殷勤为看初着时，征夫身上宜不宜？

“寄衣”，是唐代边塞诗中的一个传统主题，前代诗人如李白等，已经写了许多优美的诗篇，抒写出征妇对征人的关切和思念，再写出新意是不容易的。张籍却能独辟蹊径，深探征妇内心隐曲的活动，以深取胜。这首诗几乎没有叙述描写，全是征妇的心理活动：一写她以自己织素缝制的征袍与官家寄的寒衣作对比，感到自己亲手做的衣服格外可贵，因为一针一线都寄托着绵绵深情；二是以“远因回使寄征人”与“自到边城里”作对比，为不能亲自把衣服送到丈夫手中，亲手帮丈夫试穿新衣而抱憾。妇女为丈夫做衣，不只求暖，还希望合身，丈夫欢喜。如能亲切地看着丈夫初着新衣，那是非常幸福的。而这“不得自到边城里”就使她非常遗憾了。

王建也是善于洞幽烛微的。请看他以传说故事写的《望夫石》：

望夫处，江悠悠。化为石，不回头。山头日日风和雨，行人归来石应语。

这首诗篇幅极短而表情极深。成功的奥妙在于诗人把坚定与深情统一在这个化为石的女子身上。前两句写她的深情，“江悠悠”句以虚写实，显出她在江边伫望长久。后两句写她的坚定，“不回头”句以实写虚，表现她执意等待，感情深沉。这是由人变石，突出女子基于深情的坚定。最后两句推想由石变人，突出女子坚定的力量源泉是无比的深情：许多年后，丈夫归来，沉默等待的石人就要开口向亲人倾诉日夜思念的衷肠。结尾一句出奇制胜，却奇得入情入理，合乎这个执拗的女子感情发展的逻辑。和唐宋以来众多的《望夫石》诗相比，王建的《望夫石》不追求石人外形的描写，不借助环境、气氛的烘托，不在“凄苦”上做文章，而是以雕塑般的外形勾勒，以“此时无声胜有声”的意境，在从人到石，又从石到人的叙述与推想中，把握住女子内心活动的规律，表现了中国劳动妇女的情操美。虽是传说故事，却感人至深。

四、对比处见是非

对比是中国古典诗歌常用的手法，运用对比可以使不同的事物或事物的不同方面各自具有的性质更加突显出来；既可显示它们的区别和对立，又可显示它们之间的联系。对比，实际上是对立统一的辩证规律在诗歌艺术上的运用。如杜甫的名句“朱门酒肉臭，路有冻死骨”，虽未严格对仗，却极尖锐地揭示了唐代社会生活中阶级的对立和两个阶级之间的关系，表达出诗人爱憎分明的感情。张籍、王建也善于运用对比的表现方法。

唐人笔记中曾记有张籍学习杜甫的传说，说张籍以杜诗一卷烧成灰烬，和蜜汁吞服，曰：“令我肝肠，从此改易。”（冯贽《云仙杂记》）此说未必可信，不过，我们从张籍的诗中可以看到他和杜甫有一脉相承之处。如他的《野老歌》写道：

> 老农家贫在山住，耕种山田三四亩。苗疏税多不得食，输入官仓化为土。岁暮锄犁傍空室，呼儿登山收橡实。西江贾客珠百斛，船中养犬长食肉。

中唐时期土地兼并加剧，许多农民失去土地，以“耕种山田”为生，统治者巧立名目征收赋税却堆积库中，任其朽坏的事，我们在柳宗元的《钴鉧潭记》①和白居易的《重赋》诗中都可看到，可以印证张籍的《野老歌》的确是真实地反映了社会现实。但值得我们注意的是张籍有意运用对比，他将“苗疏税多不得食”与“输入官仓化为土”对比，最后四句又用隔句对的方式将“岁暮锄犁傍空室”与“西江贾客珠百斛”对比，以“呼儿登山收橡实”与“船中养犬长食肉”对比，对农民过的非人生活及其根源作了深刻揭露，表现出诗人对社会的强烈控诉。

在运用对比方面，王建乐府的诗风不同于张籍。张诗对比尖锐、鲜明，感情异常强烈，王诗的对比多含蓄、多暗示，抒情比较委婉。如王建的《海人谣》写海上采珠人出没风波的苦难生活，结尾以“恶波横天山塞路”和“未央宫中常满库”对比，《失钗怨》以“贫女铜钗惜于玉，失却来寻三日哭”和“高楼翠钿飘舞尘，明日从头一片新”对比，都显示了统治阶级骄奢淫逸的生活造成人民贫困这一社会真实，而抒发人民怨恨之情较张籍含蓄。不过，最能体现王建在对比中暗示特色的诗是《羽林行》：

> 长安恶少出名字，楼下劫商楼上醉。天明下直明光宫，散入五陵松柏中。百回杀人身合死，赦书尚有收城功。九衢一日消息定，乡吏籍中重改姓。出来依旧属羽林，立在殿前射飞禽。

从汉以来，羽林军（唐代也称神策军）就是最高统治者直接

① 柳宗元《钴鉧潭记》：“其上有居者……一旦款门来告曰：‘不胜官租、私券之委积，既芟山而更居，愿以潭上田贸财以缓祸。’”

豢养、驱使的爪牙，从汉乐府的《平陵东》、东汉辛延年的《羽林郎》到白居易的《宿紫阁山北村》、张籍的《少年行》，都是讽刺这一阶层的。王建诗的妙处在于围绕羽林军士的怙恶不悛和肆无忌惮呈现出一系列互相矛盾的现象，通过对比，抨击其罪行。第一组，楼下、楼上对比鲜明，表明“恶少”胆大无忌，有恃无恐；第二组“天明”二句，点出此人身份，夜间在皇宫值更与天明潜入密林作恶对比，所谓皇家卫士原来就是杀人越货的恶棍；第三组“百回”二句以罪不容诛与皇帝曲意回护对比，写其逍遥法外；第四组以案发后暂避风头与恢复原姓对比，暗示任何人都奈何他不得。原因在最后二句画龙点睛写出，原来此人身“属羽林”，敢“立在殿前射飞禽”，靠山就是皇帝，所以才如此骄横。诗人虽不着一语评论，但通过形象本身一系列矛盾现象的对比，显示了人民对这班恶少的憎恶，批判的力量直透纸背，隐隐地指向了最高统治者。

王建还善于以抑扬的手法形成全篇诗歌气氛的对比，由人民情绪的变化抒写人民对剥削的怨恨。如《田家行》《簇蚕辞》前部分极力铺写、渲染农民对好年景的期望和丰收的喜悦。《簇蚕辞》写道：“蚕欲老，箔头作茧丝皓皓。……神蚕急作莫悠扬，年来为尔祭神桑。……新妇拜簇愿茧稠，女洒桃浆男打鼓。”情绪何等明朗欢乐，但诗的结尾，气氛陡变，欢快之情被无情的现实压得无影无踪。《簇蚕辞》说：“三日开箔雪团团，先将新茧送县官。已闻乡里催织作，去与谁人身上着？”热烈的希望与冷酷的失望形成对比。欲抑先扬，情绪大起大落，农民对剥削的怨恨尽在情绪的变化与对比中婉曲地流露了出来。

五、结尾处见爱憎

诗篇的结尾对于一篇诗来说至关重要，诗评家历来重视结尾。钟嵘《诗品》评论谢朓的诗，就批评他虽“善自发诗端，而末篇多踬”。沈德潜曾说：“诗篇结局为难，七言古尤难。前路层波叠浪而来，略无收应，成何章法？支离其词，亦嫌烦碎。作手于两言或四言中，层层照管，而又能作神龙掉尾之势，神乎技矣！”[①]从这些论述中都可见结尾的重要，也可见结尾之难，是需要高手刻意经营的。

张籍、王建的乐府诗都很注意结尾，充分发挥结尾二句或四句的作用。这是他们道出人心中事的又一重要方法。结尾对于全篇大部分内容来说，是一与多的关系，在处理艺术的一与多关系上，他们致力于一，以结尾收应前篇，振起全篇。

他们常用强烈的呼告直道人民心声。如张籍《陇头行》写边疆少数民族统治者侵占了河西陇右大片土地，破坏了汉族人民的和平生活，诗的结尾是：“谁能更使李轻车，重取凉州人汉家！”表达了强烈的民族情绪。《董逃行》用古题写中唐时期藩镇叛乱中人民颠沛流离之苦，结尾高呼：“董逃行，汉家几时重太平！”喊出人民对太平生活的渴望。王建《精卫词》结尾是：“高山未尽海未平，愿我身死子还生！”用神话表现人民实现理想的决心。《水夫谣》也是直诉心声，都能动人心弦。

张王二人诗的结尾风格也不同。

张籍的诗多在结尾点出主题，这和白居易的“卒章显其志”是相同的。但白居易常画蛇添足，有时作不必要的重复，《新乐府》中有的诗说教的味道很浓。张籍诗的结尾却是全篇必不可少的成分，凝炼而又冷峭，常常在全篇蓄足力量的基础上，出以警句，作一针见血的揭露，具有很强的讽刺力量。有的时候是顺结，如《筑城词》层层铺叙筑城之苦，结尾沉痛控诉，揭露徭役

① 沈德潜《说诗晬语》卷上，《清诗话》，上海古籍出版社 1978 年版，第 536 页。

的罪恶实质："家家养男当门户，今日作君城下土！"把仇恨的怒火烧向最高统治者。有的时候是旁结，诗句和全篇无直接联系，但揭露往往入木三分。如《山头鹿》结尾写道："县家惟忧少军食，谁能令尔无死伤。"诗人突然插话，冷言冷语，似乎对农妇的"夫死未葬儿在狱"之苦不关痛痒，实际是指责"县家"不顾人民死活，批判的矛头直指皇帝，大胆而又尖锐。《牧童词》结尾说："牛牛食草莫相触，官家截尔头上角！"也是旁敲侧击的旁结。还有的时候用反结，就是说反话，讽刺格外辛辣。如《废宅行》写道：

胡马崩腾满阡陌，都人避乱唯空宅。宅边青桑垂宛宛，野蚕食叶还成茧。黄雀衔草入燕窠，啧啧啾啾白日晚。去时禾黍埋地中，饥兵掘土翻重重。鸱枭养子庭树上，曲墙空屋多旋风。乱定几人还本土，唯有官家重作主。

这首诗描写少数民族武装入侵关内，造成一片城空宅废无主的景象。诗中一系列描写使人从视觉和听觉上感受空宅的荒凉，暗示出这些废宅久已失去了主人。它们的主人在战乱中有的流落异乡，有的辗转死亡，乱后能有几个人生还家园，再做宅主呢？尽管城邑荒凉，尽管人口大减，这一切都无妨官家回来，重做统治人民之"主"。"唯""重"二字有力地道出了人民对官府的讽刺和怨恨。这结尾的反语"讽刺统治阶级的不顾人民"[①]非常有力。有的选注本说："末后两句把收复国土肃清兵祸的责任寄托在负责管理国事的政治领袖身上。"[②]意思是说，乱后能有几

① 中国社会科学院文学研究所《中国文学史》（二），人民文学出版社1962年版，第443页。

② 徐澄宇《张王乐府》，古典文学出版社1957年版，第45页。

人还归本土，要由官家决定了。笔者认为，这一注释完全没有理解张籍用反语讽刺的用意。

相比之下，王建诗的结尾情绪幽怨，风格含蓄。如《织锦曲》以精细的笔触描写织锦女劳动的艰辛：“一梭声尽重一梭，玉腕不停罗袖卷。窗中夜久睡髻偏，横钗欲堕垂着肩。合衣卧时参没后，停灯起在鸡鸣前。”结尾是：“莫言山积无尽日，百尺高楼一曲歌。”日夜织作的劳动果实自己不能享有，而被统治者任意挥霍，她心里该有多少辛酸、怨恨！但王建并不明说，怨恨全在暗示之中。《簇蚕辞》的结尾也具有这样的特点。

张王乐府在唐代诗坛上有独特的风貌。从上述分析来看，他们的诗具有鲜明的写实风格，善于抒发下层人民的心声；在艺术上他们不求大和高，而是立足于小、奇、隐、精，来构思和创造他们的作品，在共同的风格下又各具特色，从而创造了宝贵的艺术财富，给后人留下了丰富的艺术经验。

［原载于《文学遗产（增刊）》第17辑，中华书局1991年版］

从张王乐府诗体看元白的“新乐府”概念

◎谢思炜

“新乐府”作为一种诗体名称，是在白居易的《白氏文集》中首次确立的[①]。但唐代乐府新歌的发展经历了一个较长时期[②]，其中张籍、王建二人是与元稹、白居易同时或稍前的乐府诗重要作者。进一步搞清这两组创作之间的密切关系，对于正确认识元白的“新乐府”概念显然具有重要意义。

一、张王乐府对元白创作的影响

相对于元白创作而言，张王二人的创作情况不很清晰，很多作品难以确切编年。但据王建《送张籍归江东》“君诗发大雅，正气回我肠”[③]等各种材料来看，二人早在贞元年间便以“发大雅”之创作精神相推许，其开始讽谕性的乐府诗写作也大概在这一时期[④]。张籍诗作中若干涉及时事的内容，如《董公

① 见拙文《白居易与“新乐府”诗体》，《文史知识》1999年第5期，其中主要参考了太田次男、小林芳规《神田本白氏文集の研究》（勉成社1982年）中的考证。

② 见葛晓音《新乐府的缘起和界定》，《中国社会科学》1995年第3期。

③ 王建《王建诗集》卷四，中华书局1959年版。

④ 张籍元和初释褐入长安后，无东归事。此诗云“所念俱贫贱，安得相发扬”，亦可证作于二人得官前。《张籍诗集》卷七有《南归》一首，似与王建此诗相呼应，即其贞元间归江东时所作。

诗》[①]，为歌颂汴州宣武军节度使董晋而作，当是贞元十三年（797）于汴州谒韩愈之后所作[②]；名篇《节妇吟寄东平李司空师道》[③]，据洪迈《容斋随笔》所言本事，所寄对象应为李师古，据《旧唐书》卷一四《宪宗纪》，李师古卒于元和元年（806）闰六月，张诗亦作于此前。

又据《王建诗集》卷九《洛中张籍新居》《扬州寻张籍不见》，《张籍诗集》卷二《登城寄王建》“十年为道侣，几处共柴扉”，卷四《逢王建有赠》“处士庭中夜会诗”“新作句成相借问”以及卷六《赠王建》等作品来看，在元和初张籍入仕长安之前，张、王二人曾“几处”交往，会诗唱酬。今两人集中同题之作有《寄远曲》《北邙行》《白纻歌》《乌栖曲》《短歌行》，题目稍异而实同者有《陇头水》（《陇头行》）、《送衣曲》（《寄衣曲》）、《促刺词》（《促促词》）、《古宫怨》（《离宫怨》）、《宛转词》（《宛转行》）、《射虎行》（《猛虎行》）、《饮马长城窟》（《筑城词》）、《乌夜啼》（《乌啼引》）。此外，题旨相关之作还有：《行宫词》与《洛阳行》，《失钗怨》与《古钗叹》，《空城雀》与《雀飞多》，《去妇》与《离妇》等。根据张、王二人经历，我们可以以元和元年张籍入仕长安为界，将两人的乐府之作分为同唱、分作两个阶段，以上同题之作都可肯定作于元和元年以前（当然这一时期也有不少分写之作）。张籍在元和元年以后，还作有《沙堤行呈裴相公》《伤歌行》等作品，王建作有《温泉宫行》《荆门行》《东征行》等作品。但在元和八年王建官长安以后，两人再次相遇酬唱，不再有乐府诗乃至古诗，而全部为近体律诗。由

① 张籍《张籍诗集》卷七，中华书局 1959 年版。

② 见傅璇琮主编《唐才子传校笺》第 2 册“张籍”条，中华书局 1989 年版。据《旧唐书》卷一四五，贞元十五年二月董晋卒，汴州发生兵乱，张诗未及此事，故可肯定作于此前。

③ 张籍《张籍诗集》卷一，中华书局 1959 年版。

此可知，张王乐府的创作时间大体在贞元中期至元和初，恰好在元白开始《新乐府》创作之前。

白居易在元和年间作有《读张籍古乐府》[①]："张君何为者？业文三十春。尤工乐府诗，举代少其伦。"诗中列举了张籍的《学仙》《董公诗》《商女》《勤齐》等诗[②]。可见，张籍乐府诗在元和初已颇为人所知，并因此被白居易引为同调。张、王乐府之作与元白《新乐府》中还有某些相关题材，其中最明显的就是与洛阳上阳宫有关之作。王建《行宫词》："常时州县每年修，皆留内人看玉案。禁兵夺得明堂后，长闭桃源与崎岫。开元歌舞百草头，梁州乐人世嫌旧。官家乏人作宫户，不泥宫墙斫宫树。两边仗屋半崩摧，野火入林烧殿柱。"[③]所谓"禁兵夺得明堂后"，当指建中四年（783）两河兵乱，东都告急，时"神策诸军皆临贼境"[④]，"李勉及神策将刘德信将兵救之……希烈游兵剽掠至伊阙，勉复遣其将李坚帅四千人助守东都"[⑤]。此次战事延及洛阳，神策诸军曾参与守卫，上阳宫在此次战乱后便封闭崩摧，宫人"看玉案"也成为过去。张籍《洛阳行》"上阳宫树黄复绿，野豺入苑食麋鹿"[⑥]亦可参证。但"上阳宫人"的故事流传已久，顾况《李湖州孺人弹筝歌》就曾写道："上阳宫人怨青苔，此夜想夫怜碧玉。"[⑦]《本事诗》《云溪友议》等亦载有上阳宫女题诗落叶流御沟中，顾况和作之事[⑧]。李绅、元稹创作《上阳

① 朱金城《白居易集笺校》据诗中"如何欲五十"语定为元和十年（815）作。按张与白元和初年在长安相识，而此诗编于白集首卷次篇，前后均为元和初年诗作，故此诗作年也可能稍前。

② 朱金城《白居易集笺校》卷一，上海古籍出版社 1988 版。

③ 王建《王建诗集》卷一，中华书局 1959 年版。

④ 刘昫《旧唐书》卷一二，中华书局 1975 年版。

⑤ 司马光《资治通鉴》卷二二八，中华书局 1956 年版。

⑥ 张籍《张籍诗集》卷七，中华书局 1959 年版。

⑦ 彭定求《全唐诗》卷二六五，中华书局 1960 年版。

⑧ 周勋初《唐人轶事汇编》卷一八，上海古籍出版社 1995 年版。

白发人》，并以之为“新题乐府”首篇，白居易又继而和作，对照张、王之作可知，元白之作显非纪实，而善于腾挪改造，似乎后来居上。此外，张王乐府中还有大量关怀民生之作，元白“惟歌生民病”的创作主张显然与其一脉相承。

二、张王乐府诗体与新乐府诗体

张王乐府诗体的基本形式为七言歌行或以七言为主的杂言歌行，其中杂言体的一种常见句式是以三七句式起首，王建诗中尤多。如《关山月》：“关山月，营开道白前军发。冻轮当碛光悠悠，照见三堆两堆骨。……”白居易的《新乐府》常采用三三七句式，在这一点上两者有近似之处。张籍乐府中还有少数五言体或三五言体（《宛转行》《离妇》《新桃》《春水曲》等），王建诗中的《宫中三台》《江南三台》等六言诗及《宫中调笑词》，因为合乐也被归入乐府，但实为歌辞体。

张王乐府大多采用七言或杂言歌行，有助于说明一个事实：中唐所谓“新乐府”实际是从歌行体中产生，并具有歌行体（七言杂言）的韵律[①]。在两人诗集中，乐府与古风或五言古诗均分类编排，划分得十分清楚。尽管现存传本最早只能追溯至宋，是否保持原貌尚可质疑，但以诗体分类，本是唐人编集的通例，元白自编诗文集均如此。宋人重编，如无特殊需要，似无打破其原有分类的必要。今南宋书棚本《王建诗集》“乐府”类，除最后附入的《宫中三台》等几首外，均为七言杂言歌行。源于北宋汤中本的八卷本《张司业集》，在“七言古诗”下收录七言杂言歌行，另卷七拾遗中设“乐府”类，实际即相当于正卷中的“七言

① 见［日］松浦友久《中国诗歌原理》第八篇《乐府·新乐府·歌行论》，辽宁教育出版社 1990 年版；葛晓音《新乐府的缘起和界定》。

古诗”，正卷和拾遗的这部分都只在最后附入少量五言诗。这种编排实际将乐府诗体与七言歌行等同，而与五言古诗区别开来。

在上述“乐府”或“七言古诗”分类之外，张、王诗集中还有一部分以词、曲、怨或二字、三字乐府古题命题的五言古诗和七言绝句。这些乐府题作品被划分在“乐府”类之外，恰恰说明这一时期人们对乐府诗体的理解已有所变化。

追寻这一变化过程，须上溯至李白。后人所编《李翰林集》分古风、乐府、古近体诗三大类，在乐府类中既有五言体，也有七言杂言歌行体，但在数量上后者已明显超过前者。乐府诗体由五言居优变为七言杂言居优，首先在李白集中体现出来。稍后的杜甫，实际上很少写五言古题乐府（前后《出塞》勉强可以算），而写作了大量自命新题的七言歌行。同时元结作《系乐府》12首，全部为五言，此外的《舂陵行》《忝官引》等乐府题作品也是五言。元结以写作五古为主，有着强烈的仿古意识，这样处理不足为奇。但这种一味复古的写法缺少响应。大历以后，歌行体在诗坛上占有愈来愈重要的位置，擅长的作者有戴叔伦、韦应物、顾况、李益等。对他们的歌、行、吟、词、怨题作品（《全唐诗》所载，近体歌辞除外）作一统计，七言杂言歌行所占比例大多超过80%，可见七言杂言歌行已逐渐成为乐府诗的主体。

在歌行体流行的同时，五古在贞元诗坛上也占有突出位置，出现了一些专以五古见称的诗人，张籍所结交的孟郊、韩愈即是其代表。然而，五古繁荣的结果之一恰恰掩盖了五言乐府诗的特有个性，将后者完全统一进自己的范畴之内。孟郊的五古中有不少乐府题作品，但都限于比较典型的三字乐府古题形式，而并非像杜甫、韦应物、顾况等人歌行那样自由命题。这样，它们与歌行体的距离便更为明显，而与孟郊的其他五古作品取得了更多的共性。孟郊本人基本不写七言歌行，与歌行作者形成对峙局面。韩愈作品则划分得更为清楚：凡五古多以“诗”名篇（如《南山诗》《双乌诗》《孟生诗》等），以歌、行名篇者则基本上为七言杂言（如《嗟哉董生行》《石鼓歌》等）。由歌行体与五古平行发展（并且各有其代表人物）的这一趋势，可以总结出当时人有关诗体分类的基本概念：五古、歌行、近体律诗。而从这种诗体分类的角度来看，乐府诗体显然是与歌行体大体重合的，尽管在五古和近体中仍包含若干乐府题作品。由此可见，张王乐府选择歌行体为主要形式，事实上受到这种诗体分类的制约，五言乐府题作品在他们的创作中变得无足轻重，并不是偶然的。

以上有关诗体发展的说明，对于了解乐府含义的演变十分重要。在中国诗歌史上，“乐府”是一个流动变化的概念，随着文学现象的更替不断衍生新义。但在变化之中，它的基本含义又始终离不开这三个方面：1.乐府精神；2.乐府诗体；3.乐府诗题。人们在平常使用这一概念时，有可能只着眼、强调其中某一方面，但在进行正式、重要的诗体划分（如诗集分类）和规定相对稳定、持久的创作活动时，则必须将这三方面联系起来考虑；而“乐府”毕竟首先是一个诗体概念，所以在三者中“诗体”一项显然是更为基本的规定。也就是说，“乐府”不论所指为何种文学现象，首先总是指一种具体诗体。例如白居易的《读张籍古乐府》主要强调的是乐府精神（广义的，即与“风雅比兴”一致）方面，而其中所举的张诗，如《学仙》《董公诗》等，就诗体、诗题而言都非乐府诗（在《张司业集》中被归入“古风”类）。看来白居易是只着眼于这些作品与乐府精神的一致。但白居易之所以仍称张诗为“古乐府”，是因为张籍此外确实写作了大量在诗体和诗题上都合于要求的乐府诗。这首诗固然说明了乐府概念在运用中的宽泛模糊，但它本身也确实反映了中唐乐府诗创作的兴盛。

元白所谓“新乐府”的确切含义，也只有在中唐乐府诗体发展的总体背景下才能搞清楚。不言而喻，“新乐府”首先是乐府诗体之一，因而对它的规定不可能脱离上述乐府诗含义的三个基本方面，它所谓“新”也正体现在这三者的联系之中。但人们对“新乐府”的说明，似乎一向只强调精神和诗题两点，多少忽略了诗体方面的规定。推究其原因，可能是元白本人就很强调新乐府“系于意不系于文”的精神方面以及“即事名篇”这一主要的形式标志。但应当明确的是，“新乐府”的最初含义（最狭义），就是指李绅、元稹、白居易的一组同题创作，而这组创作是有其特定诗体的。李绅、元稹称其为“新题乐府”，或许还是从诗题着眼，但白居易在将其编入文集时便取消了“题”字，从诗体分类角度称之为“新乐府”。从这种最狭义的含义出发，元稹在《乐府古题序》中追溯其源流时提及的一些先行作品，当然也可被称为新乐府。然而，必须注意的是，无论是李、元白的创作，还是元稹的追溯，都没有破坏和忽略“新乐府”的诗体规定。元白之作均为七言杂言歌行，李作虽不存，但据此也可断定必为歌行体①。《白氏文集》保存最为完整，其诗体分划也最为清楚：讽谕诗中两卷为五古，两卷为“新乐府”（据日本神田本，此两卷卷题又标明“杂言”，“新乐府”三字亦在卷题之内，而非如刊本另行单提成为组诗名称）；恰与感伤诗中的“古调诗”和“歌行曲引杂言”两部分相对应。按照作者自己的这种划分，他的其他五言作品都不能称为乐府，当然也不是新乐府。如论者常与《新乐府》混言的《秦中吟》，虽是新题，却属古体，不能归入新乐府中。白居易本人在谈及讽谕诗时，也是明确将《秦中吟》等作品与《新乐府》分开来的。例如《与元

① 何况白居易曾明言：“李二十常自负歌行，近见予乐府五十首，默然心伏。”（《白居易集笺校》卷一六《编集拙诗成一十五卷因题卷末戏赠元九李二十》）这里“歌行”“乐府”二词也可互换。

九书》，就只提及《贺雨》《哭孔戡》《秦中吟》等作品，而根本未提及《新乐府》。《编集拙诗成一十五卷……戏赠元九李二十》也是“秦吟近正声”为一句；“短李伏歌行”为一句：专门言及“乐府诗”的则有《寄唐生》《效陶潜体诗十六首》等。同样，元稹在《乐府古题序》中追溯新乐府先行作品时，也只提及“《悲陈陶》《哀江头》《兵车》《丽人》等”，全部为七言歌行，而未及杜甫其他作品。此序下文总结道“凡所歌行，率皆即事名篇”，这里“歌行”一词正是“新乐府”之的解。与此相对照，《与元九书》在追溯讽谕诗的先行之作时则列出“《新安》《石壕》《潼关吏》《塞芦子》《留花门》之章”，全部为五古，如此分划井然，若无一个明确分类，岂能如此?

由此可知，“新乐府”之“新”确实还有一层诗体上的涵义：相对于汉魏乐府和李白乐府中尚留的五言体，必须运用当时流行的七言歌行体。而当时人所谓的“古乐府”，不仅指古题，也确指五言古体。元稹和刘猛、李馀“古乐府”中，就有《出门行》《捉捕歌》《估客乐》等作品，实为新题，只是仍采用五言古体。元结的《系乐府》也正是在复古的意义上，采用五言体。张籍的《董公诗》等五古作品，也被笼统地呼为“古乐府”。被后人归入新乐府的某些作品，如杜甫的“三吏”“三别”、《塞芦子》、《留花门》之章，在元白当时却被看作古诗或古乐府。

当然，在另一方面，元白的新乐府相对于初盛唐以来大为发展的歌行诗体，也有其新的含义。除必须具有讽兴之义的精神要求之外，新乐府“即事名篇”的方式与歌行体原来就有的自由命题方式也完全不同。歌行体依作者之情景自命新题，不起于元白，也不起于杜甫，自初唐已然。张说等多人同唱《安乐郡主花烛行》即是其例。在元白之前，歌行体中出现的一些长题已与一般诗歌的命题方式几乎没有区别。新乐府的“即事名篇”绝非指此，而是指：1.所谓“即事”，必须是当世的政治时事；2.所谓“名篇”，则必须恢复与古乐府类似的二字、三字题形式，而不是那种散漫的自由命题。借此，歌行体才被改造为新乐府，元白诗中的其他歌行曲引杂言才与新乐府区别开来。

综上可见，元白新乐府在精神、诗体、诗题三方面都具有“新”的含义，并非一种简单的自拟新题之作，三者亦不可偏废或偏倚。失去讽兴之义或新题，固然不成其为新乐府；而失去其特殊诗体规定，则新乐府不但将与其他时代的乐府诗相混同，而且将失去它的重要的时代功能。新乐府的产生既然是一种适时的革新，也必然需要准备和铺垫。李绅之作是触媒，张王乐府则应是准备之一。从上述三方面规定回头来看，张王乐府既具有讽兴之义，又采用歌行体和三字新题，可以说是当时与元白新乐府最为接近的一组创作。因此，将张王乐府视为新乐府创作的先导和重要组成部分，应该说是符合事实的。

那么，新乐府的诗体规定是如何变得模糊不清的呢？根本原因当然是乐府诗体本身的流动变化，新乐府所采用的七言歌行不过是它在一个历史阶段中相对固定的一种诗体形式。又由于新乐府在精神或创作方式上多受古乐府恩惠，当强调这种精神时人们便会有意或无意地忽略它们在诗体上的区别。晚唐皮日休的《正乐府十篇》，已全部恢复为五言体，而他所谓“正”实际便含有恢复汉魏古乐府之意。这是一个题虽新而体实古的典型例子。至北宋郭茂倩编《乐府诗集》，不但对元稹《乐府古题序》作断章取义的处理，而且完全忽略了元白所坚持的诗体之别。作为一种历史现象的新乐府，至此已面目全非。

三、新乐府诗体的时代含义

新乐府将歌行体作为自己的规定诗体，恰恰反映着中唐文学的某种特殊机缘和内在活力。

七言或杂言歌行无疑是中国古典诗体中最为自由的形式[①]，其句式的自由度增宽，与民间说唱体极为接近，更便于采用直陈叙述句，从而更易形成场面的客观化和第三人称叙述形式。事实上，在唐以后的民间说唱艺术中，我们已经看不到五言形式，而只有七言或长于七言的形式。文人创作的规律当然与此类似，在处理叙事题材时必然要倾向于选择七言诗体（近体诗之不适合于叙事，更不待言）。然而，这种叙事功能的发挥还需要客观题材提供刺激。一开始，七言歌行的叙事潜质还仅仅表现为一般性的场面铺排、人物介绍、发表议论，或某些特殊对象——如音乐——的描绘形容。《丽人行》是杰出的叙事作品，但基本上仍是由场面铺排和人物素描所构成。在韦应物、顾况等人的歌行中，状物描绘仍占有很大比重，体现在各人的代表作中，如：韦应物《弹棋歌》、顾况《李供奉弹箜篌歌》、李益《汉宫少年行》等。

新乐府之“新”，也恰恰体现在向歌行体提供新的题材刺激：继承汉乐府精神，集中引入社会写实题材。张王乐府也恰恰在这方面成为先导，同时在艺术上也由以描绘为主转向以叙事为主。这类作品有：《水运行》《当窗织》《失钗怨》《水夫谣》《田家行》《镜听词》《织锦曲》（以上王建），《野老歌》《伤歌行》《贾客乐》《江村行》《樵客吟》《离妇》（以上张籍）等。元白（尤其是白）也恰恰是在题材革新和叙事技巧这两方面继续推进，终于使新乐府蔚为大观。白诗的叙事成就表

① 就句式的自由度而言，骚体或可与歌行体媲美，歌行体中原也包括一种骚体短歌。但骚体中语气词的有规律重复，使它更适合于抒情。因此，歌行体的叙事功能也主要由“行”诗来承担了。

现在：改场面呈现（如《丽人行》）为历时的人物命运故事（如《缚戎人》），改人物自述（如《兵车行》）为客观叙述（如《卖炭翁》），此外还增加人物活动场景，使用戏剧情节突变等等，并使篇幅大为扩展。总之，使七言歌行的叙事功能得以充分体现，新乐府创作也因此大获成功。仅以白居易本人的作品作一比较，《秦中吟》和其他讽谕诗中没有一篇典型的叙事诗，而《新乐府》中有四五篇这类优秀之作。《新乐府》的整体成就明显高于《秦中吟》及其他讽谕诗，由此可见诗体所起的关键作用。

中唐是一个叙事时代：传奇小说在这时完全成熟，民间叙事作品大量涌现，元白还利用歌行体写作另一类社会生活题材——世俗风情，并在新乐府之外发展了歌行体的另一种形式——长篇歌行。正是叙事，将白居易的两种歌行体联系在一起，将讽谕诗和感伤诗中的最优秀之作联系在一起。按照编年，他的叙事技巧首先是在《长恨歌》等长篇歌行中得到锻炼的，《新乐府》中也可以看到风情题材的延伸（如《井底引银瓶》）。所以，歌行体叙事功能得以发挥的更基本原因，还在于世俗生活中的变化。由此还可进一步思考令人遗憾的另一问题：这两种歌行体在后代都没有得到顺利发展，其叙事含义自然也无法进一步展开。皮日休改《新乐府》为《正乐府》，便表明他不打算学习新乐府的叙事功能。宋以后诗人学白，往往是学其闲适诗。如要学乐府，则往往学张王乐府，而很少学白。由元白退回张王，主要是叙事上的倒退，说明诗歌的叙事能力日趋枯竭。长篇歌行的情况稍好一些，但也只出现了几个有成就的作者。这种情况反过来也说明了中唐时代和它的叙事艺术的特殊性。

（原载《北京师范大学学报》1999年第5期）

论张王乐府与唐中期诗学思潮转向

◎许　总

一

在唐代诗歌创作进程中，由理想到写实的思潮转向，自安史之乱即呈骤变之势，杜甫、元结、顾况的诗歌创作是其间的重要环节，直至元和时代而登峰造极。元稹、白居易不仅成为这一趋势的最突出代表，而且使写实思潮具有了新的内涵意蕴。如果说，杜甫的写实偏重于客观现实的反映，元结的写实着眼于古朴形式中体现政教功能，顾况的写实更多地映带着江南民歌的风调，那么，元稹和白居易的写实则是在自觉的功利文学观念中有意识地将社会现实、政教功能与通俗表现三者融合起来，形成一种写实性与理念性相统一的全新的表现方式，标志着唐代中期诗学思潮转向过程的最终完成。

这样一种写实思潮及其表现方式的演进过程，在稍前于元稹、白居易的张籍、王建的创作实践中，实已初具其最本质的特征。白居易作有《读张籍古乐府》，称颂张籍“为诗意如何，六义互铺陈。风雅比兴外，未尝著空文”，并具体举例：

> 读君《学仙》诗，可讽放佚君。读君《董公诗》，可诲贪暴臣。读君《商女》诗，可感悍妇仁。读君《勤齐》诗，可劝薄夫敦。上可裨教化，舒之济万民。下可理情

性，卷之善一身。

可见张籍对白居易文学思想及诗作内容的直接影响。当然，元稹、白居易的文学思想及其创作实践，作为儒家政教文学观在唐诗发展史上的最高程度的体现，自有多方面促成因素，但从直接的联系与相似的特点比较而言，张籍、王建的诗歌创作、特别是乐府诗，显然是为其导夫先路的成功实践。因此，在唐中期诗学思潮转向中，张籍、王建实具重要作用，而元白之所以最终将这一转向推向极致，无疑从张王乐府中得到了有益的启示和借鉴。

张籍、王建二人生平颇相似，家境皆甚贫寒，终生沉沦下僚。孟郊有《寄张籍》诗称其为“穷瞎张太祝”，张籍有《赠王建》诗云“自君去后交游少，东野亡来箧笥贫。赖有白头王建在，眼前犹见咏诗人”，可见二人晚年贫寒生活情状。张王二人交游颇广，当时朝野名士皆与之游并多所赠答，特别是与韩孟诗派中人交谊甚密，张籍就曾从学于韩愈，且得其称扬，世称韩门弟子。但是，就诗歌创作倾向看，张王在总体上显然属于元白一派范围。白居易《读张籍古乐府》称誉张籍“张君何为者？业文三十春。尤工乐府诗，举代少其伦”，可见对其古乐府的极度推崇。而实际上，张籍、王建乐府诗“心思之巧，辞句之隽，最易启人聪颖”[①]的特点，对当时乐府诗创作兴盛一时无疑具有重要的影响力。宋人严羽《沧浪诗话·诗体》在“以人而论”中即单立“张籍王建体”，并注明“谓乐府之体同也”，许顗《彦周诗话》也说“张籍、王建，乐府、宫词皆杰出”，明人胡应麟《诗薮》则进而直接将二人乐府诗并称“张王乐府”，清人王士祯在以“元白、张、王诸作，不袭前人乐府之貌而能得其神者，乃真

① 沈德潜《唐诗别裁集》，中华书局1975年版。

乐府也”[1]的评价将张籍、王建与元稹、白居易乐府诗融为一体的同时，又指出“草堂乐府擅惊奇，杜老哀时托兴微。元白张王皆古意，不曾辛苦学妃豨”[2]，进而在自杜甫到元白的发展进程与环节上把握了张王乐府的价值地位以及乐府诗创作的总体流向。

二

张籍、王建早在贞元初即已相识定交，曾同隐漳溪一带，又因处境同样贫寒，一生多奔走南北，因而两人作诗亦同样多取材于田家、蚕妇、织女、水夫等现实内容，对下层平民的生活疾苦有多方面的反映，并寄予深切的同情。仅从诗题看，如张籍的《樵客吟》《江村行》《野老歌》《贾客乐》《山头鹿》《牧童词》，王建的《田家行》《当窗织》《田家留客》《水夫谣》《海人谣》等等，皆为这类题材的代表作。

试看张籍《野老歌》：

> 老农家贫在山住，耕种山田三四亩。苗疏税多不得食，输入官仓化为土。岁暮锄犁傍空室，呼儿登山收橡实。西江贾客珠百斛，船中养犬长食肉。

这是张籍的乐府名篇，通过山农之贫苦与豪贾之奢侈的对比，如实揭示了当时都市畸形发展致使农民愈益困苦的社会现实，简短的篇制与平淡的描述中蕴含着重大的主题，足见诗人敏锐的感受能力与独特的表达技艺。用语看似平淡无奇，读来却动人心魄，可以说正是张籍诗歌创作的最主要成就与特征。也正因

① 何世璂《然灯记闻》第一九条，王夫之等《清诗话》，上海古籍出版社1982年版。
② 郭绍虞、钱仲联、王遽常《万首论诗绝句》，人民文学出版社1991年版。

此，张籍乐府甚至被后人称为唐人乐府第一，周紫芝《竹坡诗话》就说："唐人作乐府者甚多，当以张文昌为第一。"又如其《山头鹿》：

山头鹿，双角芟芟尾促促。贫儿多租输不足，夫死未葬儿在狱。旱日熬熬烝野冈，禾黍不熟无狱粮。县家惟忧少军食，谁能令尔无死伤。

如果说，前诗侧重于白描与对比中揭示深刻的社会问题，那么，此诗则着重于对重税盘剥下农民困苦生活本身的纵深剖露，从而表达出对民生疾苦的深切同情，对如虎苛政的激愤抨击。这种相对激切的表现方式，在张籍诗中固属少数，但正是因此才更加明晰地显露出其与杜甫"草堂乐府擅惊奇"之间的渊源关系。

再看王建的《水夫谣》：

苦哉生长水驿边，官家使我牵驿船。辛苦日多乐日少，水宿沙行如海鸟。逆风上水万斛重，前驿迢迢后淼淼。半夜缘堤雪和雨，受他驱遣还复去。夜寒衣湿披短蓑，臆穿足裂忍痛何。到明辛苦何处说，齐声腾踏牵船歌。一间茅屋何所直，父母之乡去不得。我愿此水作平田，长使水夫不怨天。

此诗以浓酣之笔墨，写出纤夫生活之苦痛。顶风逆水，忍饥受冻，如此生涯遥无尽期，却仍因眷恋故土而不愿亡走他乡，可见内心矛盾；而明明受人驱来遣往，却只说怨天而不敢尤人，实际上怨愤之意尤深。又如其《当窗织》：

叹息复叹息，园中有枣行人食。贫家女为富家织，翁母隔墙不得力。水寒手涩丝脆断，续来续去心肠烂。草虫促织机下啼，两日催成一匹半。输官上头有零落，姑未得衣身不着。当窗却羡青楼倡，十指不动衣盈箱。

贫女为输税而日夜苦织，极尽辛劳仍贫苦异常，由此反而羡慕沦落青楼的娼妓，这种变态的心理，无疑更深刻地反衬出民生疾苦，触及了深固的社会问题。这类着重对主人公心态的刻画方式，显然增强了张、王乐府的思想内涵与写实力度。

张籍、王建诗中对民间现实生活的广泛包容，其实质正是诗人对社会政治问题的强烈关注。这在当时的政治背景下，表现为政治改革与图变氛围中寒族士人的积极参与意识，在文学思潮的演进历程中，则表现为儒家政教文学观极度发展的前奏。张、王大量写作乐府，正是对便于托讽寓义的传统文学范式的选择。王建在《送张籍归江东》诗中说“君诗发大雅，正气回我肠”，在《寄李益少监兼送张实游幽州》诗中又说“大雅废已久，人伦失其常。天若不生君，谁复为文纲”，张籍在《赠王秘书》诗中也说“赋来诗句无闲语”。可见，在写实的基础上，以振兴“大雅”为旨归，以重整“伦常”为作用，期望通过诗的作用来托寓讽谏、针砭时弊，实为张籍、王建二人的共同主张，这也就是白居易所说的“风雅比兴外，未尝著空文”之实质内容。如王建在《温泉行宫》描绘昔日繁华之后写道“武皇得仙王母去，山鸡昼鸣宫中树。温泉决决出宫流，宫使年年修玉楼。禁兵去尽无射猎，日西麋鹿登城头。梨园弟子偷曲谱，头白人间教歌舞”，虽然是一怀古题材，却在今昔鲜明对比中寓义甚深，与杜甫“梨园弟子散如烟，女乐余姿映寒日”作意一脉相承。又如其《羽林行》诗云“长安恶少出名字，楼下劫商楼上醉。天明下直明光宫，散入五陵松柏中。百回杀人身合死，赦书尚有收城功。九衢一日消息定，乡吏籍中重改姓。出来依旧属羽林，立在殿前射飞禽”，揭露当时禁兵之骄暴、军纪之败坏，骇人耳目，显然已是白居易《宿紫阁山北村》《卖炭翁》等诗之先导。再看张籍《学仙》诗云“求道慕灵异，不如守寻常。先王知其非，戒之在国章”；《求仙行》诗云“汉皇欲作飞仙子，年年采药东海里。蓬莱无路海无边，方士舟中相枕死。招摇在天回白日，甘泉玉树无仙实。九皇真人终不下，空向离宫祠太乙”；《宫词》云“新鹰初放兔犹肥，白日君王在内稀。薄暮千门临欲锁，红妆飞骑向前归”，所写皆帝王求仙畋猎、放佚失政之情形。又如其《董公诗》云“东方有艰难，公乃出临戎。单车入危城，慈惠安群凶……公衣无文采，公食少肥浓。所忧在万人，人实我宁空。轻刑宽其政，薄赋弛租庸。四郡三十城，不知岁饥凶”，正面刻画出一个既勇武安邦又廉洁爱民的良臣形象，其目的无疑正如白居易所说“读君《学仙》诗，可讽放佚君。读君《董公诗》，可诲贪暴臣”，在于针砭时政，讽谕君臣。

三

然而值得注意的是，张王诗中处处可见的讽谕意旨，并未出之以说教的口吻，而是通过具体的实在的人物形象的描画、事件过程的记叙，将讽谕之旨不着痕迹地融透其中。如张籍的《白鼍吟》：“天欲雨，有东风，南溪白鼍鸣窟中。六月人家井无水，夜闻鼍声人尽起。”写久旱农人盼雨的急切心情，却通过夜闻鼍声而不寐这一具体场景，以纯粹客观的描述方式，把久旱将雨时的兴奋心情生动地传导出来。再深一层看，其义尚不止此，透过将雨时的兴奋，背后乃是久旱之苦辛，因此，诗人忧民情怀以及以诗“舒之济万民”的意旨实已不言而自明。再看其名篇《节妇吟寄东平李司空师道》：

> 君知妾有夫，赠妾双明珠。感君缠绵意，系在红罗襦。妾家高楼连苑起，良人执戟明光里。知君用心如日月，事夫誓拟同生死。还君明珠双泪垂，恨不相逢未嫁时。

元和时期，各地藩镇喜罗致文人，以增声望与朝廷抗衡，此诗即是张籍婉拒平卢淄青节度使李师道以书币致聘之作，因此，此诗不仅是诗人借男女情事以自明忠于朝廷之志，而且具有针对这类甚为普遍现象的讽谕意义。但其具体表现方式，略无说教之痕迹，全以节妇口吻自述，既以忠贞不贰表明政治态度之坚决，又以“恨不相逢未嫁时”的情语作结，显出浓郁而真实的人情味。正是因此，严守儒家道德规范者就对此颇有微词，贺贻孙《诗筏》说“此诗情辞婉娈，可泣可歌，然既垂泪以还珠矣，而又恨不相逢于未嫁之时，柔情相牵，展转不绝，节妇之节危矣哉”，沈德潜在《唐诗别裁集》卷八中更直言“玩辞意恐失节妇之旨，故不录”，可见一斑。然亦正是因此，才显示出张籍借真实情事以表讽谕之旨的构思特点与表现方式。

王建讽谕之作中的人情味亦丝毫不减张籍。如《簇蚕辞》诗写道：

> 蚕欲老，箔头作茧丝皓皓。场宽地高风日多，不向中庭曒蒿草。神蚕急作莫悠扬，年来为尔祭神桑。但得青天不下雨，上无苍蝇下无鼠。新妇拜簇愿茧稠，女洒桃浆男打鼓。三日开箔雪团团，先将新茧送县官。已闻乡里催织作，去与谁人身上着。

诗写蚕妇辛苦劳作，最后既将新茧送官，又替别人织作，显然寓有“惟歌生民病，愿得天子知”之意，并成为后世“遍身罗绮者，不是养蚕人”那样的激烈批判方式之先导。但就其本身而言，着重描写蚕妇养茧的实际过程及其诚挚心境，充满浓郁的生活情味，所以沈德潜《唐诗别裁集》称为“意亦他人同有，然此觉入情”，真是一语中的。王建还有著名的《宫词一百首》，写唐朝宫禁中事，内容十分广泛，或写皇帝早朝，或写诸王打球，或写宫廷乐舞，或写宫女寂寞，或写乐师辛酸等，于皇室之奢靡淫逸，时有揭露，委婉曲折，寓义甚丰，正如翁方纲《石洲诗话》所称“其词之妙，则自在委曲深挚处别有顿挫，如仅以就事直写观之，浅矣”。然就此组诗写作背景看，王建当时在长安官太府丞或太常丞，其与宦官王守澄同宗，宫禁内情或即由是而得，加之诗语平易清新，事件人物更觉真实生动，所写显然并非虚拟臆测，而是有着真实依据。因此，这一组诗不仅具有补史传阙略之价值，而且成为以实事寓讽谕的有计划的大规模的创作实践。

这种以生活为素材、以实事为依据的创作原则与表现方式，使得张王乐府成为写实化进程中的一个重要环节，将这一创作倾向推进到更为具体化、生活化的境地。比如，张籍、王建都作有数量可观的古乐府，却往往能打破依旧题敷衍陈词的乐府套式，在旧题中出以写实的新内容。试看张籍《采莲曲》：

> 秋江岸边莲子多，采莲女儿凭船歌。青房圆实齐戢戢，争前竞折漾微波。试牵绿茎不寻藕，断处丝多刺伤手。白练束腰袖半卷，不插玉钗妆梳浅。船中未满渡前洲，借问阿谁家住远。归时共待暮潮上，自弄芙蓉还荡桨。

《采莲曲》本为乐府旧题，南朝、唐初时，多以之写艳情，到开元、天宝时期，李白、王昌龄曾以之实写江南水乡妇女采莲时的美好形象，如王昌龄《采莲曲二首》之二“荷叶罗裙一色裁，芙蓉向脸两边开。乱入池中看不见，闻歌始觉有人来”，即为一时佳构。尽管如此，张籍的《采莲曲》仍有其独到之处。与王昌龄之作相比，同是绘出一幅江南水乡美丽的民俗画卷，但王作似尚属泛写，张作则尤见细致具体，连牵折莲茎被刺伤手以及相互间询问谁家住得更远之类细事琐节都一一再现，显然使人感到这是一个具体场景的摄照，因而也就更具有真实感。

与旧题乐府相比，张籍、王建的新题乐府数量似乎略少，但由于即事名篇的特点，新乐府彻底摆脱了古题的限制，尤便于写实，因之张王新乐府几乎篇篇精彩。

如张籍《樵客吟》：

> 上山采樵选枯树，深处樵多出辛苦。秋来野火烧栎林，枝柯已枯堪采取。斧声坎坎在幽谷，采得齐梢青葛束。日西待伴同下山，竹担弯弯向身曲。共知路傍多虎穴，未出深林不敢歇。村西地暗狐兔行，稚子叫时相应声。采樵客，莫采松与柏。松柏生枝直且坚，与君作屋成家宅。

诗写樵夫采樵生活之苦辛，身入深山，虎豹林莽，固是艰难险峻，而近村之途，也是狐兔横行，仅此已衬出一片荒凉氛围，而此时一声稚子呼应，又露出多少辛酸之情。在这样使人动情的场景中，诗人情感自然也加入其间，但他并无丝毫的说教或议论，而是通过一种虽作用甚微却极为现实的劝慰，表达出那一特定条件下的具体的可行的希望，因而也就更具有环境与情感的真实性。又如其《江村行》也是如此，先写“南塘水深芦笋齐，下田种稻不作畦。耕场磷磷在水底，短衣半染芦中泥。田头刈莎结为屋，归来系牛还独宿。水淹手足尽为疮，山虻绕身飞扑扑。桑林椹黑蚕再眠，妇姑采桑不向田。江南热旱天气毒，雨中移秧颜色鲜”，以具体实在的人物情态感受的描写，表现出田夫一年的辛苦生活，后写“一年耕种长苦辛，田熟家家将赛神”，并未以感慨或不平作结，而是写出对辛苦之后的赛神娱乐活动的期待，以此燃起田家生活中仅有的心灵慰藉之光，这就既表现出田家真实的心理状态与思想境界，又更深一层地寓含着诗人对民生疾苦的深切同情，作为诗歌的艺术表现方式，也就显得尤为朴厚而自然。

再看王建的《田家行》：

> 男声欣欣女欢悦，人家不怨言语别。五月虽热麦风清，檐头索索缲车鸣。野蚕作茧人不取，叶间扑扑秋蛾生。麦收上场绢在轴，的知输得官家足。不望入口复上身，且免向城卖黄犊。田家衣食无厚薄，不见县门身即乐。

一年辛苦尽输官税，本为凄惨情事，本诗却撷取大量的田家日常生活场景及其庆幸免遭拘系的心态，表现出一种因长期贫困而习以为常的淡漠感以及常度以下的满足感。这种处境与心理的强烈反差，无疑在相当广泛的意义上代表着中国农民的实际情形。当然从诗人选取表现视角的意义看，则又显然可见其对这一农民日趋贫困的社会问题的更深的理解与忧虑，从而也就使得诗的主题更趋深化。他如《送衣曲》“去秋送衣渡黄河，今秋送衣上陇坂。妇人不知道径处，但问新移军近远。半年着道经雨湿，开笼见风衣领急。旧来十月初点衣，与郎着向营中集。絮时厚厚绵纂纂，贵欲征人身上暖。愿身莫着裹尸归，愿妾不死长送衣”，《织锦曲》“窗中夜久睡髻偏，横钗欲堕垂著肩。合衣卧时参没后，停灯起在鸡鸣前。一匹千金亦不卖，限日未成宫里怪。锦江水涸贡转多，宫中尽着单丝罗。莫言山积无尽日，百尺高楼一曲歌”之类，主题皆为揭示民间疾苦，但亦皆能选取独特的观照角度，以下层民众真实生活情态为刻画着重点，在对那一特定社会层面及其心态特征的敏锐感悟之中，形成自身寓义明确而深刻、表现朴实而自然的诗风。

四

广泛的下层社会题材，浓郁的民间生活气息，构成张籍、王建诗歌表现的主要内容，而作为与此相适应的表达媒介，最重要的显然是对语言形式通俗化的着力追求。这种倾向在其乐府诗中得到突出体现的同时，实已成为贯穿张、王整个创作生涯的普遍现象。比如王建早在贞元初年所作的《扬州寻张籍不见》诗就写道："别后知君在楚城，扬州寺里觅君名。西江水阔吴山远，却打船头向北行。"全诗平易流畅，明显带有江南民歌的明快格调。稍后所作《雨中寄东溪韦处士》诗写道"雨中溪破无干地，浸著床头湿著书。一个月来山水隔，不知茅屋若为居"，更是纯系口语。王建一生沉沦不遇，将近五十岁时才得一昭应令职，所作诗固然多有寓义寄托，但终其一生对诗歌语言通俗平易的追求是极为明显的。试举几首小诗，如《荒园》：

朝日满园霜，牛冲篱落坏。扫掠黄叶中，时时一窠薤。

又如《新嫁娘词三首》之三：

三日入厨下，洗手作羹汤。未谙姑食性，先遣小姑尝。

再如《古行宫》：

寥落古行宫，宫花寂寞红。白头宫女在，闲坐说玄宗。

这类作品在王建集中尚有不少，皆写日常生活中的细小事件或具体情态，不仅纯用白描手法，朴实自然，而且带有一股清新的乡土气息，特别是《新嫁娘词》以短短二十字，写出新嫁娘在初入新环境时表现出的聪明、细心而又熟谙人情的复杂内容，实已穷形尽相，淋漓尽致，达到“诗到真处，一字不可易”[①]。

如果说，王建诗的通俗化主要表现在平畅口语的选择，那么，张籍诗的通俗化则侧重表现在俗言俗事的运用。如《江南曲》：

> 江南人家多橘树，吴姬舟上织白苎。土地卑湿饶虫蛇，连木为牌入江住。江村亥日长为市，落帆度桥来浦里。清莎覆城竹为屋，无井家家饮潮水。长干午日沽春酒，高高酒旗悬江口。娼楼两岸悬水栅，夜唱竹枝留北客。江南风土欢乐多，悠悠处处尽经过。

诗写水乡小镇景观，充满江南民歌情调，不仅写出当地人居住条件、生活习惯以及下屋妓女卖唱生涯，而且细至江干沽酒、娼楼留连，都一一采入诗中，构成一幅充满民间俚俗情事的风土画面。他如《昆仑儿》“金环欲落曾穿耳，螺髻长卷不裹头。自爱肌肤黑如漆，行时半脱木绵裘”，写南洋妇人奇异装束；《赠贾岛》“拄杖傍田寻野菜，封书乞米趁时炊”，写贾岛的落寞生活；《赠任道人》“长安多病无生计，药铺医人乱索钱”，写庸医乘人之危勒索钱财；以及《江村行》《野老歌》《牧童词》《采莲曲》《樵客吟》《贾客乐》等众多作品，皆以通俗语言从各方面活画出下层社会的众生相。特别是对下层农村妇女的遭遇，张籍关注尤多，他在这方面的作品有《妾薄命》

① 沈德潜《唐诗别裁集》，中华书局 1975 年版。

《别离曲》《征妇怨》《古钗叹》《吴宫怨》《白头吟》《离妇》等，形成其以俗言俗事入诗的重要内容。无怪姚合《赠张籍》诗在称赞其“妙绝江南曲”的民间情调的同时，着重拈出“凄凉怨女诗”这一重要特色。

张王诗中的这种尚实、尚俗的创作倾向，与韩孟诗派尚奇险恰成鲜明对比。因此，张籍虽曾从韩愈学，创作思想却有相当的区别，其于《上韩昌黎书》中直接反对韩愈的“多尚驳杂无实之说”，在《再上韩昌黎书》中又说“君子发言举足，不远于理，未尝闻以驳杂无实之说为戏也”，可见贯穿张、王创作生涯的通俗化实践，显然是基于明确的理论主张的自觉追求。后人论张籍、王建诗，即多着眼于此，如胡震亨《唐音癸签》称其“就世俗俚浅事做题目”，胡应麟《诗薮》称其“略去葩藻，求取情实”，徐献忠《唐诗品》称其“专事平净，固亦乐天之流也”，既提挈其诗歌内容尚俗求实的表现特征，又从语言平易角度将之明确划归元白诗派范畴之内。

然而客观地看，张王既表现为元白诗风之先导，又与韩孟派关系密切，其诗歌通俗化程度显然不及元白，在着意将写实、寓义与通俗融合起来的创作实践中，实际上包含着相当程度的经营构炼之功，有些诗篇甚至含蕴隽永，耐人寻味。宋人王安石《题张司业诗》评为“看似寻常最奇崛，成如容易却艰辛”，正是对张王“乐府皆言妙入神”的根本特征的精彩提挈。从其中“寻常”与“奇崛”两种艺术风范的兼具及其辩证关系看，似又一定程度地体现出介乎韩孟诗派的奇险化与元白诗派的通俗化之间的过渡与兼容状态。而由此表征的张、王诗歌内涵的丰富性，正说明了其在体派纷呈的元和时代所具有的亲和力，以及作用于诗学思潮向实俗转向进程的必然性。

（原载《华侨大学学报》2004年第2期）

论姚贾与张王

◎张震英

张籍（766—830？）、王建（766—831？）是两位同龄的诗人。《临汉隐居诗话》曰：“唐人亦多为乐府，若张籍、王建、元稹、白居易以此得名。”二人的乐府诗备受后人推崇，《批点唐音》曰：“王、张乐府体发人情，极于纤悉，无不至到。”《唐七律隽》称：“张王乐府妙绝一时，其精警处远出乐天、微之之上。”元白二人均以文昌为同调，白居易盛赞张籍乐府：“张君何为者？业文三十春。尤工乐府诗，举代少其伦。”（《读张籍古乐府》）元和十年（815），元稹曾计划编纂《元白往还集》，也欲将张籍古乐府、李绅新乐府一并收入，即是明证。王建犹以《宫词》一百首为世所重，被誉为“宫词之祖”。张王二人与韩孟、元白诸人皆有交往，而且交情不浅，与姚贾更有不解之缘。张王二人从年龄上分别长贾、姚十三、十五岁，可以说是前辈诗人。《唐才子传·贾岛》称：“（岛）寓居法乾无可精舍，姚合、王建、张籍、雍陶，皆琴樽之好。”

对贾岛产生过深远影响的诗人除了韩孟，便数张籍。贾岛于元和六年（811）入京后经韩愈介绍，结识张籍，岛投诗曰：

> 风骨高更老，向春初阳葩。泠泠月下韵，一一落海涯。有子不敢和，一听千叹嗟。身卧东北泥，魂挂西南霞。手把一枝栗，往轻觉程赊。水天朔方色，暖日嵩根

花。达闲幽栖山，遣寻种药家。欲买双琼瑶，惭无一木瓜。（《投张太祝》）[①]

诗中盛赞张籍诗歌风格高古、韵味清悠，最后点明了自己从师的意愿。元和七年（812），贾岛或是出于方便请益的需要，由青龙寺移居长安延寿里，与张籍为邻，并作《延康吟》以记此事原委。

寄居延寿里，为与延康邻。不爱延康里，爱此里中人。人非十年故，人非九族亲。人有不朽语，得之烟山春。

诗中称张诗为“不朽语”，并毫不隐瞒地表露出诗人对张籍的景仰之情。此时的贾岛初到京城不久，尚未遇到多少挫折，加之在诗歌创作上受韩孟的赏识，信心十足，故其诗作也表现出律动与奇想的交融，作于当时的《携新文诣张籍韩愈途中成》一诗反映出其急于求师的迫切心情。

袖有新成诗，欲见张韩老。青竹未生翼，一步万里道。仰望青冥天，云雪压我脑。失却终南山，惆怅满怀抱。安得西北风，身愿变蓬草。地祇闻此语，突出惊我倒。

张籍也视贾岛为同道，其《与贾岛闲游》一诗写道：

水北原南草色新，雪消风暖不生尘。城中车马应无数，解得闲行有几人？[②]

① 齐文榜《贾岛集校注》，人民教育出版社 2001 年版，第 49 页。文中所引贾岛诗均出自本书，不再一一附注。

② 张籍著，中华书局上海编辑所整理《张籍诗集》，中华书局 1959 年版，第 68 页。文中所引张籍诗均出自本书，不再一一附注。

而当贾岛屡试不第、生活日渐困顿之时，张籍对其不幸的遭遇与赤贫的状况表示了深切的同情，同时对其才华给予了充分的肯定：

篱落荒凉僮仆饥，乐游原上住多时。蹇驴放饱骑将出，秋卷装成寄与谁。拄杖傍田寻野菜，封书乞米趁时炊。姓名未上登科记，身屈惟应内史知。（《赠贾岛》）

在贾岛的交游圈中，孟郊、王建与贾岛的经历最相近，三人都有长期厄于科第、生活困窘的经历，故而三人也具有某些相同的气质，这在交往诗作中体现得较为充分，如贾岛《寄陕府王建司马》：

司马虽然听晓钟，尚犹高枕恣疏慵。请诗僧过三门水，卖药人归五老峰。移舫绿阴深处息，登楼凉夜此时逢。杜陵惆怅临相饯，未寝月前多屐踪。

在长安时，贾岛与王建往来频繁，由贾岛的另一首诗《王侍御南原庄》可略知一二：

买得足云地，新栽药数窠。峰头盘一径，原下注双河。春寺闲眠久，晴台独上多。南斋宿雨夜，仍许重来过。

王建《寄贾岛》诗：

尽日吟诗坐忍饥，万人中觅似君稀。僮眠冷榻朝犹卧，驴放秋田夜不归。傍暖旋收红落叶，觉寒犹着旧生衣。曲江池畔时时到，为爱鸬鹚雨后飞。[1]

王建笔下的贾岛神形兼备，跃于纸上，可谓知其人。

姚合对张王非常推崇。姚合在《赠张籍太祝》诗中赞誉张籍："绝妙江南曲，凄凉怨女诗。古风无手敌，新语是人知。飞动应由格，功夫过却奇。麟台添集卷，乐府换歌词。李白应先拜，刘祯必自疑。"[2]姚合称王建"文高轻古意"（《赠王建司马》），又言"一别诗宗更懒吟"（《寄陕州王司马》），足见敬仰之情。姚合甚至有模仿张王乐府的诗作，如《庄居野行》：

> 客行野田间，比屋皆闭户。借问屋中人，尽去作商贾。官家不税商，税农服作苦。居人尽东西，道路侵垄亩。采玉上山颠，探珠入水府。边兵索衣食，此物同泥土。古来一人耕，三人食犹饥。如今千万家，无一把锄犁。我仓常空虚，我田生蒺藜。上天不雨粟，何由活烝黎。

可见张王的乐府诗对姚合也曾产生过一定的影响。王建与姚合有很多重出诗作，如《庄居即事》《原上新居》《题梁园公主池亭》《书县丞厅壁》《晚望华清宫》《题薛十二池亭》《病中书事寄友人》等，由此也可见二人此类诗歌风格具有一些近似之处。王建也有酷类武功风格的作品，如《原上新居》十三首，纪昀评曰："诗情全是武功一派。"（《瀛奎律髓汇评》卷二三）

姚贾与张王的亲近是有一定的思想根源的。张籍是一位师长似的儒者，具有安贫乐道、束身持正的修为，与韩愈那种急于

① 尹占华校注《王建诗集校注》，巴蜀书社 2006 年版，第 341 页。文中所引王建诗均出自本书，不再一一附注。

② 姚合著，信应举、郭嘉祯校注《姚少监诗集》，中国台北强华文化事业有限公司 1995 年版。文中所引姚合诗均出自本书，不再一一附注。

事功、不甘寂寞、不拘小节的兼济型儒者不同，张籍更注重自我的修为。基于这一点，张籍在《上韩昌黎书》中对韩愈好“驳杂无实之说”、好与人辩论争胜、好博塞之戏等一些嗜好提出了批评，提升到了“有德者不为”的高度。张指出“欲举圣人之道者，其身亦宜由之也”，“君子发言举足，不远于理”，而不能“苟悦于众”，要求应当“示人以义之道”。姚贾严身律己的作风与张王的儒家思想是一脉相通的，反映在诗歌当中，张王与姚贾均有追求“雅正”的倾向。王建说张籍诗“君诗发大雅，正气回我肠”（《送张籍归江东》），王建《寄李益少监兼送张实游幽州》曰：“大雅废已久，人伦失其常。天若不生君，谁复为文纲？”正是基于这一点，张王乐府才会写得熠熠生辉。高棅《唐诗品汇·七言古诗叙目》：

> 大历以还，古声愈下，独张籍、王建二家体制相似，稍复古意。或旧曲新声，或新题古意，词旨通畅，悲欢穷泰，慨然有古歌谣之遗风，皆名为乐府。虽未必尽被于管弦，是亦诗人引古以讽之义欤？抑亦唐世流风之变而得其正也欤！

姚贾虽不长于乐府诗的创作，他们的五言古诗却具有通体雅正的风格，姚合也始终以“雅正”为诗歌创作的基本追求，如姚诗曰“新诗忽见示，气逸言纵横。缠绵意千里，骚雅文发明”（《寄陕府内兄郭冏端公》）、“偶题无六义，聊以达微诚”（《寄华州李中丞》）、“赠诗全六义，出镇越千峰”（《和门下李相饯西蜀相公》）、“元气符才格，文星照笔毫。五言全丽则，六义出风骚”（《和郑相演杨尚书蜀中唱和诗》）、“滥得进士名，才用苦不长。性癖艺亦独，十年作诗章。六义虽粗成，名字犹未扬”（《从军行》）。诗歌雅正，品格方高，不然则容易流为卑俗，虽词藻华丽、构思精巧亦无补于事。姚诗之所以能够浅而不俗、寓巧于拙，很大程度上得益于“雅正”的总体风貌。但姚诗之雅正并非张王乐府“风雅比兴外，未尝著空文”之“大雅”之词，而是具有平淡冲和气息的“闲雅”。文宗大和后，随着品职的不断迁升，这种闲雅之气日渐浓郁，不仅仅是古体诗，就是律体诗也弥漫着闲雅的气息，这类作品占姚合诗歌的大部分，可以说不胜枚举。

独施清静化，千里管横汾。黎庶应深感，朝廷亦细闻。心期在黄老，家事是功勋。物外须仙侣，人间要使君。花多匀地落，山近满厅云。戎客无因去，西看白日曛。（《寄绛州李使君》）

汉朝共许贾生贤，迁谪还应是宿缘。仰德多时方会面，拜兄何暇更论年。嵩山晴色来城里，洛水寒光出岸边。清景早朝吟丽思，题诗应费益州笺。（《寄主客刘郎中》）

贾岛因生计寥落、科场失意，故而诗歌中多苦寒之音与愤懑郁结之语，多数作品有一种孤介不平之气，所以与姚合之平淡冲和、从容不迫的氛围有很大不同，但贾岛与韩孟近似的儒家理想使其诗歌风骨嶙峋、坚劲有力，显现出“古雅”的气格，故其五言古诗常具有雅正高古的特色。

天地有五岳，恒岳居其北。岩峦叠万重，诡怪浩难测。人来不敢入，祠宇白日黑。有时起霖雨，一洒天地德。神兮安在哉，永康我王国。（《北岳庙》）

玄鸟雄雌俱，春雷惊蛰余。口衔黄河泥，空即翔天隅。一夕皆莫归，哓哓遗众雏。双雀抱仁义，哺食劳劬劬。雏既逦迤飞，云间声相呼。燕雀虽微类，感愧诚不殊。禽贤难自彰，幸得主人书。（《义雀行和朱评事》）

上不欺星辰，下不欺鬼神。知心两如此，然后何所陈。食鱼味在鲜，食蓼味在辛。掘井须到流，结交须到头。此语诚不谬，敌君三万秋。（《不欺》）

正因为姚贾与张王具有相近似的儒家理想并作为修身处世的基本准则，所以在其多用以阐释道义的古体诗歌中也就自然表现出一种类似雅正的风格。

物以类聚，自古而然，张王与姚贾相类似的还有他们的蹇舛不平的经历，以及由此而形成的相近的诗歌表现内容，这也使得他们在心灵上息息相通。张籍虽得韩昌黎勉励提携于贞元十五年（799）登进士第，但于元和元年（806）始补太常寺太祝，张籍在这个正九品的闲职上一待就是十年，白居易曾有感于张籍的沉沦："如何欲五十，官小身贱贫"（《读张籍古乐府》）；"独有咏诗张太祝，十年不改旧官衔"（《重到城七绝句·张十八》）。姚合在《赠张籍太祝》中描述了张籍的贫穷和操守，对其不重于时的境况表示了感慨："贫须君子救，病合国家医。野客开山借，邻僧与米炊。甘贫辞聘币，依选受官资。多见愁连晓，稀闻债尽时。圣朝文物盛，太祝独低眉。"张籍在赠方罢万年县尉的姚合之诗作中写道：

病来辞赤县，案上有丹经。为客烧茶灶，教儿扫竹亭。诗成添旧卷，酒尽卧空瓶。阙下今遗逸，谁瞻隐士星。（《赠姚合少府》）

二人惺惺相惜之情溢于言表。张籍集中诸如这类描写生活处境和内心感受的诗数量虽不多，风格却均与姚相类。

> 东城南陌尘，紫幰与朱轮。尽说无多事，能闲有几人？唯教推甲子，不信守庚申。谁见衡门里，终朝自在贫。（《闲居》）
>
> 独坐高秋晚，萧条足远思。家贫常畏客，身老转怜儿。万种尽闲事，一生能几时？从来疏懒性，应只有僧知。（《晚秋闲居》）

这些诗所吟咏之内容、散发出的情绪、沉潜舒缓的节奏、浅显平和的语言均与姚诗酷似，当然我们不能就此说姚合这种作风是受张籍的影响，反而是张籍赠姚合的诗歌恰恰反映出张籍的此种作风正是刻意模仿姚合的结果，如《寒食夜寄姚侍御》：

> 贫官多寂寞，不异野人居。作酒和山药，教儿写道书。五湖归去远，百事病来疏。况忆同怀者，寒庭月上初。

此诗若与《赠姚合少府》一同置于其《武功县中作》《闲居遣怀》和以“闲适”为主题的“武功体”中则不易区分。纪昀在评论贾岛《寄武功姚主簿》一诗说：“浪仙诗难得如此流利，寄姚即作姚体，古人多如是。”（《瀛奎律髓刊误》卷六）张籍在此处的表现亦应如此，由此也可见姚武功的此类风格作品在当时文士和官僚中的影响。王建虽与张籍同窗数载，而且才力相当，但王建的经历较之张籍则显得更为坎坷曲折。自建中四年（783）王建离家求仕以来，三十年间历任幕府僚佐，郁郁不得其志。元和八年（813）始授昭应丞，时年已四十七岁，其后又历任丞尉等微官。文宗大和二年（828）年过花甲的诗人又被外放为陕州司马，白居易对其遭遇十分同情：“争得遣君诗不苦，黄河岸上白头人！”（《别陕州王司马》）。其《自伤》诗曰：“衰门海内几多人，满眼公卿总不亲。四授官资元七品，再经婚娶尚单身。图书亦为频移尽，兄弟还因数散贫。独自在家长似客，黄昏哭向野田春。”对于王建的窘迫生活，姚合写道：“老觉僧斋健，贫还酒债迟。”（《赠王建司马》）对王建的遭遇，姚合宽慰道：“世事每将愁见扰，年光唯与老相侵。欲知居处堪长久，须向山中学煮金。”（《寄陕州王司马》）王建与贾岛的经历有类似之处，贾岛在《酬张籍王建》一诗中也向友人描述了自己的生活状况：

> 疏林荒宅古坡前，久住还因太守怜。渐老更思深处隐，多闲数得上方眠。鼠抛贫屋收田日，雁度寒江拟雪天。身事龙钟应是分，水曹芸阁枉来篇。

真是同病相怜，这种情绪却也正是“天公支与穷诗客，只买清愁不买田”（杨万里《戏笔》）。张王与姚贾还有一点相通之处，那就是对待诗歌创作的态度，虽然姚贾二人被称为苦吟诗人，但同出于韩门的孟郊、张籍又何尝不是如此呢？胡震亨评张王乐府时说：“文章穷于用古，矫而用俗，如《史》《汉》后六朝史之入方言俗语是也。籍、建诗之用俗亦然。王荆公题籍集云：‘看似寻常最奇崛，成如容易却艰辛。’凡俗言俗事入诗，较用古更难。知两家诗体，大费铸合在。”（《唐音癸签·汇评三》）张王乐府诗的质性决定了他们在创作上的精心程度。王建言“妻愁耽酒癖，人怪考诗严。……有时看旧卷，未免意中嫌”（《闲居即事》）以及“炼精诗句一头霜”（《维扬冬末寄幕中二从事》）等正是其严谨刻苦创作态度的写照。

（原载《社会科学家》2006年第5期）

张王乐府与元白新乐府创作关系再考察

◎张　煜

张籍、王建是中唐时期的著名诗人，都以乐府诗闻名，世称“张王乐府”。他们新乐府诗创作的成就和影响仅次于白居易和元稹。学界一般认为张王的创作高峰时期是贞元年间，在白居易元和四年（809）开始创作新乐府之前，比元白稍早。所以张王乐府诗无论是内容还是形式都对元白的新乐府诗具有重要的先导作用，这一点似乎已经成为学界不争的事实。例如谢思炜在《从张王乐府诗体看元白的“新乐府”概念》一文中就通过分析推测，初步肯定了张王乐府在元白开始创作新乐府之前[①]，因此对白居易新乐府有开启作用。他分析说：“白居易在元和年间作有《读张籍古乐府》：‘张君何为者？业文三十春。尤工乐府诗，举代少其伦。’并列举了张籍的《学仙》《董公》《商女》《勤齐》等诗。可见张籍乐府诗在元和初已颇为人所知，并因此被白居易引为同调。”但是如果细读白居易的这首诗，我们就不难发现，谢氏所言恐非实际情况。诗中亦云：“如何欲五十，官小身贱贫。”这句诗非常关键。据卞孝萱《张籍简谱》考证，张籍生年在唐代宗大历元年（766）左右，他五十岁应该是元和十年（815）左右，白居易的这首诗据朱金城《白居易年谱》考证，也

① 谢思炜《从张王乐府诗体看元白的“新乐府”概念》，《北京师范大学学报（社会科学版）》1999 年第 5 期。

是作于元和十年己未（815）[①]。而元白等人作新乐府是早在元和四年的事情。据此可知，白居易盛赞张籍乐府诗应是白居易开始创作新乐府六年之后的事情。显然，在新乐府创作上张王与元白到底谁影响谁还难以定论。笔者不揣浅陋，愿就这一问题进行重新分析。

一、认为张王乐府在元白新乐府之前的主要依据

大凡认为张王乐府在元白新乐府之前的主要依据是如下几点：

1.张籍、王建二人在张籍元和元年（806）入仕长安之前，曾经有共同学习、交往、会诗的经历。根据是张籍《登城寄王建》诗中“十年为道侣，几处共柴扉”、《逢王建有赠》中“处士庭中夜会诗”“新作句成相借问”等句。他们乐府的创作高峰即在此时，恰好开始于元白新乐府元和四年（809）之前。

2.有编年可证的张籍三首乐府诗《废宅行》作于德宗建中二年（781），《董公诗》作于德宗贞元十四年（798），《节妇吟》作于德宗贞元二十一年（805）。王建的一首《行宫词》作于德宗贞元十二年（796）[②]。除《董公诗》白居易称其为古乐府外，其余二首均为张王的新乐府，均作于元白开始大规模新乐府创作的元和四年（809）之前。

3.从王建《送张籍归江东》诗中“君诗发大雅，正气回我肠”等材料看，二人早在贞元年间便以“发大雅”之创作精神相推许，其开始讽谕性的乐府诗写作也大概在这一时期。

4.元和八年（813）王建官长安以后两人再次相遇酬唱，却不再有乐府诗乃至古诗，而全部为近体律诗。由此可知，张王乐

① 朱金城《白居易年谱》，上海古籍出版社1982年版，第63页。

② 卞孝萱、乔长阜《王建的生平和创作》，《贵州大学学报》1987年第3期。

府的创作时间大体在贞元中期至元和初，恰好在元白开始《新乐府》创作之前，等等。

以上的材料所言或为事实，但是张王乐府的具体创作情况并非如此简单。在未作全面、详细考察的情况下，还不能完全据此断言张王乐府诗就是元白乐府的先导和先锋，至少不够严密，不完全符合二人创作具体情况。

二、张王在元白创作新乐府之前以古乐府创作为主

其实，张王在元白大量创作新乐府之前以古乐府创作为主，其新乐府创作反倒在元白新乐府创作之后。也就是说，是张王的古乐府在讽谕现实的精神上开启了元白的新乐府，而其后来的新乐府创作又受到元白新乐府创作的影响。

张王古乐府的创作早在贞元年间就已经非常著名，而且一直持续到元和元年（806）张籍入仕长安之后。白居易作于元和十年（815）的《读张籍古乐府》评价张籍作乐府诗“始从青衿岁，迨此白发新”，可证。张籍在元和元年之前，确实已经有相当数量的乐府诗创作。结合张籍元和之前十年漫游江湖的行迹可知他曾经在贞元十七年（801）前后“马蹄尽四方”[①]，“过岭万余里”[②]，足迹遍及江南、岭表。在此期间，他创作了一系列乐府诗，均来自张籍早年的亲历感受，表现的是诗人饱经羁旅行役之辛苦以及江湘、岭南一带风土人情，如《行路难》《江南行》《江南曲》《贾客乐》《采莲曲》《远别离》《江村行》《寄远曲》《车遥遥》《送远曲》《远别离》《离怨》《秋夜长》《春日行》《白鼍鸣》《春江曲》《春水曲》《白头吟》《白纻

① 《王建诗集》卷一《送张籍归江东》，中华书局 1960 年版，第 12 页。

② 李建昆《张籍诗集校注》卷二《岭外逢故人》，台北华泰文化事业公司 1990 年版，第 81 页。

歌》等等。上所列举的19首乐府诗中，古乐府15首，约占总数的80%。王建此类乐府虽然不如张籍的详细可考，但是据二人唱和的习惯，可知其乐府诗中的《寄远曲》《思远人》《乌夜啼》《乌栖曲》《白纻歌》《别鹤》《秋夜曲》等当作于同时，其中古乐府约占82%。

张籍元和以前的古乐府诗中表现唐代战争题材的也为数不少。例如，张国光《唐乐府诗人张籍生平考证》分析认为："据《新唐书·吐蕃传》贞元初年边患严重，吐蕃频繁入侵，'焚聚落，略畜牧、丁壮，杀老孺''泾、陇、邠之民，荡然尽矣'。"[①]张籍的《关山月》《征妇怨》《陇头行》都真实地反映了贞元年间的民族矛盾及相关的社会问题。据《旧唐书·德宗纪》："贞元三年城为吐蕃所毁，自是塞外无堡障，犬戎入寇。既城之后，边患息焉。"贞元九年（793）二月辛酉，唐德宗诏复盐州城。据《新唐书·吐蕃传》，"役者六千人"，"阅二旬讫功"。张籍《筑城词》所描写的"来时一年深碛里"，正与此史实相合。

张籍的《将军行》，据《新唐书·刘昌传》，可知是写以边功封郡王的刘昌的事迹。李一飞《张籍王建交游考述》分析认为："《董逃行》作于建中四年（783），据《旧唐书·德宗纪上》，建中四年，李希烈、朱滔叛乱，乱兵踞长安拥立朱，诗中之乱，当即指此，诗为乱后作。"[②]张籍反映此类战乱题材的乐府诗还有《别离曲》《塞下曲》《妾薄命》《望行人》等。在所举的这些乐府诗中，古乐府约占70%，仍然占绝大多数。王建此类乐府虽然不如张籍的详细可考，但是据二人唱和的习惯，可知他也有相同或相似题目的创作作于此时，例如《短歌行》《从军

① 张国光《唐乐府诗人张籍生平考证》，《全国唐诗讨论会论文选》，陕西人民出版社1984年版，第263页。

② 李一飞《张籍王建交游考述》，《文学遗产》1993年第2期。

行》《陇头行》《望行人》《关山月》等。

从上述张王古乐府诗创作情况我们可以得知，在元和元年（806）之前，二人以古乐府创作为主。张籍和王建经常“夜会诗”，也是以古乐府为主。此时是他们古乐府创作的一个高峰。当然也不乏新题乐府的创作，如张籍著名的新乐府《节妇吟》，就是作于永贞元年（805）。此外，据卞《谱》，张籍早期还有新乐府《废宅行》（唐德宗建中二年，即781年），王建也有新乐府《塞上》《水夫谣》等，但是相比起他们所作的古乐府来说还是少数。

白居易于元和四年（809）开始大规模作新乐府之时，同年或稍前，张籍还不间断地有古乐府的作品，如作于元和四年的古乐府《伤歌行》等[①]。元和九年（814），白居易已经完成了五十首新乐府的创作，他认为张籍的古乐府与他新乐府的精神是一致的，故写下《读张籍古乐府》一诗，盛赞张籍古乐府之作，给予其高度的评价。可知张籍在元和元年（806）至元和九年（814）这近十年中，最为著名的是古乐府，创作一直没有间断。再如元和十年（815），白居易拟选张籍的古乐府等，编为《元白往还诗集》而未成，都说明了张籍的古乐府在当时尤为著名[②]。张籍古乐府表现出来的批评现实的精神与元白新乐府不谋而合，形成共鸣。所以，可以确切地说，张王的古乐府对元白新乐府直接起到了开启或先锋的作用。

三、张王大量新乐府创作在元白之后

张王新乐府大致可以分为两类。其中一类是宫廷题材，与朝

① 据卞孝萱《张籍简谱》：“元和四年己丑（809）……作《伤歌行》。”《安徽史学通讯》1959 年第 2 期。

② 朱金城《白居易集笺校》卷四五，上海古籍出版社 1988 年版，第 2796 页。

廷之事密切相关的作品，如张籍的《沙堤行》《求仙行》《楚宫行》《离宫怨》《吴宫怨》《旧宫人》《宫词》《华清宫》等大量的新乐府诗。从题目即可清楚地看出，这些新乐府诗明显是张籍元和元年（806）到长安做官之后的作品。

张籍久居长安，因此对朝廷、宫闱等皇家生活有了观察、体验、了解的机会。例如他有《寒食内宴二首》诗云：“朝光瑞气满宫楼，彩纛鱼龙四周稠。廊下御厨分冷食，殿前香骑逐飞球。千官尽醉犹教坐，百戏皆呈未放休。……”“……瑞烟深处开三殿，春雨微时引百官。宝树楼前分绣幕，彩花廊下映华栏。宫筵戏乐年年别，已得三回对御看。”[①]再如《宫词》二首：“新鹰初放兔犹肥，白日君王在内稀。薄暮千门临欲锁，红妆飞骑向前归。”“黄金捍拨紫檀槽，弦索初张调更高。尽理昨来新上曲，内官帘外送樱桃。”[②]在张籍的乐府诗中，明显可以看出诗人作于长安，内容与当时宫廷、时事密切相关的新乐府有很多，如《离宫怨》《宫词》《吴宫怨》《废瑟行》，等等。这些诗的内容丰富多彩，大多围绕长安、宫廷、为官之类。例如，写长安风物的《沙堤行呈裴相公》：“长安大道沙为堤，早风无尘雨无泥。宫中玉漏下三刻，朱衣导骑丞相来。路傍高楼息歌吹，千车不行行者避。街官闾吏相传呼，当前十里惟空衢。白麻诏下移相印，新堤未成旧堤尽。”[③]这些新乐府当中最引人注目的还是借古讽今的咏史之作，如《求仙行》：“汉皇欲作飞仙子，年年采药东海里。蓬莱无路海无边，方士舟中相枕死。招摇在天回白日，甘泉玉树无仙实。九皇真人终不下，空向离宫祠太乙。丹田有气凝素华，君能保之升绛霞。”[④]显然是借汉武帝

① 李建昆《张籍诗集校注》，台北华泰文化事业公司1990年版，第157页。

② 《张籍诗集校注》，第215页。

③ 《张籍诗集校注》，第37页。

④ 《张籍诗集校注》，第38页。

来讽刺佞佛的唐宪宗的。《楚宫行》："江头骑火照辇道，君王夜从云梦归。霓旌凤盖到双阙，台上重重歌吹发。千门万户开相当，烛笼左右列成行。下辇更衣入洞房，洞房侍女尽焚香。玉阶罗幕微有霜，齐言此夕乐未央。玉酒湛湛盈华觞，丝竹次第鸣中堂。巴姬起舞向君王，回身垂手结明珰。"[①]写楚王淫靡的生活以讽当今，等等，都与宫廷之事紧密相关。所有这些无不表现了张籍对宫廷现实的清醒的态度与认识。这些以宫廷为题材的新乐府诗，面向现实，借古讽今，张籍、王建二人很多同题或者异题新乐府唱和大都与此有关。

据迟乃鹏《王建年谱》，王建有《北邙行》《上阳宫》等新乐府作于元和七年（812）[②]。由此亦可推知，张籍与其同题唱和的新乐府《北邙行》和诸多宫廷题材的新乐府也应作于同时，即元和七年之后。王建从元和十二年（817）至宝历二年（826）九年间，历官依次为太府寺丞、太常丞、秘书丞，官职虽然不大，但是他由一个地方的县尉进入京城、朝廷，转太府寺丞等职官，换言之，他从一个地方官升迁为京官，接触到宫廷，开阔了眼界，为他乐府诗的创作增添了新的内容，尤其为他著名的百首《宫词》的写作打下了基础。王建新乐府中的《温泉宫行》《古宫怨》《行宫词》《上阳宫》《故行宫》等这一类写宫廷题材的借古讽今之作，当是作于元和七年至宝历二年（812—826）这一期间。

张籍另一类新乐府是反映民生疾苦，揭露现实的作品，如《野老歌》《樵客词》《山头鹿》等，历来的研究者分析认为应该是作于贞元末年张籍困守和州时期[③]。笔者认为，如果仅仅通

① 《张籍诗集校注》，第 60 页。

② 迟乃鹏《王建年谱》，《王建研究丛稿》，巴蜀书社 1997 年版，第 37 页。

③ 张国光《唐乐府诗人张籍生平考证》，《全国唐诗讨论会论文选》，陕西人民出版社 1984 年版，第 263 页。

过作品的内容去附和相应的历史背景来判断作品年代，是不够全面、客观的，还应该综合诗人的创作目的和社会大环境等诸多影响因素来判断。可以从以下两个方面来考虑：

创作目的和实现方式。白居易在《读张籍古乐府》诗中表达了自己对张籍乐府的赞赏和寄予的厚望："愿藏中秘书，百代不湮沦。愿播内乐府，时得闻至尊。"这四句表现了白居易对张籍乐府最大程度的肯定，白居易的这一愿望究竟有没有实现呢？姚合又有《赠张籍太祝》一诗，恰好对白居易提出的这一愿望作出了回应和证实："古风无手敌，新语是人知。……麟台添集卷，乐府换歌词。"由是可知，张籍的新乐府这一类出色的反映现实的作品，不仅深得时人推重，也被朝廷采用。因此笔者认为，这些讽谏性质的、被麟台采进的乐府诗当是张籍元和元年（806）入仕长安之后，在朝廷任职时期的作品。

从这几首诗本身的思想内容来看，诗人张籍批评现实、用以讽谏的创作目的是非常明显的。诗人希望能够通过诗歌令当权者引以为戒。明钟惺、谭元春《唐诗归》就说张籍新乐府《野老歌》"语有经国隐忧"①。因为生存处境的改变，诗人有机会耳闻目睹了官场的黑暗与腐败、贫富的悬殊，加上原有的生活体验，写下了揭露现实的诗篇，希望能够闻于皇帝，裨补时政，这与白居易作翰林学士和左拾遗时，始作五十首新乐府讽谕诗，"欲以播于乐章歌曲"而闻于天子，是一样的。这也和晚唐皮日休在咸通八年（867）进士及第后才作《贪官怨》《橡媪叹》等有关国家利病、生民之休戚的正乐府（新乐府）的初衷和情况是一致的②。张籍在朝廷任职之后，他的乐府诗就比一般诗人的作品有更多的机会能够进入朝廷乐府、秘书省等机关，这无疑会激

① 钟惺、谭元春《唐诗归》卷三〇。

② 李菊田《皮日休生平事迹考》，《天津师范学院学报》1958年第3期。

发诗人的创作热情，创作出越来越多的反映现实的新乐府诗，以求能够进闻于皇帝，达到裨补时政的目的。他的《野老歌》等一系列的新乐府应该是在这样一个时期、这样一个前提下完成的。

大凡认为《野老歌》这些新乐府是作于贞元末的学者，都认为张籍贞元时期有段贫困生活的亲身经历，才会与贫穷的山民有共鸣，尤其从其诗《赠同溪客》“共伐临溪树，同为过水桥”中得到支持。笔者以为此种说法过于绝对。首先，张籍自己诗中所谓有共同山居经历的“同溪客”，并非山村野老之类，因为诗中后文还有“自教青鹤舞，分采紫芝苗”两句，分明写的是养鹤采药的方外之士。其次，张籍在任太祝之职的数年中，生活窘迫的状态并无太大改观，孟郊《赠穷瞎张太祝》诗和姚合诗《赠张籍太祝》“野老开山借，邻僧与米炊”[①]语可证。在这种生活状况下，与山中的野老、邻僧打交道是常事。他从这段生活的实际体验出发写下《野老歌》是完全可能的。据此，《野老歌》应是张籍贫居长安时期的作品。简而言之，诗人在京城居住时期比之入仕之前的贫民时期更能强烈地感受贫富对比。既有生活的经历又有批评现实的愿望，也不乏实现的可能，才是创作出批评现实的新乐府的合理的解释。

王建部分新乐府诗的创作的年代可以据迟乃鹏《王建年谱》的考证：除去在元和之前创作的那几首新乐府，还有大量作于元和七年之后的新乐府。元和七年（812），王建作有《北邙行》《上阳宫》《行宫词》；元和九年（814），王建有《华清宫》《温泉宫行》《旧宫人》《霓裳词十首》；元和十二年（817），王建有《东征行》；元和十五年至宝历二年（820—826），王建完成《宫词》百首[②]，都要比元和之前的创作有明显

① 刘衍校《姚合诗集校考》卷四《赠张籍太祝》，岳麓书社 1997 年版，第 53 页。
② 迟乃鹏《王建年谱》，《王建研究丛稿》，巴蜀书社 1997 年版。

的增加。

元稹和白居易分别于元和十五年（820）和长庆二年（822）奉命制敕，希望张籍能够多创作一些有补于时政的歌诗。据卞孝萱《元稹年谱》“长庆元年（821），元稹有《于居敬兄升平里咏张新诗》”，“长庆三年（823），白居易得张籍寄新诗一卷”推之，当为张籍所作的与他们新乐府精神相符的新歌诗，其中应该包括他所作的新乐府诗。

综上所考，可以肯定，张王大多数新乐府作于元和七年（812）至宝历年间，而元白新乐府创作始于元和四年（809），至元和七年（812）已基本结束。由此可知，张王新乐府在元白新乐府创作同时或稍后，是受元白新乐府创作风气的影响。

事实也证明，张王二人的乐府诗创作并不是像人们认为的那样，在元和元年（806）之前达到了一个创作高峰之后便开始逐渐被近体诗所取代。他们的乐府诗创作始终是在进行着，直到长庆三年（823），张籍还有古乐府《凉州词》三首问世，王建还在创作著名的百首新乐府《宫词》。

四、结论

综合上述，可以得出以下结论：

第一，张王古乐府创作开始并成熟于元和之前，名气远播。在元和之后依然名动天下，对元白新乐府创作产生了深远的影响，在思想内容和表现手法上对元白新乐府起到了一定的先导作用。

第二，张王创作的新乐府伴随着其创作的古乐府的兴盛也在不断发展，随着二人陆续进入长安为官、见闻的增长和职位的优势，尤其是在元白新乐府的创作的促进下，张王的新乐府创作达到高峰。

第三，应该说，张王古乐府开启了元白新乐府，反过来，元白新乐府对张王新乐府的创作起到了提升和促进作用。

通过对比分析张王新乐府与元白新乐府之关系，亦可以证明，张王乐府创作一直是在持续地进行着。那种认为，张王乐府开始并成熟于元白新乐府之前，对元白新乐府起到了开启的作用，至元和八年（813）之后便不再有乐府诗创作等说法，既不够严密，也不符合实际。

（原载《文学评论》2007年第4期）

评点视野下的张籍五律诗歌艺术

——以李怀民评点为例

◎宗瑞冰

当前对张籍诗歌艺术的研究，多集中在对张籍乐府诗的研究方面，而对其五律诗几无文章专门论及，特别是对前人评点张籍五律诗的观点重视不够。如清康熙年间山东高密派代表人物李怀民《中晚唐主客图》以及《重订中晚唐诗主客图》（以下简称《重订主客图》）中对张籍五律诗歌的评点，长期以来不被人关注，学界至今未见有对其进行详细的辨析者，这里试为详析。

一、李怀民对张籍五律的选评

李怀民（1738—1793），字宪噩，号十桐、石桐，山东高密人。有《十桐草堂集》《石桐先生诗钞》，与弟宪乔、宪暠并有诗名，世称“高密三李”，乡人景从，世称高密诗派。

李怀民《中晚唐主客图》现有清嘉庆十八年（1713）刻本，《重订主客图》则有清嘉庆十七年临川李秉礼桂林重刊本。两书均采用点、圈、评相结合的方式，点、圈均为墨色。点为顿点，有时一个字旁多至两到三个点相叠，加点者多为强调字句；加圈者，多是句法对偶工整或是在艺术上值得批点者，旁多有批语。两书皆是以李怀民为首的高密诗派的理论纲领，乃李氏不满张为《主客图》种种不惬人意之处，“裒录贞元以后诸家五言律诗，仿张为例，重定《中晚唐诗主客图》”[①]。

李氏在《重订中晚唐诗主客图说》（以下简称《重订主客图说》）中列举了张为《主客图》之名目后，说明了著述此书的原因，即认为张为之作存在四个瑕疵。一是认为张为之作名实不副。张为作《诗人主客图》中以白居易为广大教化主、以孟云卿为高古奥逸主、以李益为清奇雅正主、以鲍溶为博解宏拔主、以武元衡为瑰奇美丽主，共六主七十八客，李氏“尝读其诗皆不类”。二是张氏之作“所立名号亦半强摄”。李氏指出，“即如元白、张、刘，当时统谓‘元和体’，为乃独以元稹属白居易，而张籍、刘禹锡更分承之李益、武元衡，诚不知其何所见”。三是《诗人主客图》中诗人并称不当。李氏认为：“以韦应物之冲淡，独步三唐，宋人论者，惟柳宗元稍可并称，而乃仅入孟云卿之室，且与李贺、杜牧比肩，何其不伦耶？”四是标目不妥。李氏指出：“至其所标目，适如司空表圣《二十四品》，但彼特明体之不同，非谓人专一体；且即六者，亦不能尽体矣。是盖出奇以新耳目，未为定论也。”

正由于上述四因，李氏以张籍、贾岛为二主，下分承二十八客，分为上下两卷，仿张为原图，以主、上入室、入室、升堂、及门五等列为二图，前冠以主客图人物表，各以年代系之，注明科第；后附各家诗选，均作小传，传后引录诗集序跋、前贤评语等资料，亦有自家按语。至于为何以张、贾为宗，李氏也有明言：

> 余读贞元以后近体诗，称量其体格，窃得两派焉：一派张水部，天然明丽，不事雕镂，而气味近道，学之可以除

① 李怀民《重订主客图·刘大观序》，清嘉庆十七年李秉礼刻本。

躁妄，祛矫饰，出入风雅；一派贾长江，力求险奥，不吝心思，而气骨凌霄，学之可以屏浮靡，却熟俗，振兴顽懦。二君之诗，各有广大奥逸、宏拔美丽之妙，而自成一家。[①]

以此为纲领，他重订了《中晚唐主客图》。李氏《重订主客图》上卷首起张籍，共选评张五言律四十二首，所选张诗数位居此书之首。且此书中李氏对张籍五律诗的评点尤为系统，因此，本文中所引李氏之评语均引自此书。由其评语来看，李怀民主要从体例特征、艺术风格特点、语言修辞效果以及篇章结构等方面揭示了张籍五律诗的艺术特质，下面一一详述。

二、李氏对张诗“体例”的归纳

由李怀民《重订主客图》可以看出，李氏评点率先标举出张籍五律诗的“体例”。即他较早对张籍五律诗中较为成功的一类诗，予以了规律性的总结命名，这种评点之法是前人所没有的。在《重订主客图》中李怀民以张籍五律为例归纳出赠方外类、送流人迁客类、应酬类、和诗等四类诗的“体例”，要求以张诗为规范。其一，他认为张籍的赠方外类诗“得诗家妙谛”。如他于《重订主客图》卷上《不食姑》诗后批曰：“此等题有一定体例，集中如《隐者》《辟谷者》《赠海东僧》及此《不食姑》凡四见，要说得极神奇，而又不可巫婆气，疑虚疑实，乃得诗家妙谛。”[②]他指出张籍五律中这些与身份特殊者的赠诗，大都写得似虚似实，既具有奇的特点，又不过于妖魔化，恰到好处，所以李氏认为这样的诗才算是“得诗家妙谛”。元人

① 李怀民《重订主客图说》，清嘉庆十七年李秉礼刻本。
② 李怀民《重订主客图》，清嘉庆十七年李秉礼刻本。

方回对此类诗亦有所评，与李氏之见解正相印证。方回在张籍《送海南客归旧岛》诗下有评曰：“唐以诗试进士，先以诗为行卷。如此等语，或本无其人，姑为是题，以写殊异之景，故皆新怪可观。如《送流人》《寄边将》之类皆是也。”[①]方、李两人一致认为这些诗所赠或本无其人，之所以写得新奇，乃故意为之，以新奇引人注目，却做得不即不离，既虚实相生，又不胶着于主人公身份。

其二，指明了张籍送迁客类诗的体例。如李氏评张籍的《送流人》诗云：“凡送流人迁客，大概止述其境地之远苦，而不肯多为吉祥祷颂之词，此一定体例，而后人不知。”送赠对象是流人或者是被贬谪之人，其将至之地多为荒凉的边地，其心情自然是凄苦不堪。作者抱有同情之心，故这类送赠诗须体察送赠对象之心情，顺其情意而行文。因此，李氏指出送迁客类诗在写法上的这一体例特点，并批评后人不知此例的无知。

其三，道出了张籍应酬类诗的真性情特征。如李氏在《酬白二十二舍人早春曲江见招》诗后评曰：“此等应酬体，越见性情，不同后世一味周旋世故，故读唐诗者，先须读其应酬诗。”李怀民对应酬体类诗提出不同常人之见解。对应酬体类诗，人多所贬斥，认为其多应酬语，周旋太过，不得见作者之真性情。而李氏则对张诗之应酬体诗尤为赞赏，认为张之应酬体诗能写出作者之真性情，具有“真”的特质。

其四，对张籍的和诗类，《和左司元郎中秋居十首》之第十首下批：“凡和诗者，因其所见而共赋之，其相和意不过随时一点足矣，不得以盛唐‘阳春一曲和皆难’等句而铺张之致，使满篇应酬滥语，而诗兴反觉索然。此唐人和诗之体例也。”这里李怀民将张籍此诗作为唐人和诗的高标，认为其诗少有应酬滥

① 方回选评，李庆甲集评校点《瀛奎律髓汇评》，上海古籍出版社2005年版，第159页。

语，诗兴很足，要求作和诗时，不应一味铺张。

李氏这种“体例”归纳方式是集品评与写作于一体的，为达到纲举目张的目的，才以张籍五律为例抽绎出各体的特点与规范。在李氏之前的大多评点只限于对某一句一联而发，最多至整首诗，但是李氏从一类诗出发，对一类诗予以规律性的“体例”总结，启后人学习之门径。这既是对张籍五律诗的重视，也是在评点方式上的突破。李氏对所选张诗中四类诗歌“体例”的总结对我们把握唐诗“体例”有一定的参考意义。

三、李氏对张籍五律风格的揭示

李氏对张籍五律诗的评语多着眼于艺术风格方面，指出张籍五律诗具有多种风格面貌特点：平淡高妙以及天然、得自然之妙等，下面我们结合张诗来具体分析李氏所揭示的张诗的艺术风格特征。

首先李氏特别强调张籍诗歌“平淡高妙”的特点。一方面，李氏从张诗的作法平淡上着眼。如评《和裴司空即事通简旧僚》即云：“此等只平平写去，更不加意矜持张皇，即作者之识量高阔处。若谓作律格一味寒素，不敢道著冠冕一字，又不是也。”即指出张籍此诗作法之平淡，不作意，而尽显作者识量之高阔。对张籍诗中的某一联具有此风者，李怀民亦拈出。如评《和裴仆射朝回寄韩吏部》之尾联“惟应有吏部，诗酒每相同”为“安放得平澹高妙”。对张五律诗平淡之特点，李氏之观点与前人多耦合，如刘攽于《中山诗话》云：“张籍乐府词，清丽深婉，五言律诗亦平澹可爱，至七言诗则质多文少。”[①]另一方面，李氏还从张五律诗善以平常事写出至味的角度指摘此

① 刘攽著《中山诗话》，何文焕辑《历代诗话》，中华书局1981年版，第288页。

风。如《送远客》诗之尾联“明日重阳节，无人上古城”李氏评曰：“难处只是平常而有至味。”《和陆司业习静寄所知》之颔联“山开登竹阁，僧到出茶堂”评曰：“画出高情，止是寻常事。”上述这些评语皆指出张籍五律诗虽写寻常事，却具有高情、至味，虽平常实不寻常，这正是张诗的平淡高妙之处。再如评《蓟北春怀》之颔联“因逢过江使，却寄在家衣”：“真情远味，只在寻常情事中，若入后人手，便易鄙琐。”指出张籍五律诗具有一个特点：能以极寻常事写出不寻常之情，正是平淡高妙之处，于此等诗乃见诗人诗情才情。此外，李氏又从诗境之平实、雪淡无味方面指出张诗此一特点。如《送徐先生归蜀》诗后即评曰“分明一幅仙人像，然说来却甚平实”。再如《游襄阳山寺》诗之尾联“闲游殊未遍，即是下山时”下批曰“雪淡无味，恰得情事，此等最妙”。这些评语从诗歌意境的角度评点张五律诗具有雪淡无味的特点。从上述评语中可以看出，李氏对张籍平淡高妙、雪淡无味的特点极为赞赏、推崇，多处赞以“最妙”二字。

对张诗平淡高妙的艺术特质，李氏认为这与张诗在语言方面具有语浅意深、留不尽意于言外的艺术魅力密不可分。如李氏在《寄汉阳故人》之颔联“归使雨中发，寄书灯下封”旁批曰：“极寻常事却有新意，极无味语却有深情。张洎所谓字清意远，不涉旧体，天下莫能窥其奥者，正当于极寻常、极无味处求之。”李氏首先指出张籍之诗能从极寻常之事中创出新意，接着又进一步明确指出张洎所谓的字清意远、不涉旧体，应该正是张诗的平淡高妙之处。张洎只认识到张诗的字清意远，而李氏则进一步指出这正是构成张诗平淡高妙的语言因素。再如《宿临江驿》李氏先于颈联“旅宿今已远，此行犹未归”下批曰：“此等淡句莫轻看过。”继而在尾联下又评曰：“梅都官所谓留不尽之意，尤当向水部领取。”此处乃是引用梅圣俞语：“诗家虽率意，而造语亦难。……必能状难写之景，如在目前，含不尽之意，见于言外，然后为至矣。”[①]李氏在此引用梅圣俞之言，意在强调对张籍所谓的淡语应予以重视，应重视的原因即在于后评：这样的淡语具有留不尽之意于言外的艺术特质。

其次，李怀民还从艺术审美的角度指出张籍五律具有“天然”“得自然之妙”的特点。其《重订主客图说》中就明确指出：“予读贞元以后近体诗，称量其体格，窃得两派焉：一派张水部，天然明丽，不事雕镂，而气味近道，学之可以除躁妄，祛矫饰，出入风雅。”在具体的评点中李氏更是结合具体的诗例，以彰显张籍五律天然的特点，兹举数例。如对《闲居》诗之颔联“药看辰日合，茶过卯时煎”不但于句旁加点，更是以评语对此联的艺术独到之处予以明示：“偶取支干字对，正见闲处，亦天然恰好。若专借此见长，则纤而陋矣。”继而在尾联下又评曰：“真得自然之妙。”此评正指出张籍诗善以天然对，不事雕琢之风。综合上述评语来看，李氏对张籍之诗有整体且较为深刻的认识，即认为张籍作诗靠的不是苦思，更非“旬锻月炼”、捻断髭须的苦吟，而是触景生情、缘情而成文。

此外，李氏还从诗歌内容的角度出发评点张籍之诗，即指出张籍五律在内容上具有多写琐屑、俗事俗情的特点，此评指出张籍五律诗具有“俗”的特点，这是目前的研究者并未注意到的。

四、李氏对张诗修辞艺术的评定

李怀民还重视诗歌的语言修辞艺术，肯定张籍五律的语言、篇章结构的修辞艺术效果，既从张诗中虚字的使用以及字词

① 《历代诗话》，第267页。

产生诸多的修辞效果诸方面予以评定，亦揭示张诗的篇章结构的格法以及起、结之法。

首先，李氏肯定张诗中实词用得极妙。如《宿临江驿》诗颔联“月明见潮上，江静觉鸥飞”下分别评曰：“见字匠出潮，而妙尤在明字。”“觉字匠出鸥，而妙尤在静字。”这些评语把一首诗中的“诗眼”通过简单的语言拈出，起到画龙点睛的作用，是历代评点的共同特点。对句中关键字眼的评点恰当与否是最显评家功力之处，也是最能见评家之眼的关键所在。而李氏在评点中不仅指出诗眼所在，而且对诗中字眼所起的艺术效果予以明确，这也是最能见李氏艺术之眼的佐证。

其次，李氏在评点中还对张籍用词用字的修辞效果予以揭示。一方面，肯定张诗的字词能匠物入神，肯定张诗对物态的描摹之功。如《送李骑曹灵州归觐》下批曰：“画边景真。”肯定张籍诗语对边境的描写真切。《古树》诗之颔联“露根堪系马，空腹恐藏人”下批曰“匠物入神，水部亦有此警笔也”，继而又曰“下腹字妙”，此评语既肯定张诗对景物的描摹极为细腻，更赞赏此联对句中“腹”字用得极为新奇，对张诗的语言修辞效果甚是赞叹。再如评《江陵孝女》：“只淡淡著笔，而孝女已千古如生。若经后人手，不知有几多肤阔理性语搬演来也。”这些评语指出张籍用词用字的艺术特点：皆能体物贴切，能抓住事物最典型之情态来叙写。另一方面，对张籍用词用字产生的凝练含蓄艺术效果十分赞赏。如评《寒食夜寄姚侍郎》之颈联“五湖归去远，百事病来疏”为“多少心中语，十字括尽”，此十字写尽张籍因贫病而产生的许多感慨：仕途不显，贫病交加，既与友人疏远，不得常酬唱往来述怀，又不能立即逍遥五湖三江。其中多少无奈与辛酸，只在此十字中涵盖。李氏对此十字中所含张之情事有深切的体会，故以寥寥数语即拈出，于此可见其艺术造诣之深。

此外，李氏还从篇章修辞艺术的角度点评张籍五律诗。一方面对张诗之“格法”与对法在评点中予以明确。李氏在评点中指出张籍五律诗不讲求一联中出句、对句之字字对偶工整，而多叙述的笔法，以散句出之，此格法在张籍五律诗中是普遍存在的。仅举数例：如于《宿邯郸馆寄马磁州》之颔联“虽沽主人酒，不似在家时”下批曰“此等格法、对法惟水部擅长”；《登城寄王建》之颔联“远客偏相忆，登城独不归”下评曰“看其对格之妙”等。由上述可见李氏对张籍五律诗的对法甚为赞赏。另一方面，李氏还对张诗的起、结之法格外重视。李氏认为张诗之起句有多种起法，如于《春日留别》之首句下批“唱起”，此是以“唱起”目之；《没蕃故人》之首句“前年”两字下以“直起”评之；再如《哭山中友人》之首句批以“突起”二字。唱起、直起、突起，既可见张籍五律诗之作法的功力，亦可知李氏对张诗的深切体会，能从一句一联中窥见张籍作诗的法门及艺术独到之处。对张诗的结句之法，李氏亦有所明示。如对《送新罗使》尾联“悠悠到乡国，还望海西天”下批“只如此结”；《送僧游五台兼谒李司空》之尾联“定知巡礼后，解夏始应回”下批“只如此结便妙”；对《送宫人入道》之尾联“中官看入洞，空驾玉轮归”批曰“余意作结，令人邈然，此真不尽也”，诗后又加一批语云“最要学他结法，独得不尽之味”，指出张籍五律诗的结句看似平常，却是有不尽之意蕴含其中，高妙之至。

总之，张籍五律诗体例方面的诸多特点，艺术风格方面平淡高妙、语浅意深等特质，以及字词语言运用的诸多修辞效果，在李氏的点评之下，充分展现出来。李氏的许多评语发前人所未发，言后人所未言，对于后人体认张籍五律诗的诗歌艺术具有多方面的启发和借鉴意义。

（原载《苏州大学学报》2009年第2期）

“张籍王建体”的含义及成就

◎于展东

文体是我国文论中非常重要的概念，早在曹丕的《典论·论文》中已经有专门讨论文体的部分。我们今天所说的文体的“体”，最常用的含义有二：一种含义是文学的体裁，另一种含义是指文学作品呈现出的风格。二者有一定的联系，但不是对等的。同一种体裁可以在不同的时代和作家手中形成不同的风格，而同一种风格也可以在不同的体裁中表现出来。体裁是文学形式方面的规定性，风格主要是文学作品完成以后表现出的整体风貌。在给某种体裁赋予某种风格的过程中，隐含的是作家的个性和文学观念，甚至是时代的风尚。“张籍王建体”语出宋人严羽的《沧浪诗话》，张籍、王建是中唐时期两位重要的诗人，严羽在《沧浪诗话·诗体》“以人而论”中特别拈出“张籍王建体”[①]。能在严羽所标举的唐人诗体的二十四体中占得一体是非常不易的一件事，而且严羽能把其与沈宋、陈拾遗、王杨卢骆、张曲江、少陵、太白、高达夫、孟浩然、岑嘉州、王右丞、韦苏州、韩昌黎、柳子厚、李长吉、李商隐、白乐天、元白、杜牧、贾浪仙、孟东野等一流诗人、名家相提并论，显然，其必有高出其他众多诗人的卓异之处，且对诗歌的发展做出了自己特殊的不可磨灭的历史贡献，否则是很难获得这一殊荣的。

① 何文焕辑《历代诗话》，中华书局2004年版，第689页。

一、“张籍王建体”的含义及特点考察

严羽在《沧浪诗话·诗体》“以人而论”中特别拈出了“张籍王建体”，又云：“大历后，刘梦得之绝句，张籍王建之乐府，我所深取耳。”[①]可见，严羽所说的“张籍王建体”是以二人在乐府诗创作方面所表现出的共性特点、所取得的成就为出发点的。对于张籍、王建二人的诗歌，历来诗评家们大多数的评论针对他们的乐府诗创作。

张籍、王建二人得以并称，最基本的原因是他们二人在当时大量地创作乐府诗并取得了一定的影响，所以二人乐府诗被后人并称为“张王乐府”。“张王乐府”之称首见于高棅《唐诗品汇·总叙》：“张王乐府，得其故实；元白序事，务在分明。”明确指出了“张王乐府”写实性的特点。评论界经常把张籍、王建、元稹、白居易四人放到一起评论，除了高棅的论述，比较有代表性的如宋张戒《岁寒堂诗话》卷上云：

> 元白张籍王建乐府，专以道得人心中事为工，然其词浅近，其气卑弱。[②]

这一评论有几个要点：第一，元白张王之所以被放在一起评论，是因为他们都在乐府诗创作上取得了较大的成就。第二，要道得人心中“事”，可见诗歌中的重要部分是叙事，所以叙事性比较强就成为他们乐府诗创作的特点。以道得人心中事为“工”，所谓“工”，就是要讲得清、讲得明、讲得有意义，就是要讲得详尽、明白。要道得“人”心中事，就是要为他人代

① 《历代诗话》，第697页。

② 丁福保辑《历代诗话续编》，中华书局2006年版，第450页。

言，因而，透露出代言体的写作手法。第三，其词浅近，是指诗歌语言浅显近俗，如果说“词浅近”语气比较客观，那么“其气卑弱”的贬抑语气便十分明显了。我们暂且不论张戒对张王元白四人的评论是否客观，但是张戒确实精准地抓住了他们四人乐府诗创作上的共性特点，后之论者大都无法跨越张戒的论语。

还有如北宋后期的魏泰在《临汉隐居诗话》中谈道：

> 诗者述事以寄情，事贵详，情贵隐，及乎感会于心，则情见于词，此所以入人深也。如将盛气直述，更无余味，则感人也浅，乌能使其不知手舞足蹈，又况厚人伦，美教化，动天地，感鬼神乎？……至于魏晋南北朝乐府，虽未极淳，而亦能隐约意思，有足吟味之者。唐人亦多为乐府，若张籍、王建、元稹、白居易以此得名。其述情叙怨，委曲周详，言尽意尽，更无余味。及其末也，或是诙谐，便使人发笑，此曾不足以宣讽。诉之情况，欲使闻者感动而自戒乎？甚者或谲怪，或俚俗，所谓恶诗也，亦何足道哉![①]
>
> 张籍、王建诗格极相似……[②]

从上面所引述的材料可以看出三层含义：第一，魏泰认为诗歌的主要功用是“述事以寄情”，而且要做到“事详”“情隐”，这样才能达到“入人深也”的效果，一方面从感官上让人“手舞足蹈”，另一方面达到“厚人伦，美教化，动天地，感鬼神”更高层次的目的。第二，依照魏泰的诗歌主张，他认为相对于魏晋南北朝乐府，张籍、王建、元稹、白居易的乐府诗歌“述情叙怨，委曲周详，言尽意尽，更无余味”，“不足以宣

① 《历代诗话》，第322页。
② 《历代诗话》，第326页。

讽”，不能使“闻者感动而自戒”，从另外一个方面反映了诗人诗歌创作叙事性强的特点。他的批评非常不客气：“甚者或谲怪，或俚俗，所谓恶诗也，亦何足道哉！”第三，魏泰又提到非常重要的一点，“张籍王建诗格极相似”，指出了张籍、王建二人诗歌创作上有非常相似的地方。

值得注意的还有王安石对张籍的评价，他在《题张司业诗》中说：

> 苏州司业诗名老，乐府皆言妙入神。看似寻常最奇崛，成如容易却艰辛。

王安石此诗有以下几个要点：第一，张籍的诗作中，以乐府诗的艺术成就最高，堪称精妙入神；第二，他的乐府诗看起来都极为平常浅易，言语寻常无奇，实际的立意和构思却是新奇峭拔，开人眼目；第三，看起来平易的外表让人觉得根本没有经过什么雕琢，实际上是诗人呕心沥血、苦心锤炼推敲的结果，只因诗人的笔力巧夺天工，所以不露斧凿之痕。

以上评论，大同小异，大致概括出了张王乐府诗歌的特点。长期以来，研究者对于张王诗歌的研究主要集中在乐府诗和王建的宫词上，而忽略了对于张籍、王建二人近体诗的研究。实际上在张王二人的诗集中保存大量的近体诗，数量远远超过他们的乐府诗，呈现出平易浅近、尚实尚俗的共性特点，在中晚唐亦自成一家。如果说张王的乐府诗是诗人忧国忧民的生动体现，表现了诗人对社会的关怀与热情，那么他们的近体诗可以说是从社会关怀过渡到自我娱情，诗人把自身的关心面从“天下”收敛到“一身”，诗人随着政治热情的丧失和理想期望值越来越小，由于看不到国家复兴的希望，他们已经完全没有了盛唐士人那样追求理想的热情，诗人把自己从“天将降大任于斯人”的高度降下来，归属于社会上普通人的一群，消减了自己早些时候试图在世俗与理想之间寻求一条兼容道路的想法，开始混同世俗、自营稻粱之谋。在对文学功能的认识上，也就发现了与兼济时“上可裨教化，舒之济万民”不同的另一面，即独善时的“下可理情性，卷之善一身”，基于文学缘情的特性而强调其“泄导人情”的作用。所以，张王的近体诗不再以表现社会现实为主旨，“舍官样而就家常”，常写的题材只是眼前的景物和身边的琐事，主要以赠答友人和旅游宴饮等为题材，从多方面来抒发个人生活的情怀，面对日常化生活流露出沉潜自适。至于更远的东西，或许他们不愿意写，也许心中根本没有，也可能是因为“唐祚至此，气脉浸微，士生斯时，无他事业”所致。而正是这种由孤高向世俗的转化，造成了诗论家们常说的张籍、王建诗“格卑”“俚浅”，甚至“纤弱”的现象。对于张籍、王建二人的近体诗，晚清李怀民在《重订中晚唐诗主客图》中大加赞赏：

> 怀民按：世之称仲初者，但知其七言古与官词耳，即张王并列，亦止于乐府。若五七律则概不相许，至谓司马律不能工，或病其俗。噫嘻！世所谓不俗者吾知之矣。错采镂金，矫饰补假，以要博大精深之誉，至与言苦心体物，刻发难显，其实不能耐心一思也。顾惟纵其情不以礼防者为俗耳。俗情入诗，直寻天妙，固是风雅之本。世惟认错俗字，并雅亦失之，而所谓不俗者乃真俗矣。按仲初律诗，实与司业合调，第司业妙于清丽，司马偏于质厚，不无微分，不似朱庆馀之句句追步。至其字清意远，工于匠物，则殊途同归也。

李怀民指出：第一，历来人们只知张王并称“止于乐府”，而对其“五七律则概不相许”。有人认为他们的律诗“不能工”，有“俗”的弊病。诚然，细察张王二人的律诗，确有“律不能工”的缺陷。然而，说“俗”是张籍、王建律诗的弊病，则不敢苟同，“俗”正是张籍、王建近体诗的一个重要特点。第二，值得注意的还有，李怀民指出尽管张籍、王建二人律诗在风格上稍有差异，张籍“妙于清丽”，王建“偏于质厚”，但“仲初律诗，实与司业合调”，他认为这两个人的律诗“不无微分”。这的确精确概括了张王二人律诗的特点。

对于张籍的五言律诗，历来评价高。刘攽在《中山诗话》中说：“张籍乐府词，清丽深婉，五言律诗亦平澹可爱。”许学夷《诗源辩体》卷二七评张籍五律的风格说：“张如‘椰叶瘴云湿，桂丛蛮鸟声’‘夜鹿伴茅屋，秋猿守栗林’‘渡口过新雨，夜来生白蘋’‘竹深村路暗，月出钓船稀’‘月明见潮上，江静觉鸥飞’‘夜静江水白，路回山月斜’‘乘舟向山寺，着屐到渔家’‘新露湿茅屋，暗泉冲竹篱’……皆清新峭拔，另为一种，五代诸公乃多出此矣。”[1]李怀民《重订中晚唐诗主客图》曰：“水部五言，体清韵远，意古神闲，与乐府词相为表里，得风骚之遗。当时以律格标异，信非偶然。”[2]可见张籍的清丽深婉、平澹可爱的风格，在当时确已形成了“独擅”的地位，卓然自成一家。许学夷《诗源辩体》卷二七评王建五律的风格说：“王如‘瘴烟沙上起，阴火雨中生’‘水国山魈引，蛮乡洞主留’‘石冷啼猿影，松昏戏鹿尘’‘闭门留野鹿，分食养山鸡’‘雨水洗荒竹，溪沙填废渠’‘野桑穿井长，荒竹过墙生’等句，皆清新峭拔，另为一种，五代诸公乃多出此矣。”[3]论王建五律“清新”，甚有见地，大历之后，诗人多以五律写山水庄田之景，清幽明丽，王建以之写萧条冷落之景，故亦使

① 转引自陈伯海主编《唐诗汇评》，浙江教育出版社1995年，第1893页。
② 《唐诗汇评》，第1894页。
③ 《唐诗汇评》，第1519页。

人耳目为之一新。至于对于二人七律的评论，《养一斋诗话》中云：“张籍、王建以乐府名，然七律亦有人所不能及处。”[①] 胡应麟《诗薮》内编卷五论唐七律的发展流变说：“唐七言律自杜审言、沈佺期首创工密，至崔颢、李白时出古意，一变也。高、岑、王、李，风格大备，又一变也。杜陵雄深浩荡，超乎纵横，又一变也。钱、刘稍为流畅，降而中唐，又一变也。大历十才子，中唐体备，又一变也。乐天才具泛澜，梦得骨力豪劲，在中晚间自为一格，又一变也。张籍、王建略去葩藻，求取情实，渐入晚唐，又一变也。李商隐、杜牧之填塞故实，皮日休、陆龟蒙驰骛新奇，又一变也。许浑、刘沧角猎排偶，时作拗体，又一变也。至吴融、韩渥香奁脂粉，杜荀鹤、李山甫委巷丛谈，否道斯极，唐亦以亡矣。”[②]以“变”的观点看问题，当是颇具慧眼的。七言律诗以杜甫为分水岭，但是杜甫的七律稍逊畅达，时有拙句，故刘长卿变杜甫之掘拗而为通畅，张籍、王建正是在此基础上变本加厉，更为平易浅近之风格，遂亦有矫枉过正之失。由此观之，张籍、王建的七言律正是唐七律发展过程中的一个重要环节，也是七律风格中不可或缺之一体。

二、“张籍王建体”在文学思潮转向进程中的作用考察

诗到盛唐，在意境创造上已达到了炉火纯青的程度，声律风骨兼备，风情远韵臻至。含蕴深厚、韵味无穷而又出以自然之美的诗，可以说已至极境。在经过大历至贞元中那样一个徘徊的过渡期之后，诗人们开始寻找出路了。他们中的一部分人一变盛唐诗歌那种风骨远韵、多层意境、理想化的倾向，而转向写实，写得通俗详尽。在唐代诗歌创作由理想到写实的思潮转向的

① 《唐诗汇评》，第1519页。

② 胡应麟撰《诗薮》，上海古籍出版社1979年版，第84—85页。

进程中，到了元和时代，元稹、白居易不仅成为这一趋势的最突出代表，而且使写实思潮具有新的内涵意蕴，他们的写实是在自觉的功利文学观念中有意识地将社会现实、政教功能与通俗表现三者融合起来，形成一种写实性与理念性相统一的全新的表现方式，标志着唐代中期诗学思潮转向过程的最终完成。就这样一种写实思潮及其表现方式的演进过程来看，在稍前于元稹、白居易的张籍、王建的创作实践中，实已导风气之先，初具了其最本质的特征。白居易作有《读张籍古乐府》，称颂张籍“为诗意如何，六义互铺陈。风雅比兴外，未尝著空文”，并具体举例：

读君《学仙》诗，可讽放佚君。读君《董公诗》，可诲贪暴臣。读君《商女》诗，可感悍妇仁。读君《勤齐》诗，可劝薄夫敦。上可裨教化，舒之济万民。下可理情性，卷之善一身。

可见张籍对白居易文学思想及诗作内容的直接影响。当然，元稹、白居易的文学思想及创作实践，作为儒家政教文学观在唐诗发展史上的最高程度的体现，自有多方面促成因素，但从直接的联系与相似的特点比较而言，张籍、王建的诗歌创作特别是乐府诗显然是为其导夫先路的成功实践。罗宗强先生在《隋唐五代文学思想史》中指出张籍、王建二人在中唐文坛上非常重要的贡献就是他们有意识地将纪实与俗化作为一种自觉的审美追求，他说：“当白居易还没有形成自己的风格，还没有像他后来那样追求尚实、尚俗、务尽的诗风的时候，王建和张籍已经先走一步了，一直到贞元末年，白居易的诗作中都还反映出摇摆不定的多种创造倾向……而在此期间，张籍、王建的尚实、尚俗的诗风已渐露端倪了。"[1]胡震亨《唐音癸签》卷七引高棅语云："大历以还，乐府不作，独张籍、王建二家体制相近，稍复古意。或旧曲新声，或新题古义，词旨通畅，悲欢穷泰，慨然有古歌谣之遗，亦唐世流风之变，而不失其正者。"可见，张籍、王建二人在诗歌发展史上自有其重要意义。

通过前面的论述，我们知道张王乐府是"以道得人心中事为工"，正因为二人重视真实情感的抒发，所以他们没有在辞藻艳丽上费功夫，而是"略去葩藻，求取情实"。翁方纲在对比张王乐府同李贺乐府时也说"奇艳不及，而真切过之"，指出了张王乐府写实、重真情实感抒发这一艺术特点。张王二人似乎有意将一种世俗品质的平民心态搬进诗歌创作中，而且通观张王的诗歌，这种倾向其实不仅仅局限于乐府诗中，还是贯穿于二人整个创作生涯的普遍现象。如王建早在贞元初年所作的《扬州寻张籍不见》：

别后知君在楚城，扬州寺里觅君名。西江水阔吴山远，却打船头向北行。

全诗平易流畅，明显带有江南民歌的明快格调。大约也作于这一时期的《江陵道中》，受江南民歌的影响更为明显：

菱叶参差萍叶重，新蒲半折夜来风。江村水落平地出，溪畔渔船青草中。

清新、明快，唯写眼中所见，仿佛信口而出，如民歌以眼前景物起咏，抒发一种最为单纯的感觉情思。

① 罗宗强《隋唐五代文学思想史》，中华书局 1999 年版，第 241—242 页。

稍后所作《雨中寄东溪韦处士》，在用辞上似也有意向通俗化方向探索：

雨中溪破无干地，浸着床头湿著书。一个月来山水隔，不知茅屋若为居。

此诗更是纯系口语。王建一生沉沦不遇，将近五十岁时才得一昭应令职，所作诗固然多有寓义寄托，但终其一生对诗歌表现形式的通俗平易的追求是极为明显的。试举几首小诗，如《荒园》：

朝日满园霜，牛冲篱落坏。扫掠黄叶中，时时一窠薤。

又如《新嫁娘词三首》：

邻家人未识，床上坐堆堆。郎来傍门户，满口索钱财。
锦障两边横，遮掩侍娘行。遣郎铺簟席，相并拜亲情。
三日入厨内，洗手作羹汤。未谙姑食性，先遣小姑尝。

这类作品在王建集中尚有不少，皆写日常生活中的细小事件或具体情态，不仅纯用白描手法，朴实自然，而且带有一股清新的乡土气息。或许是从这种通俗化探索出发，诗人才写了那么多乐府诗。

张籍是与王建同时向通俗化方向探索的同道者。从其作品的创作倾向看，他的文学思想似不在讽谕上，他并无明确的讽谕主张可资印证；而其作品本身，也未在讽谕上着力。他的着力之处是写实。但是因为诗人是以同情之心写实，作品本身就往往自然流露出讽谕之义。像《江村行》《野老歌》《牧童词》《采莲曲》《樵客吟》《贾客乐》等众多作品，皆以通俗语言从各个方面刻画出下层社会的众生相。张籍的诗中不仅乐府尚实、尚俗，他的律诗和绝句也有这种追求的明显特色，试看一些表现诗人闲居生活的诗句：

> 尽说无多事，能闲有几人？（《闲居》）
>
> 独坐看书卷，闲行着褐衣。（《酬孙洛阳》）
>
> 万种尽闲事，一生能几时。（《晚秋闲居》）
>
> 多病逢迎少，闲居又一年。（《夏日闲居》）
>
> 无事焚香坐，有时寻竹行。（《题李山人幽居》）
>
> 官闲人事少，年长道情多。（《春日李舍人宅见两省诸公唱和因书情即事》）
>
> 幽径独行步，白头长懒梳。更怜晴日色，渐渐暖贫居。（《早春病中》）
>
> 从来闲坐惯，渐觉出门难。（《早春闲游》）
>
> 横琴当月下，压酒及花时。（《山中秋夜》）
>
> 居贫闲自乐，豪客莫相过。（《和左司元朗中秋居十首》）

这些诗句均明白如话、平淡朴实，充满了安闲自适的趣味。张籍没有留下明确的表现其文学理论主张的材料，但从其给韩愈的两封信中，我们可以找到他尚实思想的证据。在《上韩昌黎书》和《再上韩昌黎书》中，他反对韩愈的“多尚驳杂无实之说”：“君子发言举足，不远于理，未尝闻以驳杂无实之说为戏也。”他反对韩愈以驳杂无实之说为戏，不知具体所指，起码可以说明，在尚实与否这一点上，他多少与韩愈的主要诗歌思想有些差别。而这片言只语，用来与他的诗歌创作倾向相印证，则正好说明他的诗歌创作中对于“实”与“俗”的追求，是有思想基础的、自觉的。

通过以上论述，我们可以得知张籍和王建是贞元后期至元和年间在诗歌创作领域最早追求尚实、尚俗创作倾向的先行者。而严羽所说的“张籍王建体”不仅是指张王二人在乐府诗创作方面所呈现出的共同风格特点，也是对二人近体诗所呈现出平易浅近、尚实尚俗的共性特点的正确概括。

（原载《求索》2011年第4期）

张籍《赠海东僧》考释

——渤海史料钩沉之一

◎王孝华

《全唐诗》卷三八四收录了唐朝诗人张籍的《赠海东僧》。其文曰："别家行万里，自说过扶余。学得中州语，能为外国书。与医收海藻，持咒取龙鱼。更问同来伴，天台几处居。"这首诗是张籍赠给渤海僧人的诗作。《赠海东僧》内涵丰富，反映了渤海僧人不远千里来到唐朝学习中原文化的史实，提供了佛教天台宗在渤海流行等颇有价值的资料。

可以说，《赠海东僧》是可以弥补渤海史料稀缺之遗憾的佳作。所以，对此诗的考释不应该仅停留在单纯的文学层面，应该从更高的历史文化层面进行考释。鉴于此诗尚未引起史学界及文学界的重视，对此诗的考证解读至今没有专文出现，所以有必要对其作详细的考证释读。

一、赠海东僧，释为"赠渤海僧"

关于《赠海东僧》诗题中的"海东"之意，现有"日本""新罗"和"渤海"三说。

日本说。《中日诗谊》[①]收录了许多中日交流的诗词，包括中国、日本历代名家200多人的500多首诗词，在众多的唐诗中收录了张籍的《赠海东僧》。可见，此书的编者认为诗题中的“海东”是指日本，此诗是唐朝与日本的友好交流之作。焦体检说：“张籍所交往的方外之士，就其现存诗集中吟咏酬唱所及，有稽亭山僧、西峰僧、日南僧……海东僧、箕山僧……辟谷者、不食姑等。”“海东僧，当为日本僧人，张籍有《赠海东僧》诗。”[②]焦体检认为“海东”是指日本。李建昆在为《赠海东僧》进行校注时，直接将诗题内容校注为“海东僧，日本僧侣”[③]，亦确定此诗中的海东是指日本。

新罗说。李英顺在论述唐朝与新罗文化交流时指出：“从唐朝诗人赠予新罗学人的诗歌中，我们也可见到在华求法的新罗僧侣中即有人曾以医术见长，如张籍在《赠海东僧》中写道：‘别家行万里，自说过扶余。学得中州语，能为外国书。与医收海藻，持咒取龙鱼。更问同来伴，天台几处居。’从‘与医收海藻’一句，我们可知这位新罗僧人通医药，并曾在唐显示其医术，故为张籍所了解。”[④]李英顺认为此诗中的“海东”所指为新罗，所以把它作为“新罗对唐朝文化的影响”而引证了。

渤海说。渤海史研究奠基人之一黄维翰于1931年出版了《渤海国记》，此著被视为二十世纪二三十年代渤海史研究扛鼎之作之一，书中多有发明创见之论。黄维翰直接将此诗题目写成“赠渤海僧诗”，并且为这首诗作了按语，即“扶余属于渤海久矣，诗称扶余，举其旧国名，实过渤海也”[⑤]。此论可谓一语中

① 黄铁城等《中日诗谊》，陕西人民出版社 1995 年版。

② 焦体检《张籍交往僧人道士考》，《汉语言文学研究》2010 年第 3 期。

③ 李建昆《张籍诗集校注》，台北华泰文化事业公司 1990 年版。

④ 李英顺《试述唐朝与新罗文化的交流及影响》，《东疆学刊》2005 年第 2 期。

⑤ 黄维翰《渤海国记（下篇）·杂识》，《渤海国记三种》，天津古籍出版社 1992 年版，第 132 页。

的。笔者认同此说。

之所以有日本说和新罗说，恐怕有望文生义之嫌。因为在唐代，“海东”确实可以包括“日本”和“新罗”，即渤海、日本和新罗都属于海东诸国之内，所以学者可以各“选”其说。通过上文可见，无论是持新罗说还是持日本说的学者都没有作任何考证与论述，包括为此诗进行简单的校注，也只是持有一种观点而已，并没有指明原因，也没有经过某种阐述。所以，以下主要论证此诗中的“海东”为“渤海”即可，其实这点在此诗中的首句就已经明确作了交代。

二、别家行万里，自说过扶余

“别家行万里，自说过扶余”释为：离开家乡千里迢迢来到中原，自报家门说经过扶余故地。

“万里”，指出渤海到中原的路途之遥。唐文宗在《敕渤海王大彝震书》（唐开成三年，838）中说道：“王子大昌辉等自省表陈贺并进奉事，具悉……远慕华风，聿修诚节。梯航万里，任土之贡献俱来；夙夜一心，朝天之礼义克备。”无论是“别家行万里”还是“梯航万里”都非指具体里程，其用来反映渤海僧人不畏路途艰难，千里迢迢来到中原吸取先进的文化成果，是对渤海僧人甘冒风险、长途奔波的认可与赞许，也表明了渤海僧人对中国佛教文化的仰慕之情。

扶余，指渤海内的部分属地。上文提到的《渤海国记》已经指出扶余属于渤海久矣，这是有史可证的。《新唐书·渤海传》明确记载：“祚荣即并比羽之众，恃荒远，乃建国，自号震国王，遣使交突厥，地方五千里，户十余万，胜兵数万，颇知书契，尽得扶余、沃沮、弁韩、朝鲜海北诸国。”此段史料说明，渤海建国之时，扶余故地已经属于渤海了，并且扶余故地已经有了府州建制，即“扶余故地为扶余府，常屯劲兵捍契丹，领扶、仙二州”[①]。其实，这种用“扶余”代指渤海自我介绍式的用法，早在渤海大武艺时期的正式公文中就使用过。武王（727年）致日本圣武天皇书曰：“武艺启：山河异域，国土不同……伏惟大王，天朝受命，日本开基。奕叶重光，本枝百世。武艺忝当列国，监总诸藩，复高丽之旧居，有扶余之遗俗……永敦邻好。”此封国书充满了睦邻友好的平等气氛。程尼娜认为，“复高丽之旧居，有扶余之遗俗”是对渤海疆域的大体描述，这基本符合史实。渤海大武艺时期统辖区域，东境已越绥芬河达到沿海地区；东南逾图们江，南面逼近朝鲜半岛大同江一线；西至北流松花江中下游地区[②]。另外，这句话也是大武艺自豪夸耀的武功之辞，即向日本宣告：以靺鞨族为主体民族的渤海征服了曾经拥有强大文明的扶余，并在扶余故地等地域建立了渤海国。经过扶余到达唐朝中原地区也印证了渤海朝贡道的便利。渤海国时期的东北朝贡古道是靺鞨人进贡唐朝物产的“国道”。渤海时期陆路大体上是由上京（今黑龙江省宁安地区）经过中京（今吉林省敦化地区）至扶余地区，然后过契丹，进入幽州。《新唐书·渤海传》中记载：“鸭渌，朝贡道也。长岭，营州道也。扶余，契丹道也。”鉴于多有学者论述过朝贡道与营州道等内容，此不赘述[③]。无论是朝贡道还是营州道，都是渤海使者、留学生和僧侣的必经之路。综上，“过扶余”解释成“过渤海，即来自渤海”成立。

一些学者见到“扶余”二字，便与“新罗”相联系，恐怕是受到了政治史学的影响，但是这种牵强附会没有任何史实依

① 《新唐书》卷二一九《渤海传》，中华书局1975年版，第6179—6180页。

② 程尼娜《渤海与日本交聘中的“高丽国”辨析》，《吉林大学社会科学学报》2001年第4期。

③ 见李健才、陈相伟《渤海的中京和朝贡道》，原载《北方论丛》1982年第1期；黄大年《略论唐代渤海国文化在东北亚双向交流中的历史地位》，原载《辽宁师专学报》1999年第3期。

据。王健群明确指出："高句丽与靺鞨不是一族，与新罗、濊貊也不是一族，扶余是在肃慎族生存的地区建立的政权，它是肃慎系统的王国，与濊貊和韩都无族属因缘。""高句丽既和靺鞨不是一族，也和当时在朝鲜半岛上高句丽、新罗、百济三个各自存在的国家、民族不同。"[①]总之，他认为扶余是新罗还是日本都毫无客观史实依据，《赠海东僧》的首句明确自报家门说经过了渤海的扶余故地，所以诗题中的"赠海东僧"，释为"赠渤海僧"无误。

再者，在唐人送别日本、新罗人士的众多赠答诗歌中，诗词的题目多会明确指出国别，例如《送日本使还》《送秘书晁监还日本国》《送日本国聘贺使晁巨卿东归》《送僧归日本国》《重送陆侍御使日本》《送最澄上人还日本国》《赠日本僧空海离合诗》《送日本国三藏空海上人朝宗我唐兼贡》《送空海上人朝谒后归日本国》《奉送日本国使空海上人橘秀才朝献后》《送褚山人归日本》《送日本使还》《日本病僧》《送朴山人归日本》《送圆载上人归日本国》《送新罗人归本国》《送朴处士归新罗》《送金可纪归新罗》《送新罗人及第归》[②]。当然，诗题中也有直接用渤海的，例如，晚唐诗人温庭筠有《送渤海王子归本国》一诗。既然诗词题目要力求明确，那么张籍的这首《赠海东僧》在诗题中为什么不直写渤海，而用海东替代呢？除了诗中首句交代，原因还有渤海当时已经拥有了"海东盛国"的称号。"初，其王数遣诸生谒京师太学……至是遂为海东盛国，地有五京、十五府、六十二州。"[③]用赞誉之词代指更加突出唐朝对自己的藩属国渤海文化发展之盛的认可。唐朝时期，诗题中特意

① 王健群《"南北国时代论"纠谬》，刘晓东《渤海的历史与文化》（第 2 辑），黑龙江人民出版社 2003 年版。

② 郑传锐等《论唐代对外交往诗歌的文化意义》，《安徽大学学报》2010 年第 1 期。

③ 《新唐书》卷二一九《渤海传》，第 6182 页。

使用“海东”会使人们联想到海东盛国即渤海，这也是诗人对渤海僧人的高度赞美。即使面对充满风险的漫长旅途，渤海与唐朝之间的人员往来与情感交流并未因此而隔断。

三、学得中州语，能为外国书

“学得中州语，能为外国书”释为：学会使用汉语，会写外国文字。

中州，指中原；中州语，狭义是指以汴京为中心的普通话；广义上可指代汉语。上文提到的《张籍诗集校注》注释为：“中州语，中土之语，即汉语也。”外国，古代指中央政府以外的政权，后来亦指本国以外的国家。唐朝时期“外国”这两者之意均有。外国书，指外国文字，除汉字之外的文字。此句诗应用互文的写作方法，赞美了渤海僧人具有较高文化水平，不仅精通汉语，还掌握了其他民族或外国语言。

渤海大抵宪象中原唐朝，其佛教、礼仪制度、宫殿建筑等皆学习模仿唐制。《新唐书·渤海传》记载：“……数遣诸生诣京师太学，习识古今制度。”渤海长期派遣包括王子、王弟在内的学生到中原学习，并且大量引入中原的文化典籍。大钦茂即位，便很快派人到唐朝长安求写《唐礼》《三国志》《晋书》《三十六国春秋》等珍贵书籍；而且，渤海的使臣、来唐朝的留学生等带回了大量的儒学经典和一些文学作品。另外，有部分渤海来唐朝求学者参加了唐朝的科举考试，并取得进士功名，进而入仕做官；还有一些回到渤海后成为其参政大臣或知名人士，这些人都是沟通大唐文化和渤海靺鞨文化的桥梁。在吉林省发现的贞惠公主和贞孝公主的墓志，是目前发现的研究渤海历史文化重要的文物资料，其证明渤海使用汉字并且文学水平不低于中原士大夫水平。据专家考证，仅贞惠、贞孝两位渤海公主的墓志中涉及的经典，就基本包括了四书五经及一些其他古籍，例如《尚书》《易经》《礼记》《论语》《史记》《后汉书》《晋书》等。这些都是渤海学习唐朝文化的体现。渤海一些善于学习、积极进取的文化传播者往返奔波于唐朝和渤海之间，把盛唐成熟的封建文化带回渤海国并加以传播利用，使其几乎深刻地影响到渤海社会的各个层面。因此，大多数学者都倾向于就渤海文化总体而言，可以看作盛唐文化在中国东北边疆地区的“移植”①。正因渤海在政治制度、统治思想、礼仪规范、文化素养、语言文字等各方面都宪象中原盛唐，所以没创造也没必要创造自己的文字，而是通用汉语，这几乎成为了渤海学界的共识。“虽然渤海国的语言以靺鞨语为主，属于阿尔泰语系满语族，但由于其最初的核心成员和前后几部分靺鞨人，在唐朝的营州居住过很长时间，学会并掌握了汉语，所以新中国成立后的官方语言为汉语，沟通内外各族的通用语也是汉语，国书、文告、表章、函牒、诗文乃至官印、碑刻、瓦文等，也都用汉文。”②渤海混合使用靺鞨语与高句丽语，最终形成渤海语，但是渤海通用语为汉语。总之，渤海国语为靺鞨语，官方语、通用语均为汉语③。在洪皓《松漠纪闻》中录有渤海致唐朝的《贺正表》，在日本的史书和古代诗集中保存有渤海二十多篇用汉文字写作的外交文书和十多首诗，都能反映出这一点。上文提到的《送渤海王子归本国》一诗写道：“疆理虽重海，车书本一家。盛勋归旧国，佳句在中华。”此诗证明了渤海与唐朝在中华文化方面的一致性。此文为《赠海东僧》一诗中的渤海僧人掌握汉语，为探讨渤海通用语及文字方面的问题，又增添了具体确证的资料。

渤海除了学习模仿中原唐朝文化，与新罗、日本联系也颇为

① 杨雨舒《唐代渤海国文化刍议》，《北华大学学报》2007 年第 1 期。

② 杨茂盛《粟末靺鞨民族政权的作用与贡献》，《北方文物》2012 年第 2 期。

③ 刘晓东《渤海文化研究——以考古发现为视角》，黑龙江人民出版社 2006 年版，第 275—289 页。

密切，或与他们经商，或与其进行宗教文化等多方面交流，渤海僧人掌握他们的语言文字也颇为可能。此诗提到的渤海僧掌握外语，能书写外国文字，虽然没有直接的史料可以证明，但是一些渤海著名的高僧为了精研佛教确实是要掌握多种语言文字的。例如，渤海著名僧人释贞素就精通汉文和梵文（古代印度的一种语言文字）。所以说，渤海僧人掌握外国语言文字并不为奇。

四、与医收海藻，持咒取龙鱼

“与医收海藻，持咒取龙鱼”释为：用海藻等药物能为人治病，持咒还能降伏龙鱼。

海藻，马尾藻科植物羊栖菜、海蒿子、三角藻等干燥叶状体。中药名，含碘、甘露醇、褐藻酸、粗蛋白、钾盐等成分。性寒、味苦咸，有消痰、软坚散结功能，主治瘿瘤、瘰疬等症。海藻可以吃或者入药，也可以当作佛教中的素食。用海藻医救病人，说明这位渤海僧懂药性、通药理。“持咒”，佛教用语，即念诵咒语。例如，唐朝诗人卢纶《送恒操上人归江外觐省》诗：“持咒过龙庙，翻经化海人。”清代俞正燮《癸巳类稿·驻札大臣原始》诗：“二弟子达赖、班禅，转世行教，持咒至验。”龙鱼，在中国的传统文化中，有着特殊地位的龙和鱼。段注《说文》称：“龙，虫之长，幽能明，细能巨，短能长。春分而登天，秋分而潜渊。”从习性上看，鱼和龙很相近。鱼常常被人们视为“龙”的前身，民间流传着“鲤鱼跃龙门”的故事——跃过龙门的鱼即成龙，就是鱼变化为龙的阐释。到了隋唐时期，在传统的龙形象之外，又新出现了一种“龙首鱼身”的形象。中国民俗专家杨荫深考证，最早的龙图腾是鱼崇拜的变异与延续，龙很可能是先民理想中一种“会飞的鱼”。总之，二者紧密相连，在中国的古诗文中，鱼龙更是往往并称。《周书》载：“鱼龙成则薮泽竭，薮泽竭则莲藕掘。”唐朝诗人张若虚《春江花月夜》中有“鱼龙潜跃水成文”。龙鱼被人们视为理想中吉祥嘉瑞的至高境界。还有另一种看法，佛教中有“降龙”一说，有北魏时西域僧人涉公以秘咒降服神龙的典故。佛经认为，心之可畏，甚于毒蛇，所以常常以毒蛇、毒龙、恶龙来比喻人的种种妄念，而以“降龙”比喻禅家降伏其心。无论降龙还是拥有世俗的鱼龙的祥和，都是对渤海僧能驱除恶疾带来祥瑞的赞美。持咒就能降伏龙鱼，是说渤海僧佛学造诣已经达到相当高深的程度。

另外，肖雨认为，佛教文化是由声明（语言、文学）、工巧明（工艺、技术、算历）、医方明（医学、药学、咒法）、各宗宗旨等方面组成的，故佛教医学其实是佛教文化的一部分[①]。在佛教医学中，既有药物和咒语同用治病的，也有单用咒语治病的。佛教认为魔病、业病和鬼病这三种病需要靠禁咒来治疗。佛经中的咒语按内容可分为驱魔咒语、驱蛇咒语、医用咒语等。大量的陀罗尼经，特别是密教经典，与治病有着或多或少的关系。医用咒语按使用的方式又分为两种，即单用的咒语、与药物合用的咒语。咒语治病是佛教医学的一大特色[②]。此处“持咒”一句可以看出渤海佛教与中原佛教有很多一致性。诗句阐述渤海僧佛学与医学兼修，高度赞美了渤海僧人不仅通药理能医救病人，而且有可能通过佛教医学中的咒语与药物合用解除人们生理上的痛苦，盛赞了渤海僧医术高明、佛教造诣高深，能帮助解决人们身体及心理上的疾苦。

五、更问同来伴，天台几处居

“更问同来伴，天台几处居”释为：还要问问同来的僧侣

① 肖雨《佛教医学概论》，《五台山研究》2000 年第 1 期。

② 曹秀伟《佛教医学说略》，《河南中医学院学报》2006 年第 1 期。

中，在天台山有多少处住所。

同来伴，与渤海僧同来天台山求法的僧侣，这也能反映出渤海到唐朝学习佛法的僧侣人数之多。天台，山名，亦宗派名。天台山，《佛学大辞典》记载其在“浙江省台州天台县之西、仙霞岭脉之东支也……隋智者大师依此山而开辟一宗，因之有天台宗之名”。天台山是佛教的“天台宗”和道教的“南宗”的发祥地，其以“佛宗道源，山水神秀”而誉满中外。佛教、道教文化源远流长，而且传宗海外，“法乳千秋”。天台宗实际创始人是隋智者大师，即智顗，他被称为“天台大师”。因智顗常居天台山，故名该宗为天台宗，又因该宗奉《法华经》为主要教义，故也被称为法华宗。公元804年，日僧最澄来华学习天台教义，使天台宗传到日本。天台宗在中国佛教史上长期占据着重要地位。佛教在唐朝时期处于发展的高峰，人们大致把佛教分为三论宗、天台宗、净土宗、密宗、法相宗、华严宗、律宗和禅宗等宗派，这些宗派的发展和传播给渤海带去了深刻的影响。

渤海上层统治阶级从王室开始就崇信佛教。大钦茂曾经派王子到唐朝长安，特别申请“入寺礼拜”。大钦茂曾自加尊号“大兴宝历孝感金轮圣法大王”，之所以敢于标榜他是世间的“金轮圣法大王”，就是借助了佛的旨意。渤海为了传播、弘扬佛教，还修建了许多寺庙佛院。目前，有关渤海佛教遗址的考古资料已大体显示了佛教主要宗派在渤海的踪迹。王承礼对其特点进行分析后指出，佛教的各个主要宗派都在渤海国传播并流行过。天台宗在渤海的传播，“虽然文献无征，但在东京龙原府遗址（珲春市八连城）和龙高产渤海寺庙遗址发现了二佛并座像……多宝佛为了听释迦牟尼讲《法华经》，让出他在宝塔中狮子座的一半，请释迦牟尼佛与他并坐的二佛并生像，是天台宗在渤海流传的证明”[①]。天台宗成为渤海宗教的重要组成部分，此诗

① 王承礼《中国东北的渤海国与东北亚》，吉林文史出版社2000年版，第345—346页。

可作为难得的文字资料佐证。

“天台几处居”说明渤海僧与同来的僧侣在天台山有好多居处，也暗指其在天台山修行非一时，非一人，渤海国与唐朝学习交流佛教是群体性的长期活动。这种群体现象也反映了唐朝佛教传播兴盛。随着佛教在渤海国的传播与盛行，越来越多的人成为虔诚的佛教信徒，于是在渤海社会出现了一个人数颇多的重要阶层——僧侣，有的僧侣还成为颇具影响力的高僧，参与渤海国的内外活动。例如，释仁贞、释贞素等高僧甚至充当赴日本使团的重要成员。释贞素和日本僧灵仙还建立了令人感动的友谊，成为传诵至今的佳话。渤海成为佛教向日本传布的重要渠道。

六、张籍及诗作的背景

张籍，字文昌，生卒年代不详，大多数学者对此作过考证，此以公元766—831年为准[①]，吴郡（今江苏省苏州市）人，后迁居和州乌江（今安徽省和县乌江镇）。张籍生平略见于《旧唐书·张籍传》《新唐书·张籍传》《新唐书·韩愈传》《唐才子传》等书。张籍也称“张水部”“张司业”，和当时的王建齐名，世称“张王”，与白居易、韩愈交往颇多[②]。张籍的诗受众颇广，妇孺皆知，被赞为“古风无手敌，新语是人知”（姚合《赠张籍太祝》）。张籍也是新乐府诗的极力倡导者，他的诗“语浅情深”，平中见奇。宋人王安石评价张籍的诗“看似寻常最奇崛，成如容易却艰辛”（《题张司业诗》），这正是其诗平

① 关于张籍的生卒年代，说法不一。陆侃如、冯沅君在《中国诗史》中，定为永泰元年（765）；游国恩等人主编的《中国文学史》（第二册）认为是大历元年（公元766年）；张国光《唐乐府诗人张籍生平考证》亦定于大历元年（766）；华忱之《略谈张籍及其乐府诗》定于765—767年；傅璇琮对张籍生卒年代详作考证，将其生年定为大历元年（766），将其卒年大致推定在大和三、四年间（830—831）。

② 陈才智《元白诗派研究》，社会科学文献出版社2007年版，第150页。

淡中却有弦外音的风格所在，这种使人神远的艺术魅力通过上文对《赠海东僧》的分析可以领略一二。张籍的诗反映了唐朝中期以后的诗歌风格。到了唐朝后期，诗词中叙事成分逐渐提高，日常生活中的事情往往成为习见题材，即整体风格由盛唐时期的雄浑华丽转向写实。张籍的诗也多为反映当时社会现实之作，因此白居易评价他“风雅比兴外，未尝著空文”（《读张籍古乐府》）。张籍的诗不堆砌华丽辞藻，非特意寻章用典，多是写实叙事，反映一定主题思想，这更加说明了《赠海东僧》一诗作为渤海史料的珍贵。

按照上文提到的张籍生平，其生活的时代大致是唐代宗到唐文宗统治时期，即渤海文王大钦茂到大彝震时期。学界对张籍诗歌创作分期不尽相同，有三期和两期说，今选两期说。“从张籍的人生态度看，则又可以元和七、八年为界，分为前后二期，前期为热情用世，后期则平和闲懒……晚年他亲近佛、道二教，受其思想影响，张籍有许多方外之交，特别是在晚年，据笔者统计，他现存与方外之士交往赠答之诗连同题写僧院道观之作共有六十余首，占其诗歌总数的七分之一；交往僧人和道士约有三十余位。”[①]张籍在人生失意之时，在佛、道中寻求自己的精神归属，所以多与僧道相交。白居易《读张籍古乐府》一诗中提到张籍的人生窘境：“如何欲五十，官小身贱贫。病眼街西住，无人行到门。”（《全唐诗》卷四二四）张籍可查的仕途大致有太常寺太祝、国子监助教、国子博士、水部员外郎和主客郎中等，即诗中所谓的“小官”；张籍也确实患有眼疾十余年之久，被人称作“穷瞎张太祝”。仕途的不得意与顽疾缠身使张籍在佛教中寻求解脱当是情理之中的事。渤海僧懂药性、通药理，佛学造诣颇高，张籍与之接触交往有感而发，不应是虚言。所以，以元和

① 傅小林《张籍诗歌在中晚唐的传播与接受》，漳州师范学院 2009 年硕士论文。

七、八年为界来确定分期有一定依据。那么，从唐宪宗元和七年到唐文宗大和五年应是《赠海东僧》一诗的大体写作时间，即公元812—831年，大体相当于渤海僖王大言义朱雀元年到大彝震咸和元年[①]。在这一时期，渤海确有入唐礼佛的史料记载。僖王朱雀“二年春正月，遣臣高礼进等三十七人朝贡于唐，献金、银佛像各一。二月己丑，密宗御殿延见，赐宴有差”[②]。可见，渤海与唐朝统治阶级对佛教交流的重视程度之高，上行下效，渤海僧人与唐朝诗人在探讨交流佛学中建立了深厚友谊，这在唐代是一普遍现象。张籍与之交往的这位渤海僧，名不见经传，其应该是众多来唐朝求法僧侣中的普通僧侣，渤海僧人与中原汉族文人的关系是十分友好的。他们彼此倾心，互相学习，民族之间没有隔阂与歧视，这些无疑有助于渤海文学、佛学的进一步发展。应该说，《赠海东僧》是研究唐朝与渤海国之间文化交流的重要资料。

综上所述，对张籍《赠海东僧》诗可以有个总体把握。该诗主题鲜明突出，情感真挚细腻，语言朴实无华、通俗浅近而又峭炼含蓄、不乏生动，诗文通俗流畅，精警凝练而又清新平易自然，全诗读来朗朗上口。从诗文内容看，文人与僧人之间真挚情感的交流自然流露，格调写实。从渤海僧人不畏艰险来唐朝求学展开，赞颂渤海僧人学问高深，佛学素养颇高，并且集才学、佛学、医学于一身。如此多的内容在同一首诗中完整地叙述出来，堪称佳作，说此诗具有较高的文学和史学价值，应不为过。

渤海国与唐朝的密切往来交流，也折射出渤海国主动积极学习唐朝先进文化的事实。中原诗人与渤海僧人之间的友好交往，可视为具有较少政治色彩的民间层面的交流，这为中华民族各民族之间长时期的友好相处奠定了广泛的民意基础。在中国多

① 《渤海文化研究——以考古发现为视角》，第273页。

② 金毓黻《渤海国志长编》卷三《世纪》，《渤海国志三种》，天津古籍出版社1992年版，第301页。

民族大家庭中，各民族不断交流、融合的历史进程中，这种不断发展和深化着的民族认同、情感认同与文化认同，在此类诗作中有鲜明的体现。唐朝时期，中华文化中特有的开放包容、尊重差异、平等相待的民族精神品格已有体现，因此，包含着丰富的民族史学、历史学价值的唐代对外交往诗歌，还有很多值得关注之处，有待于我们结合新的实践，深入地探讨、梳理与总结。

（原载《内蒙古社会科学》2012年第6期）

“张王乐府”与宋诗

◎王锡九

“唐音”和“宋调”是我国古代诗歌史上最为典型的两种不同风格范畴。但宋人十分重视学习唐人是又一个基本事实。其中，李白、杜甫、韩愈、白居易等人对宋诗所产生的影响十分广泛而深刻，李商隐、李贺、杜牧、陆龟蒙等人对宋代作家也有比较普遍的影响。充分注意上述唐代作家尤其是李、杜、韩、白对宋诗的影响，无疑是重要的，因为所谓的“宋调”确实就是在他们的诗歌创作和艺术特征的基础上发展变化而来的。这种“宋调”的基本特征就是严羽所说的“以文字为诗，以才学为诗，以议论为诗”（《沧浪诗话·诗辨》），亦即刘克庄所归纳的“文人之诗”而非“诗人之诗”（刘辰翁《须溪集》卷六《赵仲仁诗》）的特色，但是，在探讨宋诗基本风格的时候，我们还应该注意到张籍、王建的深刻影响。宋代诗人对张籍、王建的乐府非常重视，他们学习、效法张籍、王建，无论是在诗歌创作的思想内容上，还是在艺术特征上，都取得了较大的成就。无论是重大题材，还是琐细内容，宋诗主要呈现出两个特征：或则张皇侈大，铺陈排比，委折详尽，工于组织；或则篇章短小，锤炼精当，概括简要，明白健爽。前者无疑是历来的文学史家所说的“宋调”的主导风尚，源于唐代的李、杜、韩、白，在其基础上加以发展而来。后者在宋诗里也是一个重要的风尚，则与效法“张王乐府”有着极大的关系。这也就说明了“张王乐府”对宋诗的影响，不只是表现在若干具体作家的身上，而是影响了有宋一代的诗歌。因此，可以说，他们是李、杜、韩、白等人之外，对宋诗影响较大的唐代诗人。

张籍、王建对后世文学史的影响，最主要的是他们的乐府诗。而他们的这部分诗歌被称作“张王乐府”，恰恰是宋代的事情。我们知道，在唐代，王建主要并不以乐府诗，而是以《宫词》一百首获得时人的赞誉，直到清代还有贺裳“后人徒称其《宫词》百首”（《载酒园诗话》又编）的说法，可见他的这部分作品在很长的时间里是颇受人们重视的。当然，王建的乐府诗也是为文学史家所称道的，但在唐代，似乎还未为人们所重。因为我们很难发现有人提到他的乐府诗。直到宋代，人们才注意到他的这部分诗歌。

与王建的情况不同，张籍在活着的时候就以乐府诗而获得很高的声誉。张籍的朋友、大诗人白居易称赞他：“尤工乐府诗，举代少其伦。”（《读张籍古乐府》）他的后辈，不以乐府著称于世的姚合也说他：“妙绝江南曲，凄凉怨女诗。古风无手敌，新语是人知。”（《赠张籍太祝》）五代张洎说：“公为古风最善。”（《全唐文》卷八七二《张司业诗集序》）在中晚唐时代，工于乐府的诗人很多，除了我们熟知的“新乐府运动”诗人，就连李贺，当时的人们也说他擅长创作乐府。赵璘说：“张司业籍善歌行，李贺能为新乐府，当时言歌篇者，宗此二人。”（《因话录》卷三）即是明证。在这种情况下，张籍能得到人们的普遍承认和很高的赞誉，是由于他的乐府诗有着他人诗歌所没有的特色。其特色所在，宋、元以后的诗论家将张籍、王建合论时所说的一些话，作了很深刻、有说服力的揭示。如元辛文房说：“（王建）与张籍契厚，唱答尤多。工为乐府歌行，格幽思远。二公之体，同变时流。”（《唐才子传》卷四）明高棅云：“张籍、王建二家，体制相似，稍复古意。或旧曲新声，或新题古义，词旨通畅，悲欢穷泰，慨然有古歌谣之遗风。”（《唐诗品汇·七言古诗叙目》）也就是说，张王乐府“同变时流”，有不同于时人作品的鲜明特色，它有“古义”，“有古歌谣之遗风”，因而引起人们的注意和重视。

到了宋代，在整个北宋时期，人们仍然比较重视张籍，而很少提到王建。这从当时的诗歌创作和理论评价两方面都可以看得出来。许顗《彦周诗话》说：“钱希白内翰作《拟唐诗》百篇，备诸家之体。”他还举出其中《拟张籍上裴晋公诗》为例说：“拟古当如此相似，方可传。”这可能是宋人记载里效法张籍最早的例子。后来，王安石刻意学习张籍，以追求诗歌风格的遒劲、简练。他的《相送行效张籍》明说模拟张籍乐府，他的其他作品如《阴漫漫行》《君难托》《开元行》《河北民》《一日归行》等诗，也都可以看出是效法张籍的力作。至于张耒，更是悉心学习张籍乐府的北宋诗人。周紫芝说：“本朝乐府，当以张文潜为第一。文潜乐府刻意文昌，往往过之。”（《竹坡诗话》）《宋史》卷四四四《张耒传》云：“（张耒）作诗晚岁益务平淡，效白居易体，而乐府效张籍。”不难看出，张耒创作乐府是专学文昌的。当然，北宋诗人学习王建也不乏其人。清人说北宋早年“学王建者有王禹玉”（汪景龙、姚埙《宋诗略序》）。但这不是宋人的言论，只可作为参考。北宋后期的唐庚《采藤曲效王建体》，则是明标学习王建乐府诗。但是，有一点是明显的，在北宋诗坛上，王建的影响远不如张籍。

在理论认识上，北宋时期人们就更加重视张籍了。就我们所接触的材料，北宋人除了魏泰《临汉隐居诗话》中所说的“唐人亦多为乐府，若张籍、王建、元稹、白居易以此得名”，明白地提到王建，并且是“张王”“元白”乐府并提以外，似乎难以再找到有人评说他了。而对于张籍则不同，评说他的人极多，对他的赞誉也极高。如梅尧臣云：“张籍卢仝斗新怪，最称东野为奇瑰。”（《依韵和永叔澄心堂纸答刘原甫》）王安石说：“苏州司业诗名老，乐府皆言妙入神。看似寻常最奇崛，成如容易却艰辛。”（《题张司业诗》）尤其是王安石的这首诗，是深解张籍诗歌艺术，为研究者所乐于征引的名作。在宋人诗话里，高度赞扬张籍乐府的论述就更多了。如“张籍乐府词，清丽深婉”（刘攽《中山诗话》），“唐人作乐府者甚多，当以张文昌为第一”（《竹坡诗话》）。周紫芝《竹坡诗话》的书稍后于前引魏泰《临汉隐居诗话》，可见，在“张王”并称的情况发生后，还有些人把张籍的乐府看得至高无上。不过，在宋代，随着“张王乐府”名称的出现，王建的乐府已为人们所重视，王建的地位大为提高，所以，也有人给予他较高的评赞。如南宋后期的范晞文就说过：“古乐府当学王建，如《凉州行》《促刺词》《古钗行》《精卫词》《老妇叹镜》《短歌行》《渡辽水》等篇，反复致意，有古作者之风，一失于俗则俚矣。”（《对床夜语》卷二）可见，对王建是很推重的。

自从北宋后期魏泰《临汉隐居诗话》将“张王乐府”并提以后，诗论家们往往同时赞誉张籍、王建的乐府诗。如“张籍、王建，乐府宫词皆杰出，所不能追逐李、杜者，气不胜耳”（许顗《彦周诗话》）。“张籍乐府甚古，如《永嘉行》尤高妙。唐人乐府，惟张籍、王建古质”（曾季狸《艇斋诗话》），“元白张籍王建乐府，专以道得人心中事为工”（张戒《岁寒堂诗话》），“大历后，刘梦得之绝句，张籍、王建之乐府，吾所深取耳”（《沧浪诗话·诗评》）。从此以后，历宋元明清直到今天，文学史家无不将张籍、王建并提，“张王乐府”并举。这种情况产生于宋代，是一个值得注意和思考的问题。简单地说，这当然与宋人作诗普遍学习、效法唐代作家的浓厚风气有关。但是，为什么他们对张籍、王建的乐府诗如此重视，而对唐代其他很著名的乐府诗人，包括对白居易、元稹等人的“新乐府”反而不太注意呢？宋人也普遍学习元白，但主要不是学习他们的乐府诗，而是能够启发他们创造“宋调”的体格和风尚的“元白体”。这种现象具有深刻的历史原因。而这也就是在宋代诗坛上“张王乐府”的影响会大于元白新乐府的原因所在。

我们知道，宋诗在题材上比起唐诗来大为拓展，这主要是在唐诗里写得较少甚至没有表现过的琐屑微小、卑陋俚俗的题材，却成为宋人着力发掘的内容。正如陈声聪说：“宋诗质实，在情景外，能反映外间一切事物以及社会政治之活动。”（《兼于阁诗话》附录）而元白的新乐府，在他们有关诗歌理论指导下，强调“为君、为臣、为民、为物、为事而作”（白居易《新乐府序》），实际上就是以是否反映社会现实和政治问题为旨归，内容看似广泛，但从文学创作表现一切世间事物的广度来要求，是很狭窄的。这显然不符合宋人的诗学观点。缘于此，元白的新乐府也就很难为宋代诗人所重视了。相反，“张王乐府”所表现的内容，则符合宋人的诗学观点和美学追求。它既有关乎风雅的社会政治诗，也有浅俗琐屑的日常情事，还有充满乡土气息和地方特色的风土诗。明胡震亨在批评了白居易的乐府诗只知讽刺时事（“此白氏讽谏，愈多愈不足珍也”）之后说：“所以张文昌只得就世俗俚浅事做题目，不敢及其他。仲初亦然。”（《唐音癸签》卷九）清王闿运说：“张籍、王建，因元白讽谏之意而述民风。”（陈兆奎《王志》卷二）这些都比较正确地指出了“张王乐府”的题材特点。非常有意思而又值得深思的是，胡、王二人在揭示“张王乐府”的题材特征的时候，都将元白新乐府作为参照，进行比较，提出论点。虽然宋人对此没有作过明确的理论说明，但从他们的创作实践和宋诗的题材取向上完全可以看得出来，他们非常重视“张王乐府”。相比较而言，他们对元白新乐府的重视程度要差一些。这是宋人在唐诗以后发掘诗歌题材，以为“世间一切皆诗也”（张戒《岁寒堂诗话》），而又特别注重向世俗俚浅题材拓展的结果。我们不妨就宋代几位学习、效法“张王乐府”比较突出的诗人的作品，来体认一下这个问题。

王安石对“张王乐府”，尤其是张籍的作品是悉心效法的。如他的《相送行效张籍》是一首送别诗，《登越州城楼》登高眺望，览胜写景，《阴漫漫行》《一日归行》等诗叙写日常生活内容，《君难托》为感兴诗，《开元行》通过咏史表达作者的社会理想，《河北民》同情边地农民的痛苦和不幸，《白沟行》《塞翁行》就当时的边防问题发表议论，等等，都是明显继承张籍乐府的诗篇。它们运用乐府的体式，题材取向广泛多样，格调风尚简古峭健，正可见出王安石深解张籍乐府的真髓。

北宋另一位刻意学习“张王乐府”、特别是张籍的诗人是张耒。他学习张籍的乐府诗，因事立题，直接叙写劳动人民的生活疾苦和不幸遭遇，如《旱谣》《输麦行》《北邻卖饼儿……》《去年》《和晁应之悯农》《八盗》等诗，都是这一类作品；他还承“张王乐府”的遗意，用乐府描写乡土人情和田园风光，如《春雨谣》《牧牛儿》《齐安行》《一百五歌》《光山谣》《寒食歌》《二月词》《福昌秋日效张文昌二首》《田家三首》《海州道中二首》《汴上观迎送有感》《奉先寺》《淮阴阻风》等许多诗篇，乡土气息非常浓厚，朴实自然，古质妙丽，颇得张王乐府“述民风”的真谛。他又运用乐府体式，因事因物触发起兴，摅写自己内心情感，如《寒鸦词》《寒食歌》《秋风谣》《岁暮叹三首》等诗，都从叙写平凡的小事和描写具体景物的角度，表达了作者的人生感慨，感情真切，诗风朴实。可见，张耒效法“张王乐府”的题材取向、风格特征是十分广泛而深刻的，也符合宋代诗坛上无事不可入诗的风气。

北宋时期，还有张舜民、文同、晁补之、唐庚等人的诗歌，学习、效法“张王乐府”也是很突出的，大体情况与上述情形相同。这里就不详谈了。

到了南宋，周紫芝、曹勋、王观、杨万里、范成大、戴复古、刘克庄、赵汝燧、谢翱等人的诗歌创作，都在一定程度上受“张王乐府”的影响，其中有些人所受的影响还比较深。如周紫芝《寒食曲》《黥奴行》《输粟行》《射虎行》《野妇行》《石妇行》《五男父》《插秧歌》，曹勋《步月谣》《荆门道》《怨遥夜》《春光好》《岁将暮》《蔓草长》《古战场》《莫独行》《春风引》，范成大《缫丝行》《催租行》《后催租行》《乐神曲》，刘克庄《朝陵行》《大梁老人行》《筑城行》《开壕行》《军中乐》《运粮行》《苦寒行》《寄衣曲》《破阵曲》《国殇行》，《九禽言》九首中的《脱布裤》《布谷》，戴复古《刈麦行》《织妇叹》《乌角盐行》，谢翱《春江曲》《古钗叹》《废居行》《废瑟行》《乌栖曲拟张司业》《山中曲拟张司业》《射鸠行》《秋风海上曲》等许多诗篇，与“张王乐府”的题材特征一脉相承，其内容的涵盖面十分广泛；而在体制形式、表现方法、风格特征等方面，这些作品也都深得“张王乐府”的真髓。他们的这部分诗歌，与上述王安石、张耒等人的作品有一个极其相近的地方就在于：继承了“张王乐府”全面反映社会生活，包括表现风俗民情和描写具有地方特色的山水景物的基本特征。而在诗歌风尚上，这些作品追求朴实浅近、简洁扼要、畅达流利、明切深至的风格，也是追踪“张王乐府”的。显然，这种题材内容和艺术风尚，显出了宋诗的一些基本特点。

“张王乐府”在体制形式上的一个显著特点，就是篇章短小，语意紧密，而情事复杂，内容丰富，看似平易浅明，实则极有锤炼之功，富有熔铸精深、简练朴厚的艺术风貌。这是“张王乐府”之所以能深刻地影响有宋一代诗人的另一个重要原因。宋诗研究者普遍注意到，典型的“宋调”诗篇，议论色彩浓，用事用典多，散文化倾向严重，构设奇巧，快心露骨，委曲详尽，质实密栗，是最基本的风容。它尤以北宋“元祐”前后的诗歌最为突出。这类诗篇铺陈叙述，工于组织，形容备至，结构井然，妥帖顺适，大有文章的气机，也就是前人所说的“宋诗似文”（叶燮《一瓢诗话》），“皆文之有韵者尔”（刘克庄语，见范晞文《对床夜语》卷二）的特点。但是，我们应该注意的是，宋代诗坛上还有另外一种倾向，那就是作为上述诗风的一种反拨，而转向短小精粹、简明切实，无论是叙述、描写、抒情、议论，都追求一种简短明白、恳切朴实的风尚。在这一点上，宋人也看中了“张王乐府”，把它作为学习、效法的典范。学习“张王乐府”，以求诗歌的锤炼、自然、朴实、浅切，成为宋诗创作中的一条途径和一种风气。这不仅广泛地表现在学习“张王乐府”的诗人们的创作实践中，而且更重要的是，他们中有些人还对此有着明确的理论认识，在实践和理论上达到了统一的高度。如王安石，他作诗追求“简拔短炼”（朱庭珍《筱园诗话》卷一），他学习、效法张籍乐府诗的篇章更是如此。这是创作上的情况。在理论上，他的《题张司业诗》，特别是其中的后两句“看似寻常最奇崛，成如容易却艰辛”，对张籍的乐府作了精到的评论，实际上也是自道诗歌创作的方向，可以作为他简要直切、精深奇崛的诗歌风格的自评。张耒学习张籍乐府，同样十分注意效法、追踪他的篇章简短、意思周匝的特色。周紫芝有一段话，可以让我们了解他的这一宗尚。周紫芝说：“本朝乐府，当以张文潜为第一。文潜乐府刻意文昌，往往过之。顷在南都，见《仓前村民输麦行》，尝见其亲稿，其后题云‘此篇效张文昌，而语差繁’，乃知其喜文昌如此。”（《竹坡诗话》）张耒刻意学习张籍乐府，除了上文所说的在题材内容上把握很准确，深得“张王乐府”的精神实质，同时也表现在他追求简练的诗风上。这里，通过他自评效法张籍的诗篇的不足之处，很有力地说明这个问题。

南宋后期的刘克庄，也是学习“张王乐府”颇有成就的诗人。他效法“张王乐府”的诗篇，主要是关心时事，感慨现实之作（上文已列出他在这方面的部分作品）。同时，这些诗篇在缘事而发、因事立题，叙写简要、言简意丰，运用对比艺术、深化表现效果，通过叙述让情感从事实中流出、极少发议论，讲究篇末的结语以加强和深化思想内容等多方面，都可以说明刘克庄效法“张王乐府”达到了十分高超的艺术境界。这些效法“张王乐府”的种种艺术方法，归结到一点，就是追求简练朴质、熔铸精当的艺术性。刘克庄能在创作实践上做到这样的程度，与他在理论上的清醒认识是分不开的。他说：“乐府至张籍、王建，道尽人意中事，惟半山尤赏好，有‘看若寻常最奇崛，成如容易极艰辛’。此十四字，唐乐府断案也。本朝惟张文潜能得其遗意。”（《后村诗话·新集》卷三）这段话很有分量。它既借王安石的两句诗对“张王乐府”的艺术特征作了精辟的概括，又指出了本朝王安石、张耒等人赏爱、效法“张王乐府”，都能抓住其简练深切的基本特征这样一些带有根本性的问题，是宋人对学习“张王乐府”的精义的深刻论述。揆之于刘克农的诗歌创作，他效法“张王乐府”也是抓住了这一根本点的。

我们再来看看宋末诗人谢翱。清人延君寿说：“杨铁崖、谢皋羽、张玉笥是学张、王乐府，杨、谢奇僻处，尤能上追长吉。”（《老生常谈》）这三位诗人都学习“张王乐府”，同样表现在内容和风格两个方面。前文引述他的一些诗篇，有的标明拟张籍，有的虽未明言模仿张籍，实际上是大得张籍乐府的风容的。总的来说，篇章短小，内容丰富，意思深密充实，风格清峻简质是谢翱效法张籍乐府的基本特色。明人杨慎曾说谢翱追步长吉所写的《鸿门宴》，“虽使李贺复生，亦当心服”（《升庵诗话》卷一四）。近人钱锺书先生则就此进一步深入地论述道，这是因为宋代刘翰、元代杨维桢，加上谢翱，都曾效李贺《公莫舞歌》而作《鸿门宴》诗，而“皋羽之作最短，良由意有所归，无须铺比词费也”[1]。原因是谢翱诗最简短凝炼、扼要精深。这里所谈的虽是效法“长吉体”的问题，但它在篇章短小、简练精到的风容上，与学习“张王乐府”是一致的。其实，也可以说是谢翱学习“张王乐府”、善于融化、自创新格的结果。这样，也就可以看到，谢翱学习“张王乐府”，虽未作任何理论阐述，但他是抓住了“张王乐府”简练精当的基本特征的。

以上的分析已经很清楚地告诉我们一个基本事实，那就是宋代诗人刻意学习“张王乐府”，或者说，唐代有那么多创作乐府的诗人，他们唯独对张籍、王建最为重视，是因为“张王乐府”雅俗都可入诗的题材取向符合他们的需要，简练精深的艺术风尚也符合他们的追求。正因为如此，“张王乐府”对宋人的诗歌创作产生过广泛而深刻的影响。虽然不能将其当作宋代诗坛上的一个诗歌流派来看待，但是它流波绵长，始终是当时诗歌创作的一股颇有势力的潮流。这不能不引起我们足够的关注和重视。

最后，我们还要简单谈一下的是，宋诗发展到欧、苏、黄等诗人以后，由于时代的风会和诗风的嬗变，有不少诗人已没有了元祐诗人的学力和才气，而渐渐地喜爱起流利简便的诗风来。这种思潮发展到了南宋时期，就演变成宗尚晚唐的风气。在这当中，“张王乐府”的简短紧密、精深凝炼的风尚，或多或少地适应了这种风气的要求。这也是宋代诗人偏嗜“张王乐府”的原因之一。刘克庄说：“古诗出于情性，发必善。今诗出于记问，博而已。自杜子美未免此病。于是张籍、王建辈稍束起书袋，划去繁缛，趋于切近。世喜其简便，竞起效颦，遂为晚唐体。”（《后村先生大全集》卷九六《韩隐居诗序》）这一类人学习“张王乐府”，虽然在艺术上也时有新颖精巧之处，但总

① 钱锺书《谈艺录》，中华书局 1984 年版，第 47 页。

的来说，比较平庸凡近，没有多大的特色。这种情况，虽不值得称道，但流波迤逦，绵延不绝。明人许学夷说：“张王乐府七言……皆恳切痛快者也，宋、元、国初多习为之，盖以其短篇，语意紧密，中才者易于收拾耳。”（《诗源辩体》卷二七）正指出了这一点。尽管这种情形在某些学习“张王乐府”的著名诗人的创作中也有不同程度的表现，但是它无论如何不是主流，而只是带有偏颇的倾向。而上文比较详细谈论的两个方面的情况，才是宋人学习“张王乐府”的主导倾向和成功之处。

（原载《铁道师院学报》1998年第6期）

论张耒晚年“乐府效张籍”

◎徐礼节

张耒，字文潜，亳州谯县人，“苏门四学士”之一，早期诗歌创作受楚辞和杜甫影响较大；晚期则主要学习“张王”“元白”，作有不少乐府诗，《宋史》本传即云：“晚岁益务平淡，效白居易体，而乐府效张籍。”宋周紫芝《竹坡诗话》甚至认为：“本朝乐府当以张文潜为第一。文潜乐府刻意文昌，往往过之。”[①]他是如何效法张籍而又“过之”的？在词兴盛而乐府诗衰退的北宋，他为何效法张籍而大量创作乐府诗？

一

张耒乐府，李逸安等点校《张耒集》辑有三卷，另收佚诗《输麦行》1首，共71题86首。除13首楚辞体、赋体之作外，其他多作于绍圣元年（1094）以后，即其屡遭贬谪的晚期，无论题材、手法、语言明显都受到张籍影响。

张籍与王建齐名，是唐代著名的乐府诗人。二人乐府成就主要表现为在魏晋以后乐府诗不断文人化、抒情化的演进中，恢复和发扬了汉乐府风歌的艺术传统。乐府始于汉“乐府”机关征采的歌诗，其中“感于哀乐，缘事而发”，广泛反映社会现实尤其

① 周紫芝《竹坡诗话》，何文焕《历代诗话》，中华书局1981年版，第354页。

是民生疾苦、风俗人情的民歌，向来被奉为“乐府之正则”[①]。但魏晋以后，文人越来越多地涉足乐府诗的创作，尤其是初盛唐时代，由于作为音乐文学的乐府，逐渐为新兴的燕乐新辞所取代，同时，乐府古曲多已不存，文人拟乐府不仅成为乐府诗的主体，而且因摆脱音乐的束缚而不断文人化、抒情化。一方面，在题材内容上较少涉及民瘼民情，尤其是民俗，而以抒写文人的人生感慨、政治情怀为主；另一方面，在艺术手段乃至语言上也向典雅的文人抒情诗靠拢，即“诗化”，如鲍照《拟行路难》，李白《将进酒》《蜀道难》等均比较典型。天宝后期至元和年间，由于社会的急剧变化，杜甫、“张王”、“元白”等代表的一批乐府诗人，从儒家诗教和维护封建统治出发，学习和发扬《诗经》、汉乐府的风歌传统，再一次将诗笔转向广大民众的现实生活，乐府的演进又呈现回归“平民”的态势。但杜甫、“元白”基本还是立足于诗人自身去叙事抒情，作品仍具有文人抒情诗的性质，且直接反映民俗民情的不多。只有“张王”真正恢复和发扬了乐府“正则”的风歌传统，诚所谓“慨然有古歌谣之遗风……亦唐世流风之变而得其正”[②]。张耒效张籍，走的是基本相同的“复古”道路。

张籍乐府最突出的成就在于发扬汉乐府“感于哀乐，缘事而发”的传统，广泛而深刻地揭示贞元时期的社会弊端，具有极强的“讽谕”性，如《征妇怨》《野老歌》《猛虎行》《求仙行》等，都是这方面的名篇。张耒乐府同样如此。北宋中后期，各种社会矛盾日益尖锐。军事方面，最高统治者实行重文轻武、分散兵权、“虚外重内”、遥授军机等政策和措施，严重削弱了军队的战斗力；对外战争无一胜利，朝廷处于求和、送币和被动防御的境地，结果英雄得不到重用，才能难以施展，巨

① 萧涤非《汉魏六朝乐府文学史》，人民文学出版社1984年版，第25页。

② 高棅《唐诗品汇》，上海古籍出版社1982年版，第296页。

额岁币也加重了人民的负担。政治方面，由朋党之防到党籍之禁，愈演愈烈，既导致朝廷不能唯才是用，又给投机分子以可乘之机，他们攻讦构陷，排斥异党，造成人人自危的险恶局面；而冗官、冗兵以及沉重的岁币负担所带来的财政困难，使统治者加重了对农民的剥削，同时土地兼并日益加剧，广大农民饥寒交迫，生活在水深火热之中。生活伦理方面，商品经济的发展，助长了纸醉金迷、声色享乐的生活风尚，无数的妇女或被卖为小妾，或沦为娼妓，身心备受摧残，她们渴望自由，渴望幸福的爱情生活。同时，不合理的封建婚姻制度也一直禁锢着广大妇女的爱情和人身自由。这些社会弊端在张耒乐府中都有不同程度的或直接或间接的反映。例如《少年行三首》，前两首热情歌颂“黄尘昼飞羽如插，身射单于碎弓甲”的杀敌英雄，表达人民长期以来对忠贞报国、英勇无敌将士的景仰和渴望；同时又感叹“从来书生轻武夫，坐遣挥毫写勋业”，对朝廷“重文轻武”的政策进行批判。其三尤富于战斗精神。诗人借汉代董偃为馆陶公主所宠之典，讽刺“党争”时代政治投机分子卖身求荣的可耻行径，并揭示“党争”造成人人“畏祸忧诛”的政治恐怖；难能可贵的是，他还将批判矛头直指封建“君王”。再如《度关山》感慨“孟尝好士竟何为，才得鸡鸣狗盗儿”，《围棋歌戏江瞻道兼呈蔡祕校》戏言“愿君勿以大自骄，知小深谋战须克”“防患犹须谨蠹贼”“可怜痴将不知兵”，都是针对时弊有感而发。

农民的悲惨境遇深为张耒关注。如著名的《仓前村民输麦行》，描绘农人输租后“免教县吏相催迫”的轻松喜悦之情和近乎狂荡的“单衣换”“酒”行为，即寓悲于乐，从侧面委婉地揭示广大农民劳动成果“半归仓廪半输王”的痛苦，同时冷嘲热讽地抨击统治者对农民的残酷盘剥。《饥乌词》《旱谣》《大雪歌》《光山谣》等都从不同角度揭示了农民的困苦生活。

妇女问题同样为张耒关切。《周氏行》以同情笔调叙写周氏少妇的爱情悲剧。她“少时嫁得刺船郎”，但“郎身如墨妾如霜”，毫无感情的婚姻生活如同死水；后偶遇“白衫乌帽”少年，不禁“一见”“心欲死”，爱在心中燃烧，她激动、憧憬，然而“潮到蓬山信不通”，彻骨的相思最终只能堆积成“千古万古”“悠悠”的遗恨。《片雪歌》则写另一美丽女子的爱情悲剧。她曾以“十斛明珠”被卖予“贵客”为妾，但“主人白头情不亲，朱楼夜锁梨花春”。为追求幸福，她勇敢地“飘出朱门”，并大胆“失身轻薄子”，然而这并未实现其“人生但乐两知心”的生活理想，容颜暗老，终是“蝶散蜂惊”。她们的悲剧，都是封建婚姻制度下注定要发生的。再如《襄阳曲》写襄阳歌妓“自擘新橙饮北客”的卖笑生活和“倏离暂合心未果”的爱情苦闷，《七夕歌》写牛郎织女“贪欢不归”而遭“天帝”惩罚，也都是对妇女压迫的揭露和批判。

此外，像《劳歌》描绘城市苦工“半衲遮背是生涯，以力受金饱儿女”的生活艰辛，《笼鹰词》揭示苍鹰“尔能搏兔不能食，未饱中肠行复击”的悲惨命运，同样是对不同行业百姓痛苦生活的真实写照。

可见，张耒乐府同张籍乐府一样，体现出积极干预现实的风歌精神。清翁方纲云“张文潜气骨在少游之上”[①]，就其乐府来说，所谓“气骨”正在此。

值得注意的是，张耒揭露时弊，也师法张籍而做到“发乎情止乎礼义”。张籍乐府以“言浅讽深”著称，胡震亨在批评白居易诗多“为谤讪时政之具”时，就充分肯定“文昌乐府，只《伤歌行》咏京兆杨凭者是时事”[②]。胡氏认为张籍乐府不涉时事并非事实，但道出了其抨击时弊的委婉性。张耒乐府也多如此。这主

① 翁方纲《石洲诗话》卷三，郭绍虞《清诗话续编》，上海古籍出版社 1983 年版，第 1422 页。

② 胡震亨《唐音癸签》卷九，上海古籍出版社 1981 年版，第 87 页。

要表现在两个方面。一是内容上维护儒家思想和封建统治。如对妇女的悲惨遭遇给予很大同情，但对她们的“越轨”行为并不肯定，这从《周氏行》和《片雪歌》便可看出。前者写周氏芳心已动，但未出离“纲常”；后者虽写那位女子“飘出朱门”“失身轻薄子”，但结局非常凄惨，如此构思不能说没有劝诫妇女“恪守妇道”之意。二是讽谏委婉。张籍讽谏主要有三种方式，或寓主观于客观，通过描写典型事件或生活场景表达题旨，如《筑城曲》；或以比兴出之，如《猛虎行》；或选择恰当的角度，从侧面暗示，如抨击帝王荒淫，一般借助于描写宫女的生活或情感。张耒效法并发展这些方式。如《周氏行》《片雪歌》采用的就是“寓主观于客观”；《天马歌》借大宛“天马”为汉武帝所用以喻不择用人，是比法。而在“侧面暗示”方面，张耒更为灵活多样。除大量借鉴元白新乐府“借史讽今”（详后）外，像《围棋歌戏江瞻道兼呈蔡祕校》借围棋规谏军国大事，《七夕歌》借神话故事批判封建社会对爱情的禁锢，《仓前村民输麦行》寓“悲”于“乐”揭示农民悲惨命运，都是“侧面暗示”。

张籍乐府内容上的显著特征是既注重暴露社会弊端又注重反映民俗民情，如其名篇《牧童词》《贾客乐》《白纻歌》等都是反映民俗风情之作。这也为张耒继承。其75首典型乐府中，有44首写及平民的日常生活和情感世界，占到58.7%。如《一百五歌》：

……平民士女出城闉，黄土冈前列尊俎。箬包粉饵蒸野蔬，富家烹羊贫荐鱼。日暮肩舆踏风雨，江乡人家无犊车。插花饮酒山边市，醉后歌声动邻里。……

诗歌描绘的是寒食傍晚黄州民间的祭祖扫墓活动，亲切可感。再如《春雨谣》写雨后春耕的繁忙景象和农民对丰收的憧憬，《采莲子》写采莲姑娘的天真顽皮，《牧牛儿》写牧童放牧的嬉乐等，都是平民生活的生动写照。其中，反映平民情感、愿望尤其是爱情的篇章尤多，如《寒食歌》写人们对岁月无情的慨叹，《大雪歌》写老农对丰收的期盼，《远别离》写临别时妻子的难舍和对丈夫“易心”的担忧，《赠人三首》写别后男子的相思，《独处愁》写闺中的孤寂，展示的均是普通民众的内心世界。

总之，张耒乐府比较广泛地反映了北宋中后期的社会现实，从日常起居、情感愿望，到民俗风情、婚姻制度、军政弊端；从城市苦工、农民、渔夫、牧童、征妇、采莲女、歌妓到文武朝臣，甚至帝王，都有涉及。这是其乐府成就之主要所在，也是效法张籍成功之所在。

恢复汉乐府民歌的艺术风貌是张籍乐府显著的艺术特征。他一方面多采用《诗经》、汉乐府以来历代民歌常用的“代拟”的创作方式，即无论使用第一人称还是第三人称，均以平民为叙事抒情主体；另一方面多使用韵律优美、浅白通俗的民歌语言，如汉乐府常用的三、五、七言搭配的句式及口语、俗语甚至俚语等，即使是书面语也较通俗化；同时精心锤炼，化俗为雅。这两方面张耒也多有借鉴。其乐府半数以上采用“代拟”方式，单使用第一人称让平民“现身说法”的就有约20首，如《周氏行》《片雪歌》《独处愁》等。语言上，不仅用语平浅，而且多用三、五、七言搭配的句式，如“摇轻裙，曳长袖”（《白苎词二首效鲍照》其一）、“度关山，意悠哉，秦关路险行车摧”（《度关山》）等；同时还注意使用汉乐府常用的“君”字句，如“《梁父吟》，君听取，击节高歌为君舞”（《梁父吟》）、“君不见连昌宫殿洛阳西”（《飞萤词》）等。因此，虽多是书面语，但“妇女童子听之而谕”（《答汪信民书》）。因此，同张籍一样，张耒乐府具有浓烈的民歌风味。

张耒乐府的表现手法也主要借鉴和学习张籍，如前文论及的“寓主观于客观”、比兴、侧面暗示等即是。对比法张籍运用不多，且局限于结尾，从属于“反本题结”（结尾看似与正题无关，实则拓展、深化题旨，如《野老歌》）。张耒继承此法，如《少年行三首》其二；且运用到诗歌的主体内容和结构上，如《劳歌》：

暑天三月元无雨，云头不合惟飞土。深堂无人午睡余，欲动身先汗如雨。忽怜长街负重民，筋骸长彀十石弩。半衲遮背是生涯，以力受金饱儿女。人家牛马系高木，惟恐牛躯犯炎酷。天工作民良久艰，谁知不如牛马福。

此诗主体内容即是“深堂无人午睡余，欲动身先汗如雨”和“筋骸长彀十石弩”“半衲遮背是生涯”两种生活的对比，主题也主要通过这一对比揭示。张籍乐府往往卒章显志，张耒也如此，此类诗作多达24首，如上举《少年行三首》其二、《劳歌》。另外，张籍少数乐府还借鉴文人抒情诗的技法，以优美的“意境”收煞，不仅拓展主旨，而且获得言有尽而意无穷的艺术效果，这也为张耒效法。如《东皋行》：

秋云卷尽秋天清，东皋萧条鸡犬声。黄叶吟风声不平，芙蕖半落更有情。归来僮饥羸马疲，城头树暗乌欲栖。谁家朱楼人夜宿，微红一点帘间烛。

结尾造设了温馨、柔和、朦胧、优美的意境，不仅暗示抒情主人公内心感受瞬间的变化，而且以情调、色调上与前文形成的巨大反差，启示读者寻绎这种变化所包蕴的人文内涵，意味无穷。

诗体上，张耒也借鉴张籍而选择了古、新题乐府并举的创作道路，不似李白以前的诗人只作古题，也不似杜甫、元稹、白居易等只侧重新题。如其古题乐府计19题25首，占典型乐府诗的三分之一；而其中拟汉魏古题多达8题12首，这种注重拟汉魏乐府的创作倾向，与张籍也是一脉相承的。

张耒部分作品还直接效仿张籍。如其《输麦行》即自注“效张文昌”。从诗题、内容、艺术上看，《牧牛儿》效《牧童词》，《采莲子》效《采莲曲》，《寄衣曲》效《白纻歌》。有的仿作甚至胜过张籍。清潘德舆即云：“其《输麦行》《牧牛儿》两诗，摹写情态，质而愈文，虽使文昌、仲初为之，宁复过此？”①

综上所述，张耒比较全面地继承了张籍的创作风格，追求的是汉乐府风歌的艺术风貌。其赢得“本朝乐府”“第一”的评价，原因正在此。

二

张耒效法张籍，又转益多师。《宋史》本传说他晚岁效白居易体，乐府没有例外。“元白”新乐府较为独特也是主要的表现方式“借史讽今”，张耒就多采用，如《拳毛䯄歌》明显学习白居易《八骏图》，二诗均由一幅“马”画引发对“史实”的叙写和咏叹，最终讽兴时事；《度关山》咏叹孟尝君并未得士，劝诫统治者应唯才是举，也是此法。张耒所以借鉴这种表现方式，一是因党禁森严，二是因效法张籍乐府“委婉讽谏”。它的运用也确实起到了这两方面作用，不过，更主要的意义在于扩大乐府诗的题材范围，提高其艺术表现力，使诗人在党禁时代能够更广

① 潘德舆《养一斋诗话》卷五，郭绍虞《清诗话续编》，上海古籍出版社1983版，第2085页。

泛、更有效地干预现实。

魏晋以后的文人拟乐府，不少已演变为抒情言志之诗，甚者，用以纪实酬赠，如白居易《新乐府五十首》，多数立足于诗人自身论世评事，元稹《去杭州（送王师范）》《酬郑从事四年九月宴望海亭次用旧韵》等，更是完全纪实化。这一演进有利有弊，利在于拓展乐府诗的使用领域，有助于更自由地发挥其“讽谕”功能；弊在于把握不好则容易模糊乐府与抒情诗的界限，以致削弱其干预现实的功能。张耒也顺应这一演进趋势，创作了不少以抒写自己情怀为主，甚至完全纪实的乐府诗。不过张耒始终强调乐府的“讽谕”性，这类作品多数不失为“乐府”佳作。如《大雪歌》，虽写大雪之后诗人的所见所思所感，但由于运用民歌语言（如“屋压欲折君勿悲”“明年作饼大如箕”），且着意描写农事和农民心理，并对贵族的奢侈给予抨击，故仍富于民歌风味和“讽谕”性质，“无功及物惭受禄”的自责还折射出官场腐败和农民贫困的现实。

张耒还注意学习南朝乐府民歌。如“引喻”法，源于吴声。歌曲《子夜歌》，洪迈《容斋三笔》卷一六“乐府诗引喻”条云：“自齐、梁以来，诗人作乐府《子夜四时歌》之类，每以前句比兴引喻，而后句实言以证之。……其四句者，如‘高山种芙蓉，复经黄檗坞。未得一莲时，流离婴辛苦。’……其两句者，如‘风吹荷叶动，无夜不摇莲。’……”[①]张耒也运用此法，如“棋盘作十字，中心为子来”（《古意三首》之二），即以“中心”隐喻“心中”，“子”隐喻“你”。再如“橘犀如半月，何日是圆时？如何一种味，却有两人知”（《古意三首》之三）、“郎指莲房妾折丝，莲不到头丝不止”（《江南曲》）也是以“圆”“味”“莲”“丝”分别谐音隐喻“团圆”“（心

① 洪迈《容斋随笔·三笔》卷十六，中国世界语出版社1995版，第398页。

中）滋味”“爱怜”“思念”。

另外，张耒少数乐府还借鉴词的表现手法，俨然婉约词。如《用刘梦得三题》用类似叠章的形式，按时序、多角度、不嫌琐细地描绘纤弱柔美的暮春之景，借以抒发青春不再的感伤，就具有“幽约怨恻”的审美特征。再如《独处愁》也如此，尤其结尾“昨夜阴云数尺许，连宵变作西窗雨”，烟雨凄迷，境界浑成，韵味悠长，即使置于宋词名句中也不逊色。

正因为张耒注重广采博纳，所以其乐府虽效张籍而又不囿于张籍，从而形成以“风歌”为主的多样风貌。总的来说，张耒乐府成就较高，周紫芝说他为北宋“第一”，部分作品超过张籍，并非溢美之词。只是宋代乐府诗不再盛行，其在诗坛才未产生较大反响。需指出的是，张耒效张籍，与其诗歌创作复“唐风”的总路线是一致的，宋诗到南宋而指向唐调，风气之开当有张耒的贡献。

当然，张耒乐府尚有不尽如人意之处。张耒的诗歌创作，往往长于锤炼佳句，短于布局谋篇，部分作品流于平直粗疏，诚如钱锺书所云：“词意每每复出叠见，风格也写意随便得近乎不耐烦，流于草率。”[①]其乐府诗没有例外，如清翁方纲《石洲诗话》卷三云：“文潜《七夕歌》《韩幹马》之类，皆不见佳。”[②]所谓“不见佳”，即是指章法平直而缺乏精心设计。再者，因追求讽谏委婉，少数咏史之作的题旨也过于隐晦。

三

北宋曲子词兴盛而乐府诗衰退，像欧阳修、苏轼、王安石

① 钱锺书《宋诗选注》，人民文学出版社 1958 年版，第 91 页。

② 翁方纲《石洲诗话》卷三，郭绍虞《清诗话续编》，上海古籍出版社 1983 年版，第 1422 页。

等巨擘，也多制词而少涉乐府，张耒却恰恰相反[①]。特别是北宋后期，诗坛因党争和“江西诗派”的影响，往往讲究“脱胎换骨”“点铁成金”等艺术技巧，轻视作品思想内容，张耒却复兴唐调，效法张籍，大量创作指摘时弊、同情人民疾苦的乐府诗。再者，就乐府诗史上多数诗人来说，乐府诗往往创作于诗人思想激进的青壮年时期，张耒乐府却多作于晚年。这些在北宋诗坛都显得特别。

究其原因，首先当与张耒的思想尤其是文艺思想有关。张耒思想较复杂，但儒家始终是主导，《宋史》本传说他早年居官“顾义自守，泊如也”，此“义”即儒家“道义”。黄庭坚《奉和文潜赠无咎篇末多见及以既见君子云胡不喜为韵》云：“谈经用燕说，束弃诸儒传。……张侯真理窟，坚壁不与战。”（《山谷集》卷二）熙宁时期，经学“穿凿”之风盛行，张耒却坚守传统经义毫不动摇，可见守儒之执着。在屡遭打击的晚年，他仍然坚守儒家政治理想，其《岁暮即事寄子由先生》云“老去深依佛，年衰更嗜书。未能忘素业，聊用慰穷途”，所谓“素业”乃儒家“兼济天下”的理想和抱负。儒家思想是其晚年诗歌广泛反映民生疾苦的根基。儒家文艺思想对其乐府创作有直接影响。其《上文潞公献所著诗书》云：

> 夫诗之兴，出于人之情喜怒哀乐之际……要之必发于诚而后作。……先王之时，大至于朝廷之政事，广至于四方之风俗，微至于匹夫贱士之悲嗟、妇人女子之幽怨，一考于诗而知之。而使有可以时陈，取而藏诸太师，又播之乐章……自周衰……至于今……其间卓然而可称者，不过数人。

① 宋吴曾《能改斋漫录》卷一七录张耒《少年游》《秋蕊香》词云：“元祐诸公皆有乐府，唯张仅见此二词。”可知其词创作并不多。现存《减字木兰花》《鹧鸪天》《满庭芳》《风流子》《秋蕊香》《少年游》《失调名（端五）》七首。

这里张耒阐明了其儒家诗学思想：文学源于人的喜怒哀乐，必须真实地表现人的思想情感，即“感于哀乐，缘事而发”；诗歌的功用在于广泛地反映社会现实，为政治服务，即“可以观风俗，知薄厚”；当以先王时代诗歌为宗（先王时代风诗基本不存，实际上只能学习《诗经》、汉乐府）。这些似乎是针对其乐府创作而言的，无疑是其力效张籍的指导思想。其《贺方回乐府序》又云：“文章之于人，有满心而发，肆口而成，不待思虑而工，不待雕琢而丽者，皆天理之自然而情性之道也。”可见他还强调自然天成，反对雕琢。这也影响他学习晓畅明白、朴实自然的张王、元白乐府。

张耒晚年的贬谪生活对其乐府创作也有很大影响。绍圣元年（1094）以后，他一直漂流、辗转于贫僻的贬所，对百姓生活、政治弊端有切身的感受和了解，同时自己贫困不堪，对百姓的疾苦容易产生同感，如其晚年所作《十月七日晨起》即因“室中更无有”而联想到遭受旱、蝗之灾的百姓。因此，在儒家民本思想的支配下，其诗歌创作不仅没有逃避现实，反而着意反映民瘼民情、政治弊端。这也是其力效张籍“风歌”性乐府的主要原因之一。当然，北宋中后期各种社会矛盾的激化、儒学复古运动的蓬勃发展、词仍被视为艳科小技等也是主要因素。

另外，张耒少作词而多作乐府还与他不善制词有关。其《倚声制曲三首序》云：“予自童时即好作文字……至于倚声制曲，力欲为之，不能出一语。”同时又认为“夫诗、曲，类也”，尤其是乐府诗，原本就是曲子，不能制曲就为乐府，也算是一种弥补。

（原载《安徽大学学报》2007年第4期）

中唐乐府讽谕诗之价值评判与元白张王之优劣异同

——从接受学角度对清人相关论述的一个梳理和检讨

◎尚永亮

中唐白居易、元稹、张籍、王建等人之所以被称为元白诗派，固然缘于他们之间有着较密切的交谊，但更重要的原因在于其皆致力乐府讽谕诗的创作。大概正是基于此一认知，历代论者涉及元白诗派时多以乐府讽谕诗为主要话题，而谈到中唐乐府诗作也很少会绕过元白诗派。考察清人对元白诗派乐府讽谕诗之接受，有两大现象值得关注。其一，除少数人对以白居易为代表的讽谕诗过于直露、缺少含蓄提出批评外，多数论者都从诗歌社会政治功用和诗人道德品格角度，给予这些作品以高度称许，由此表现出一种浓郁的道德旨趣和现实关怀。其二，善于借助比较法，对齐名并称的诗人诗作从不同角度加以比照，既辨析其特点，又评说其优劣；而“元白”“张王”两个组别内部及相互间的异同高下，自然也就成了论者关注的焦点。下面，笔者试从这两个方面对清人的相关论述作一大致的梳理和检讨。

一、以白居易讽谕诗为中心的道德评价

白居易是元白诗派的领军人物，故在各时期的接受视野

中，他都处于受关注的中心和焦点；又由于其诗被宋人苏轼以一“俗”字总括，故常常受到后世论者的訾议。既为人关注又多受批评，大致形成北宋至明末白诗接受史的一个特点。

清初评家倡典雅、神韵而力斥浅俗，必然导致对白诗较多否定性的评价，其中尤以王士祯（1634—1711）为突出。王氏不喜杜甫、白居易诗，所编《唐贤三昧集》干脆将杜、白等人排除在外，并一再加以贬抑。不过，在论及元白等人乐府诗时，王氏则表现出宽容的一面，曾向人口述道：“唐人乐府，惟有太白《蜀道难》《乌夜啼》，子美《无家别》《垂老别》，以及元白、张、王诸作，不袭前人乐府之貌，而能得其神者，乃真乐府也。”[①]其《戏效元遗山论诗绝句三十六首》其九云：“草堂乐府擅惊奇，杜老哀时托兴微。元白张王皆古意，不曾辛苦学妃狶。”[②]“妃狶”者，发声词也，汉乐府《有所思》有“妃呼狶，秋风肃肃晨风飔”之句。这里，诗人借“妃狶”代指古乐府，认为元白张王之“新”乐府虽未模仿古乐府，却得其“古”意，从而表现出与杜甫乐府相同的“哀时托兴”的特点。

与王士祯同时稍后，还有一批论者就元白诸人的乐府讽谕之作发表意见，大都是肯定性的评价。如贺贻孙（1606—1686）指出：“白乐天自爱其讽谕诗，言激而意质。……指点色禽之荒，婉切痛快，字字炯戒。”[③]叶燮（1627—1703）一方面批评白诗浅切易厌，一方面举其《重赋》《致仕》《伤友》《伤宅》等篇，赞其“言浅而深，意微而显，此风人之能事也”[④]。贺裳（1681年前后在世）则以白诗《司天台》《缚戎人》《杜陵

① 王渔洋口授、何世璂述《然灯记闻》，王夫之等撰《清诗话》，上海古籍出版社1978年版，第121页。

② 王士祯《带经堂集》卷一四，清康熙五十年程哲七略书堂刻本。

③ 贺贻孙《诗筏》，郭绍虞编选、富寿荪校点《清诗话续编》（上），上海古籍出版社1983年版，第186页。

④ 叶燮《原诗》卷四《外篇下》，《清诗话》，第604页。

叟》《卖炭翁》《陵园妾》诸诗为例，称道其“不惟悉一时蠹弊，兼可作后世之前车”[①]。田雯（1635—1704）认为：“香山讽谕诗乃乐府之变，《上阳白发人》等篇，读之心目豁朗，悠然有余味。”[②]赵执信（1662—1744）在批评王士祯“薄乐天”之言行后指出：“乐天《秦中吟》《新乐府》而可薄，是绝《小雅》也。”并谓白诗及张王乐府具“优柔舒缓之调，读之可歌可泣，感人弥深”[③]。沈德潜（1673—1769）对元白诗派整体评价不高，但谈及白氏《讽谕》一卷时，称其“使言者无罪，闻者足戒，亦风人之遗意也”[④]。当他重订《唐诗别裁集》时，特意增补了白傅讽谕、张王乐府诸家诗，认为“乐天忠君爱国，遇事托讽，与少陵相同。特以平易近人，变少陵之沉雄浑厚，不袭其貌，而得其神也”[⑤]。

综观上述评说，或曰“风人之能事”，或曰“后世之前车”，评价不可谓不高。然而，从本质上看，这些评价的出发点和落脚点，大都在于道德教化和政治功用，其中虽有涉及诗风、用笔、章法等艺术层面者，但相比之下，不过是前者的附庸而已。

清中前期更值得重视的，是乾隆十五年（1750）由清高宗敕编的大型选本《御选唐宋诗醇》的问世。细览《唐宋诗醇》卷一九之白诗总评，首先概述白诗数量之多、传播之远、诗名之盛，接着就白氏人品展开议论，谓其志在兼济，行在独善，落实在创作中，便是：“讽谕者，意激而言质；闲适者，思澹而辞迂。”“盖根柢六义之旨，而不失乎温厚和平之意。变杜甫之

① 贺裳《载酒园诗话又编》，《清诗话续编》（上），第359页。
② 田雯《古欢堂杂著》卷二，《清诗话续编》（上），第700页。
③ 赵执信《谈龙录》，《清诗话》，第313页、315页。
④ 沈德潜《说诗晬语》，《清诗话》，第538页。
⑤ 沈德潜《重订唐诗别裁集》卷三，上海古籍出版社1979年版，第105页。

雄浑苍劲而为流丽安详，不袭其面貌而得其神味者也。”这就是说，白诗既远承《诗》之六义，又不失温厚和平，既变杜诗之貌，又得杜诗神味，则其可褒可奖，自在情理之中。

《御选唐宋诗醇》共选唐宋六家诗，其中唐四家为李白、杜甫、白居易、韩愈，宋两家为苏轼、陆游。其《凡例》解释原因说：“兹独取六家者，谓惟此足称大家也。大家与名家，犹大将与名将，其体段正自不同。李杜一时瑜亮，固千古希有；若唐之配白者有元，宋之继苏者有黄，在当日亦几角立争雄。而百世论定，则微之有浮华而无忠爱，鲁直多生涩而少浑成，其视白、苏较逊。……然则骚坛之大将旗鼓，舍此何适矣？”[①]稍后，四库馆臣又为该书作《提要》，谓其“权衡至当，洵千古之定评矣”[②]。由此，白居易诗获得了与韩愈并列、上跻李杜的地位，达至自宋以来最高的评价。其重要原因之一，便是白氏的“忠爱”品行及诗中表现的“六义之旨”可以作为诗人创作之典范。

《御选唐宋诗醇》是以帝王意志和国家行为对唐宋诗学作出的价值评判，是对纷纭众说予以整齐划一的规范性论定，所以在当时和后世均具有远超一般选本的影响。而此一时期的多数诗评家，亦莫不顺风承旨，对白氏讽谕之作不吝赞词。李调元（1734—1803）评白居易《新乐府》曰：“夭矫变化，用笔不测，而起承转收井然。其规讽劝诫，直是理学中古文，不可作词章读。”[③]陆继辂（1772—1834）则认为：“香山《贺雨》诸篇，命意源《三百篇》，体格本古乐府，人所共知。尤当师其文从字顺，无一句一韵不如天施地生。”[④]与李、陆两位对白诗已

① 爱新觉罗·弘历敕编《唐宋诗醇·凡例》，文渊阁《四库全书》本。

② 永瑢等撰《御选唐宋诗醇》提要，《四库全书总目》（下）卷一九〇，中华书局1965年版，第1728页。

③ 李调元《雨村诗话》卷下，《清诗话续编》（下），第1531页。

④ 陆继辂《合肥学舍札记》卷一一，清光绪四年兴国州署刻本。

是很高的评价相比，生活于嘉、道年间的诗评家潘德舆（1785—1839）在程度上变本加厉，更趋极端。

潘氏论诗以孔子诗教为标准，以《三百篇》为旨归，极力倡言温柔敦厚、思无邪等诗学传统，将厚人伦、敦教化作为现实目的。其矛头所向，首先是活跃于乾隆年间的性灵诗派，而对与其诗旨不合的其他诸家言论，亦严加斥责。具体到对元白诗派的评价，则表现为两种不同的态度：一方面，对白居易《长恨歌》《琵琶行》等他认为有伤风化的歌行长篇，屡予排诋，视为"平衍寡情"之"猥亵语"；另一方面，对白氏上承《诗经》比兴传统的讽谕之作，则击节称赏，推为"宇宙间必不可少文字"。在《养一斋诗话》中，这样两种看似矛盾的观点，常常交杂混合在一起：

> 王若虚谓："乐天诗情致曲尽，入人肝脾，随物赋形，所在充满，殆与元气相侔。至长韵大篇，动数百千言，而顺适惬当，句句如一，无争张牵强之态。……"甚矣！若虚之识量易盈也！乐天惟乐府曲中人心，历劫不朽。谓其他诗皆随物赋形，侔于元气，是老杜所不能篇篇尽然者，乐天能之乎？……夫乐天长篇之病，正坐语语顺惬，无一笔作逆势，以致平衍寡情，岂可转目为擅长之地也！
>
> 魏泰谓："张籍、白居易乐府，述情叙怨，委曲周详，言尽意尽，更无余味。"嘻！何其大而无当也。文昌乐府，古质深挚，其才下于李、杜一等，此外更无人到。乐天乐府，则天弢自解，独往独来，讽谕痛切，可以动百世之人心，虽孔子复出删诗，亦不能废。予尝谓其命意直以《三百篇》自居，为宇宙间必不可少文字；若《长恨歌》《琵琶

行》，则不作可也。[①]

上引两段文字，一在驳斥王若虚对白氏长篇之赞扬，一在驳斥魏泰对白氏乐府之批评；前者重在说明白氏歌行长篇“顺适惬当，句句如一”之不足道，后者重在说明张、白乐府“古质深挚”“讽谕痛切”之可贵；肯定后者，意在否定前者；而对前者的指斥，正是为了对后者的张扬。在潘氏看来，诗不能徒作，而须有益世道人心。倘若符合此一本旨，即使“时伤浅率”，亦“足以扶人识力，养人性天”，如白居易之《重赋》《伤友》《不致仕》《卖花》诸诗，皆“劲直沉痛”，“若概以浅率目之，则谬矣”。由此更进一步，潘氏摘引白居易《读张籍古乐府》之“为诗意如何，六艺互铺陈。风雅比兴外，未尝著空文。……上可裨教化，舒之济万民。下可理情性，卷之善一身”诸语，视之为“诗学圭臬”，并明确声言：

> 予欲取之以为历代诗人总序，合乎此则为诗，不合乎此，则虽思致精刻，词语隽妙，采色陆离，声调和美，均不足以为诗也。学者可以知所从事矣。[②]

此一观点，已将白氏诗论及其讽谕诸作推向极致，将诗歌的道德、教化目的推向极致；与之相伴，潘氏的诗学旨趣和审美标准也越来越狭小、极端，越来越偏离诗的艺术本质。当然，潘德舆并非不懂诗艺之人，一旦逸出道德范围，他对若干白诗的表现特点还是颇有独到之见的。但若与其以道德律令论白氏乐府相比，毕竟不占主导地位。

① 潘德舆《养一斋诗话》卷二、卷四，《清诗话续编》（下），第2036页、2057页。
② 潘德舆《养一斋诗话》卷一〇，《清诗话续编》（下），第2167页。

类似潘德舆这种趋于极端的诗学思想，虽然在清代评家中并不普遍，却颇具代表性。它反映了清代诗学思想向正统的回归及其现实干预意识的强化。这种情形，在晚清刘熙载（1813—1881）的评说文字中亦有一定程度的显现。刘氏《艺概·诗概》论及元白诸人诗时，一再强调诗与道、诗与人的关联。如谓："白香山与元微之书曰：'仆志在兼济，行在独善，奉而始终之则为道，言而发明之则为诗。谓之讽谕诗，兼济之志也；谓之闲适诗，独善之义也。'余谓诗莫贵于知道，观香山之言，可见其或出或处，道无不在。""代匹夫匹妇语最难，盖饥寒劳困之苦，虽告人，人且不知，知之必物我无间者也。杜少陵、元次山、白香山不但如身入闾阎，目击其事，直与疾病之在身者无异。颂其诗，顾可不知其人乎？"①在刘氏看来，白居易的讽谕诗之所以可贵，即在于其诗以贯道，其人"或出或处，道无不在"。由于"道"在心中，故其创作才可"代匹夫匹妇语"，"与疾病之在身者无异"。由此出发，审视向被视为浅俗的白诗，结论自然有别："常语易，奇语难，此诗之初关也；奇语易，常语难，此诗之重关也。香山用常得奇，此境良非易到。"②这既是深得创作甘苦的艺术评论，也未尝不是由白诗载道所得出的逻辑归纳。也就是说，因白氏志在兼济，故最能体恤百姓饥寒劳困之苦，而这些苦困只有以常语才能予以真切展示，达到惊动人心的效果。所谓"用常得奇"，很大程度上说的就是这种情况。

对元白诗派乐府讽谕诗的评说，至清后期渐趋减少。其因盖在道光、咸丰年间，诗坛发起了由尊唐而崇宋的宋诗运动；此后，清末民初又崛起了盛行一时的同光体诗派，其诗学重心转

① 刘熙载《艺概》，上海古籍出版社 1978 年版，第 64—65 页。

② 《艺概》，第 65 页。

向对宋诗的效法。尽管陈衍、沈曾植所谓“三元”“三关”之论，元和皆在其中，但他们于元和时期特重韩愈，其意在于通过韩愈上溯杜甫，又由杜、韩而返归元祐之黄、陈诸家，由此构成诗歌发展史的核心链条。元白诗派诸人因不在此链条之中轴线上，自然易受忽视甚至诋诃。如曾被陈衍称为“同光体之魁杰”的沈曾植（1850—1922），虽在《与金潜庐太守论诗书》中声言“夙喜张文昌乐府”，但对白居易诗颇致不满：“漫守张为主客图，旁行斜上破功夫。白家广大元无教，得似韩门变态无？”[①]认为张为《诗人主客图》中的说法不宜轻信，若比起韩愈的变化创新，白居易的所谓“广大教化主”只算是“旁行斜上”，原无需费力去学的。

此一时期，能跳出同光体藩篱之外而别有主张的，可以张之洞（1837—1909）为代表。张氏论诗兼取唐宋，但于宋最不喜黄庭坚及江西诗派，于唐则力推白居易的讽谕之作。其《读白乐天以心感人人心归乐府句》云：“诚感人心心乃归，君臣末世自乖离。岂知人感天方感，泪洒香山讽谕诗。”其《读史绝句二十一首·白居易》云：“海图题咏见忧思，浪搅天吴悔已迟。亦有刑天精卫句，千秋独诵白家诗。”[②]两首诗中，一则曰“泪洒香山讽谕诗”，一则曰“千秋独诵白家诗”，可见其对白诗特别是其讽谕诗濡染之深、推赏之甚。“读书叹微管，适野忧其戎。能严内外辞，方有膺惩功。吾闻白太傅，华声讽乐工”[③]，注重白诗中的忧民内容和惩劝功能，突出诗歌以诚感人的特质，既是张之洞倾心白诗的重要原因，也是前述清代评家重道德教化诗学观的一种自然延续。

① 沈曾植《答石遗》四首（其四），钱仲联《沈曾植集校注》，中华书局2001年版，第247页。

② 张之洞《张文襄公诗集》卷四，民国十七年刻张文襄公全集本。

③ 《张文襄公诗集》卷三《连珠诗》，民国十七年刻张文襄公全集本。

二、元白、张王之优劣异同

在元白诗派四位主要成员中，依其交往之疏密、诗风之异同、创新意识和创作成就之大小，后世评家多将之分为两个组别：白居易、元稹为一组，张籍、王建为一组，由此形成元白、张王两个既相关联又有区别的固定化称谓。清人沿袭此一称谓，除对白居易所代表的乐府讽谕诗作出如前所述若干道德评价外，还围绕元白张王之创作特点和优劣高下，展开了多角度、多层面的比较与评说。

（一）元白优劣之道德艺文的双重审定

元白二人，并称已久，然无论在道德品格上，还是在创作成就上，元均不如白，几成历代评家共识。与之相承，清人凡论元白二人文字，也多着眼于道德与艺文两个方面，褒白而贬元。前引《御选唐宋诗醇》所谓“微之有浮华而无忠爱”、其视白“较逊”①的说法，即是颇具代表性的意见。由此引申开去，即使论及诗风诗品，论者们也多持白优元劣观。如牟愿相谓：“白乐天‘俗’字固不可易，然以元微之并观，乐天定是不俗人。”②李调元在高度肯定了白居易《新乐府》之后指出：“元微之则宛然柔媚女郎诗矣。世称元白，元何能如白也？”③陈仅更就元白、温李、皮陆诸人进行比较说：“元白齐名而元不如白，温、李齐名而温不如李，皮、陆齐名而皮不如陆，非独其诗之有优劣也。”④由此看来，在对元白二人之高下优劣的评鉴上，清代论者的看法是颇为一致的。

① 《唐宋诗醇·凡例》，文渊阁《四库全书》本。
② 牟愿相《小澥草堂杂论诗》，《清诗话续编》（上），第919页。
③ 李调元《雨村诗话》卷下，《清诗话续编》（下），第1531页。
④ 陈仅《竹林答问》，《清诗话续编》（下），第2254页。

当然，一些评家在总体上褒白贬元的同时，也意识到元白二人在诗歌创作上又是互有短长的。如清初叶燮在指出“元稹作意胜于白，不及白春容暇豫”后，认为“二人同时得盛名，必有其实，俱未可轻议也”[①]。贺裳进一步指出：

> 诗至元白，实又一大变。两人虽并称，亦各有不同。选语之工，白不如元；波澜之阔，元不如白。白苍莽中间存古调，元精工处亦杂新声。既由风气转移，亦自材质有限。[②]

从诗之选语、波澜、古调、新声诸方面辨析元白差异，并揭示时代风气与个人材质在其中所起作用，可谓颇得情实。

与贺裳相比，潘德舆对元稹素无好感，盖缘于其对元稹道德品行之不满。在《养一斋诗话》中，他多次严厉指斥元稹其人其诗，认为“元之诗品，又不逮白”；但对元稹的某些诗篇，他并未一笔抹杀：“《连昌宫词》收场用意，实胜《长恨歌》。艳《长恨》而亚《连昌》，不知诗之体统者也。‘寂寞古行宫’二十字，足赅《连昌宫词》六百余字，尤为妙境。诗品至微之，犹非浪得名也。”[③]从“收场用意”肯定《连昌宫词》，从言简意远肯定《行宫》，并誉之为“妙境”，表现出潘氏的艺术眼光及其对元诗有限度的褒赏。尽管这里的“收场用意”云云不乏道德、诗教的因素，但其于艺术关合处不无一定道理。

（二）张王优劣及其特点的多角度辨析

张王向以乐府并称，是创作乐府诗的专业户，其诗作较之元白既别具风貌，又不存在像元稹那样由人品引起的纠葛，故二人

① 叶燮《原诗》卷四《外篇下》，《清诗话》，第604页、606页。

② 《载酒园诗话又编》，《清诗话续编》（上），第360页。

③ 潘德舆《养一斋诗话》卷三，《清诗话续编》（下），第2047页。

孰优孰劣、有何特点，曾引发评家的持续兴趣和远较元白更为复杂的争议。综观清人对张、王诗的评价，大致表现为三种意见：

其一，将张、王诗并置一处加以赞扬。如贺裳《载酒园诗话又编》："高棅《品汇》设立名目，取舍不能尽当，惟七言古以张王并列，极为有识。文昌善为哀婉之音，有娇弦玉指之致；仲初妙于不含蓄，亦自有晓钟残角之韵。"翁方纲《石洲诗话》卷二："张王乐府，天然清削，不取声音之大，亦不求格调之高，此真善于绍古者。较之昌谷，奇艳不及，而真切过之。"李调元《雨村诗话》卷下："王建、张籍乐府，何曾一字险怪，而读之入情入理，与汉魏乐府并传。古人不朽者以此，所以诗最忌艰涩也。"

其二，对张王诗的笼统批评。如毛先舒《诗辩坻》卷三："大历以后，解乐府遗法者，唯李贺一人。设色秾妙，而词旨多寓篇外，刻于撰语，浑于用意。中唐乐府，人称张王，视此当有郎奴之隔耳。"沈德潜《说诗晬语》："惟张文昌、王仲初乐府，专以口齿利便胜人，雅非贵品。"

其三，具体评说张王诗之优劣，而其总的趋向是褒张贬王。如《诗辩坻》卷三："籍、建并称，然建远不如籍。籍《楚妃》《离宫》有盛唐之调，俱得乐府遗风。建《宫词》直落晚叶，去孟蜀花蕊夫人一间耳。《夜看扬州市》，何里巷也！"[①]《载酒园诗话又编》："王之《当窗织》《簇蚕词》《去妇》《老妇叹镜》《促刺词》，若令出司业手，必当倍为可观。惟形容狞恶之态，则王胜于张。……司马律不能佳，排律尤劣，故昔人谓其俗。"[②]《四库全书总目·别集类三·张司业集》："籍以乐府鸣一时，其骨体实出王建上。后人概称张王，未为笃论。"[③]

① 毛先舒《诗辩坻》卷三，《清诗话续编》（上），第57页。
② 贺裳《载酒园诗话又编》，《清诗话续编》（上），第355—357页。
③ 永瑢等撰《张司业集》提要，《四库全书总目》（下）卷一五〇，第1290页。

以上三种意见，大都不是孤立地就张王论张王，而是将张王置于唐诗特别是中唐诗的创作背景中，借助张与王或他人间的相互比照，对其地位高下做出诠评。就褒扬而言，论者较看重的是张王乐府对汉魏乐府的承接，是其清削真切、入乎情理，甚至王建诗的不含蓄，也成为肯定其诗“妙”的一个原因。就批评而言，论者主要聚焦于张王乐府的品格，或谓其未得古乐府遗法，或谓其过于浅俗而雅非贵品。当然，这类较为笼统的批评在整个评论数量中所占比例不大，批评者在别的场合也发表过肯定性的意见。就张王诗之优劣而言，论者看重张籍的，主要是其俗而能雅，气骨充盈，而王建诗与之相比，未免过于浅俗鄙俚，体气卑弱。

具体来说，张籍诗的特点还表现在如下几个方面：

深秀古质，发音苍远。《诗筏》：“张司业籍以乐府古风合为一体，深秀古质，独成一家，自是中唐七言古别调。”《三唐诗品》卷二：“其发音苍远，质胜于王。”

清丽深婉，称情而出。《石园诗话》卷二：“文昌五言不乏清丽深婉之句……不独平淡可爱也。”其《离妇》《赠孟郊》《行路难》《寄李司空》诸诗“皆清丽深婉，称情而出”。

浅隽多趣，不失工妙。《诗辩坻》卷三：“张籍《节妇吟》，亦浅亦隽；《吴宫怨》无中生有，得青莲之遗。余作亦有工妙。”《养一斋诗话》卷三：“文昌七律或嫌平易，五律清妙处不亚王、孟，乃愧梦得、牧之、义山哉！”《问花楼诗话》卷一：“文昌拟乐府诸诗，绰有妙绪。”《方南堂先生辍锻录》：“张文昌乐府，急管繁弦而下不觉其局蹐者，趣胜也。”

张籍诗这几种特点，往往是掺杂、交融在一起的，而长于情辞，不乏清丽和古质，乃是其核心所在，同时，也构成其诗异于王诗并高于王诗的主要原因。大概正是认识到这一点，生活在乾隆、嘉庆年间的李怀民撰著《重订中晚唐诗主客图说》，在晚唐张为的基础上，将中晚唐诗人分为两派，一派以张籍为清真雅正主，一派以贾岛为清奇僻苦主。而在论述张籍时，李怀民明确指出其诗“天然明丽，不事雕镂，而气味近道；学之可以除躁妄，祛矫饰，出入风雅”，并谓其五言之作“体清韵远，意古神闲，与乐府词相为表里，得风骚之遗”[①]。据此可知，张籍诗受到了李怀民的特别重视，所得评价之高已远超同侪。当然，清代论者对张籍诗的弊病也是有着清楚认知的，即使在同一位论者那里，也往往表现出褒奖和批评两种态度。如《诗辩坻》卷三在肯定其“亦浅亦隽”的同时，即指出其诗“于结处正意悉出，虑人不知，露出卑手”；《诗筏》在称赏其“深秀古质”之后亦谓“可惜边幅稍狭耳”“盖司业所病者节短”；至《载酒园诗话又编》，更在论刘长卿时谓“其后遂流为张籍一派，益事流走，景不越于目前，情不逾于人我，无复高足阔步、包括宇宙、综揽人物之意”。凡此说明，张籍诗优劣并存、瑕瑜互见，但就总体情形言，又是瑕不掩瑜、优过于劣的。

与张籍所受到的“礼遇”相比，王建的境况要差出许多，不少评家对王诗表现出否定的态度。归纳其批评意见，主要是认为王诗佻浅卑俗，不入雅道。如《诗辩坻》卷三：“王建歌行，才思佻浅，便开花间一派，不待温、李诸公也。”《养一斋诗话》卷九：“然建诗惟乐府可贵，《宫词》已浮冗，律诗尤浅俚不入格。”《越缦堂读书记·文学》：“仲初宫词固佳，其他诗都有俗气，乐府最名于代，虽稍有工者，亦多失之质直。七律格韵尤卑下，乃开晚唐五季庸劣一派，可谓恶诗。中唐以后五律如姚秘监、王仲初等，皆极浅弱，稍于一二近景琐事，刻画取致，亦往往有工语。然道眼前景，每至取极俗极琐小极无意味者，乃堕打油钉铰恶道，仲初诗‘小婢偷红纸’等类是也。”这里所说“佻

① 李怀民《重订中晚唐诗主客图》，退思轩藏版。

浅”，就是不够庄重；所说“浮冗”，是失于省净和严谨；所说“俗气”“卑下”，就是有悖雅道；至于谓“恶诗”“堕打油钉铰恶道”云云，其评语之严厉，更是远过前人。

然而，王建诗亦自有其特点和长处，若是贬抑过甚，便流于意气用事而失去了客观公正。因而，清代评家也颇有为王诗张目者。如《诗筏》即谓王建《宫词》“真深于怨者，不独‘树头树底’一首也”，并通过比照指出：“花蕊盗王建语，然不及王建远甚。……王建‘御厨不食索时新’七字，写女子性情娇痴厌饫之状如见。”[①]《载酒园诗话又编》谓“张咏猛虎，故摹写怯弱以见负嵎之威；王咏射虎，故曲尽狡狯之态。用意不同，俱为酷肖”。他如《石洲诗话》卷二谓王建《宫词》之妙，“则自在委曲深挚处，别有顿挫”；《石园诗话》卷二称“王仲初乐府歌行，思远格幽”。这些意见，多集中于王建的《宫词》和乐府，较少顾及其他诗体。至《一瓢诗话》，则将视野放开，认为“王仲初长篇、小律，俱有妙处，不可以宫词、乐府拘定其身价”。李怀民《重订中晚唐诗主客图说》进一步从《宫词》、七言古拓展到五七律，为王诗辩诬：“至谓司马律不能工，或病其俗。噫嘻！世所谓不俗者，吾知之矣，错采镂金，矫饰补假，以要博大精深之誉。……俗情入诗，直寻天妙，固是风雅之本。世惟认错俗字，并雅亦失之，而所谓不俗者乃真俗矣。按仲初律诗实与司业合调，第司业妙于清丽，司马偏于质厚，不无微分。……至其字清意远，工于匠物，则殊途同归也。尊为入室，良不诬矣。”这段文字，从一“俗”字展开议论，谓世人错认“俗”字，“并雅亦失之”。而就王诗言，虽更偏于“质厚”，与张籍之“清丽”有所不同，但“其字清意远，工于匠物”，是与张“合调”“同归”的。

① 贺贻孙《诗筏》，《清诗话续编》（上），第177页。

（三）元白诗派的异中之同与同中之异

元白诗派四位成员虽各具特点，但又同多于异。而对其相同点的发现，也是有一个历史过程的。

早在晚唐时期，张为作《诗人主客图》，将白居易列为“广大教化主”，而将张籍列入以李益为代表的“清奇雅正主”门下，尚未将其视为白派诗人。到了北宋，情况发生变化，魏泰《临汉隐居诗话》率先指出：“唐人亦多为乐府，若张籍、王建、元稹、白居易以此得名。其述情叙怨，委曲周详，言尽意尽，更无余味。”南宋张戒《岁寒堂诗话》卷上进一步认为：“元白、张籍、王建乐府，专以道得人心中事为工，然其词浅近，其气卑弱。”至此，元白、张、王四人才被评家置于一处并称，而将他们联系在一起的关键因素，便是其所作乐府诗及其共具的特点。当然，魏泰、张戒虽将四人并称，但对其乐府诗的评价展示出两种倾向：一是谓其“述情叙怨，委曲周详”、能“道得人心中事”，一是谓其“言尽意尽，更无余味”、词气“浅近”“卑弱”。前者是赞扬，后者是批评，而相比之下，赞扬远远抵不过批评的分量。宋人的这样一种态度，深刻地影响了后来的接受者，使他们在谈及元白诸人乐府诗时，大都沿袭此一路数，以“委曲周详”和“言尽意尽”为评定标尺，或褒或贬，概所雷同。一直到了清代中期，多数评家才如前文所述，开始在道德、教化的基础上逐渐统一了意见，对以白居易为代表的中唐乐府诗予以高度评价，甚至视之为“历劫不朽”“可以动百世之人心”的佳作，是“风人之能事”和“理学中古文”。

然而，上述着力于发现相同点的做法虽有助于诗派性质的认定，却无益于对诗派成员不同特点的认知和深化；高度的道德评价虽将乐府诗提升到了一个令人瞩目的位置，却因缺少艺术层面的坚实支撑而稍显苍白乏力。大概正是意识到了这些情况，部分清代评家开始对中唐乐府诗的艺术特点和元白、张、王的同中之异展开辨析，其间好丹非素，上下甲乙，虽不无杂乱处，客观上却将考察的范围和深度作了不同程度的扩展与推进。

在具体评说中，除前述元白及张王间的辨析外，有就白、张之异同辩说者："白乐天歌行，平铺直叙而不嫌其拖沓者，气盛也；张文昌乐府，急管繁弦而不觉其跼蹐者，趣胜也。"[①]有就白、王之优劣指陈者："白傅……如此作宫怨诗，真数十百言不得尽矣，然犹愈于'含情欲说宫中事，鹦鹉前头不敢言'者。盖白诗止是一'浅'字；'含情'二语，求深而得纤，几于不成言语。学诗者循此为诗，心源中无一条正路矣。"[②]也有就白、张、王三人之艺术风格综论者："白香山乐府，与张文昌、王仲初同为自出新意。其不同者，在此平旷而彼峭窄耳。"[③]此外，还有一些意见，集中在对"元白"与"张王"两个组别之特点和差异的评说。如《四库全书简明目录》有言："元白、张、王并以乐府擅长，而元稹、白居易多作长调，以曲折尽情；张籍及建多作短章，以抑扬含意。同工异曲，各擅所长。"[④]一多长调，一多短章，或曲折尽情，或抑扬含意，此为元白与张王的显在区别。翁方纲《石洲诗话》卷二指出："张、王已不规规于格律声音之似古矣，至元白乃又伸缩抽换，至于不可思议，一层之外，又有一层。古人必无依样临摹，以为近古者也。"翁氏认为元白诗派之成就不在于摩古而在于创新，相比之下，元白的创新度更超过了张王；其短处则在于"太露太尽"，不够含蓄。管世铭进一步指出：

① 方南堂《方南堂先生辍锻录》，《清诗话续编》（下），第 1939 页。

② 潘德舆《养一斋诗话》卷二，《清诗话续编》（下），第 2026—2027 页。

③ 刘熙载《艺概》，第 65 页。

④ 永瑢等《四库全书简明目录》（下）卷一五《别集类一·王司马集》，古典文学出版社 1957 年版，第 600 页。

> 乐府古词陈陈相因，易于取厌。张文昌、王仲初创为新制，文今意古，言浅讽深，颇合《三百篇》兴、观、群、怨之旨。白乐天尤工此体，至欲借以感悟宸聪，敷陈民瘼，其积愈厚，故其言愈昌。特音节骫骳，乖于杜、韩正响，要亦天地间不可少之一种文字也。元微之骨色稍庸，择数篇自足相敌。至张、王尚有古音，元白始全今调，则又可为知者道也。[①]

比照唐人乐府与古乐府，指出张、王、白诸人诗或曲折，或质古，然皆能“创为新制”，所谓“文今意古，言浅讽深”，是其突出特点。而相较之下，张王“有古音”，元白“全今调”，则是其主要差别。

三、余论

以上，我们从两个方面对元白诗派乐府讽谕诗在清代的接受概况作了一个梳理，倘稍加总结，大致可以看出这样几个要点：

其一，时至清代，以白居易为代表的乐府讽谕诗受到重视，获得了持续走高的评价。

其二，清代接受者之所以对乐府讽谕诗予以高评，看重的主要是其内含的道德意义和伦理价值，反映了清代诗学思想向正统的回归及其现实干预意识的强化。这种倾向，往好处说，是对强调美善一致的文学传统的延续和发展，其实质上体现的是一种人文关怀的情愫；往坏处说，则因某些论者将诗歌的道德、教化目的推向极致，而使得其诗学旨趣和审美标准日趋狭小、极端，越来越偏离了诗的艺术本质。

① 管世铭《读雪山房唐诗序例》，《清诗话续编》（下），第1549页。

其三，与前述道德评价不无关联，清代评家大都优白而劣元，表现出对元稹不屑的态度，以致一定程度地遮掩了元诗的艺术价值。

其四，在对张籍、王建的比较评说中，认为张优王劣，并从深秀古质、清丽深婉、浅隽多趣几个方面概括张诗的特点，见出清代评家日趋细密的鉴别能力；但对王诗过多的否定，则展示了清代评家对所谓“浅俗”的偏见。

其五，对元白诗派之特点尤其是元白与张王的同中之异，清人已有了较前人深入的认知和把握。但倘若联系到张王二人在心性、诗风及其与主流诗坛之关联等情形，考察其与元白诗风的离合变异，又可以发现清代论者还存在若干未曾展开或深论的问题。

下面，试就这些问题，联系近今学者的相关意见，稍申述之。

首先，张、王诗具有一重主观一重客观之差异。就二人在当日诗坛之整体情形论，张籍心性通脱，长于交往，与韩愈、白居易都有很深的感情；王建一生辗转，沉沦下僚，与韩、白诸人虽有往还，但交谊不深。张因受韩派诗人诗风影响，故所作乐府主观色彩强，情感充溢，古质委婉，时具远韵；王与主流诗坛不无疏离，而对市井民间了解深细，故所作乐府更具客观性，长于描写，多用俗语，较近本色。

其次，就张王诗与元白诗风之关联言，在远近疏密和体气性分上又呈现出复杂的情形。钱锺书论张籍有言：“张文昌《祭退之》诗云：‘公文为时帅，我亦有微声；而后之学者，或号为韩张。’是退之与文昌亦齐名矣。然张之才力，去韩甚远……其风格亦与韩殊勿类，集中且共元白唱酬为多。……盖虽出韩之门墙，实近白之坛坫。”又谓：“其诗自以乐府为冠，世拟之白乐天、王建，则似未当。文昌含蓄婉挚，长于感慨，兴之意为多；

而白、王轻快本色，写实叙事，体则近乎赋也。”[①]尹占华论王建亦谓：“中唐影响最大的两大诗派是韩孟和元白，若将韩孟派看作主观诗人，将元白派看作客观诗人，那么张籍、王建在创作路线上都可以看作元白一派中的人物，但张籍与元白离心的趋向较之王建要大一些，王建则更为恪守元白一派客观写实的创作路线。”[②]综合钱、尹二家意见，总而观之，张籍诗虽受韩派影响，但其声气形貌仍属元白一派；细而察之，张与白交谊深，诗风反离白远；王与白交谊浅，诗风反距白近。

最后，就张王乐府与元白新乐府之特点论，重写实、尚通俗，体察百姓疾苦，批判现实黑暗，是其共同趋向。其不同处在于，元白特别是白居易的新乐府立足于“为君、为臣、为民、为物、为事而作”，具有明确的创作目的和讽谕意图，而张王乐府则更为随意自然，多属“感于哀乐，缘事而发”。职是之故，前者多题旨显豁，用语直白，易于言尽意尽；后者则重在描写和叙情，多含蓄委婉，古质细密，发人深思。前者谋篇布局，意在笔先而系统周延，更具创新性和规模效应；后者因依传统，不事张扬而随感随发，稍欠集中度和冲击力。由此反观前述清人相关评说，其关注目光多集中于白居易所代表的讽谕之作，并给予高度的道德评价，大概也与白氏《秦中吟》《新乐府》等作品更为突出的主体意识、讽谕精神和规模效应有一定的关联吧。

（原载《北京大学学报》2010年第4期）

① 钱锺书《谈艺录》，中华书局1984年版，第93—94页。

② 尹占华《论王建的诗（代前言）》，尹占华校注《王建诗集校注》，巴蜀书社2006年版，第13页。

“张籍体”与中晚唐五律的裂变整合

◎王　园

“唐人最重五律。”[①]经历了沈佺期、宋之问的声律始定，杜甫的开疆拓土，求新主变的元和五律自然裂变为两派：“白体”在元稹、白居易，尤其是后期的刘禹锡、白居易唱和中逐渐定型，韩愈、孟郊生新苦僻的古体诗风在贾岛五律中旁逸为“长江体”。根据叶汝骏的统计，唐代五律存诗数量超过100首的诗人共有32位，除了分属以上二派的白居易、刘禹锡、元稹与姚合、贾岛，元和诗坛尚有张籍，其现存五律129首，名列第23位[②]。张籍五律不仅数量可观，而且能在中唐诸家之外另创新体，在晚唐诗坛开出张籍一派，代表着中唐五律裂变进程中一条相对隐蔽的中间路线。从整体上看，张籍五律的体式建构主要集中在审美心理和艺术技法两个层面。

一、张籍心态：贫官多闲暇

艺术特征与特定诗人相绑定并对创作群体产生代际影响，以“体派”论诗从根本上说是文人诗达到鼎盛的必然结果。个性化的诗宗形象是“体”“派”得以成立的必要前提。这一点在中唐

① 袁枚著，顾学颉校点《随园诗话》，人民文学出版社 1982 年版，第 823 页。

② 叶汝骏《唐代五律艺术流变研究》，上海师范大学 2018 年博士论文，第 12—13 页。

尤为典型。宇文所安指出：“在中唐时代的作品中，特立独行表现为一种独特而易于辨识的风格，它可以为他人所袭用，但它总是与一个个体作家挂钩。”[①]这种因诗宗的特立独行而形成的独特风格是判断“此体”迥异于“他体”的首要标准，“张籍体”的形成也不例外。

诗到中唐，“气骨顿衰”[②]。对外在事功的宏大追求，逐渐让位于对内心方寸之地的反复玩赏：孟郊“刿目鉥心”“掐擢胃肾”[③]地发泄着对沉居下僚、世道浇薄的不平之叹；贾岛“一吟双泪流”[④]地倾诉着贫病交加的困顿生涯。与抑郁难申的孟郊、贾岛不同，“面上灭除忧喜色，胸中消尽是非心”[⑤]的白居易，在与刘禹锡唱和往来间反复描绘着优裕自在的闲适生活。张籍的生存状态介于二者之间，表现为一种冷官虽贫、终获闲暇的复杂心态。

张籍出身贫困，在和州居丧期间，韩愈担心他“家甚贫”[⑥]，曾叮嘱孟郊前往探视。元和元年（806），张籍依选调补太常寺太祝。在这个正九品上的卑小职位“十年不改旧官衔”[⑦]，加上患有眼病，生计的困顿可想而知。元和九年（814），韩愈甚至写信给李逊，恳求给予张籍经济资助，使他能够“不以蓄妻子忧饥寒乱心，有钱财以济医药”[⑧]。其后，张籍任职多在五、六品间，且多为学官。官阶较低，俸禄有限。白居易为其抱不平，说“博士官犹冷”[⑨]，张籍也自嘲“独宜作冷

① ［美］宇文所安著，陈引驰、陈磊译，田晓菲校《中国“中世纪”的终结》，三联书店2014年版，第3页。

② 胡应麟《诗薮》，上海古籍出版社1979年版，第50页。

③ 韩愈著，马通伯校注《韩昌黎文集校注》，古典文学出版社1957年版，第257页。

④ 贾岛著，李嘉言新校《长江集新校》，上海古籍出版社1983年版，第133页。

⑤ 白居易著，顾学颉校点《白居易集》，中华书局1979年版，第341页。

⑥ 《韩昌黎文集校注》，第80页。

⑦ 《白居易集》，第302页。

⑧ 《韩昌黎文集校注》，第102页。

⑨ 《白居易集》，第416页。

官”[①]。虽然在朝为官，生活境况却类似平民，张籍常慨叹“贫官多寂寞，不异野人居”[②]，“老大登朝如梦里，贫穷作活似村中”[③]。任其官职变迁，这种处境似乎毫无改善。张文潜曾比较孟郊、贾岛说：

> 或谓郊、岛孰贫，曰：“岛为甚也。”曰：“何以知之？”“以其诗知之。郊曰种稻耕白水，负薪斫青山。岛曰市中有樵山，客舍寒无烟。井底有甘泉，釜中尝苦干。孟氏薪米自足，而岛家俱无，以是知之耳。”[④]

张籍也有“家贫长畏客，身老转怜儿”[⑤]，“无刍怜马瘦，少食信儿娇”[⑥]，“更怜晴日色，渐渐暖贫居”[⑦]，“经过独爱游山客，计校唯求买药钱”[⑧]，“长安多病无生计，药铺医人乱索钱”[⑨]之句，贫穷程度比起贾岛毫不逊色。黄彻搜罗他表现穷极生活的诗句说：

> 张籍《赠令狐》云：“久为博士无人识，自到长安赁舍居。”未足为穷。其《寻时道士》云：“昨来官罢无生计，欲就师求断谷方。”其穷无以加矣。[⑩]

① 张籍著，徐礼节、余恕诚校注《张籍集系年校注》，中华书局2011年版，第319页。
② 《张籍集系年校注》，第327页。
③ 《张籍集系年校注》，第460页。
④ 胡仔纂集，廖德明校点《苕溪渔隐丛话》前集卷一九，人民文学出版社1962年版，第125页。
⑤ 《张籍集系年校注》，第283页。
⑥ 《张籍集系年校注》，第287页。
⑦ 《张籍集系年校注》，第301—302页。
⑧ 《张籍集系年校注》，第445页。
⑨ 《张籍集系年校注》，第677页。
⑩ 黄彻《䂬溪诗话》卷七，丁福保《历代诗话续编》，中华书局1983年版，第379页。

白居易直接将孟郊与张籍相提并论："爱琴爱酒爱诗客，多贱多穷多苦辛。中散步兵终不贵，孟郊张籍过于贫。"[①]又说："况诗人多蹇，如陈子昂、杜甫，各授一拾遗，而迍剥至死。李白、孟浩然辈，不及一命，穷悴终身。近日孟郊六十，终试协律。张籍五十，未离一太祝。"[②]然而，与"孟东野、贾浪仙之徒，皆以刻琢穷苦之言为工"[③]不同，张籍言"贫""穷""老""病"只作状态的描述，绝少苦闷意绪的渲染与孤寂景观的刻画。孟郊、贾岛常以贫病之眼搜寻诗料，苦吟不休，张籍能够跳脱其外获得解脱与慰藉，表现出一种悠游闲适的平和心态。

这可能是因为与大多数唐代诗人相比，张籍仕途相对平顺。在历任太常寺太祝、国子助教、广文博士、秘书郎、国子监博士、水部员外郎、主客郎中、国子司业的过程中，他不但不曾遭贬，甚至从未外任地方官，职务也都轻省安闲。文昌现存各体诗歌455首，"闲"字共出现74次，"闲居""闲游"也成为使用频率极高的诗歌题目。在张籍看来，"贫""病"官又"冷"并非一无是处，相反却换来了身体的自由和精神的闲暇。他曾不厌其烦地安慰自己"家贫无易事，身病是闲时"[④]，"多病逢迎少，闲居又一年"[⑤]，"官闲人事少，年长道情多"，"自领闲司了无事，得来君处喜相留"[⑥]，"芸阁水曹虽最冷，与君长喜得身闲"[⑦]，"扰扰人间是与非，官闲自觉省心机"[⑧]，"公事稀疏来

① 《白居易集》，第718页。
② 《白居易集》，第964页。
③ 《苕溪渔隐丛话》前集卷一九，人民文学出版社1962年版，第125页。
④ 《张籍集系年校注》，第255页。
⑤ 《张籍集系年校注》，第282页。
⑥ 《张籍集系年校注》，第428页。
⑦ 《张籍集系年校注》，第436页。
⑧ 《张籍集系年校注》，第529页。

客少，无妨着屐独闲行”[①]。贫病带来的痛苦被这种意外所得缓和冲淡，“虽守卑官不厌贫”[②]；甚至化悲为喜，“喜作闲人得出城，南溪两月逐君行”[③]。“闲”在张籍的诗中不仅可以充当安慰剂，有时还能让他获得某种优越感。他曾不无得意地说：“待君公事有闲日，此地春光应过时。”[④]并多次以京城闲人自矜，如“京城在处闲人少，唯共君行并马蹄”[⑤]，“城中车马应无数，解得闲行有几人”[⑥]，“东城南陌尘，紫幰与朱轮。尽说无多事，能闲有几人”[⑦]。

在贫苦生活中发现闲适之趣，是张籍安贫乐道的不二法门。元稹在《授张籍秘书郎制》中对其“居贫晏然，廉退不竞”[⑧]的傲岸人格给予了充分的肯定。这种心理机制使其有别于“区区郊与岛，萤飞露湿吟秋草”[⑨]的卑弱气局，同时也构成张籍与乐天闲适追求之间的根本差异。“我今幸在穷富间，虽在朝庭不入山。看雪寻花玩风月，洛阳城里七年闲”[⑩]，“留侯爵秩诚虚贵，疏受生涯未苦贫。月俸百千官二品，朝廷雇我作闲人”[⑪]，白居易一方面“带着一种满足，也带着一种夸耀的情绪”[⑫]，表现出洋洋自得的庸俗情调；另一方面又具备高蹈的超越意味，在为官与归隐之间进退自如，达到随缘自适、无可无不可的自由

① 《张籍集系年校注》，第 597 页。
② 《张籍集系年校注》，第 481 页。
③ 《张籍集系年校注》，第 716 页。
④ 《张籍集系年校注》，第 733 页。
⑤ 《张籍集系年校注》，第 564 页。
⑥ 《张籍集系年校注》，第 663 页。
⑦ 《张籍集系年校注》，第 272 页。
⑧ 元稹著，冀勤点校《元稹集》，中华书局 1982 年版，第 661 页。
⑨ 欧阳修著，洪本健校笺《欧阳修诗文集校笺》，上海古籍出版社 2009 年版，第 149 页。
⑩ 《白居易集》，第 680 页。
⑪ 《白居易集》，第 736 页。
⑫ 罗宗强著《隋唐五代文学思想史》，中华书局 1999 年版，第 311 页。

之境。张籍则不然，现实的贫病无法回避，刻意追求闲适生活使他对当官产生了一种心理上的排拒。正所谓“无端来去骑官马，寸步教身不得游”[①]，“为个朝章束此身，眼看东路去无因”[②]，“更恐登清要，难成自在身”[③]。在张籍看来，为官与自在之间的矛盾难以调和。李怀民在评价他的《送人任济阴》起结二句时说：“写官样，然却是冷眼。”[④]正因如此，张籍并不需要像白居易一样在亲近与疏离之间反复辩难，表现出一种议论和主理的倾向，而代之以懒放闲散情感的直接抒发与自然表达。

宝历以后，士人的生存状况愈发严酷艰难，心理空间也更加逼仄窄狭。飘零江湖，生计困顿的“穷士”成为晚唐诗坛创作的主导力量。白居易中隐于朝的生活状态虽然得到广泛的认可与倾慕，但其宽裕富足的政治处境与随缘自适的人生智慧难以追攀与效法。张籍以闲适调剂苦贫的心路历程，恰恰完成了对白居易文化人格的普世化和现实化改造，深刻影响着晚唐五代闲适题材的创作走向。

二、张籍诗格：容易却艰辛

在《瀛奎律髓》中，方回最早以“张籍体”指称文昌五律。与官贫多闲暇的心理机制相类似，张籍体容易却艰辛的艺术特征，在与孟郊、贾岛以及白居易的比较中表现得更加明晰。

就题材选择和意象描绘而言，张籍五律与孟郊等人有着共同的怪奇追求。如“薜荔侵禅室，虾蟆占浴池”[⑤]等句，几与长

① 《张籍集系年校注》，第718页。

② 《张籍集系年校注》，第754页。

③ 《张籍集系年校注》，第360页。

④ 李怀民著，张耕点校《重订中晚唐诗主客图》，中华书局2018年版，第39页。

⑤ 《张籍集系年校注》，第242—243页。

吉、玉川同调。此外，张籍更擅长通过对偏远地区风土民俗的描绘来制造新警骇目的审美效果。如《送南迁客》之“海国战骑象，蛮州市用银”[①]，《送越客》之“水鹤沙边立，山鼯竹里啼”[②]，《送南客》之“夜市连铜柱，巢居属象州”[③]，《送闽僧》之“溪寺黄橙熟，沙田紫芋肥”[④]，《送海客归旧岛》之“竹船来桂府，山市卖鱼须”[⑤]，《送新罗使》之“夜泊避蛟窟，朝炊求岛泉”[⑥]，《送严大夫之桂州》之“有地多生桂，无时不养蚕”[⑦]等，均是利用送别题材中两联对比送别地与远行地景观的既有模式，以或新奇或可怖的山川风物渲染道路之远与行旅之苦。

在诗歌技法上，张籍五律也常露出苦意经营之态。石介曾说：“孟郊及张籍，诗苦动天地。”[⑧]吴昌祺也说：“文昌苦吟求异。”[⑨]就篇法而言，李桂奎指出：“在起承转合等叙事方面，诗与文并无二致。”[⑩]张籍散文师法韩愈，诗歌创作难免受其影响。王闿运称其“以诗为文，纯乎学韩”[⑪]。张籍尤长于倒转句法，黄生评其《琵琶台》说：“‘着屐带纱巾’五字，一直看来，殊觉无味，倒叙转去，其妙无穷。”[⑫]评《寄李渤》说：“皆从古文得来法。”[⑬]李怀民非常看重张籍寄赠酬和类五律的

① 《张籍集系年校注》，第 145 页。
② 《张籍集系年校注》，第 158 页。
③ 《张籍集系年校注》，第 196 页。
④ 《张籍集系年校注》，第 224—225 页。
⑤ 《张籍集系年校注》，第 227 页。
⑥ 《张籍集系年校注》，第 233 页。
⑦ 《张籍集系年校注》，第 303 页。
⑧ 《张籍集系年校注》，第 1160 页。
⑨ 《张籍集系年校注》，第 1183 页。
⑩ 李桂奎《中国传统诗词叙事之“跨文类”借势》，《江西师范大学学报》2019 年第 2 期，第 51 页。
⑪ 《张籍集系年校注》，第 926 页。
⑫ 《张籍集系年校注》，第 625 页。
⑬ 《张籍集系年校注》，第 758 页。

破题、运题之法，并举其《和户部令狐尚书喜裴司空见招看雪》《和裴司空以诗请刑部白侍郎双鹤》《同绵州胡郎中清明日对雨西亭宴》三首，说："看他运题之法，格即在此，妙即在此，后来不讲律格，凌乱则杂，铺陈则琐，无复风人之致矣。"[①]张籍五律"工于匠物"[②]，对字句的推敲、锻炼也颇为用力。其名句如"冷露湿茅屋，暗泉冲竹篱"[③]，"扫窗秋菌落，开箧夜蛾飞"[④]，"移床动栖鸽，停烛聚飞虫"[⑤]，"藤折霜来子，蜗行雨后涎"[⑥]，"幽蕙零落色，暗萤参差飞。病生秋风簟，泪堕明月衣"[⑦]，选取人少言及的微小事物加以描摹，反复推敲一句之眼，作风酷似贾岛。然而，张籍五律并未就此止步。在《倡女词》中，他极具象征意味地借倡女之口表达自己的诗学理想："画罗金缕难相称，故着寻常淡薄衣。"[⑧]韩愈拈出"古淡"一词，王安石则将其最终落实为"看似寻常最奇崛，成如容易却艰辛"[⑨]的经典概括。

首先，表现为对常情常景的"古意"描绘。正如他在《废瑟祠》中所说："千年曲谱不分明，乐府无人传正声……几时天下复古乐，此瑟重奏《云门》曲。"[⑩]张籍诗的复古倾向十分明显，"乐府化"五律在张籍集中占比很大。李怀民评其《思远人》说："触景生情，缘情成诗，都无迹象。水部于此等处

① 《重订中晚唐诗主客图》，第 43 页。
② 《张籍集系年校注》，第 1160 页。
③ 《张籍集系年校注》，第 194 页。
④ 《张籍集系年校注》，第 222 页。
⑤ 《张籍集系年校注》，第 234 页。
⑥ 《张籍集系年校注》，第 371 页。
⑦ 《张籍集系年校注》，第 901 页。
⑧ 《张籍集系年校注》，第 768 页。
⑨ 王安石著，李壁笺注《王荆文公诗笺注》，中华书局 1958 年版，第 609 页。
⑩ 《张籍集系年校注》，第 847 页。

真得古情古兴。”[①]以这类作品为中介，张籍五律舍弃了精削切至的近体做派，在常理俗情的真意体察中，回归汉魏古诗的至味隽永。潘德舆评其“长贫惟要健，渐老不禁愁”和“长因送人远，忆得别家时”说：“皆字字从肺肝中流露，写情到此，乃为入骨，虽是律体，实《三百篇》、汉、魏之苗裔也。”[②]这种古意，使张籍的平淡追求不至流于寡淡，淡而无味，相反却提供了一种似淡而古，从寻常到不寻常的语义纵深，使读者在不断深入的解读过程中感受到一种温夷深婉的审美品格，在中唐最为蕴藉。李怀民对这一特点尤具发见之功，在具体篇目的点评中此类评语俯仰皆是。如评其“独游无定计，不欲道来期”“真情只在眼前，而含蕴甚深”[③]；“明日重阳节，无人上古城”“难处只是平常而有至味”[④]；“况是街西夜，偏当雨里闻”“只似不作意”[⑤]；“无食犬犹在，不耕牛自闲”“似奇似常”[⑥]；“塞路依山远，戍城逢雨秋”“似常却不常”[⑦]；“天涯人去远，岭北水空流”“似常却不常”[⑧]；“归使雨中发，寄书灯下封”“极寻常事，却有新意，极无味语，却有深情”[⑨]。又说《和裴仆射移官言志》“如此极重极大题目，而只平平提过”[⑩]，《赠太常王建藤杖笋鞋》“看似枯窘，实寓厚味。初学读此，真是雪淡”[⑪]，特别强调张籍于寻常处见出不寻常的炼意功夫。

① 《重订中晚唐诗主客图》，第26页。
② 潘德舆著，朱德慈辑校《养一斋诗话》，中华书局2010年版，第104页。
③ 《重订中晚唐诗主客图》，第9页。
④ 《重订中晚唐诗主客图》，第9页。
⑤ 《重订中晚唐诗主客图》，第19页。
⑥ 《重订中晚唐诗主客图》，第26页。
⑦ 《重订中晚唐诗主客图》，第27页。
⑧ 《重订中晚唐诗主客图》，第31页。
⑨ 《重订中晚唐诗主客图》，第42页。
⑩ 《重订中晚唐诗主客图》，第18页。
⑪ 《重订中晚唐诗主客图》，第19页。

其次，以粘对为核心法则的五言律诗发展到大历诸家过分强调中两联对偶的工巧新警，导致四联用力失衡而去古日远。文昌五律擅长通过破除工切的对偶，强化叠字、虚字的使用，来淡化苦意经营的痕迹，并最终将其审美理想落实为古朴自然的语言形式，思难而辞易。

借鉴民歌的艺术经验在近体诗中大量使用叠字，可以有效地推动诗歌意脉的流动，形成平易晓畅的审美风格，长于乐府创作的张籍深谙此道。张籍共有31首五律同字相叠，其中，置于首联的有16首，尾联9首，中两联6首。不同于大历诗人喜欢将叠字置于尾联，造成言有尽而意无穷的审美效果；也不同于刘禹锡、白居易将叠字置于对仗句中，破除偶句意象的密丽堆叠，张籍似乎更倾向将它放在首联，在开篇奠定纡徐舒缓的整体基调。选字也多如“去去”“日日”“时时”“渺渺”“茫茫”等，语义浑朴含混，修饰色彩较弱。此外，张籍乐府化五律的首联还有一种特殊形态的字词重叠，如《思远人》之“野桥春水清，桥上送君行”[①]，《送边使》之“扬旌过陇头，陇水向西流”[②]，借音响效果的再现唤起情思的往复，其位置、功能也与使用叠字相似，常在诗歌的开头营造出一种体清韵远、意古神闲的意绪氛围。

在中两联的古意恢复上，张籍更多采用破除的对的方法。查慎行曾说：“本领具足，方能作淡语。文昌擅长处在此。”[③]张籍五律苦心组仗不逊姚合、贾岛，但又能够超乎其外复归古调。颜色对、方位对在中晚唐已成滥调，文昌“渡口过新雨，夜来生白蘋”[④]，“空巢在松顶，折羽落红泥”[⑤]，“野鼠缘朱帐，阴尘盖

① 《张籍集系年校注》，第150页。
② 《张籍集系年校注》，第168页。
③ 方回著，李庆甲集评校点《瀛奎律髓汇评》，上海古籍出版社1986年版，第1270页。
④ 《张籍集系年校注》，第131页。
⑤ 《张籍集系年校注》，第135页。

画衣”[①]，“春云剡溪口，残月镜湖西”[②]，“况是街西夜，偏当雨里闻”[③]，“丞相西园好，池塘野水通”[④]，全然不作晚唐切对。黄生评其“花下红泉色，云西乳鹤声”说：“对有不可不切者，有不可太切者，如六句‘乳’字若作‘白’字，其味即如嚼蜡；‘云西’‘西’字亦妙在换过‘中’‘间’等字。”[⑤]还有一些对句干脆打破常体，如“全家没蕃地，无处问乡程”，“不觉其为偶句也”[⑥]；“看着春又晚，莫轻年少时”，“看他对法，纯是古味融结”[⑦]；“虽沾主人酒，不似在家时”，“此等格法对法惟水部擅长”[⑧]。宇文所安也指出：“张籍通过完美的形式达到了平易流畅，在其最优秀的诗篇中，必不可少的中间联句的对偶消失了一半。贾岛诗歌中那种鲜明的警策对联只偶然见到。”[⑨]

近体诗以实字撑柱，虚字斡旋。初、盛唐五律实字为多，虚字调停自杜甫大行其道，白居易发扬蹈厉，张籍借用此法淡化匠物痕迹，诗中虚字比重明显增加。其“旅宿今已远，此行犹未归”[⑩]一句使用双虚字，谢榛举此例证明晚唐人多用虚字。此外，虚字的斡旋之功还表现在每句内的虚字与上、下句相勾连，成为暗插在诗中的针脚与线索，控制诗脉的运转与走向。张籍《听夜泉》通篇以虚字领起，其他如《蓟北春怀》《送李评事游越》《早春闲游》《和周赞善闻子规》等名篇也是妙于用虚的典范。包蕴在诗句中的情感与技法因句意的流动被冲淡掩

① 《张籍集系年校注》，第139页。
② 《张籍集系年校注》，第158页。
③ 《张籍集系年校注》，第322页。
④ 《张籍集系年校注》，第342页。
⑤ 《张籍集系年校注》，第208页。
⑥ 《重订中晚唐诗主客图》，第3页。
⑦ 《重订中晚唐诗主客图》，第4页。
⑧ 《重订中晚唐诗主客图》，第12页。
⑨ 宇文所安著，贾晋华、钱彦译《晚唐》，三联书店2014年版，第114页。
⑩ 《张籍集系年校注》，第175—176页。

盖，“其意实深，以其流，便不觉”①。这种“不觉”使张籍五律获得了完全相反的两种评价：肯定者称赞其淡语亦健，法紧气宽，粗中见细；否定者则批评其浅直无味，流易有余，苍坚未足。

三、张籍诗派：形成与隐没

晚唐诗人虽多有聚合，却没有结派的自觉。所谓晚唐诗派，实际上是后人根据诗学交往的密切性与创作趣尚的相似度做出的历史追认。最早在晚唐诗坛发现“张籍派”的是南唐张洎。张籍作品在生前并未结集，至张洎的时代，“公之遗集，十不存一”。“自丙午岁迨至乙丑岁”张洎将张籍诗歌“相次缉缀，仅得四百余篇”②。这次历时二十年的收集整理，使张洎对文昌诗歌的认识不断深入。在为“宗主文昌”的项斯诗集创作的序言中，张洎对张籍体的艺术特征进行了精辟的阐发，同时细致梳理了张籍派成员的组成，说：

> 吴中张水部为律格诗，尤工于匠物，字清意远，不涉旧体，天下莫能窥其奥，唯朱庆馀一人亲授其旨。沿流而下，则有任蕃、陈标、章孝标、倪胜、司空图等，咸及门焉。宝历、开成之际，君声价藉甚，时特为水部之所知赏，故其诗格颇与水部相类，词清妙而句美丽奇绝，盖得于意表，迨非常情所及。③

金末元初，方回在评点朱庆馀五律《早梅》时引述张洎此

① 《张籍集系年校注》，第128页。
② 《张籍集系年校注》，第1115页。
③ 《张籍集系年校注》，第1160页。

论，明确地称这群诗人为“张籍之派”，并与“贾岛之派”相提并论。作为一部唐宋五、七律专选集，《瀛奎律髓》的分派主张显然已经由张洎的诸体兼论集中到五律一体。其后，“晚唐诗分二派”的说法偶被吴师道、杨慎、贺裳提及，至李怀民大倡此论，以张籍、贾岛二派为框架编成《重订中晚唐诗主客图》，张籍派诗人数量由张洎所举的七人增至十五人。其中，除了王建、朱庆馀、项斯等与张籍有直接诗学交谊的诗人，李怀民似乎更关注派中诗人与文昌五律内在的诗学关联，将“似无可着眼处着眼，似无可涉想处涉想，似无可着笔处着笔”[①]的艺术创新作为张籍派五律的典型性体貌特征。

尽管“晚唐诗分二派”的观点在后世时有回响，却始终没能成为学界主流。这一方面是因为张籍派诗歌在晚唐动乱中大量亡佚，派中诗人与张籍的诗学渊源无从考辨。张洎讲述为项斯诗集作序的缘由时说：“自僖、昭已还，雅道陵缺，君之遗句，绝无知者。虑年祀浸久，没而不传，故聊序所云，著于卷首。”[②]李怀民也感慨：“今考滕倪、陈标诗已无存，任翻、司空图、章孝标亦寥寥数页，唯朱庆馀、项斯两君赖后人搜辑，规格略具。”[③]另一方面，张籍乐府诗的艺术特征与诗学成就与五律相比更易体认，成为后世接受张籍诗歌的主导性维度。白居易《读张籍古乐府》称：“张君何为者？业文三十春。尤工乐府诗，举代少其伦。”[④]姚合《赠张籍太祝》也说：“绝妙江南曲，凄凉怨女诗。古风无手敌，新语是人知。”[⑤]这种接受视角发展到北宋几乎成为定式，王安石、黄庭坚、郑獬、张耒对张籍的称赏无一例外

① 《重订中晚唐诗主客图》，第 140 页。
② 《张籍集系年校注》，第 1160 页。
③ 《重订中晚唐诗主客图》，第 2—3 页。
④ 《白居易集》，第 2 页。
⑤ 姚合著，吴河清校注《姚合诗集校注》，上海古籍出版社 2012 年版，第 218 页。

全都集中在他的新乐府创作上。

除此之外，张籍派走向隐没更为根本的原因在于：元和年间三体裂变后，五律在晚唐表现出趋于合流的新趣尚。主盟诗坛的姚合创出“武功”一体，以巨大的诗学涵容对白体、张籍体、长江体加以整合，并在频繁的寄赠酬和中促成诗人间的跨派聚合，最终导致张籍派的消亡。

中唐三体中，白体植根于元稹、白居易的通俗追求，长江体发端于韩愈、孟郊的险怪趣尚，分处两极，区分度最高。张籍五律介于二派之间。在深苦运思和匠物之工上，与贾岛同声相应。然而，与长江体的奇峭破碎不同，张籍有意弱化字眼、句眼，强调一句之内五字用力的均等平衡，一篇之中八句的工稳妥帖，与白体高度一致。与张籍调和二派的创作倾向类似，武功体“得趣于浪仙之僻，而运以爽亮；取材于籍、建之浅，而媚以蒨芬：殆兼同时数子，巧撮其长者”[①]，是中晚唐最具包容性的五律范式，与张籍体、长江体、白体均有交集。

李怀民认为“姚君与水部为友，其得于渐摩者深矣”[②]，将姚合置于以张籍为宗主的清真雅正一派，看重的是武功体熔铸众体的多样化艺术追求。姚合《闲居遣怀》10首、《武功县中作》30首以五律连缀成组，绝类张籍《和左司元郎中秋居》组诗。李怀民全数收录其《武功县中作》，认为：“此等体与水部《秋居》、司马《原上》诗一例，随景触兴，无伦次，无章法，而自有天然妙趣。”[③]方回则持“姚合学贾岛为诗”[④]的观点，认为武功体在“先锻颈联、颔联，乃成首尾以足之”[⑤]这一

① 胡震亨《唐音癸签》，上海古籍出版社1981年版，第71页。

② 《重订中晚唐诗主客图》，第121页。

③ 《重订中晚唐诗主客图》，第130页。

④ 《瀛奎律髓汇评》，第399页。

⑤ 《瀛奎律髓汇评》，第476页。

根本性创作原则上遵循的是贾岛经验。二者之弊亦同出一辙，即“有左无右，有右无左。前联佳矣，后或不称。起句是矣，缴句或非”[①]。就皮相而论，武功体亦有近于白居易的一面。名门之后，终至显达，姚合“性嗜酒，爱花，颓然自放，人事生理，略不介意，有达人之大观”[②]。其五律创作有别于长江体之寒峭蹇僻、气味枯寂，表现出一种冲融骀荡、明媚温煦的平和之态，有类乐天。尤其是以“抒怀”“闲居”“即事”“偶作”等为题的一类作品，心态闲适散放，风格流利平淡。有些篇目甚至全然不涉景致，不事描摹，为白体始开宋调之一种而大异于贾岛。

事实上，武功体不仅有效整合了元和三派，其明媚富丽、丰腴圆熟的艺术风格与对偶切近的组仗规律甚至与温庭筠、许浑等七律巨擘相汇通，为大中之后五、七律风格技法的合流提供了重要的诗学依据。此外，在《极玄集》中，姚合遍选大历时期十才子与江南诗人群中19位诗人的91首作品，又在盛唐拈出祖咏和王维二家，并以“摩诘‘积水’之篇压卷”[③]，试图构建唐代五律发展的完整脉络，表现出渴望由元和三体上达大历乃至盛唐的诗学野心和理论自觉。

然而，姚合诗歌创作的实际情况是情感涵容浅薄，意思锻炼浅陋，艺术技法浅熟。不但与大历、盛唐无涉，对元和三体之精髓也得之甚少。正因为“合易作”[④]，“意思浅”[⑤]，反而吸引了更多天赋寻常的追随者。“不仅富有社交禀赋，而且也具备发挥社交禀赋的社会地位”[⑥]的姚合，最终成为晚唐实际意义上的诗坛

---

① 《瀛奎律髓汇评》，第 1053 页。

② 傅璇琮《唐才子传校笺》，中华书局 1990 年版，第 3 册，第 124 页。

③ 吴文治《明诗话全编》，江苏古籍出版社 1997 年版，第 5 册，第 4702 页。

④ 《唐才子传校笺》第 3 册，第 124 页。

⑤ 《瀛奎律髓汇评》，第 962 页。

⑥ ［日］松原朗，张谓涛译《晚唐诗之摇篮》，西北大学出版社 2018 年版，第 155—156 页。

盟主。从现有材料看，姚合诗歌集团不仅包括此派的定体者——贾岛以及与二人趣尚相近的无可、周贺、郑巢、刘得仁、殷尧藩、厉玄、喻凫、方干等人，还包括被后世视为张籍一派的众多诗人，如顾非熊、马戴等，其中，朱庆馀、项斯更是直接学诗于张籍。姚合谢世之后，李频成为诗歌集团的组织者与核心力量。姚合通过对李频的奖掖并以女妻之，完成了诗坛盟主的传递和苦吟诗脉的跨代传承。

值得注意的是，到了晚唐之晚期，武功体浅率软熟的流弊以及模糊含混的诗学面目促使曹松、裴说等诗人开始恢复贾岛爱冷、奇僻、推敲的苦吟做派，李洞更是“酷慕贾长江，遂铜写岛像，戴之巾中。常持数珠念贾岛佛，一日千遍。人有喜岛者，洞必手录岛诗赠之，叮咛再四曰‘此无异佛经，归焚香拜之’”①。这种潮流一直延续到五代，南唐孙晟“尝画贾岛像，置于屋壁，晨夕事之”②。《蔡宽夫诗话》曾指出：“唐末五代，流俗以诗自名者……大抵皆宗贾岛辈，谓之贾岛格。”③闻一多亦称晚唐五代为贾岛时代。贾岛的宗主地位得到再次确认。

同是经历整合重构，元和三体的结局大不相同：长江体在唐末再受关注，贾岛、姚合同属一派的内在渊源在诗坛盟主的迭变中日渐明晰，姚合、贾岛五律在晚唐诗坛的统治地位，经由宋初“晚唐体”的勃兴，最终被南宋赵师秀《二妙集》确立下来。白居易作为广大教化主，其影响不可避免地渗透至以姚合、许浑为代表的五、七律诸体、诸派之中，并在宋初形成了风靡朝野的“白体”风尚。张籍体的艺术面貌却在后世接受中日渐模糊，张籍派在历史上的真实存在也趋于隐没。时至今日，以姚合、贾岛诗格统括晚唐五律的观点得到学者的普遍认同，即使

① 《唐才子传校笺》，第4册，第213页。

② 晁公武著，孙猛校证《郡斋读书志校证》，上海古籍出版社1990年版，第946页。

③ 郭绍虞《宋诗话辑佚》，中华书局1980年版，第410页。

有人重提“唐末五代宋初主要流行两大诗派，其中一派是‘贾岛格’”，在另一派的讨论中，“有人认为另外一派学张籍，有人则认为是学白居易。从当时的文化状况和诗歌的内容以及语言风格来看，后一种观点更接近事实”[①]的认识，仍然代表着学界的主流意见。

综上所述，张籍与诗风险怪的韩愈、孟郊诸人感情甚笃，又与格调流易的刘禹锡、白居易等人交往甚密，还与崇尚苦吟之法的姚合、贾岛诸生唱和甚众，其五律出入于闲适、苦吟二派又能自立门户。张籍派也成为晚唐唯一可与贾岛派分庭抗礼的五律诗派。作为元和五律的中间一体，张籍体一方面楬橥了中晚唐五律裂变分化的又一条内在理路；另一方面也深刻地启示了武功体整合诸家的诗学思路。然而在张籍诗的接受历程中，这种多元化的诗学交往和取法众家的创作实践，使其五律面目逐渐模糊于后世对张籍、王建乐府的高度称赏之中。作为中晚唐五律裂变与整合历史进程中的重要一环，张籍五律“开宗”“定体”“成派”的诗学意义不容忽视。

（原载《江西社会科学》2020年第8期）

① 李贵《中唐至北宋的典范选择与诗歌因革》，复旦大学出版社2012年版，第49页。

主要论文（论著）索引

一、专著

陈延杰《张籍诗注》，商务印书馆1938年版

徐澄宇选注《张王乐府》，古典文学出版社1957年版

《张籍诗集》，中华书局上海编辑所1959年版

万曼《唐集叙录·张司业集》，中华书局1980年版

余嘉锡《四库提要辨证》卷二〇《张司业集八卷》，中华书局1980年版

马家楠《张籍评传》，《中国历代著名文学家评传》第二卷，山东教育出版社1983年版

李树政《张籍王建诗选》，广东人民出版社1984年版

纪作亮《张籍研究》，黄山书社1986年版

李东生《张籍集注》，黄山书社1989年版

傅璇琮主编《唐才子传校笺·张籍》第二册，中华书局1989年版

（台湾）刁抱石《唐张文昌先生籍年谱》，台北商务印书馆1993年版

佟培基《全唐诗重出误收考·张籍》，陕西人民教育出版社1996年版

李建昆《张籍诗集校注》，台北华泰文化事业公司2001年版

焦体检《张籍研究》，河南大学出版社2010年版

徐礼节、余恕诚《张籍集系年校注》，中华书局2011年版

徐礼节《张籍王建诗歌研究》，黄山书社2015年版

［日］松原朗著，张谓涛译《晚唐诗之摇篮：张籍·姚合·贾岛论》，西北大学出版社2018年版

徐斌《张籍传》，安徽文艺出版社2020年版

徐礼节《张籍年谱》，黄山书社2021年版

二、论文

佟培基《张籍诗重出甄辨》，《河南大学学报》1987年第5期

徐礼节《唐张籍诗误收林逋诗二首》，《安徽农业大学学报》2009年第5期

徐礼节《张籍诗重出甄补》，《唐代文学研究》第13辑，广西师范大学出版社2010年版

徐礼节《中华书局版〈张籍诗集〉误收考》，《安庆师范学院学报》2010年第11期

徐礼节《张籍诗重出补辨二则》，《滁州学院学报》2011年第1期

徐礼节《明高启集误收唐张籍〈虎丘寺〉诗》，《江海学刊》2011年第2期

王其祎、周晓薇《应予关注的中晚唐文学研究新史料——新见张籍撰〈唐阳城县主李应玄墓志铭〉》，《唐研究》第17卷，北京大学出版社2011年版

宋颖芳、吴相洲《张籍集乐府留存情况考》，《河北工程大学学报》2015年第4期

焦体检《〈张籍诗集〉七卷本揭秘》，《图书馆杂志》2007年第4期

卞孝萱《张籍简谱》，《安徽史学通讯》1959年第4、第5期合刊

（台湾）罗联添著《张籍年谱》，《大陆杂志》1962年第4、第5、第6期

朱金城《白氏长庆集人名笺证·张籍》，《中华文史论丛》1979年第1辑

潘竟翰《张籍系年考证》，《安徽师范大学学报》1981年第2期

迟乃鹏《张籍、刘禹锡相替主客郎中前后事迹考》，《南充师范学院学报》1983年第2期

纪作亮《张籍的籍贯考辨》，《阜阳师范学院学报》1984年第1、第2期合刊

张国光《唐乐府诗人张籍生平考证》，霍松林主编《全国唐诗讨论会论文选》，陕西人民出版社1984年版

谢荣福《张籍杂考二则》，《安徽师范大学学报》1987年第4期

李厚培《张籍任秘书郎年代小考》，《贵州社会科学》1987年第12期

朱宏恢《从白居易张籍的酬唱诗看他们的交往》，《徐州师范学院学报》1988年第2期

郭文镐《张籍生平二三事考辨》,《唐代文学研究》第1辑，山西人民出版社1988年版

吴汝煜《中唐诗人琐考》,《文学遗产（增刊）》第18辑，山西人民出版社1989年版

纪作亮《张籍年谱》，《阜阳师范学院学报》1990第2期

李一飞《张籍王建交游考述》，《文学遗产》1993年第2期

李一飞《张籍行迹仕履考证拾零》，《中国韵文学刊》1995年第2期

季镇淮《张籍二题》，《文学遗产》1996年第1期

刘国盈《韩愈与张籍》，《首都师范大学学报》1997年第2期

迟乃鹏《〈张籍王建交游考述〉商榷》，《文学遗产》1998年第3期

李厚培《张籍系年考辨二题》，《苏州丝绸工学院学报》2000年第6期

齐文榜《张籍卒年考》，《文学遗产》2001年第1期

吴莺莺《张籍与韩愈、白居易的交游及唱和》，《湘潭师范学院学报》2001年第6期

张体云《〈张籍卒年考〉商兑》，《文学遗产》2002年第1期

祁光禄、郑伟丽《张籍与韩白的交游考论》，《零陵学院学报》2003年第1期

徐礼节《张籍的婚姻及其与胡遇交游考说》，《巢湖学院学报》2005年第4期

徐礼节《张籍病眼、罢官考辨》，《古籍研究》2006年卷上

徐礼节、李书安《张籍王建求学“鹊山漳水”地域考》，《巢湖学院学报》2007年第1期

徐礼节《张籍故乡与南游考辨》，《安庆师范学院学报》2007年第1期

徐礼节《张籍、王建生年及张籍两次入幕考》，《巢湖学院学报》2008年第5期

焦体检《张籍交往僧人道士考》，《汉语言文学研究》2010年第3期

刘明华《张籍为太祝及辞聘考》，《文学遗产》2010年第6期

于展东《张籍与韩愈、白居易关系考察》，《兰台世界》2012年6月下旬刊

朱炯远《论张王乐府中的唱和现象》，《上海大学学报》1997年第5期

纪作亮《张籍的思想探析》，《安徽教育学院学报》1985年第2期

焦体检《张籍的方外之交及佛道思想研究》，《郑州航空工业管理学院学报》2008年第1期

李听风《谈张籍乐府中所反映的唐代社会问题》，《文学遗产（增刊）》第1辑，作家出版社1955年版

华忱之《略谈张籍及其乐府诗》，《文学遗产（增刊）》第3辑，作家出版社1956年版

张国伟《试论张籍诗的现实意义》，《唐诗研究论文集》，人民文学出版社1959年版

陈力《试论张籍的乐府诗》，《昆明师范学院学报》1979年第2期

肖文苑《论张籍的乐府诗》，《辽宁师范学院学报》1980年第4期

白应东《张籍和他的乐府诗》，《新疆师范大学学报》1981年第2期

周明《“道得人心中事”的艺术——张籍、王建乐府比较》，《文学遗产（增刊）》第17辑，中华书局1991年版

徐希平《以道得人心中事为工——张籍与白居易》，《西南民族学院学报》1997年第1期

谢思炜《从张王乐府诗体看元白的“新乐府”概念》，《北京师范大学学报》1999年第5期

方磊《张籍诗歌的艺术特色析论》，《西南民族学院学报》2001年第9期

张佩华《谈张籍、王建对新乐府运动的贡献》，《青海社会科学》2003年第2期

张佩华《论张籍王建的歌诗》，《文学前沿》（辑刊），学苑出版社2003年版

许总《论张王乐府与唐中期诗学思潮转向》，《华侨大学学报》2004年第2期

刘航《对风俗内涵的着意开掘——中唐乐府的新思路》，《文学遗产》2004年第4期

张佩华《论张籍、王建的乐府诗成就》，《青海民族学院学报》2005年第2期

徐礼节、余恕诚《张王与元白新乐府创作关系考论》，《安徽师范大学学报》2005年第4期

邓大情《论“歌行则学流荡于张籍”》，《信阳师范学院学报》2005年第6期

张震英《论姚贾与张王》，《社会科学家》2006年第5期

张煜《张王乐府与元白新乐府创作关系再考察》，《文学评论》2007年第4期

孟二冬《论张籍的归属及相关问题》，《孟二冬文存》，高等教育出版社2007年版

刘亚《张籍诗歌用韵考》，《楚雄师范学院学报》2008年第2期

徐礼节《论张王乐府寓“变”于“复”的艺术追求》，《合肥师范学院学报》2008年第2期

王一兵、栾为《〈乐府诗集〉中的“张王乐府”研究》，《学习与探索》2008年第6期

宗瑞冰《评点视野下的张籍五律诗歌艺术——以李怀民评点为例》，《苏州大学学报》2009年第2期

宗瑞冰《张籍诗歌研究》，南京师范大学2009年博士学位论文

于展东《“张籍王建体”研究》，陕西师范大学2009年博士学位论文

徐礼节《中唐的民族关系与“张王”诗歌》，《巢湖学院学报》2010年第1期

宗瑞冰《张籍诗歌的“江南文学”特征》，《阅江学刊》

2010年第6期

杜宏春、张映春《论张籍诗歌的人文精神》，《名作欣赏》2010年第10期

于展东《从张籍王建赠酬送答七律创作看中唐七律的通俗化倾向》，《西安建筑科技大学学报》2011年第2期

于展东《“张籍王建体”释名》，《唐都学刊》2011年第2期

于展东《论“张王乐府”与“元白乐府”之不同》，《理论月刊》2011年第3期

于展东《“张籍王建体”的涵义及成就》，《求索》2011年第4期

于展东《张籍五言律诗简论》，《西安石油大学学报》2011年第4期

郭春林《从诗歌交游看张籍诗派意识承传的诗史意义》，《文艺评论》2012年第8期

周京艳《论“张王乐府”的古歌谣之遗风——从古诗论中的雅俗、古今之争说起》，《汉语言文学研究》2018年第2期

董昌运《以缠绵情意表节义肝肠——读张籍〈节妇吟〉》，《文史知识》1994年第5期

闪明琴《〈节妇吟〉花蕊诗说理艺术探微》，《焦作大学学报》2004年第3期

刘明华《张籍〈节妇吟〉的本事及异文》，《文献》2010年第2期

余文英《张籍〈节妇吟〉之异题与本事辨》，《巢湖学院学报》2012年第1期

刘安《谈谈张籍〈节妇吟〉的诗题、创作背景及母本》，《文史杂志》2013年第6期

黄天骥《说张籍〈节妇吟〉》，《书城》2021年6月号

由兴波《思乡情在不言中——从岑参〈逢入京使〉和张籍

〈秋思〉看唐代思乡诗》，《通化师范学院学报》2005年第1期

陈书录《沿着“贾雄而农伤”的逻辑线——谈张籍〈野老歌〉等中唐诗歌》，《名作欣赏》2002年第1期

邢培顺《含蓄蕴藉耐人咀嚼——张籍〈酬朱庆馀〉赏析》，《古典文学知识》2001年第2期

梁永照《张籍〈祭退之〉考》，《焦作大学学报》2005年第2期

傅经顺《童心童口微言大义——介绍张籍的〈牧童词〉》，《中华活页文选（教师版）》2007年第11期

王孝华《张籍〈赠海东僧〉考释——渤海史料钩沉之一》，《内蒙古社会科学》2012年第6期

孟飞《声声怨恨字字凄恻——张籍〈征妇怨〉赏析》，《文史知识》2014年第8期

丝路《无数铃声遥过碛》，《新疆师范大学学报》1985年第1期

高建新《展开在“丝绸之路”上的文学——再读张籍〈凉州词三首〉其一》，《临沂大学学报》2016年第6期

刘艳《龙文百斛鼎，笔力可独扛——张籍诗歌二首赏析》，《长江丛刊》2018年第1期

王锡九《“张王乐府”与宋诗》，《铁道师院学报》1998年第6期

张金桐、刘雪梅《论“晚唐体”与张籍诗的共通性》，《宁夏社会科学》2004年第4期

韩文奇《张耒与张籍乐府诗之比较》，《甘肃广播电视大学学报》2006年第2期

邓大情《张籍诗歌的贡献及影响》，《阜阳师范学院学报》2007年第3期

徐礼节《论张耒晚年“乐府效张籍”》，《安徽大学学报》

2007年第4期

王腊梅《从李怀民看“中晚唐诗以张籍贾岛两派为主”说的始末》，《图书馆杂志》2009年第2期

尚永亮《中唐乐府讽谕诗之价值评判与元白张王之优劣异同——从接受学角度对清人相关论述的一个梳理和检讨》，《北京大学学报》2010年第4期

李敏《论司空图对张籍诗歌的继承学习》，《淮北师范大学学报》2011年第4期

宗瑞冰《中晚唐“张籍诗派”考论》，《中国文学研究》（辑刊）2013年第2期

王奎光《论方回〈瀛奎津髓〉中的张籍诗评》，《古代文学理论研究》第36辑，华东师范大学2013年版

（香港）董就雄《试论清人梁佩兰对张籍乐府新题之创新表现》，《乐府学》2019年第1期

王园《“张籍体”与中晚唐五律的裂变整合》，《江西社会科学》2020年第8期

谭春蓉《明代张籍诗接受研究——以唐诗选本为考察中心》，《安康学院学报》2021年第3期

余淼《中国古代鞋履趣谈之——张籍藤杖笋鞋中的大唐“素怀”》，《西部皮革》2017年第15期

吴在庆《唐若干“西江”诗考论——以张籍、刘禹锡、杜牧三首“西江”诗为中心》，《福建师范大学学报》2018年第1期

高建新《唐代来自“海上丝绸之路”的“昆仑儿”——以张籍诗作为考察对象》，《民族文学研究》2021年第2期